CB122976

LIBERDADE E CAUSALIDADE

Ação, responsabilidade e metafísica em Aristóteles

ALBERTO ALONSO MUÑOZ

LIBERDADE E CAUSALIDADE

Ação, responsabilidade e metafísica em Aristóteles

discurso editorial

FAPESP

Projeto editorial: Departamento de Filosofia da FFLCH-USP
Direção editorial: Caetano Ernesto Plastino
Coordenação: Floriano Jonas Cesar
Projeto gráfico e editoração: Logaria Brasil®
Capa: Camila Mesquita
Ilustração da Capa: "Oedipe et le Sphinx", Gustave Moreau
Revisão: Cilaine Alves Cunha
Tiragem: 1.000 exemplares

Ficha catalográfica: Rita de Cássia F. de Sousa CRB/8-6446

M967L Muñoz, Alberto Alonso
Liberdade e causalidade: ação, responsabilidade e metafísica em Aristóteles / Alberto Alonso Muñoz. – São Paulo: Discurso Editorial, 2002.
424 p.

ISBN 85-86590-32-0

1. Filosofia 2. Aristóteles I. Título. II. Muñoz, Alberto Alonso

CDD 185

discurso editorial

Av. Prof. Luciano Gualberto, 315 (sala 1033)
05508-900 – São Paulo – SP
Telefone: (11) 3814-5383
Telefax: (11) 3034-2733
E-mail: discurso@org.usp.br
Homepage: www.discurso.com.br

FAPESP

Rua Pio XI, 1500
05468-901 – São Paulo – SP
Telefone: (11) 3838-4000
Fax: (11) 3645-2421
E-mail: info@trieste.fapesp.br
Homepage: www.fapesp.br

SUMÁRIO

Para H. M. G. e L. Z. K.
in memoriam.

Νῦν γὰρ κακός τ᾽ ὢν κἀκ κακῶν εὑρίσκομαι

Pois agora descubro que sou criminoso
e da classe dos criminosos.

Sófocles, *Édipo rei,* 1397.

Εἰ δ᾽ αὖ φανεὶς δύστηνος, ὡς ἐγὼ ᾽φάνην,
ἐς χεῖρας ἦλθον πατρὶ καὶ κατέκτανον,
μηδὲν ξυνιεὶς ὧν ἔδρων εἰς οὕς τ᾽ ἔδρων,
πῶς ἂν τό γ᾽ ἆκον πρᾶγμ᾽ ἂν εἰκότως ψέγοις;

E se, mais ainda, nascido desgraçado, como eu próprio nasci,
cheguei a bater em meu pai e o matei,
sem perceber nada do que estava fazendo, nem a quem fazia,
como podes, então, reprovar sensatamente esse ato involuntário?

Sófocles, *Édipo em Colona,* 974-77.

ὅσα μὲν οὖν ἐφ᾽ ἑαυτῷ ὂν μὴ πράττειν πράττει μὴ
ἀγνοῶν καὶ δι᾽ αὑτόν, ἑκούσια ταῦτ᾽ ἀνάγκη εἶναι, καὶ τὸ
ἑκούσιον τοῦτ᾽ ἐστίν· ὅσα δ᾽ ἀγνοῶν καὶ διὰ τὸ ἀγνοεῖν, ἄκων.

Portanto, aquilo que, estando em poder dele não fazer,
pratica sem ignorar, e por ele, é necessariamente voluntário,
e é isso o voluntário; já aquilo que faz ignorando
e por ignorar, faz involuntariamente.

Aristóteles, *Ethica eudemia* II, 9, 1225^{a}8-10.

ABREVIATURAS

Analytica posteriora	*An. Post.*
De anima	*DA*
De generatione et corruptione	*De Gen. Corr.*
De generatione animalium	*De Gen. An.*
De interpretatione	*De Int.*
De partibus animalium	*De Part.*
Ethica eudemia	*EE*
Ethica nicomachea	*EN*
De motu animalium	*MA*
Metaphysica	*Met.*
Physica	*Phys.*
Rhetorica	*Rhet.*
Sophistici elenchi	*Sop. El.*
Topica	*Top.*

APRESENTAÇÃO

O tema do livro de Alberto Muñoz é uma das aporias mais antigas em que os filósofos se têm emaranhado, e não por acaso. Nela, parecem entrar em rota de colisão duas das crenças mais fundamentais que balizaram a própria definição do conceito da filosofia, enquanto modalidade singular de conhecimento racional: a crença no princípio de razão e a crença na possibilidade de que os homens ajam no mundo com autonomia, em função de suas próprias escolhas. Com efeito, a figura racional do sábio, a que se associou o nome de filósofo, foi originalmente desenhada em termos de dois ideais de conhecimento: a compreensão discursivamente articulada das razões últimas pelas quais as coisas são o que são e como são (o ideal do conhecimento teórico); a compreensão discursivamente articulada dos fins e meios que devemos, nós homens, escolher perseguir e empregar para bem viver nossa vida humana (o ideal do conhecimento prático).

A realização do ideal teórico da filosofia, e o grau em que ele se pode realizar, não dependem apenas, é claro, do filósofo – do grau de sua perspicácia e de seu tirocínio discursivos. Dependem também, e muito, do grau de permeabilidade do mundo à compreensão racional. Quanto mais coisas existirem ou acontecerem no mundo por razões que um discurso possa, em princípio, bem definir e bem articular, tanto maior será o alcance e o valor da sabedoria teórica de que o filósofo faz um ideal. No limite superior, o melhor dos mundos, do ponto de vista dos interesses teóricos do filósofo, seria um mundo em que o princípio de razão vigorasse universal e irrestritamente – um mundo em que nada existisse ou acontecesse sem uma razão suficiente para existir ou acontecer.

Do mesmo modo, a realização do ideal prático da filosofia e o grau em que ele se pode realizar não dependem apenas do filósofo, mas também, e muito, da conformação do poder de agir dos homens, bem como da conformação do mundo em que lhes cabe exercer esse poder. Quanto maior for o grau de autonomia de que possam dispor as escolhas humanas, e quanto mais vasto for o domínio das coisas e acontecimentos cuja realidade possa decorrer, em última instância, de ações determinadas por tais escolhas, tanto maior será o alcance e o valor da sabedoria prática de que o filósofo faz um ideal. No limite inferior, o pior dos mundos, do ponto de vista dos interesses práticos do filósofo, seria um mundo em que os homens fossem, em princípio, incapazes de escolher autonomamente ações a praticar, conforme a escolha autônoma dos fins a perseguir e dos meios a empregar.

Eis, então, a aporia: ao menos à primeira vista, o melhor dos mundos, do ponto de vista dos interesses teóricos da filosofia, seria inevitavelmente o pior de todos, do ponto de vista de seus interesses práticos. Por um lado, se, para tudo o que acontece no mundo (e isso inclui nossos atos de escolha), houvesse uma razão *suficiente* para que aconteça, ao invés de não acontecer, então conclui-se trivialmente que nada que acontece no mundo (e isso inclui nossos atos de escolha) poderia ser a *origem* de uma cadeia de razões e consequências que culminasse em qualquer fato ou acontecimento (e isso inclui nossas ações e seus efeitos no mundo). Por outro lado, caracterizar como atos de escolha autônoma decisões humanas que pudéssemos entender como suficientemente determinadas por quaisquer outros fatos ou acontecimentos seria, parece, uma grosseira contradição nos termos.

Assim, a validade universal e irrestrita do princípio de razão parece excluir logicamente a possibilidade de que os homens escolham autonomamente perseguir os fins que perseguem, empregar os meios que empregam e praticar as ações que praticam. No entanto, como alguém poderia ser moralmente responsabilizado por ações que não escolheu autonomamente, e nem sequer seria capaz de escolher autonomamente, praticar? Paradoxalmente, parece que o reino da moralidade só poderia instituir-se num mundo que comportasse, em sua conformação essencial, uma dose não desprezível de irracionalidade.

A pretensão do livro de Alberto Muñoz é mostrar como essa aporia se formula e como ela se resolve num contexto filosófico particular – o do pensamento de Aristóteles. Do ponto de vista da história da filosofia, examiná-la nesse contexto é fazer uma escolha tão natural quanto arriscada. Natural, porque o aristotelismo se tornou historicamente uma referência central nas inúmeras polêmicas filosóficas que se sucederam, por milênios, em torno da aporia. Já no período helenístico, num dos debates que dominaram o cenário filosófico (cujo desenrolar é esboçado, por exemplo, nos tratados sobre o destino de Alexandre de Afrodísia e Cícero), aristotélicos e estóicos digladiavam-se acerca da possibilidade de conciliar a responsabilidade moral dos homens por suas ações com a existência de um destino universal e inflexível, por meio do qual a Razão governaria o universo com mão de ferro. Mais tarde, a filosofia cristã, de Boécio a Leibniz, teve de dar o melhor de sua engenhosidade para desincumbir-se da perigosa tarefa de conciliar essa responsabilidade moral com os atributos inquestionavelmente divinos da onisciência, onipotência e bondade infinitas. Em todas essas situações, o aristotelismo se fez presente como protagonista – seja no papel de inspirador, seja no de adversário, dos partidos filosóficos em confronto.

Mas também arriscada, porque não há obra de Aristóteles conhecida em que a aporia, objeto central das preocupações das diferentes figuras do aristotelismo posterior, seja o tema explícito de um tratamento extenso e sistemático, ainda que ela se faça notar, de maneira mais ou menos discreta, em muitos textos importantes de Aristóteles – como no capítulo 9 do *De Interpretatione*, que trata do célebre argumento da batalha naval; nos textos da *Física* e da *Metafísica* que se ocupam da contingência e do acaso; e, é claro, nos capítulos dos livros éticos que forjam um vínculo conceitual indissolúvel entre, por um lado, a contingência das ações humanas e de seus efeitos no mundo e, por outro, a possibilidade de serem elas moralmente imputadas a seus agentes. Ora, na ausência de textos que exponham claramente quais eram, para o próprio Aristóteles, as condições de formulação e solução do problema, o intérprete tem de se contentar com indícios e provas circunstanciais. O risco é evidente: no afã de definir essas condições, ele pode inadvertidamente projetar sobre o sistema de Aristóteles estruturas conceituais que lhe sejam estranhas, resultantes da contaminação posterior do sistema por elementos característicos, por exemplo, da filosofia helenística ou das filosofias cristãs – antigas, medievais ou modernas.

Ciente do risco, Alberto Muñoz adota, para enfrentá-lo, os melhores, senão os únicos, procedimentos estratégicos disponíveis. Em primeiro lugar, cuida de identificar os termos mais apropriados para a formulação da aporia no interior do sistema de Aristóteles e de esclarecer, por meio de análises conceituais e linguísticas rigorosas, o sentido em que Aristóteles faz uso de cada um deles, em diferentes ocasiões e com diferentes propósitos. A tentação a ser evitada é, então, a de traçar paralelos semânticos tão cômodos quanto ilusórios entre esses termos e aqueles que comparecem em formulações posteriores – como, por exemplo, "vontade", "liberdade" e "causalidade".

Em seguida, cuida de identificar e esclarecer as teses das mais variadas ordens – éticas, lógicas, metafísicas, físicas, biológicas e psicológicas – que, no interior do sistema aristotélico, definem o espaço de manobra disponível para o tratamento da aporia. Munido dos frutos dessa investigação laboriosa e paciente, propõe, na parte final do livro, o que caberia, segundo ele, reconhecer como a via propriamente aristotélica de solução do problema.

Cabe ao leitor medir, por sua própria conta e risco, o grau de plausibilidade das interpretações que resultam do trabalho de reconstrução conceitual empreendido pelo autor. Em história da filosofia, isso não é tudo o que importa, nem o que mais importa. Seja como for, é certo que esse leitor encontrará, no livro, material valioso para uma melhor compreensão não apenas da questão interpretativa levantada, como também do sentido, relevância e articulação sistemática das inúmeras teses e conceitos aristotélicos ali mobilizados. E isso, creio eu, é tudo o que se pode e deve razoavelmente esperar de um bom livro de história da filosofia.

Luiz Henrique Lopes dos Santos

INTRODUÇÃO

1. *O problema e a importância da determinação da voluntariedade da ação*

Tanto no âmbito das práticas morais cotidianas como na vida jurídica, em que encontramos um conceito de culpabilidade altamente complexo e elaborado, a prática de certo tipo de conduta pode acarretar sanções ou recompensas para quem a executou ou vier a executar. Nem todo tipo de comportamento acarreta *de direito* uma sanção ou uma recompensa: somente certas condutas, que são consideradas *ações,* sujeitam o agente a elas. Determinados comportamentos – entendendo por *comportamento* ou *conduta,* nesta introdução, qualquer processo ou movimento do corpo de um indivíduo – não são nem punidos, nem recompensados. Isso ocorre particularmente no caso daqueles eventos corporais cujas causas são consideradas meramente fisiológicas, como o suor, provocado por uma sala aquecida ou pelo ficar nervoso, os batimentos do coração, o empalidecimento, o envelhecimento ou a morte. As ações, assim, constituem uma subclasse do conjunto dos comportamentos. Ações, caracterizando-as no momento negativamente, são certos comportamentos do indivíduo, considerados *não meramente fisiológicos.* Quais as causas das ações e em que elas são diferentes dos comportamentos estritamente fisiológicos? Por que, afinal, são elas, e não os demais tipos de conduta, que sujeitam o agente a recompensas ou castigos? Essas são questões que se situam no entrecruzamento da ética, da filosofia do direito, da psicologia e, de modo geral, da física e da metafísica. É justamente isso – o problema de saber em que consiste um determinado subgrupo específico de ações, caracterizadas como "voluntárias", e *se* e *como* elas são possíveis, tal como Aristóteles o procurou resolver –, o objeto deste estudo.

Embora todo comportamento que torna alguém merecedor de punição ou recompensa seja uma ação, nem toda ação acarreta automaticamente punição ou recompensa. A maioria das ações que praticamos é simplesmente neutra, não dispondo o agente a sanção ou premiação. Um exemplo propositadamente banal: após o almoço, escolho como sobremesa a laranja ao invés da maçã. Se a ação decorrente dessa escolha ("preferir a laranja à maçã") não é valorada por ninguém (isto é, nem pela moral, nem pelo ordenamento jurídico), positiva ou negativamente, ela será simplesmente neutra, indiferente, e passa, assim, incólume a punição ou recompensa. Somente, portanto, as ações moral ou juridicamente relevantes dispõem o agente a recompensa ou punição. Qualquer que seja a teoria moral ou jurídica a que se recorra para explicar o significado dos pares dos adjetivos "aprovável" e "reprovável", "correto" e "incorreto", "bom" e "mau" – por exemplo, uma teoria formalista que estabeleça tipos de ações moralmente corretas ou incorretas, ou uma teoria conseqüencialista que faça depender a aplicação desses adjetivos dos resultados que a prática de certa ação implicou ou implicaria –, é certo que apenas ações *boas* ou *más* podem dispor o agente, respectivamente, à aprovação ou à censura. Também não importa que certo tipo de recompensa ou punição, de aprovação ou censura, esteja pressupondo o uso prático de um conceito jurídico altamente formalizado, como o de crime (entendido, por exemplo, como "o fato típico, antijurídico e culpável"), ou apenas a aplicação de conceitos presentes nas normas morais cotidianas, sempre muito mais vagas e sem garantia de cumprimento, já que é inegável que, mesmo no campo das regras morais, há sanção. O ladrão, por exemplo, poderá ser preso e sofrerá, se culpável e imputável, as sanções previstas no direito penal. Entretanto, o "amigo" que desrespeitou os princípios da amizade será banido de seu círculo de convivência, sofrendo uma sanção objetiva por parte do grupo que não se identifica com a mera desaprovação subjetiva de sua conduta. Assim, tanto na esfera jurídica como na da moralidade cotidiana, há espaço para censura e aprovação, para recompensa e punição, sendo, portanto, irrelevante saber se se trata de uma ação que se insere no domínio legal ou no âmbito mais elástico das práticas morais cotidianas.

Portanto, somente ações más merecem punição, e somente ações boas merecem recompensa. Mas seria possível tornar essa afirmação ainda mais forte e afirmar que ter praticado uma ação reprovável é condição suficiente da punibilidade (doravante, para simplificar, deixarei de lado o caso da recompensa) de um agente? As práticas morais e jurídicas gregas, anteriores ao Período Clássico, e as de algumas sociedades não-ocidentais, da Antigüidade aos dias de hoje, parecem ter respondido a essa questão com um *sim* muito simples, que nos soa à primeira vista até mesmo superficial e injusto.[1] Não importa se as *intenções* de um indivíduo não eram más (se é que esse conceito faz sentido nesses contextos culturais), nem se teria agido de outra forma caso tivesse sido capaz de prever as conseqüências do que fez ou de impedir a si próprio de

[1] Cf. MacIntyre [1996], p. 10 e ss.

praticar a ação que praticou. Nessas sociedades, basta que uma ação seja moralmente reprovável para que o agente seja, *ipso facto,* punível, independentemente de seu dolo ou sua culpa, no sentido jurídico preciso destes termos. Não importa se Édipo sabia ou não que estava cometendo um crime terrível, quando assassinou o ancião que se revelará, mais tarde, ser seu pai, ou quando infringiu a lei dos deuses e dos homens ao desposar sua própria mãe, ainda que desconhecesse esse fato. Um dos problemas discutidos por Sófocles no *Édipo rei* é justamente esse paradoxo: o de um agente que faria diferente se pudesse, que não cometeria aquele ato caso tivesse estado ciente das circunstâncias e dos resultados do que fazia. O termo grego ἁμαρτία, que em geral se traduz por "engano" ou "erro", designa com freqüência, no contexto dos trágicos, a incapacidade de determinado agente, em sua decisão de agir ou não, de estar ciente desse tipo de informação relevante.

Se fazer depender a punibilidade de um agente de uma *única* condição – o caráter reprovável de determinada ação – parece-nos hoje algo estranho, é porque a maioria dos sistemas jurídicos e morais contemporâneos introduziu uma con-

---

[2] O Código de Hamurabi, por exemplo, não admitia esses princípios. O construtor de uma casa que desabasse, matando seus habitantes, seria objetivamente responsável pelo resultado e, assim, punido com a morte, ainda que a casa tivesse ido abaixo por causa de um raio, uma enchente ou outro fenômeno natural qualquer imprevisível e sobre o qual o construtor não tinha qualquer controle. Além disso, o princípio da individualização da pena não era observado: se morressem o dono da casa e seu filho, o filho do construtor seria punido com a morte, mesmo se não tivesse qualquer participação no processo de construção do edifício. É uma conquista do direito moderno ter individualizado a pena e tornado, nas questões criminais, a responsabilidade um traço subjetivo do agente, averiguado pela culpabilidade.

dição suplementar.[2] Esse pré-requisito suplementar e igualmente necessário da punibilidade, que o sistema jurídico ateniense incorporará pouco a pouco até sua plena explicitação nas práticas penais do Período Clássico, é o que eu chamarei, ao longo de todo este trabalho, o caráter *voluntário* de uma ação. Noutras palavras, um agente é punível somente se pelo menos *duas* condições são, ao mesmo tempo, satisfeitas: *(i)* sua ação é má e *(ii)* sua ação é voluntária.[3] Se sua ação não for má, o agente poderá ser eventualmente passível de elogio ou não, mas certamente não de reprovação. Em contrapartida, se sua ação não for voluntária, ele não será punível.

De modo geral, o senso comum entende, com uma competência até surpreendente, o que significa essa condição suplementar que exige que uma ação seja voluntária para que o agente possa ser punido ou recompensado por ela. As línguas ocidentais contêm expressões para designar atos que não foram praticados voluntariamente: "fez sem querer", "não fez por mal", "foi forte demais para que pudesse suportar", "foi por acaso" etc. são expressões na língua portuguesa que retiram do agente a culpabilidade, ainda que sua ação seja, em si mesma, reprovável. Na linguagem jurídica, em que os conceitos de punibilidade e culpabilidade são formulados no mais alto grau de complexidade e formalização, as noções de "dolo e culpa", na tradição romanista, ou de *mens rea,* nas tradições da *Common Law,* desempenham, *a contrario sensu,* o mesmo papel. Embora não seja difícil encontrar, tanto no domínio jurídico como no âmbito da moral, exemplos e contra-exemplos claros para a aplicação do predicado "voluntário", e in-

---

[3] Esse ponto aparece, por exemplo, em *Rhetorica* I, 10, 1368b6-12, quando Aristóteles distingue uma ação *injusta* de uma ação *contravoluntária.*

tuitivamente saibamos quando alguém agiu voluntariamente ou não, há, contudo, uma zona cinzenta de casos, situada entre as ações voluntárias e as que não o são, em que a dúvida se faz presente.

Uma pessoa, por exemplo, é fisicamente impedida de agir – é, digamos, amarrada – e levada à força para um determinado local. Dificilmente se dirá que foi para lá voluntariamente. Mas e se o agente, ao invés de ser fisicamente forçado a isso, for *moralmente* coagido a fazê-lo (sob ameaças a sua vida e de sua família, por exemplo)? Diremos que agiu voluntariamente nesse caso? Se respondermos que não, estaremos esquecendo que o agente foi até esse local porque quis, que ele ponderou as alternativas possíveis (certamente muito piores) e finalmente escolheu o mal menor, atitudes que indicam que sua ação foi voluntária. Se dissermos que sim, e se a ação que veio a praticar foi, por hipótese, reprovável, o agente poderá ser punido por um ato praticado sob ameaças, uma ação que supostamente não faria em outras circunstâncias, o que aparentemente é injusto e inaceitável. Casos como esse eram correntes nos tribunais de uma sociedade da complexidade da ateniense, no Período Clássico, e eram objeto de debate tanto entre os retóricos ou trágicos como na filosofia da época.[4] Não é de surpreender que esse problema tenha chamado a atenção de Aristóteles, exatamente quando empreendeu sua investigação ética.

---

[4] Uma evidência desse fato é que a discussão sobre o caráter voluntário da ação aparece associado ao exame da retórica jurídica, no livro I da *Rhetorica*. Ver IRWIN [1980A], p. 119-20 e, sobretudo, a análise de CURREN [1989], que compara os casos da lei ateniense com os tópicos da teoria da responsabilidade de Aristóteles, nas *Éticas*.

Não basta, portanto, investigar em que condições uma ação é reprovável ou premiável, o que é o objeto dos dois primeiros livros da *Ethica nicomachea* e do primeiro e de parte do segundo livro da *Ethica eudemia.* Visto que, para o exame da formação do caráter e para a proposta de uma formação moral, para a administração da justiça e para a formulação de leis adequadas e, sobretudo, para uma análise correta do que seja uma ação decorrente de uma escolha do melhor (isto é, do que seja uma ação conforme a uma *disposição excelente de caráter),* é preciso investigar o que é uma ação voluntária, é necessária também uma investigação autônoma e explícita desse conceito. Após o exame das condições em que uma ação pode ser dita "boa" ou "má", é preciso investigar em que condições ela é voluntária. Justamente essa certeza, de que uma ação injusta ou reprovável deve ser punida somente se for também voluntária, é expressa num belo texto do primeiro livro da *Rhetorica,* no qual Aristóteles expõe em que consiste a eqüidade na justiça:

> E, se o "ser eqüitável" é o que foi dito, é evidente o que é eqüitável e o que não é eqüitável, e que homens não são eqüitáveis. Pois é eqüidade aquilo sobre o que é necessário ter compaixão, e os erros (ἁμαρτήματα) e as ações injustas (ἁμαρτήματα και ἀδικήματα) não devem ser avaliados igualmente, nem os erros e os infortúnios: são infortúnios as coisas incalculadas (παράλογα) e que não decorrem da maldade (μοχθηρία), erros, as coisas que não são incalculadas e não são provenientes do vício (πονηρία), e são ações injustas (ἀδικήματα) as coisas que não são incalculadas e resultam do vício: pois as ações por causa do apetite resultam do vício *(Rhet* I, 13, 1374^b2-10).

E, após ter distinguido, erros, ações injustas e infortúnios, Aristóteles continua:

> E eqüidade é ter compaixão pelos seres humanos. É olhar não para as leis, mas para o legislador, não para o discurso, mas para o pensamento do legislador, não para a ação, mas para a escolha, não para a parte, mas para o todo, nem para como é alguém agora, mas para como alguém era sempre ou o mais freqüentemente. É lembrar-se mais das coisas boas que sofremos do que dos males, e dos bens que sofremos mais do que dos que fizemos. É suportar o que é injusto. É querer julgar mais pelo dito que pela ação. É querer mais ir a uma arbitragem (*δίαιτα*) que a um tribunal. Pois o árbitro olha para a eqüidade, enquanto o juiz olha para a lei: pois para isto o árbitro foi inventado – para reforçar a eqüidade *(Rhet* I, 13, 1274^b10-22).

Essa nova condição da punibilidade de uma ação, que traz consigo todo o contexto psicológico e prático em que ela foi praticada – examinar "como alguém era sempre ou o mais freqüentemente", e "não a ação, mas a escolha" –, e que o árbitro, mais do que o juiz, é capaz de compreender, recebeu seu primeiro grande tratamento teórico de fôlego nos textos sobre ética, de Aristóteles. Ele traz consigo, contudo, o problema da determinação causal de uma ação e da recusa do determinismo por parte de Aristóteles. Esse é o objeto deste trabalho.

2. *O princípio de causalidade*

Em nenhum sistema ético ou ordenamento jurídico ocidental, posterior ao Período Clássico da Antigüidade grega, uma ação praticada sob coação moral ou por meio de força física é considerada voluntária. Um refém, amarrado e levado por piratas a um lugar diferente daquele para onde pretendia ter ido, não agiu voluntariamente. Como veremos no próximo capítulo, esse caso é, contudo, muito mais complexo do que se pode imaginar à primeira vista, pois há ações que não são voluntárias, mas que, mesmo assim, resultam em benefício para o agente. Tomemos, porém, o exemplo em suas condições-padrão: o indivíduo foi levado amarrado para Egina, e isso foi feito contrariando todos os desejos que ele tinha na ocasião. Ações desse tipo não podem acarretar punição ou recompensa, pois ele foi forçado a fazer o que fez e não podia, na ocasião, agir de outro modo. Toda vez, portanto, que uma causa exterior ao agente o força a agir de determinada maneira, contrariando, assim, seu conjunto de desejos do momento, ele não age voluntariamente. Em particular, não cabe atribuir-lhe punição pelo que tiver feito, nem, obviamente, recompensa.

Esse princípio é, contudo, causa de vários paradoxos. Ao lado desse princípio, o senso comum, e talvez boa parte da investigação científica em vários domínios (embora, talvez, em nem todos eles), admite outro que a filosofia posterior a Aristóteles chamou de o "princípio de razão suficiente". De acordo com ele, é possível *conceber* (embora nem sempre *descobrir),* para qualquer evento *E,* uma causa *C* desse evento. Não há maiores problemas em manter a ambigüidade dessa formulação. Eles só começam quando se tenta encontrar um sentido mais preciso para cada um dos termos empregados nesse princípio – "causa", "evento", "ser causa de" – e, particularmente, quando ele é aplicado a ações humanas. Uma formulação possível, e bastante fraca, seria dizer que um evento *E* é causa de um outro evento *E′* se, ocorrendo o primeiro, o segundo deve ocorrer concomitante ou sucessivamente. *E′* pode ter várias causas, de modo que sua ocorrência não implica que *E* tenha ocorrido – um outro evento alternativo, por exemplo *E**, pode ter sido a causa da ocorrência de *E′*. Mas a noção de "causa" gera um paradoxo fatal para a noção "ingênua" de ação voluntária. Suponhamos que ações sejam eventos (pressuposto que tem evidências a seu favor, mas que pode ser rejeitado).[5] Se ações são eventos, é preciso admitir também que *ações possuem causas*. Se uma ação consistir, em última instância, no movimento articulado de braços, pernas, cordas vocais etc. – se ela for, portanto, apenas um *fato físico,* já que um evento desse tipo consiste num conjunto de fatos fisiológicos detectáveis (reações químicas no cérebro do indivíduo que a pratica, as conseqüentes correntes elétricas que são produzidas por essas reações e, finalmente, o movimento do organismo por elas provocado), é claro que esses fatos terão também suas causas.[6] Admitamos agora que por "causa" se entenda uma condição suficiente de um evento. Noutras palavras, se um outro evento anterior ocorrer, o evento "causado" ocorrerá concomitante ou sucessiva-

---

[5] MALCOLM [1982], p. 133 e ss. por exemplo, defende que explicações neurais e explicações propositivas do comportamento humano são incompatíveis e concorrentes se dizem respeito exatamente aos mesmos fatos que pretendem explicar, e conclui que ações não podem ser interpretadas como fatos. Ver a esse respeito também a excelente análise de O'CONNOR [1993], p. 99 e ss.

[6] *Id., ibid.*, p. 127 e ss.

mente. Seja esse evento qual for (uma reação química causada pela ingestão de determinado alimento ou por outro impulso elétrico decorrente de um estímulo num órgão dos sentidos, ou o que quer que queiramos imaginar), obviamente, se ele ocorrer, o evento que ele causa ocorrerá também. Noutras palavras, se ocorrer determinado evento, o indivíduo em questão forçosamente agirá em conseqüência dessa ocorrência. Sua ação será uma conseqüência da ocorrência prévia de determinado evento. Em particular, na ocasião ele não podia ter agido diferentemente do que agiu. Mas se todas as ações são eventos, e se todos os eventos têm causas, esse indivíduo, que é cada um de nós, jamais agirá de maneira voluntária. Se, portanto, na ética pré-trágica não havia espaço para a noção de "ação voluntária", com a introdução explícita do princípio de razão suficiente, por Aristóteles e pelos materialistas antigos, essa noção parece novamente desaparecer.[7]

Houve várias tentativas de lidar com esse problema ao longo da história. Elas podem ser classificadas em duas grandes correntes. A primeira, que, na literatura recente, recebeu o nome de "corrente incompatibilista", assume que o problema não tem solução, que há mais evidências fortes a favor do princípio de razão que da existência de ações voluntárias, e que estas devem, portanto, ser consideradas ilusão ética ou jurídica, talvez também um resíduo obscurantista a ser dissipado com o avanço e o suficiente manejo de métodos científicos de previsão do comportamento individual. Mesmo que a última parte dessa afirmação não seja admitida por todos os incompatibilistas – a de que o avanço científico permitirá algum dia explicar com precisão o comportamento de um in-

---

[7] Com a exceção entre eles, é claro, de Epicuro, cuja noção de *clinamen* introduz, no Universo, eventos sem causa.

divíduo diante das circunstâncias em que se encontrava[8] –, é ponto comum a todas as teorias incompatibilistas a tese de que não há eventos incausados, que nenhum evento causado podia, diante da ocorrência de sua causa, ter sido diverso do que foi e, assim, de que, se se admite o princípio de razão suficiente, não é possível admitir a tese de que há ações voluntárias. Para os incompatibilistas, a aceitação de tal tipo de ação pressupõe um enfraquecimento ou uma reformulação desse princípio, o que alguns, mas nem todos eles, estariam dispostos a admitir.

A outra corrente – na qual incluo Aristóteles – tenta mostrar que a admissão do princípio de razão suficiente não acarreta necessariamente a rejeição da existência de ações voluntárias. O problema, segundo esta tese, consiste em formular uma teoria em que o uso comum dos termos "voluntário" e "causa" seja preservado, ao mesmo tempo em que a tese de que há ações voluntárias se torne compatível com a de que todos os eventos têm causas. Os que sustentam essa segunda

---

[8] Esse é um dos postulados implícitos em doutrinas deterministas: ainda que não seja possível atribuir, no momento, ou mesmo que nunca venha a ser possível associar a qualquer evento *outro evento* que lhe sirva de causa, isso não significa que haja eventos que não são causados. A estratégia lógica consiste em denunciar a falácia, em que incorrem alguns defensores do indeterminismo, de que não se pode passar de "não existe *s* tal que *s* sabe que existe um *C* que é causa de *E*" a "não existe *C* tal que *C* é causa de *E*", para algum evento *E*. Mas é claro que uma doutrina indeterminista poderia responder que a denúncia dessa falácia também não serve de evidencia a favor da tese de que, para todo *E*, há sempre um evento *C* que é causa de *E*. E é claro que o fato de que a ciência aumenta a capacidade preditiva a cada dia não implica que existirá algum momento na série do tempo em que se será capaz de prever (e, assim, atribuir a causa adequada) todos os eventos. Veja-se a esse respeito O'CONNOR [1993], p. 47-56.

hipótese asseguram que não há dificuldade maior em conciliar a certeza cotidiana de que parte de nossas ações é voluntária com a de que qualquer evento é causado. Ao longo da história desse problema, houve várias tentativas de conciliar essas duas exigências, consideradas irreconciliáveis pelas doutrinas incompatibilistas. Nos capítulos a seguir meu esforço será o de mostrar como Aristóteles procurou ajustar essas duas certezas cotidianas numa teoria da ação voluntária bastante diversa das tentativas mais freqüentes do século XX. Voltarei a este tema na conclusão deste trabalho.

3. Plano do trabalho

A tarefa básica de qualquer doutrina compatibilista é demonstrar que todos os eventos são causados e, ao mesmo tempo, que há condutas voluntárias. Uma estratégia possível consiste em negar que ações sejam eventos, já que nesse caso não cabe aplicar a elas o princípio de razão. Mas não parece ser essa a estratégia de Aristóteles. Há inúmeras evidências de que ele considera que o comportamento humano é causado psicológica e fisiologicamente e de que as ações humanas, consistindo no movimento das partes do corpo, possuem sempre uma causa, externa ou, caso relevante aqui, interna ao indivíduo. Meu objetivo central é tentar traçar os contornos da teoria aristotélica da ação, tal como ela está esboçada em seus textos sobre ética e fisiologia. É justamente aí, na fronteira entre a psicologia ética e a fisiologia do movimento animal, que creio ser possível encontrar a originalidade da resposta aristotélica ao problema da compatibilidade entre o voluntário e o princípio de razão suficiente.

No primeiro capítulo a seguir, tentarei examinar, o mais detalhadamente possível, a definição aristotélica de ação voluntária. Esta parte é crucial para que possamos verificar até que ponto essa definição consegue dar conta do conjunto de usos cotidianos do termo "voluntário" e como esse conceito é, por sua vez, sustentado e explicado pela psicologia da ação de Aristóteles. Uma ação foi voluntária, para ele, se o agente podia ter agido de outro modo no momento em que agiu, se o princípio dessa ação não estava fora dele, e se ele estava ciente dos resultados dessa conduta e das circunstâncias em que a praticou. Em seguida, tentarei prosseguir no exame dessa definição e de cada uma dessas condições. No segundo capítulo, veremos como, para Aristóteles, um agente calcula as conseqüências de sua ação e por que um agente responsável pode ser premiado ou punido por ela. No capítulo terceiro, continuando o esboço da psicologia da ação em que se inscreve a teoria aristotélica da ação voluntária, procurarei demonstrar como o princípio da ação, para Aristóteles, é sempre um desejo, associado ou não a um cálculo de conseqüências. Justamente por encontrarmos no agente uma pluralidade de desejos muitas vezes contrários, é preciso afastar a objeção de que, quando um desejo mais forte sobrepuja outro mais fraco, o agente, por estar sendo "dominado" por um desejo, não age voluntariamente. Mais uma vez também a teoria da ação voluntária se mostra compatível com o contexto mais amplo de um treinamento dos desejos do indivíduo, procurando produzir e fortalecer o desejo do melhor e dissolver o do pior.

Esse quadro geral da psicologia da ação voluntária evidencia que Aristóteles considera que toda ação é psicologicamente causada. Noutras palavras, do ponto de vista de uma descrição das causas intencionais da ação, é certo que toda ação é um evento teleologicamente orientado, um processo que visa à obtenção de um fim pretendido pelo desejo que move o agente. Mas a psicologia de Aristóteles é funcionalista, isto é, todo processo que ocorre na alma e pode ser descrito psicologicamente insere-se necessariamente num substrato material, também fisiologicamente. De um ponto de vista estritamente psicológico, já se colocava a questão de saber qual estímulo ou classe de estímulos era capaz de despertar o desejo e como o desejo mais forte (relativamente) do bem, num agente continente, podia vir a ser despertado e a agir contra os desejos provenientes da parte apetitiva ou irascível da alma humana. Noutras palavras, já do ponto de vista estritamente psicológico, colocava-se a questão de saber o que causa o princípio psicológico da ação. O problema é recolocado quando está em jogo compreender a psicofisiologia do movimento animal e em que sentido se pode dizer que o movimento do corpo de um ser humano é voluntário. Enquanto o capítulo terceiro tentará examinar, do ponto de vista psicológico, o sentido da cláusula "o princípio da ação deve estar no agente", o capítulo quarto buscará analisar essa mesma condição, mas pelo prisma da fisiologia do movimento animal.

O quadro até o capítulo quarto procura mostrar como, para Aristóteles, uma ação é, sem qualquer dúvida, sempre causada e, assim, uma ação voluntária em particular não pode ser diferente. A estratégia é, portanto, tentar elucidar em que sentido o princípio de causalidade se aplica tanto a um comportamento voluntário como a qualquer outro comportamento. Resta, contudo, uma última tarefa: examinar o próprio conceito aristotélico de causa. No último capítulo, meu objetivo não será, de modo algum, tentar reconstruir o conjunto das teses aristotélicas sobre a causalidade e particularmente a causalidade acidental, mas antes chamar a atenção para um falso paradoxo que poderia surgir nos últimos instantes deste percurso. Poderia parecer que, após construir uma teoria da ação voluntária e explicar como tal ação é causada, Aristóteles teria terminado por dar razão justamente às posições incompatibilistas, que sustentam que a crença na existência de ações voluntárias é uma ilusão, de modo que todas as ações, já que causadas, são, na realidade, contravoluntárias ou então que há eventos que não são causados em sentido nenhum da palavra. A resposta de Aristóteles, como tentarei mostrar, consiste em considerar acidentais as causas das ações contravoluntárias, em contraste com as das ações voluntárias que decorrem tanto da disposição presente no agente como dos desejos que tal disposição faz surgir nele. Mais ainda, se um agente pudesse ter sido treinado para ter desejos diversos daqueles que teve no momento em que agiu – noutras palavras, se ele *era capaz* de ter um desejo mais forte do que de fato teve –, poderia ter agido diferentemente do que agiu. A teoria da causalidade acidental e a teoria aristotélica da capacidade são, assim, o elo final que permite conciliar a tese da existência de ações voluntárias com a de que todas as ações, voluntárias ou não, são causadas. Essa análise é o objeto do último capítulo.

Ao longo da história desse problema houve várias tentativas de conciliar o princípio de causalidade com a tese da existência de ações voluntárias. Uma delas, que já mencionei anteriormente, consistiu em enfraquecer o conceito de evento e excluir da classe dos eventos a das ações voluntárias. Outra estratégia consistiu, ao contrário, em restringir a amplitude do princípio de causalidade, afirmando que há eventos que não são causados. Embora ambas as estratégias sejam até certo ponto a mesma, a segunda afirma que não há explicação causal para tal tipo de eventos (talvez as ações voluntárias), enquanto a primeira afirma que há explicações, mas apenas em termos puramente intencionais. A segunda estratégia, até onde sei, parece ter surgido já na Antigüidade, com o epicurismo, e continuou até os dias de hoje, sustentando que uma ação voluntária não pode ser causada, e deve, portanto, consistir num evento que irrompe, sem qualquer causa antecedente, no meio de todos os demais eventos causados. Noutras palavras, uma ação voluntária nada mais seria do que a ocorrência de um evento incausado ou, ainda, como preferirão alguns, seria antes a escolha que não possui causa antecedente e na qual a ação que dela decorre seria, assim, voluntária porque sua causa não tem, por sua vez, nenhuma causa que a determine necessariamente.

Esse tipo de abordagem parece ter sido muito freqüente na história dessa questão, mas creio que a resposta de Aristóteles é inteiramente diversa. Há, sem dúvida, causas e efeitos acidentais no universo aristotélico, efeitos que, embora tenham causas, não são, como tais, nem conseqüência previsível nem conseqüência física da natureza de suas causas. Mas não são esses eventos acidentais que Aristóteles considera como ações voluntárias. Ao contrário, as que decorrem de causas acidentais são as *ações involuntárias,* cuja conseqüência não é previsível; ou que decorrem do surgimento, no agente, de um princípio que não foi determinado pela natureza de suas disposições de caráter. Essa estratégia, até certo ponto oposta à habitual, parece ter sido bem pouco explorada. Na conclusão deste trabalho, tentarei mostrar até que ponto a teoria aristotélica é uma alternativa interessante às respostas tradicionais para o problema do determinismo.

Finalmente, algumas ressalvas metodológicas. Em primeiro lugar, cumpre avisar que, na análise da compatibilidade entre as definições de ação voluntária na *Ethica eudemia* e na *Ethica nicomachea,* evitarei sistematicamente qualquer pressuposto de ordem genética ou cronológica, inclusive no tocante à posição exata dos livros comuns, internos a essas obras. Além disso, tampouco postularei uma coerência *siste-*

mática da obra de Aristóteles nem insistirei na existência de possíveis contradições que possam revelar estados diversos de elaboração dos textos do *corpus* aristotélico. A estratégia, ao contrário, será sempre procurar examinar se as questões que permanecem sem resposta num determinado nível da análise *podem* ganhar solução em outro terreno. Tentarei mostrar, em particular, como a existência de ações voluntárias (e, sobretudo, de ações *contra*voluntárias) é um *pressuposto* das *Éticas,* plenamente justificado a partir dos resultados da física e da metafísica de Aristóteles, mas cuja ponte argumentativa não é, de maneira nenhuma, explícita. Trata-se, antes de tudo, de expandir a teoria ética da ação voluntária rumo às discussões psicológicas, fisiológicas, físicas e metafísicas com as quais ela se mostra compatível, ao invés de procurar deduzi-la destas ou ainda supor previamente que entre elas haja alguma forma de sistematicidade dedutiva.

* * *

Este livro é uma versão de uma tese de doutoramento apresentada ao Departamento de Filosofia da Faculdade de Filosofia, Letras e Ciências Humanas da Universidade de São Paulo, em agosto de 1998. Uma série de pessoas me deu a oportunidade de debater minhas hipóteses, em todo ou em parte: Lucas Angioni, Roberto Bolzani, Alfonso Correa, Carlos Alberto Ribeiro de Moura e Oswaldo Porchat Pereira, a quem agradeço. Quero expressar minha gratidão a Anna Lia do Amaral de Almeida Prado, pela dedicação com que me fez dar os primeiros passos em latim e grego. Agradeço também aos membros da banca examinadora, Balthasar Barbosa, Marilena Chaui, Oswaldo Porchat, Francis Wolff e Marco

Zingano, pelo debate crítico e pela honra de terem aceito ser meus primeiros leitores. A idéia desta pesquisa surgiu a partir de alguns seminários sobre a *Ethica nicomachea,* apresentados ao grupo de Lógica e Filosofia Política do CEBRAP, de cujas discussões este trabalho se beneficiou amplamente. Agradeço também a Cilaine Cunha por tê-lo tornado possível em português.

Finalmente, últimos a serem mencionados, mas primeiros em importância. Sou grato a Luiz Henrique Lopes dos Santos, meu orientador no Brasil, que me apresentou à reflexão lógica de Aristóteles e com quem debati as idéias a seguir, e a Francis Wolff, meu tutor na École Normale Suppérieure, em Paris, que me permitiu o acesso a recursos e a uma formação em filosofia antiga, que eu jamais poderia ter tido em nosso país, e que, junto com Luiz Henrique, foi meu outro principal interlocutor. Devo-lhes, acima de tudo, o fato de terem apostado, talvez temerariamente, que eu conseguiria fazer esta tarefa teórica chegar a bom termo. A ambos sou particularmente grato.

Este trabalho fica dedicado a minha família, por tudo, e às pessoas que perdi, a quem já não mais posso agradecer. Para sua realização foi imprescindível o apoio da Capes, do CNPq e da Fapesp, agências às quais agradeço.

Alberto Alonso Muñoz
São Paulo, agosto de 2001.

CAPÍTULO I

AS CONDIÇÕES DA AÇÃO VOLUNTÁRIA

I. *As condições físicas da ação voluntária*

1. *Contexto da investigação da ação voluntária nas* Éticas

A primeira metade do livro III, da *Ethica nicomachea,* trata dos conceitos de *ação voluntária, deliberação* e *decisão.* O percurso que conduz do exame dessas noções ao tema geral dos tratados éticos – a sua aquisição, o desenvolvimento e a manutenção da excelência *(EN* II, 1, 1103^{b}25-29; *EE* I, 6, 1216^{b}20-26) – constitui um dos passos da montagem de uma teoria da responsabilidade moral. Coube a essa teoria explicar a necessidade do emprego de recompensas e punições para a formação do caráter e para a dissuasão ou incentivo de certos tipos de ações (sujeitas respectivamente a aprovação e sanção moral ou legal, no caso de indivíduos adultos).[1] A exce-

---

[1] Broadie [1991] 125-28, Irwin [1980a], p. 143-4, Meyer [1993], p. 1-3 e *passim,* Siegler [1968], p. 271 e Urmson [1988], p. 9-18. A dificuldade consiste em saber se a teoria aristotélica da ação voluntária implica ou não uma teoria da responsabilidade moral. Siegler, por exemplo, vê, na análise das condições de aplicabilidade do predicado "voluntário", a

lência[2] é uma disposição que leva o indivíduo a ter as melhores emoções e, assim, a praticar as melhores ações como ser humano;[3] e ações e emoções *voluntárias* são objeto de aprovação ou censura (ou de perdão e piedade, no caso das ações e emoções contravoluntarias[4]), de modo que distinguir os significados dos termos "voluntário" e "contravoluntário" é algo "sem dúvida necessário para os que estão estudando a exce-

---

etapa preliminar necessária para a investigação das condições em que uma ação pode ser louvada ou reprovada. Voltarei ao problema no Capítulo II.

2 Seguindo a tradução de Ross (revisada por Urmson), traduzirei ἀρετή sempre por "excelência" (BARNES [1984], p. 1752 e *passim).*

3 Cf. *EN* 1139ª17; BROADIE [1993], p. 124.

4 Por toda a parte neste trabalho seguirei BROADIE [1991], p. 126, e empregarei "contravoluntário", para ἀκούσιον, e "voluntário" para ἑκούσιον. CHARLES [1986], p. 61 e ss., prefere "intencional" para traduzir ἑκούσιον, no que é criticado, a meu ver de maneira convincente, por HEINAMAN [1986], p. 128-30, que defende a escolha de "voluntário". (Cf. ainda a nota da tradução de RACKHAM [1994], p. 116, sobre os termos ἑκούσιον e ἀκούσιον.) Seja como for, deve-se notar que os termos "voluntário", "involuntário" ou "contravoluntário" não recobrem inteiramente o conjunto de usos de ἑκούσιον e ἀκούσιον (SIEGLER [1968], p. 268-70; GAUTHIER & JOLIF [1959], p. 179), embora essas sejam ainda as melhores traduções. Como veremos adiante, nas ações "contravoluntárias" o resultado da ação é *diverso* daquele desejado pelo agente *no momento da ação* (seja porque o resultado da ação foi alcançado *e, junto com ele,* também um imprevisto, seja porque foi alcançado um resultado diverso daquele buscado), e é também um resultado *indesejado* (não é indiferente), *após* a realização da ação. Todos eles contrariam, assim, os desejos do agente e nisso diferem das ações "não-voluntárias" (οὐχ ἑκούσια). Sigo também Broadie e RACKHAM [1994], p. 116, e, em geral, traduzo πάθος, nos textos sobre ética, por "emoção", ao invés de "afecção" ou "paixão", como é habitual em outros tratados de Aristóteles (Broadie prefere "resposta emocional").

lência", e "útil para os legisladores, que visam à atribuição tanto de honras quanto de punições" *(EN* III, 1, 1109^{b}30-35).

A "excelência", além disso, é definida como uma "disposição da escolha" – uma propriedade do caráter que nos predispõe a optar pela ação situada num meio-termo relativo às características do agente, escolha esta determinada por um princípio racional: a escolha tal como o *φρόνιμος* decidiria *(EN* II, 6, 1106^{b}35-1107^{a}1). Ora, já que a definição de *προαίρεσις* e, por conseguinte, de ação, "de acordo com a *προαίρεσις*" ("da escolha", "proairética"), implica que a excelente tem sempre de ser *voluntária (EN* III, 4, 1111^{b}4-7), é preciso investigar a noção de "voluntário", a fim de esclarecer suficientemente o conceito de excelência e sua aquisição, tema central do livro. Sem a análise do que quer dizer uma ação ou uma emoção *voluntárias,* não é possível explicar por que a repetição de ações de um certo tipo desenvolveria no agente uma disposição que o conduziria, posteriormente, a escolher a mesma conduta, tornando-o vicioso ou excelente, conforme o tipo de escolha mais freqüentemente feita. A discussão, portanto, da ação voluntária na *Ethica nicomachea* é um passo necessário da análise do caráter voluntário dos vícios e excelências, no final da primeira metade do livro III. E é também a condição mais geral tanto *(i)* do exame do conceito de excelência quanto *(ii)* de uma explicação sobre como o indivíduo se torna excelente.[5]

Na *Ethica eudemia,* o exame da ação voluntária segue um caminho análogo, embora ligeiramente mais tortuoso. Nesse tratado, a ação voluntária não aparece como uma investigação autônoma (como na *Ethica nicomachea).* Ela surge no contexto mais amplo de uma elaboração dos conceitos de

---

[5] O mesmo ocorre em *EE* III, 1, 1228^{a}23-27.

εὐδαιμονία, como "atividade da vida perfeita segundo a excelência perfeita" *(EE* II, 1, 1219ª38) e de excelência, como "condição que é produzida pelas melhores mudanças da alma e a partir das quais são produzidos seus melhores atos e emoções" *(EE* II, 1, 1220ª29-30).[6] Aristóteles deixa claro que se trata da investigação de um novo conceito,[7] embora, novamente, o objetivo seja mostrar que excelência e vício são voluntários:

> E, uma vez que excelência e vício, e os atos que deles decorrem, são, uns, aprovados, e outros, censurados – pois é censurado ou aprovado não o que ocorre devido à necessidade, sorte ou natureza, mas aquilo de que somos nós próprios causas, pois de tudo quanto o outro é causa ele tem tanto a censura quanto a aprovação –, é evidente que também excelência e vício dizem respeito às ações de que o próprio agente é causa e princípio. Assim, deve-se dizer de que ações ele é causa e princípio. Ora, todos concordamos que ele é causa do que é voluntário e de acordo com a decisão de cada um, e do que é contravoluntário não é ele próprio a causa. Mas tudo o que é feito tendo sido escolhido, é evidente que é também voluntário. É evidente, portanto, que tanto excelência quanto vício dizem respeito ao voluntário. Assim, é preciso dizer o que é o voluntário e o que é o con-

6 Sigo Solomon (BARNES [1984], p. 1932), que traduz *διάθεσις* por "condição". RACKHAM [1994] e WOODS [1992] preferem "disposição", termo que emprego aqui para traduzir *ἕξις* *(habitus,* na tradução latina). Ἔργον é traduzido por "ato" (conforme BARNES [1984], p. 1936), embora talvez o sentido preciso, nessa passagem, seja o de uma *função* desempenhada pela alma (WOODS [1992], p. 15).

7 Em II, 6, 1222ᵇ15, a *Ethica eudemia* afirma estar "tomando um outro ponto de partida para a investigação subseqüente".

> travoluntário, e o que é a decisão, uma vez que a excelência e o vício são, por eles, delimitados (*EE* II, 6, 1223ª9-20).

A análise da ação voluntária na *Ethica eudemia* surge dessa forma no contexto de um exame mais geral da excelência e do vício, produzidos no agente a partir de ações de que ele próprio é causa e princípio. Sendo o agente causa e princípio da ação (voluntária), suas ações (voluntárias) podem ser objeto de reprovação ou aprovação. Como, entretanto, elas decorrem de uma disposição do agente, é o próprio caráter como causa das ações que pode passar nesse momento a ser alvo de reprovação ou aprovação e, em seguida, as excelências e vícios que nele estão presentes.[8] Ao ligar o conceito de ação voluntária, na *Ethica eudemia,* ao de ação excelente, uma análise dessa definição passa a ser exigência de um exame completo das noções de excelência e vício e do modo de sua aquisição.

Esses são os contextos em que aparece a análise da ação voluntária nos textos sobre ética de Aristóteles. Em ambos os contextos, essa investigação será necessária para um exame completo da noção de excelência, dos meios de sua obtenção, e de como ela está relacionada à vida perfeita. Embora receba um tratamento em separado na *Ethica nicomachea,* o tema não é independente do dos dois tratados.[9] Resta saber

---

[8] Broadie [1991], p. 124-5. A autora analisa como a excelência, freqüentemente ocorrendo com um caráter adverbial e adjetivo ("agir *bem*", "ação *boa* ou *excelente*"), é nominalizada e tratada independentemente, passando a ser uma disposição do caráter para praticar ações excelentes (o mesmo ocorre com o vício).

[9] Irwin [1980a], p. 119-20 e 144, sublinha esse ponto. Em particular, o esforço de Aristóteles não é esclarecer o conceito ordinário (especial-

sob que condições uma ação é dita voluntária. Mas, a partir de agora, dois tratados aparentemente divergem entre si, sob aspectos cruciais.

2. A noção de "princípio" (ἀρχή) na *Ethica eudemia* II, 6

O capítulo 6 do livro B, de *Ethica eudemia,* examina um conceito essencial para a análise subseqüente da ação voluntária: a noção de "princípio" ou "ponto de partida" (ἀρχή),[10] seus diversos sentidos, e as ações cujo princípio se encontra (ou não) no agente. Para compreender com clareza essa passagem, vale a pena examinar um outro texto, em que Aristóteles também discorre sobre o conceito de *princípio.* Em *Metaphysica* Δ, Aristóteles[11] distingue seis sentidos para esse termo. Num deles, princípio é entendido como o elemento não-constituinte a partir do qual, *primeiro* e *por natureza,* uma mudança (κίνησις) ou alteração (μεταβολή) vêm a ocorrer numa coisa. Trata-se aqui não de uma causa remota, mas da mais próxima (e portanto, *primeira),* que produz a mu-

---

mente jurídico), em Atenas, de ação voluntária, mas apresentar um conceito consistente com a investigação da excelência. O que não significa que a definição de Aristóteles não recolha algumas condições jurídicas ordinárias do conceito de ação voluntária.

[10] RACKHAM [1994] e WOODS [1992] preferem traduzir ἀρχή por "ponto de partida" *(starting-point);* Solomon (ver BARNES [1984]) utiliza "princípio" *(principle).* Mantenho, nesse caso, a tradução já consagrada e utilizo "princípio", embora "ponto de partida" pareça mais adequado para vários exemplos de Aristóteles, nessa passagem da *Metaphysica.* Sobre a tradução de ἀρχή como "ponto de partida" e os diversos sentidos dessa palavra, cf. KIRWAN [1993], p. 123 e WOODS [1992], p. 116.

[11] ROSS [1954], p. 290.

dança num objeto. Além disso, esse elemento não-constituinte deve ser "por natureza" (πέφυκεν), e não acidentalmente, causa da mudança ou alteração. Dessa forma, são princípios nesse sentido, por exemplo da criança, o pai e a mãe (que a geraram), e da luta, a ofensa. Princípio, assim, é entendido ora como *causa eficiente,* ora como *material.*[12]

Outro sentido possível, mencionado em *Metaphysica* Δ, é a decisão (προαίρεσις) a partir da qual as coisas mudadas são mudadas, e as coisas alteradas, alteradas. Nesse caso não há necessariamente ação direta (por contato) da causa sobre a coisa que sofre alteração ou mudança, como havia no sentido anterior. Os exemplos de Aristóteles sustentam esta interpretação:

> Denomina-se princípios aquilo a partir do que, pela decisão, as coisas que são mudadas são mudadas e se alteram as coisas que são alteradas, como, por

---

[12] JAEGER [1992], p. 86, assinala que o exemplo de Aristóteles do pai *e* mãe, que seriam o princípio a partir do qual é gerada uma mudança (κίνησις), é pouco adequado quando se entende princípio como causa eficiente, uma vez que a mãe, segundo *De generatione animalium* I, 2, 716^{a}5 e 729^{a}9, é a causa *material* da geração. Mas Aristóteles também afirma, em *De generatione animalium* I, 2, 716^{a}5, que o macho e a fêmea são "princípios" e, como tais, devem ser considerados "princípios" da geração; em II, 1, 732^{a}12, que uma coisa vive porque participa dos "princípios" macho e fêmea; em *Methaphysica* A, 3, 983^{b}6, que muitos pensam que os princípios que são da natureza da matéria são os únicos princípios; e em IV, 3, 1023^{b}4, analisando o sentido de ἐκ, repete que a criança *provém* de seu pai e mãe "como parte dessas coisas" etc. Isso parece indicar que Aristóteles por "princípio" está entendendo aí os elementos a partir dos quais, *na geração,* a coisa é formada (causa eficiente e material). Donde esse sentido de princípio dever englobar, a meu ver, também o de causa material.

> exemplo, as autoridades da cidade, as dinastias, as realezas e as tiranias, assim como as técnicas e, dentre elas, principalmente as arquitetônicas *(Met.* Δ, 1, 1013ª10-14).

Finalmente, num último sentido relevante, princípios são as sentenças a partir das quais uma teoria científica é demonstrada ou, nos termos da *Metaphysica,* aquilo a partir do que a coisa é conhecida em primeiro lugar, "como, por exemplo, as hipóteses das demonstrações" *(Met.* Δ, 1, 1013ª16). É o sentido de princípio de uma teoria com o qual estamos habituados e que se identifica, de modo geral, com o uso de princípio que aparece em *Analytica posteriora.* É esse sentido que, metaforicamente, será empregado na analogia, presente no Capítulo 6, entre a mudança no princípio da ação e seus resultados, de um lado, e a mudança nos princípios de uma demonstração e suas conseqüências, de outro. E, claro, o traço comum aos diversos significados de *princípio,* nessa passagem, é o fato de que algo é dito princípio se é ou a primeira coisa a partir da qual algo existe, é gerado, ou é conhecido. É sempre, de maneira abstrata, uma coisa *a partir da qual* algo (um conhecimento, uma propriedade ou o ser de uma coisa) pode existir, e, certamente – traço que será essencial para entender a passagem de *Ethica eudemia* –, algo *sem o qual* a coisa não existe, não é gerada ou não é conhecida.

Na *Ethica eudemia* I (6, 1222ᵇ16 e ss.), Aristóteles afirma que todas as substâncias (*οὐσίαι*) são princípios, no primeiro sentido acima: a substância é princípio na medida em que é o ponto de partida de uma série de indivíduos[13] pertencentes à mesma espécie e gerados a partir de um ancestral

---

[13] KIRWAN [1993], p. 116.

também dessa espécie. Assim, o homem gera o homem, o animal não-humano, outro animal não-humano, e uma planta gera uma planta *(EE* II, 6, 1222^{b}18-20). Entretanto, o ser humano é, em contraste com os demais animais (e, de modo geral, com todos os demais seres vivos, uma vez que plantas não possuem locomoção), o único que é princípio de suas ações. Ao tipo de princípio que é ao mesmo tempo causa eficiente e última de que provém a mudança, Aristóteles denomina, na *Ethica eudemia,* de princípio "dominante" (*κύριον*):[14]

> E dentre os princípios, os que são dessa espécie – aqueles a partir dos quais as mudanças surgem primeiro – são ditos dominantes, e com mais justiça aqueles a partir dos quais surge o que não pode ser diferentemente, o tipo [de princípio] com o qual Deus talvez governa (*ἄρχει*) *(EE* II, 6, 1222^{b}20-23).

São, assim, *κυρία* os princípios – causas eficientes imediatas – a partir dos quais a mudança é gerada e, mais propriamente, os que desencadeiam um movimento eterno (como na relação entre Deus e o primeiro movido).[15] A julgar pelo exemplo de Aristóteles, Deus é princípio dominante na medida em que é a causa última (além da qual não há outra) dos efeitos necessários que dela provêm.

Aristóteles afirma, na seqüência, primeiro que nos domínios em que os princípios são imóveis, como no caso das matemáticas, não há propriamente princípios dominantes,

---

[14] Traduzo aqui *κύριον* por "dominante". Vários autores preferem "controlador", em vez da tradução habitual por "principal", ou "em sentido estrito". Cf. WOODS [1992], p. 191, KENNY [1979], p. 3 e BROADIE [1991], p. 152.

[15] KENNY [1979], p. 4-6.

provavelmente porque deles não decorre movimento. Pode-se aplicar o termo à matemática, mas desde que seja empregado analogicamente:

> Mas nos princípios sem movimento[16], por exemplo, nas matemáticas, não há o dominante, embora sejam ditos [tais] por analogia. Pois nessas também, fosse o princípio mudado, praticamente tudo o que estava demonstrado se alteraria, embora isso [o demonstrado] não altere a si mesmo, sendo destruído um pelo outro, a não ser refutando a hipótese e, através disso, demonstrando. E o homem é princípio de uma tal mudança: pois a ação é mudança *(EE* II, 6, 1222^{b}21-30).

A essa passagem está justaposto um trecho em parte simétrico, em parte paralelo ao anterior. Aristóteles não mais afirma aí que se pode estender o termo "dominante" aos princípios matemáticos, mas que os dominantes devem ser pensados "tal como nas demonstrações" (*καθάπερ ἐπὶ τῶν ἀποδείξεων*). Segue-se a introdução de um exemplo que ilustra a tese de que, mudando o conteúdo dos princípios numa demonstração, muda-se concomitantemente o conteúdo das conseqüências. Finalmente, após recorrer ao princípio modal de

---

[16] Prefiro traduzir *ἀκινήτοις* aqui por "sem movimento" ao invés de "imóveis", como habitualmente é feito, evitando a dificuldade levantada por Dirlmeier (WOODS [1992], p. 116) para essa passagem. Imóvel é também o primeiro motor, embora seja, como Aristóteles acabou de afirmar, o princípio dominante por excelência. No contexto a seguir, trata-se de formas abstratas de que não cabe falar em movimento (donde "sem movimento"), não sendo propriamente "imóveis". São ditas dominantes por similitude ou analogia (*καθ 'ὁμοιότητα*). Minha interpretação é próxima, embora não idêntica, à de WOODS [1992], p. 117.

que sentenças necessárias só podem ser inferidas de outras sentenças necessárias e, correlativamente, ao de que de sentenças contingentes só podem ser deduzidas conseqüências contingentes, aplica novamente a análise ao caso das ações humanas contingentes:

> [1] Mas dado que, tal como nas outras coisas, o princípio é causa daquilo que é ou vem a ser por ele, é preciso entendê-lo tal como nas demonstrações.
>
> [2] Pois, se [a soma dos ângulos internos d]o triângulo é igual a dois retos, necessariamente o quadrado será igual a quatro retos, e é evidente que a causa disso é o fato de ser o triângulo igual a dois retos. Mas caso o triângulo se altere[17], necessariamente se alterará também o quadrado, tal que se [a soma dos ângulos do triângulo for igual a] três, [a soma dos ângulos do quadrado será igual a] seis, e se [igual a] quatro, oito. E caso [o triângulo] não se altere mas seja tal qual [com os ângulos somando dois retos], necessariamente também aquele [o quadrado] será tal qual [com os ângulos somando quatro retos]. E é evidente, a partir dos *Analytica,* que o que tentamos estabelecer é necessário; mas aqui não podemos acuradamente nem dizer que é assim, nem que não é, mas só isso. Pois, se não há nenhuma outra causa para o triângulo ser assim, esse seria um certo princípio e causa do que segue.

---

[17] Lendo com os *Codices Vaticanus* 1342 e *Laurentianus* 81.15, que apresentam (independentemente um do outro) *εἰ δέ γε μεταβάλλοι τὸ τρίγωνον*, no modo potencial, e não com o *Codex Cantabrigensis* 1879, que lê *εἰ δέ γε μεταβάλλει τὸ τρίγωνον*, no modo eventual. Entre colchetes inseri algumas glossas visando tornar mais legível o texto, aqui excessivamente elíptico.

> [3] De modo que se algumas das coisas que são podem ser o contrário, necessariamente também os princípios delas podem ser dessa espécie. Pois, a partir de coisas que provêm da necessidade, o resultado é necessário, e as coisas que provêm daquelas podem vir a ser o contrário, e muitas dentre essas coisas estão em poder dos homens,[18] e eles são princípios de tais coisas. De modo que as ações de que o homem é princípio dominante evidentemente podem tanto vir a ser quanto não vir a ser, e estão em seu poder vir a ser ou não as coisas de que é senhor (*κύριον*) do ser e do não ser. E as que estão em seu poder fazer ou não fazer, ele é causa delas; e as de que é causa, estão em seu poder (*EE* II, 6, 1222^{b}29-1223^{a}9).

Não é difícil entender o que Aristóteles está afirmando nos trechos [1] e [2]: princípio é sempre a causa das coisas que são ou vêm a ser por ele. O trecho [2] ilustra essa propriedade através de um fato matemático: o da alteração das conseqüências que podem ser extraídas do teorema da soma dos ângulos internos do triângulo. Tal como, se se alterar o valor dessa soma, também se altera o valor da soma dos ângulos internos do quadrado (que depende desse valor), assim também a alteração do princípio de uma mudança (e em particular, neste caso, a alteração de uma ação) acarretaria a alteração da própria mudança.

Essa propriedade é explicitada no trecho [3], de que a ilustração do trecho [2] é apenas um exemplo. A idéia é que,

---

[18] Sigo a sugestão de WOODS [1992], p. 191, KENNY [1979], p. 7-9 e ROSS (WALZER [1991], p. 33) e leio *καὶ ὅ ἐφ' αὐτοῖς ἐστι τοῖς ἀνθρώποις πολλὰ τῶν τοιούτων*. Voltarei a isso a seguir.

tal como os princípios que não sofrem alteração, isto é, que são necessários (por exemplo, Deus, que é necessário e incondicionado), os efeitos também o são (o movimento eterno das esferas celestes, por exemplo), assim também, simetricamente, se o princípio é contingente, a conseqüência também deve ser. Aristóteles afirma que parte dos eventos contingentes do mundo tem como princípio o homem.[19] Está em poder dele que tais coisas ocorram ou não, quando ele é causa delas. Por sua vez, essas coisas de que é causa estão em seu poder: dependem do homem e podem ocorrer ou não. Não são necessárias.

Houve diversas tentativas de reconstrução dessa argumentação, várias delas apontando para inferências dificilmente sustentáveis num raciocínio logicamente mais cerrado. Mas talvez a melhor opção seja admitir que o comentário de Aristóteles aí não pretende ser mais do que uma ilustração de algumas teses. Em primeiro lugar, ele procura traçar uma analogia entre o que ocorre com a alteração dos princípios e suas conseqüências, no exemplo da soma dos ângulos do quadrado, e com a mudança no princípio das ações, no caso dos comportamentos humanos. Em segundo lugar, o texto chama a atenção para algumas certezas ordinárias: há eventos no mundo físico em poder do homem; o que está em poder de certo indivíduo o tem como causa; quando uma ação humana causa um determinado evento, dado que este evento é contingente, sua causa (a ação desse indivíduo) será, ela própria, também contingente. Nada além de uma analogia, não uma demonstração.

---

[19] Tal será justamente um dos pontos do livro II da *Physica*. Cf., desde já, Capítulo V, *infra*.

Essa análise preliminar da noção de ἀρχή desempenha, no curso da argumentação da *Ethica eudemia,* um papel importante. O objetivo da investigação é determinar o que é a excelência e como pode ser obtida. Ações e eventos que são efeitos da necessidade, da sorte ou da natureza não são sujeitos, contudo, a aprovação ou reprovação. Além disso, um agente está sujeito a juízos morais somente pelas que foi causa, não pelas ações de que outros agentes morais o foram *(EE* II, 6, 1223ª10-13). Isso permite que Aristóteles explique o fato de que a excelência, o vício e as ações deles decorrentes são objeto de aprovação ou reprovação por parte de outros agentes morais. Desse *fato* conclui-se que tanto a excelência como o vício não resultam da necessidade, sorte ou natureza, nem das ações de outros agentes diferentes daquele que praticou a ação, mas que o próprio agente é o causador. Se o objetivo é determinar o que é a excelência, a investigação deve concentrar-se preliminarmente em saber de que ações os agentes morais são *causa* e *princípio.* Ora, todas as ações voluntárias, e que decorrem de uma decisão individual, têm o agente como causa (αἴτιον), e todas as ações que resultam de uma decisão são voluntárias; em contrapartida, nenhuma ação contravoluntária (ἀκούσια) *está em poder* do agente. Portanto, conclui o texto, excelência e vício, bem como as ações que delas decorrem, são voluntários *(EE* II, 6, 1223ª16-20), e a análise do conceito de "voluntário" é essencial para a análise do conceito de excelência.

Aristóteles está tentando mostrar que a investigação sobre a natureza da excelência (e, correlativamente, do vício) exige o exame preliminar das condições pelas quais se podem considerar voluntárias uma ação ou uma disposição desenvolvida a partir da repetição de certo tipo de ação. A passagem, portanto, tem por objetivo expor os motivos que, nas páginas seguintes, conduzem Aristóteles à investigação das condições de aplicabilidade do predicado "ser voluntário". Ao admitir que excelência, vício e seus conseqüentes atos são objeto de aprovação ou censura, bem como que o que é causado por outro é objeto de aprovação e censura com respeito ao outro, não ao próprio agente, Aristóteles recorre a certezas ordinárias para estabelecer que, diante do fato de que há elogio e censura das ações virtuosas ou viciosas do agente, e não de outro indivíduo, é claro que excelência e vício só podem depender do próprio agente, e não de outra causa.

Mas é essa demonstração suficiente? Para os propósitos da investigação sobre ética até aqui, a resposta é afirmativa: basta partir do *fato* de que há elogio e censura com respeito a um agente, para que se possa considerá-lo responsável pela excelência ou vício que mantêm desenvolvidos nele. Mas Aristóteles não questiona a verdade desse tipo de tese do senso comum. Poderia perfeitamente haver elogio e censura com respeito a um agente, e, apesar disso, os princípios dessa ação não residirem nele. Essa certeza não é, em Aristóteles, objeto de crítica, o que parece indicar, mais uma vez, que seu objetivo é apoiar-se em certas teses cuja aceitação é necessária para a constituição de uma ética, teses essas originárias do senso comum e com relação às quais não cabe, sensatamente, nenhuma dúvida *no terreno ético*. É tendo em vista essas certezas, tomadas como evidência (*φαινόμενα*), que caberá levar a cabo a investigação tanto da ética como da física. Aristóteles está chamando a atenção para um conjunto de certezas admitidas na vida cotidiana (que há ações voluntárias, que ações de que não somos causa são perdoáveis, que excelência e vício são objeto de aprovação e censura etc.) que caberá "salvar". Será esse seu esforço nos capítulos seguintes, quando procurar obter, através de um exame dialético das diversas opiniões reputadas sobre o tema, a definição do que seja, afinal, uma ação voluntária.

3. *A investigação da ação voluntária na* Ethica eudemia *II, 7-8*

Em princípio (*EE* II, 7, 1223ª22-26), uma ação voluntária é aquela conforme a um dos seguintes elementos: o desejo (ὄρεξις), a escolha (προαίρεσις) ou o pensamento (διάνοια). A primeira dificuldade diz respeito à escolha dessas três alternativas: parece ser uma tese razoável que toda ação conforme a uma escolha é voluntária, mas pode-se perguntar se a contrapositiva é verdadeira. E que toda ação voluntária é conforme ao desejo do agente também parece evidente, mas novamente poderíamos perguntar se a contraposição dessa tese permanece verdadeira. Contudo, em que sentido uma ação conforme ao "pensamento" é voluntária? E, além disso, por que essas alternativas esgotariam as possibilidades do que seria a ação voluntária?

Uma sugestão, proposta por Michael Woods,[20] é considerar que uma ação "resulta de uma combinação de pensamento e inclinação *(orexis)*, cuja interação resulta em escolha" e, assim, o voluntário e o contravoluntário "devem ser explicáveis em termos ou de um desses ou do que resulta de sua cooperação". Mas essa sugestão resvala numa dificuldade fatal. Se toda ação é uma combinação de pensamento e inclinação, então em toda ação está presente uma escolha, já que esta nada mais é do que a combinação daqueles dois elementos. Mas, na *Ethica eudemia* II, 7, 1224ª2-4, Aristóteles insiste que a ação em que uma escolha está presente é apenas um tipo de um conjunto mais amplo de tipos de ações. Se é assim, então é possível agir sem ter deliberado e escolhido (é o caso da ação decorrente de um impulso). Anthony Kenny

---

[20] WOODS [1992], p. 128-29.

sugere[21], por outro lado, que Aristóteles confia numa definição implícita de ação: uma ação é um comportamento relacionado a um estado da alma. Uma vez que os estados da alma podem ser classificados em volitivos (*ὄρεξις*), epistêmicos (*διάνοια*) ou mistos (*προαίρεσις*), faz sentido perguntar qual desses três elementos define a ação voluntária, subclasse da classe das ações. Mas também essa hipótese parece conduzir a uma dificuldade. Aristóteles chega à conclusão de que, não sendo uma *ὄρεξις* nem uma *προαίρεσις*, a condição necessária da ação voluntária deve ser a *διάνοια*. É difícil, contudo, imaginar uma ação voluntária que não seja acompanhada de algum estado volitivo presente no agente, de modo que afirmar que a ação voluntária é aquela na qual há apenas conformidade a um estado cognitivo parece difícil de aceitar.[22]

Tentemos, contudo, explorar mais a sugestão de Woods[23] de que Aristóteles considera dada a condição (tematizada no capítulo precedente) de que *toda* ação voluntária é acompanhada de um princípio presente no agente (um estado volitivo qualquer). A investigação, nesse sentido, deveria dedicar-se à condição *suplementar* de uma ação voluntária, cabendo saber se ela é uma ação em que está presente *exclusi-*

---

21 Kenny [1979], p. 13.

22 Se alguém apenas *imagina* cometer um assassinato, sem agir, não está agindo voluntariamente, pelo simples fato de que sequer está agindo. O que dizer, contudo, de uma ação em que o agente imagina cometer um assassinato e é fisicamente forçado a tanto, sem qualquer desejo que o mova nessa direção, ou até mesmo agindo com desejos contrariados? A dificuldade, assim, vai adiante na interpretação de Kenny.

23 Woods [1992], p. 120. O autor não explora essa sugestão na direção a seguir, a fim de solucionar as dificuldades que ele próprio levanta *(id., ibid.,* p. 121).

vamente um estado volitivo, ou na qual *sempre* está presente uma decisão, ou na qual está presente *sempre* um estado cognitivo. Assim, uma vez classificados os estados da alma nessas três classes, Aristóteles continua investigando as subclasses contidas nesses conjuntos. Suponhamos que uma ação voluntária seja uma ação relacionada exclusivamente a uma ὄρεξις. Como as ὀρέξεις se dividem por sua vez em três tipos – βούλησις (querer), θυμός (paixão) e ἐπιθυμία (apetite)[24] – uma ação voluntária relaciona-se ao menos com um desses três tipos de estados "oréticos". Diante disso, a argumentação ocupa-se em demonstrar, nesse momento, que uma ação, considerada voluntária, na vida cotidiana, não pode sê-lo estando em conformidade com *apenas um* desses estados.

A *Ethica eudemia* apresenta dois argumentos para a redução das ações voluntárias àquelas relacionadas a um apetite. O primeiro recorre ao fato de que todo apetite se volta para algo prazeroso; em contrapartida, o que é desprazeroso, ou

---

[24] A tradução desses três termos, bem como de ὄρεξις, exige justificação. Kenny prefere *volition* (volição) para βούλησις, *anger* (raiva) para θυμός e *sensual desire and appetite* (desejo sexual e apetite) para ἐπιθυμία. Sua tradução, entretanto, possui dois inconvenientes: "volição", que traduz βούλησις, sugere que Aristóteles aceita de modo não explícito uma faculdade como a vontade, o que é controverso. Além disso, θυμός parece ser mais amplo do que exclusivamente "raiva", englobando qualquer emoção forte e, por vezes, até mesmo apetites (sexual, degustativo etc.), como aparece no dialeto homérico (LIDDELL & SCOTT [1940]). DÉCARIE [1991], p. 100, emprega *désir* (desejo) para ὄρεξις, *voeu* (voto, esperança) para βούλησις, *emportement* ou *passion* (arrebatamento e paixão) para θυμός e *appétit* ou *concupiscence* (apetite e concupiscência) para ἐπιθυμία. Exceto pela palavra *voeu*, dificilmente traduzível em português exatamente na mesma gama de usos, essas escolhas parecem-me as mais adequadas. RACKHAM [1994 (1926)], p. 267-9 prefere respectivamente *appetition* (apetite), *wish* (vontade ou querer), *passion* (paixão)

ainda, o que é doloroso, não pode se tornar objeto do apetite. Ora, toda ação contravoluntária é coagida, e toda ação coagida é dolorosa. Portanto, o que é contravoluntário não é objeto do apetite. Por contraposição, o que é objeto do apetite é voluntário. O segundo argumento provém da teoria da *ἀκρασία*, que será examinada mais adiante.[25] Partindo do princípio de que toda ação injusta é voluntária – princípio herdado do senso comum e antiplatônico –, e de que uma ação de acordo com o apetite e contra a razão (justamente a ação do "acrático"), por ser viciosa e, assim, injusta, é voluntária, segue-se que toda ação produzida pelo apetite é voluntária. Esses argumentos serão contrabalançados por argumentos contrários que procurarão mostrar que os primeiros não são suficientes para provar que uma ação voluntária consiste numa ação feita de conformidade ao apetite.

Deve-se lembrar que, como lembra muito bem Kenny,[26] Aristóteles não se compromete com a acuidade lógica

---

e *desire* (desejo), no que é seguido, com uma ligeira diferença, por WOODS [1992], p. 22 e 121, que prefere *inclination* (inclinação) para *ὄρεξις* e *desire* para *ἐπιθυμία*. Na língua portuguesa parece que, desses termos todos, o mais geral é "desejo", que guardo para *ὄρεξις*. "Apetite", embora talvez ligeiramente mais restritivo que *ἐπιθυμία*, cobre o sentido em que Aristóteles emprega o termo na *Ethica eudemia*. "Paixão", na linguagem cotidiana, é atualmente excessivamente restritivo, referindo-se exclusivamente a emoção amorosa intensa. Na linguagem filosófica, entretanto, a palavra cobre um âmbito bem maior, englobando as emoções intensas e, por vezes, até mesmo emoções mais fracas (sentimentos) e apetites. O termo "querer", substantivação de um verbo de atitude proposicional, deixa transparecer mais ou menos claramente uma idéia de disposição do agente perante um conteúdo proposicional, que é um pouco o que o termo *βούλησις* designa.

25 Cf. capítulo III, *infra*.

26 KENNY [1979], p. 23.

dessas argumentações, nem com suas teses. Esses dois argumentos são introduzidos com o verbo δόξειε ("pareceria, à primeira vista, que", "pensar-se-ia que", ou ainda "admite-se comumente"), empregado freqüentemente em Aristóteles para apresentar argumentos provenientes ou das opiniões comuns, ou das reputadas, e particularmente quando se trata de expor as ἀπορίαι ou questões.[27] Não se trata, portanto, de argumentos *aristotélicos,* mas de teses, provenientes de outros, a serem examinadas dialeticamente a partir de agora.

Se as opiniões apresentadas são argumentos provenientes dos adversários, qual é, então, o argumento "forte" de Aristóteles para a crítica à identificação das ações voluntárias com aquelas nas quais estão presentes quer o apetite, quer a paixão? A conclusão de Aristóteles na *Ethica eudemia* II, 7, 1223ᵇ26-28 apresenta a evidência fatal contra a identificação da ação voluntária com a ação movida exclusivamente pelo apetite ou pela paixão:

> É mais voluntário aquilo que é conforme o querer do que o que é conforme o apetite ou a paixão. Prova disso (τεκμήριον δὲ) é que fazemos muitas coisas voluntariamente sem impulso (ὀργή) nem apetite *(EE* II, 7, 1223ᵇ26-28).

Dois termos aqui são chaves: τεκμήριον e ὀργή. O segundo é, nesse contexto, sinônimo de θυμός, insistindo apenas um pouco mais na idéia de arrebatamento do que o pri-

---

[27] Δόξειε aparece em *EE* II, 7, 1223ᵃ29 e em *EE* II, 7, 1223ᵇ4 (sob a forma δόξειεν).

meiro.[28] O termo τεκμήριον, que é objeto de análise na *Rhetorica* I, 2 e particularmente na expressão ática τεκμήριον δὲ, indica que agora se trata de uma evidência forte e conclusiva (é com esse uso que a expressão aparece em Aristóteles e em Platão, notadamente). A evidência forte que estava faltando é, portanto, justamente essa: não se pode fazer com que a classe das ações voluntárias esteja contida na classe das ações por paixão ou apetite, pelo simples fato de que há ações voluntárias que não são acompanhadas nem de um, nem de outro. Sendo assim, resta examinar a terceira alternativa: que essa classe esteja contida na das ações causadas pelo querer.

Cabe notar que os verbos aí empregados por Aristóteles para qualificar sua tese são diferentes. O estilo da argumentação deixa de ser aquele de recolher aporias e argumentos de teses contrárias, a fim de fazer com que percam sua força, e passa nesse momento a ser inferencial. Aristóteles, que já havia empregado a expressão τεκμήριον δὲ, utiliza agora φαίνεται ("é evidente que") e uma expressão que marca sua plena adesão ao que irá sustentar: ὑποκεῖται [γὰρ] ἡμῖν καὶ δοκεῖ... – "assumimos como hipótese e admite-se":[29]

> Resta, portanto, investigar se o que se quer (τὸ βουλόμενον) e o voluntário são a mesma coisa. Mas é evidente (φαίνεται) que isto também é impossível. Pois assumimos como hipótese e admite-se (ὑποκεῖται γὰρ ἡμῖν καὶ δοκεῖ) que o vício torna os homens mais injustos, e é evidente (φαίνεται) que a intemperança

[28] Décarie [1991], p. 102, n. 106; Liddell & Scott [1940] registra os sentidos mais diversos de *raiva, ódio, medo, disposição, natureza, temperamento, propensão, impulso, paixão* etc.

[29] Kenny [1979], p. 23 sublinha esse ponto.

> (ἀκρασία) é um vício: mas se seguirá o contrário [dessa tese]. Pois ninguém quer aquelas coisas que pensa serem más, mas [as] faz quando se torna incontinente. Portanto, se o agir injustamente é voluntário, ao mesmo tempo que o voluntário é aquilo que é conforme o querer, toda vez que alguém vem a ser incontinente, não mais agirá injustamente, mas será mais justo do que antes de se tornar incontinente. Mas isso é impossível (*EE* II, 7, 1223^{b}28-36).

Uma objeção seria dizer que Aristóteles desconsidera a possibilidade de que uma ação voluntária consista na concordância com (ora) uma e (ora) outra espécie de desejo, e não necessariamente com *apenas uma única* forma. Aristóteles teria, então, para completar sua argumentação, de examinar uma quarta possibilidade além dessas três, o que ele não faz.[30] Mas o ponto não é esse. Pouco importa se a ação voluntária é conforme ora a um, ora a outro desses três elementos. O que está em questão é se uma ação voluntária consiste numa ação conforme a *algum* deles, pouco importa se um ou mais de um, e pouco importa se sempre ao mesmo, ou ora a um, ora a outro. Como o problema era saber se a oposição voluntário/contravoluntário podia ser identificada com a oposição de conformidade com o desejo/contrariamente ao desejo, é claro que uma ação contrária a qualquer um dos três elementos não é necessariamente contravoluntária, o que invalida a hipótese da identificação.[31]

---

[30] Essa é, em linhas gerais, a objeção de WOODS [1992], p. 121-2, à formulação da *Ethica eudemia*, que ele considera insuficiente perante a formulação, a seus olhos diferente, da *Ethica nicomachea.*

[31] Essa é a interpretação de KENNY [1979], p. 25, que adoto aqui.

Este ponto de chegada parcial é importante. Uma ação voluntária, embora não se saiba ainda em que consiste, certamente não se reduz ao fato de ser conforme a um desejo. Sem dúvida, essa não é uma condição *necessária:* o exemplo do ἐγκρατής e do ἀκρατής mostra que pode haver ações contrárias ao desejo e, apesar disso, voluntárias. Restaria saber se é uma condição suficiente. Mas será preciso que uma condição suplementar seja satisfeita; que, além de ser conforme ao desejo (ou além de o princípio da ação estar no agente), o agente tenha acesso epistêmico relevante aos resultados de sua ação. Não basta, portanto, que a ação tenha seu princípio no agente, decorra de um desejo (numa das suas três formas) que surgiu em certo momento. Será necessário que também o resultado da ação (segundo a *Ethica eudemia,* ponto do qual diferirá a *Ethica nicomachea)* ocorra conforme o previsto e o desejado pelo agente. Supondo essa condição suplementar satisfeita desde o início, é claro que toda ação conforme o desejo é voluntária, e que toda ação contrária ao desejo é contravoluntária.

Já não é que a presença de uma ὄρεξις no agente a condição necessária e suficiente do caráter voluntário da ação, poderia ser a προαίρεσις. Ora, é claro que ninguém decide "de repente" (ἐξαίφνης), e também que muitas vezes agimos conforme o querer, mas repentinamente. Como toda ação conforme o querer é voluntária (embora nem toda ação voluntária seja conforme o querer), há pelo menos uma classe de ações que não pertence à das ações realizadas em decorrência de uma decisão prévia e que são voluntárias. Assim, a classe das ações voluntárias é maior do que das ações decorrentes de uma decisão e engloba, ao lado destas, aquelas realizadas em decorrência de um querer e sem escolha.

Resta, portanto, que as ações voluntárias são aquelas de conformidade a um determinado estado cognitivo (κατὰ διάνοιαν). Essa condição é justamente a que estava faltando: não basta, para uma ação voluntária, que seu princípio esteja presente no agente. Esse algo mais consiste no acesso epistêmico do agente às conseqüências de sua ação. É por isso que a condição suplementar só pode consistir na presença, no agente, de um determinado estado cognitivo. É por isso também que o esquema da investigação até então supunha como dada uma das condições da ação voluntária, que a partir desse momento passa a ser tema de investigação: que o princípio da ação esteja no agente e, mais ainda, que este seja capaz de agir de modo diferente se assim desejar. Justamente essa condição estava sendo suposta até agora, e Aristóteles não a havia examinado em detalhe.[32] Nesse ponto, a análise aristotélica passa a cumprir a tarefa argumentativa que se fazia necessária, concluindo o exame das condições físicas da ação. Cabe, agora, examinar as ações contravoluntárias nas quais a ação é realizada *por compulsão,* ou ainda, nas quais o princípio da ação não está presente no agente. O ponto de partida é a certeza ordinária de que uma ação realizada por coação é contravoluntária:

> Pois parece que é próprio deles fazer alguma coisa por coação ou não por coação: pois dizemos tanto que o coagido é contravoluntário, quanto que tudo o que é contravoluntário é coagido. De modo que devemos investigar primeiro acerca daquilo que é por

---

[32] Em *EE* II, 8, 1224^{a}7-9, Aristóteles exorta o leitor a "conduzir um pouco mais a discussão" e "levar a termo a distinção sobre o voluntário e o contravoluntário", isto é, terminar a tarefa começada. Dirá ainda que a distinção entre a ação por coação e a espontânea é relevante para a discussão em questão.

coação: o que é, e como se relaciona ao voluntário e ao contravoluntário *(EE* II, 8, 1224^{a}9-13).

O ponto de partida de Aristóteles, como aliás anteriormente quando da introdução do conceito de "princípio dominante" na análise das ações, é um exame dos usos da expressão "por coação" (βίᾳ) na linguagem cotidiana. A estratégia da investigação consiste em examinar em que condições essa noção é aplicada a seres inanimados ou animados não-racionais e, em seguida, verificar se essas condições podem ser estendidas a seres vivos dotados de razão.

Aristóteles não se detém, entretanto, na noção de βίᾳ ou "por coação", mas estende a investigação ao uso da palavra ἀνάγκη ou "por necessidade". É difícil saber qual a diferença precisa entre essas duas expressões *neste texto de Aristóteles.* Uma hipótese, derivada da aplicação imediata de uma distinção proveniente de outros textos dele – a diferença entre a coação executada por um princípio exterior ao agente e que o move (em particular um agente humano) e aquela proveniente das circunstâncias[33] – não parece ser tão evidente. Na *Ethica eudemia* II, 8, 1224^{a}13-14, Aristóteles afirma que "a ação por coação (τὸ βίαιον) e por necessidade (τὸ ἀναγκαίον) se opõem, e tanto força (βία) quanto necessidade (ἀνάγκη), ao voluntário e ao persuadido com respeito às ações".[34] Apa-

[33] É essa a oposição que o autor de *Magna moralia* estabelece no Capítulo 15 do livro I *(Magna moralia,* 1188^{b}13-25) e em *De caelo* III, 2, 301^{b}19.

[34] É difícil saber por que Aristóteles emprega, nesta frase, inicialmente a nominalização no neutro dos respectivos adjetivos (τὸ βίαινον e τό ἀναγκαίον) para, em seguida, empregar os substantivos habituais βία e ἀνάγκη.

rentemente, a presença dos dois substantivos sugeriria uma diferença a ser notada. Mas nada em seguida torna clara a diferença.[35] Outras formas são a expressão adverbial *βίᾳ*, acompanhada de uma verbalização ou uma adverbalização de ἀνάγκη (ἀναγκαζόμενα, particípio, na *Ethica eudemia* II, 8, 1224ª17, e ἀναγκασθέντες, em II, 8, 1225ª2-3; ἀνάγκῃ na *Ethica eudemia* II, 8, 1224ª39): em todos esses contextos a expressão "por coação e por necessidade" parece exprimir um conceito geral que se refere a qualquer princípio exterior que move o agente a fazer algo, seja ele relativo a circunstâncias não-humanas ou não.[36]

De modo geral, diz Aristóteles, os termos "coagido" e "necessitado" aplicam-se tanto às coisas inanimadas quanto às animadas: uma pedra que, contrariando seu movimento para dirigir-se a seu lugar natural, é jogada para cima, é movida "por coação" ou "obrigada" (*βίᾳ καὶ ἀναγκαζόμενη*) a realizar esse movimento "antinatural". Tais são os movimentos "por coação" ou "forçados" (*βία*) de tais objetos inanimados. Poderíamos esperar, entretanto, que, sendo uma ação "não por coação" (*οὐ βίᾳ*), fosse dita "voluntária", mas ninguém diz que

---

[35] Kenny [1979], p. 44.

[36] Note-se, contudo, que em outros contextos, como por exemplo em *Physica* II, o conceito de ἀνάγκη aparecerá muito bem definido por oposição, por exemplo, ao acaso (τύχη) ou à natureza (φύσις). Aquela observação vale, portanto, exclusivamente para o contexto de *EE* II, 8 e ss. Em diversos contextos (embora não em todos) de uso na língua grega do período de Aristóteles, e talvez algum tempo antes (ao menos na época de Platão), a diferença entre ἀναγκαίος e βίαιον não era significativa, embora ainda permanecessem usos cujos sentidos originais das palavras βία (força física) e ἀνάγκη (curso necessário das coisas) se fizessem presente.

uma pedra que se move, conforme seu impulso, na direção de seu lugar natural no centro da Terra, se move "voluntariamente". O contrário, portanto, de *βίᾳ*, no caso dos seres inanimados, não possui um nome específico, mas certamente a palavra *ἑκούσιον* não é de uso comum nesse caso, não sendo, portanto, um bom termo a ser empregado nessa situação.

O termo "por coação" aplica-se também a um ser animado quando ele "faz ou padece de várias coisas toda vez que algo, diverso do impulso nele, o move a partir de fora". Aristóteles não apresenta exemplos para tornar mais claro esse uso de "por coação", aplicado a seres vivos, mas pode-se imaginar facilmente, por exemplo, um burro puxado por seu dono ou um cão preso a uma corrente como casos de coisas feitas ou padecidas por um ser animado, cujo princípio da ação ou padecimento está fora do agente. Animais não-humanos e crianças, contudo, são sempre movidos por um único princípio, tal como o são os seres inanimados. Neles não há conflito entre princípios, o racional e o proveniente do desejo, como ocorre entre os seres humanos na maturidade. Os animais não-humanos possuem como princípio apenas a *ὄρεξις (EE* II, 8, 1224ª26-27), ao passo que no homem subsistem ambos. Deve-se notar, além disso, uma diferença filológica importante, presente no texto. Aristóteles refere-se aos seres vivos como *πολλὰ καὶ πάσχοντα καὶ ποιοῦντα* ("fazendo e padecendo várias coisas") quando são movidos por um princípio exterior a eles. Emprega aí o verbo *ποιέω*, fazer, num sentido amplo. Mais abaixo, após dizer que no homem subsistem ambos os princípios, afirma que estão presentes "naquela idade na qual também o agir (*πράττειν*) é prescrito". E duas linhas abaixo afirma que nem crianças nem animais não-humanos, porque não partilham do *λογισμός*, *agem*.

É claro que, uma vez que a investigação tenha iniciado esse curso, surgirá o problema de compreender até que ponto o continente e o incontinente agem contrariando seus impulsos e, assim, de maneira contravoluntária. Se toda ação "por coação" consiste numa que *contraria* um desejo presente no agente, a ação do acrático, justamente porque nele um desejo é contrariado, seria contravoluntária (e supostamente não sujeita a censura). Assim, tanto o homem continente quanto o incontinente se oporiam a um princípio da ação presente dentro de si: o *λογισμός* no caso do incontinente, a *ὄρεξις* no caso do continente agiriam, portanto, de modo contravoluntário. Mais ainda, ambos experimentam dor ao fazê-lo (embora o acrático sofra menos, pois seu sofrimento presente, que decorre da contradição do *λογισμός*, é compensado pelo prazer que obtém na sua ação incontinente), indício evidente, mais uma vez, de que se trata de uma ação contravoluntária, pois toda ação coagida é dolorosa e contravoluntária. Mas é justamente aqui que os termos do problema irão inverter essas conseqüências: o fato de padecer de uma pequena dor e de desfrutar de um (comparativamente, no presente) maior prazer torna voluntária a ação do acrático, já que toda ação fisicamente (e não epistemicamente) contravoluntária é dolorosa.[37]

Há, contudo, uma semelhança entre o que se passa entre, de um lado, o continente e o incontinente, do ponto de vista de sua resistência a um impulso neles presente, e, de ou-

[37] Uma ação fisicamente contravoluntária é, no sentido estrito, uma ação na qual o agente é coagido a fazer algo que não faria se não fosse forçado a fazê-lo. Numa ação epistemicamente contravoluntária os efeitos da ação diferem do planejado pelo agente. Mas essa não-conformidade pode ser de duas espécies: ou para pior (gerando arrependimento) ou para melhor. No segundo caso, claro, o agente não se arrependerá do que fez se o resultado foi melhor do que o esperado.

tro, o que se passa com crianças, animais não-humanos e seres inanimados.[38] Ninguém negará que há, nos dois casos, resistência a um impulso. Diante da análise da coação relativa aos seres não-racionais, como continuar afirmando que uma ação contravoluntária é aquela na qual o agente é movido por um princípio exterior a ele? Para tanto, será necessário distinguir as duas partes da alma nas quais esses impulsos dominam. É claro que, tomados distintamente, um impulso sobrepuja o outro. Deve-se dizer que, por exemplo, se a *ὄρεξις* é sobrepujada por um impulso proveniente da parte *λογιστική* da alma, a parte *ὀρεκτική* age "por coação" perante a ação, sobre ela, de um elemento externo. Na *Ethica eudemia* II, 8, 1224^{b}21-24, Aristóteles esclarece essa semelhança aparente:

> De modo que há fundamento em dizer que cada um age por coação e que cada um, por vezes, age de modo contravoluntário pelo desejo ou pela parte calculativa [*λογισμός*]: pois sendo cada um distinto, é sobrepujado pelos outros. E, a partir disso, transferem para a alma inteira quando vêem algo tal nas partes da alma. Portanto, das partes pode-se dizer isso; a alma inteira, entretanto, tanto do incontinente quanto do continente, age voluntariamente e nenhum dos dois por coação, mas sim alguma das coisas neles, já que também por natureza temos ambas.[39]

---

[38] Sigo aqui a lição de Jackson [1914], p. 298 e Woods [1992], p. 192 e leio *δοκοῦσιν οὗτοι μόνον οὐ βίᾳ καὶ ἄκοντες ποιεῖν*, em II, 8, 1224^{b}2-3, mantendo os Mss e introduzindo *οὐ*, ao invés de modificar *ἄκοντες*, substituindo-o por *ἕκοντες*, como prefere Mingay na edição Oxford Classical Texts (OCT).

[39] Esse argumento já aparecia em *República* IV, 430d-431b.

O erro está em confundir as propriedades das partes com as do todo. Parcialmente, a alma do incontinente e a do continente são de fato "coagidas" a agirem conforme o desejo ou a razão, segundo a maior força presente no momento. Como um todo, contudo, nenhum princípio exterior moveu o agente. A alma é composta de duas "partes" ou "funções" (conforme o texto de Aristóteles que estivermos examinando), mas nem por isso deixa de possuir unidade. O desejo que move o agente *X* a agir, ou o impulso racional que o move, pouco importa, pertence tanto à alma de *X* quanto qualquer outra parte de sua alma (por exemplo, sua função sensitiva ou digestiva). Como tal, não é o agente que *é levado,* por algo externo, a agir nessa ou naquela direção, mas é *o próprio agente que age.* Claro, resta a questão de saber se aquilo que desperta o desejo, na medida em que é exterior ao agente, não poderia ser considerado um princípio externo da ação – ponto em que o capítulo 10, do livro II, do *De anima* se deterá.[40] Mas, de toda forma, não é possível dizer, segundo Aristóteles, que um acrático agiu de modo contravoluntário. Apenas uma parte de sua alma foi contrariada, não toda ela.

Apesar desta ressalva, continua válida a definição (provisória) de ação voluntária como aquela em que o princípio da ação não é exterior ao agente, isto é, aquela na qual não há coação. A ação "forçada", "obrigada" ou ainda "necessitada" (*ἀναγκαζόμενη*), aparentemente sinônimo, aí, de "coagida", é definida como aquela na qual o princípio da ação "vem de fora" (*ἔξωθεν*):

[40] Cf., mais adiante, Capítulo IV.

> Chamamos necessidade [ἀνάγκη] ao princípio que vem de fora, àquele distinto daquilo que ou impede ou move [o agente], como se alguém, segurando a mão, batesse contrariamente a seu querer e seu ter apetite: mas quando o princípio provém de dentro (ἔσωθεν), [a ação] não é por coação (οὐ βίᾳ) *(EE* II, 8, 1224b11-15).

Essa afirmação conduz a duas teses preliminares na determinação das condições físicas da ação voluntária:

[T1] Em qualquer ação *x,* se o princípio de *x* provém de fora do agente, então *x* é praticada por coação ou força [βίᾳ ἢ ἀναγκαζόμενα].

[T2] Em qualquer ação *x,* se *x* não é praticada por coação ou força, então o princípio de *x* não provém de fora do agente (isto é, está presente no agente).

T1 e *T2* são uma a contrapositiva da outra e servem para determinar a primeira das condições, segundo a *Ethica eudemia,* de uma ação voluntária: toda ação praticada por coação ou força é contravoluntária e inimputável, segundo o uso comum dos termos. Toda ação, por outro lado, cujo princípio não se encontra no agente, é praticada por coação ou força. Assim, toda ação cujo princípio não se encontra no agente é contravoluntária e, por contraposição, toda ação que não é contravoluntária, isto é, toda ação voluntária, é gerada por um princípio presente no próprio agente.

Esse raciocínio levanta a questão de saber como são possíveis as ações cujo princípio está no agente, e nas quais, supostamente, os resultados são perfeitamente previsíveis por ele e que, contudo, não são voluntárias. Tal é o caso das "ações" como suar ou o bater do coração:[41] o princípio da ação está em mim, sei perfeitamente que estou suando (quando entro num ambiente úmido e quente) ou que meu coração está batendo (quando tomo meu pulso, por exemplo), mas nem por isso se pode dizer que essas ações são "voluntárias", tal como não cabia dizer, no caso dos seres inanimados, que estes, ao realizarem seus movimentos naturais conforme seus respectivos impulsos, agiam "voluntariamente". Essa dificuldade pareceria invalidar a introdução de *T1* e *T2*, como teses determinando uma primeira condição *sine qua non* da ação voluntária.

Há várias alternativas possíveis para Aristóteles: a primeira seria recusar *T1* e *T2* e considerar que há ações cujo princípio não está no agente e que não são realizadas por coação. Essa via seria tanto mais adequada quanto mais se sabe que nem toda ação cujo princípio está fora do agente é necessariamente causa de dor. Um passageiro de um navio ou avião, cuja rota, por razões de segurança, é modificada para um caminho alternativo indiferente, ou até mesmo mais vantajoso para ele, tem o princípio de sua ação (não esqueçamos, uma κίνησις como aquela que sofre a criança cujo pai a puxa pela mão com força) não nele, mas fora, e nem por isso lhe causa prejuízo. Assim, uma ação por coação poderia significar apenas uma que causa desconforto ou dor ao agente, e não aquela cujo princípio não está nele.

Essa via de solução, claro, coloca a dificuldade de saber em que momento uma ação deveria produzir, no agente, desconforto ou dor para que fosse considerada coagida. A deglutição de um remédio amargo, por exemplo, causa descon-

---

[41] IRWIN [1980A], p. 122-3, de onde extraí estes exemplos.

forto e desprazer no agente. Deveria ser considerada coagida? Por outro lado, um excesso alimentar em que me envolvo causa-me dor somente durante minutos, horas, ou quem sabe até anos depois, não no momento em que me farto (ao contrário, quando como, satisfaço-me e sinto prazer). Deve essa ação ser considerada não-coagida quando praticada, e coagida minutos ou anos depois? Seja como for, essa não é a solução seguida por Aristóteles na *Ethica eudemia*. Sua escolha restringe o sentido da cláusula que exige que o princípio da ação esteja no agente para que a ação seja considerada voluntária, e não realizada por coação. Trata-se de introduzir uma cláusula suplementar para separar os casos "fisiológicos" e outros (nos quais a ação tem o princípio no agente, mas, por assim dizer, por acidente) das ações que podem ser consideradas voluntárias.

Essa cláusula é uma condição independente, como será também a que estabelece que, numa ação voluntária, o agente deve ter acesso epistêmico completo às circunstâncias e aos resultados relevantes de sua ação. O raciocínio de Aristóteles acima é impecável desse ponto de vista: aceitar *T1* e *T2*, junto com as teses suplementares, nos leva apenas a concluir que é condição *suficiente* da natureza contravoluntária de uma ação o fato de seu princípio não estar presente no agente, o que, por contraposição, nos leva a admitir apenas que é condição *necessária* de uma ação voluntária que esta tenha seu princípio naquele que a realiza. Aristóteles não afirma, em nenhum momento, que seria condição suficiente de uma ação voluntária (junto, claro, com o acesso epistêmico adequado) que o princípio da ação estivesse no agente.

Para definir essa cláusula complementar Aristóteles tem, mais uma vez, várias vias abertas. Pode exigir que o princípio da ação esteja no agente *e que* esse princípio seja ou uma ὄρεξις não-racional, como no caso do acrático, ou um impulso proveniente da razão, como no caso do continente ou do temperante. Ações cujos princípios não provenham de nenhum desses dois casos, mesmo se o agente tiver acesso epistêmico a suas conseqüências e mesmo se seu princípio estiver legitimamente no agente, não servem para tornar uma ação voluntária. Novamente, essa alternativa não é a que Aristóteles segue, ao menos diretamente. A condição suplementar que admite introduzir é a que exige *que esteja em poder do agente agir diferentemente,* se quiser. Essa cláusula, assim colocada, é excessivamente vaga. Ela não distingue os casos em que o agente está moralmente coagido a agir – e assim não pode, moralmente, agir diferentemente – daqueles em que é levado a agir assim por razões fisiológicas, ou ainda daquele no qual uma emoção qualquer irrompe no agente e faz com que tome um determinado curso de ação. O sentido preciso desse "poder agir diferentemente" emergirá do exame de cada um desses casos.

No caso da coação moral, o agente é forçado a praticar uma ação em virtude das conseqüências que a recusa em praticá-la engendra. A coação moral é, por exemplo, o caso de alguém que, para não ter seus familiares massacrados, precisa matar. Nesse caso excepcional, o agente é "forçado" a fazer algo que não faria em circunstâncias normais e ao preço de desprazer e desconforto. A ação é considerada aqui, pelo agente e pelo público que a observa, em si mesma moralmente reprovável, embora desculpável nesse contexto *(EE* II, 8, 1225ª2-5). Aparentemente, a tese *da Ethica eudemia* é que tais ações são perfeitamente voluntárias: nelas o agente podia ter agido diferentemente se desejasse seguir outro curso de ação, cabendo-lhe, claro, suportar as conseqüências:

> Mas diz-se que os homens, de uma outra maneira, agem por coação e forçados, sem que a razão e o desejo estejam em desarmonia, quando fazem aquilo que é doloroso e julgam baixo [φαῦλον], e quando há açoites ou prisões ou mortes para os que não o fazem. Pois dizem que fazem tais coisas forçados. Ou não é assim, mas todos fazem voluntariamente o mesmo? Pois é-lhes possível não fazer, mas padecer aquele sofrimento [πάθος] *(EE* II, 8, 1225ª2-8).

Neste caso particular, a *Ethica eudemia* consideraria que a ação moralmente coagida é voluntária. Havia, fisicamente falando, a possibilidade de o agente agir diferentemente e ele não estava forçado a agir dessa ou daquela forma pela sua constituição corporal. Esse é um ponto em que, segundo alguns, a *Ethica eudemia* difere da *Ethica nicomachea,* que considerará esse tipo de ação aparentemente mais próxima das ações contravoluntárias, embora em si mesmas sejam voluntárias. De toda forma, aí ao menos a coação moral não é suficiente para tornar uma ação contravoluntária.

Essa seria a conclusão a que se chegaria simplesmente se não existisse a passagem de *Ethica eudemia* II, 8, 1225ª8-19. Nessa passagem que apresenta consideráveis dificuldades interpretativas, Aristóteles parece afirmar que tais ações são, apesar de tudo, contravoluntárias. A passagem, o mais literalmente possível, é a seguinte:

> Ou talvez alguém admitisse algumas dessas coisas, outras não. Pois, de um lado, aquelas coisas dessa espécie que está no poder de alguém ocorrer ou não, mesmo se faz aquelas coisas que não quer, ele faz voluntariamente e não por coação; por outro lado, aquelas coisas dessa espécie que não estão em seu poder são, de certa forma, por coação, contudo não sim-

> plesmente (ἁπλῶς),[42] porque não escolhe aquilo mesmo que faz, mas a finalidade, dado que também nestas coisas há uma diferença. Pois, se alguém, a fim de não ser apanhado ao ser apalpado, matasse, seria ridículo se dissesse que [fez isso] por coação e forçado,[43] mas é necessário que haja um mal maior e mais doloroso que será sofrido se não fizer [isso]. Assim, portanto, age forçado, e não por coação, ou não por natureza, quando faz um mal tendo em vista um bem, ou a remoção de um mal maior, e, sem dúvida, de modo contravoluntário: pois essas coisas não estão em seu poder *(EE* II, 8, 1225ª8-19).

Michael Woods[44] vê aqui uma série de dificuldades, e obviamente a passagem exige cuidados interpretativos, pois Aristóteles parece, em pouco mais de dez linhas, sustentar duas afirmações inteiramente contraditórias.

---

[42] Adoto "simplesmente" como a versão para ἁπλῶς. A tradição latina emprega *simpliciter*. BARNES [1984], na revisão da edição inglesa coordenada por Ross, prefere *without qualification*. IRWIN [1985] e WOODS [1992] preferem *unconditionally*. De toda a forma, trata-se de um termo empregado por Aristóteles para marcar uma diferença entre o uso de um termo, apropriado sob certo aspecto, e o uso próprio desse termo.

[43] Os comentadores antigos sugerem que se trata, no exemplo, de um jogo do tipo cabra-cega no qual alguém tenta, vendado, capturar os outros participantes que o tocam e os quais, em contrapartida, ele deve tocar. Alguém que chegasse ao ponto de matar o participante vendado, para evitar ser por ele tocado, dificilmente poderia justificar sua ação como "por coação". Ver a esse respeito WOODS [1992], p. 134, DÉCARIE [1991], p. 107, DIRLMEIER [1969], p. 284 e RACKHAM [1994 (1926)], p. 282.

[44] WOODS [1992], p. 132-4.

Na *Ethica eudemia* II, 8, 1225^{a}6-8, Aristóteles coloca uma dificuldade que, à primeira vista, deve ser solucionada considerando voluntárias todas as ações por coação moral. Perante uma escolha crucial que acarreta a realização ou não de uma conseqüência moralmente obrigatória, está ainda nas mãos do agente praticar a ação (moralmente reprovável em si mesma) ou não. A definição estrita de ações "por coação" obviamente não se aplica aí, uma vez que sua prática não decorreu exclusivamente de um princípio exterior ao agente (como no caso, por exemplo, de alguém levado à força pela mão). Do ponto de vista exclusivamente da definição de ação por coação, um agente coagido moralmente não age por coação *stricto sensu* e não há nada que nos impeça dizer que, *ceteris paribus,* ele agiu voluntariamente. Mas é claro que o ponto de vista da moralidade cotidiana não pode aceitar essa solução, e alguém que assumisse essa perspectiva "talvez dissesse algumas dessas coisas, outras não".[45] Aí, o paradoxo está entre admitir a definição de ação coagida na sua forma presente

[45] Há uma dificuldade de leitura nessa frase, lembrada por Woods [1992], p. 132: *ἢ ἴσως τούτων τὰ μὲν φαίη τις ἂν τὰ δ᾽ οὔ*. Essa frase pode ser traduzida ou por "ou talvez alguém diria algumas dessas coisas [considerando-as verdadeiras, mas] outras não" (a saber, as teses de que uma ação moralmente coagida é voluntária e não é fisicamente coagida) ou "ou talvez alguém diria que algumas dessas [ações são voluntárias], outras não". Woods lembra que Solomon e Dirmeier adotam a segunda leitura, mas a primeira é lingüisticamente mais fácil. De minha parte não vejo fundamento em introduzir "ações são voluntárias" na tradução dessa frase, uma vez que nenhuma das sentenças anteriores ou posteriores permite determinar gramaticalmente a referência de *τὰ μὲν... τὰ δέ...*, como sendo "ações", e de *τοιοῦτων*, como sendo "voluntárias". Sigo, assim, a primeira leitura e, minimizando a intervenção interpretativa, entendo essas expressões simplesmente como referindo-se às afirmações previamente levantadas por Aristóteles.

e excluir as ações moralmente coagidas da classe das ações voluntárias, ou introduzi-las e perder aquela definição.

Esse paradoxo torna-se explícito nas duas sentenças que abrem essa passagem:

> [1] Pois, de um lado, aquelas coisas dessa espécie que está no poder de alguém ocorrer ou não, mesmo se faz aquelas coisas que não quer, ele faz voluntariamente, e não por coação; [2] por outro lado, aquelas coisas dessa espécie que não estão em seu poder são, de certa forma, por coação, contudo, não simplesmente [ἁπλῶς], porque não escolhe aquilo que faz, mas a finalidade, dado que também nestas coisas há uma diferença.

A chave, a meu ver, reside na sentença [2], no uso da palavra ἁπλῶς, empregada por Aristóteles de modo geral para introduzir distinções relevantes com respeito às condições de aplicabilidade de um termo. Diz-se que uma ação é por coação "simplesmente" (ἁπλῶς) se seu princípio encontra-se fora do agente que as pratica. Claro que nesse sentido uma ação por coação moral não é *βίαια* ἁπλῶς, já que "aquelas coisas dessa espécie que estão no poder de alguém ocorrer ou não, mesmo quando faz aquelas coisas que não quer, faz voluntariamente", já que "lhes é possível não fazer, mas padecer aquele sofrimento".

Num sentido qualificado, contudo, toda vez que alguém é obrigado a praticar uma ação *A* que jamais seria praticada por ela mesma, mas apenas tendo em vista a finalidade que decorre de sua prática (bem ou mal menor), esse alguém age por coação "não simplesmente" ou, no termo que estou empregando aqui, "moralmente". Para que Aristóteles possa introduzir a distinção entre coação pura e simples e coação moral, é preciso que uma semelhança e uma diferença estejam presentes entre ambas as classes de ação por coação, uma vez que o sentido derivado de "coação" depende do sentido fundamental. A semelhança reside no fato de que o agente, tanto no caso das ações por coação pura e simples quanto naquelas por coação moral, não tem em seu poder agir diferentemente: num caso, por uma causa externa que impede que sua ação seja diferente, no outro, por uma necessidade hipotética que impede que, tendo sido feita a escolha por esta ou aquela finalidade, a ação a praticar seja diferente.[46] Assim, no caso da ação por coação moral, a escolha existe ainda ("é-lhes possível não fazer, mas padecer aquele sofrimento") e pesa sobre a finalidade da ação ("não escolhe aquilo que faz, mas a finalidade").[47] Uma vez essa finalidade estabelecida, não há mais escolha para o agente e não está mais em seu poder agir de outro modo. Uma necessidade hipotética forte estabelece-se entre a finalidade e a conduta a ser seguida, de modo que não há cursos alternativos de conduta a serem escolhidos, que causem um mal menor. Tanto o agente coagido simplesmente quanto o coagido moralmente sofrerão, nesse momento, a impossibilidade de agir diferentemente, e não estará em seu poder fazer de outro modo. A diferença está apenas no fato de que, no caso da ação coagida simplesmente, ela (e sua finalidade) é causada por um princípio exterior, ao passo que,

---

[46] Sobre a deliberação como cálculo com base numa seqüência de relações hipoteticamente necessárias, ver a seguir capítulos II e V.

[47] Claro que, em todo este percurso argumentativo, o que está em questão não é a deliberação a respeito do fim último – sobre o qual não há deliberação possível – mas sobre os fins intermediários. Cf., a esse respeito, entre outros, *EN* III, 3, 1112^b32-35.

na ação por coação moral, a finalidade é determinada pelo próprio agente. Nos dois casos, contudo, a conduta não pode ser alterada.[48]

Woods levanta uma objeção a essa interpretação: "uma objeção a [ela] é que não é claro porque o enunciado (ª6-8) de que todas essas ações são voluntárias não poderia permanecer de pé, uma vez que todas as ações dessa espécie em discussão são evidentemente voluntárias, no sentido que foi usado até agora." Mas a meta da argumentação até este ponto não é sustentar a definição *parcial* de ação voluntária a que se chegou, mas, sim, chegar a uma definição satisfatória do voluntário que esteja de acordo com as práticas morais e jurídicas ordinárias. Se as práticas morais cotidianas dizem que *A* foi praticada por *x* de modo contravoluntário, e a definição a que se chegou implica que *A* não foi praticada de modo contravoluntário, obviamente é preciso modificar a definição provisória, a não ser que se pretenda admitir uma bizarria filosófica que não serviria para coisa nenhuma. Ora, como se verá, Aristóteles introduz esta cláusula na definição de ação voluntária, visando justamente dar conta desses casos em que

---

[48] O ponto aqui é a semelhança entre a necessidade moral e a necessidade material. Num mundo deonticamente perfeito não haveria diferença entre ambas, e Aristóteles está ciente disso. Mas, como se trata de um mundo empírico, é sempre possível que alguém prefira deixar morrer seus parentes nas mãos do tirano a praticar os atos que este lhe exige. Aristóteles admite todo o tempo uma forma de conseqüencialismo no qual o valor moral de uma ação depende das conseqüências que ela visa acarretar. Donde, mais adiante, a introdução da condição epistêmica suplementar de que um agente possa prever os resultados relevantes de sua conduta, sem o que não pode fazer uma avaliação de seus atos.

um agente, embora tenha o princípio de sua ação nele próprio, não age voluntariamente. Assim, o primeiro sentido de "estar no poder de *x* agir diferentemente" é "a ação praticada por *x* não foi realizada tendo sido escolhida apenas a finalidade, para evitar um mal maior ou por um bem". Formalmente, teríamos este primeiro sentido:

[S1] Se *A* foi praticada *(i)* havendo escolha apenas de sua finalidade e *(ii)* para evitar um mal maior ou para obter um benefício, então não estava em poder de um agente *x* praticar ou não a ação *A*.[49]

É preciso incluir a cláusula "para evitar um mal maior ou obter um benefício" para que se possa dizer que, neste primeiro sentido, não estava em poder do agente praticar ou não a ação *A*. Se não a incluíssemos, teríamos de considerar que aquele que prefere assassinar o participante vendado do jogo de cabra-cega a ser por ele tocado praticou uma ação que não estava em seu poder não praticar.

Por outro lado, a frase "e, seja como for, de modo contravoluntário: pois estas coisas não estão em seu poder" *(EE* II, 8, 1225^{a}19) é ambígua, como A. Kenny lembra com razão.[50] A interpretação que proponho aqui se distingue ligeiramente da de Kenny e apóia-se na presença da partícula *γε* nessa expressão, *καὶ ἄκων γε· οὐ γὰρ ἐφ' ἀυτῷ ταῦτα*. Aristóteles está querendo dizer *(i)* que se age forçado, e não por

[49] É crucial que se entenda, aqui, que não havia alternativa para o agente: mesmo a obtenção do benefício, que virá, ocorre *ao lado* de um malefício (de seu ponto de vista), e *de maneira forçada.*

[50] KENNY [1979], p. 44.

coação, ἁπλῶς, quando se pratica uma ação moralmente reprovável tendo em vista um benefício, ou para evitar um malefício maior; *(ii)* toda ação forçada, ou por coação moral, é contravoluntária ("e, seja como for, de modo contravoluntário"); logo, *(iii)* toda ação moralmente reprovável, praticada tendo em vista um bem ou evitar um mal maior, é contravoluntária. Uma outra dificuldade suplementar diz respeito à expressão "tendo em vista um bem", na frase anterior. Tomada literalmente, Aristóteles estaria querendo dizer que qualquer ação (na medida em que é praticada tendo em vista um bem aparente) é contravoluntária, o que é claramente absurdo. Mas o que ele provavelmente tem em mente são dois casos possíveis de conseqüências da realização e da não-realização de uma ação:

Caso 1: a ação a_1 é praticada, causa-se um malefício, mas um mal maior é evitado.
Caso 2: a ação a_1 não é praticada, causa-se um grande malefício, mas um menor é evitado.
Caso 3: a ação a_2 é praticada, causa-se um malefício, mas um benefício é obtido.
Caso 4: a ação a_2 não é praticada, perde-se um benefício, mas um malefício menor é evitado.

Os casos 1 e 2 não trazem benefício novo algum, só evitam malefícios, e o caso 1, em particular, impede que um mal maior advenha ao preço da prática de um mal menor. Os casos que Aristóteles tem em mente, quando fala na prática de uma ação tendo em vista um bem, são provavelmente 3 e 4: as conseqüências de uma conduta em si mesma reprovável, mas que, se praticada, engendra um bem, e, se não praticada, um mal maior do que aquele que a ação moralmente reprovável acarretaria. Nesse caso, a escolha é, como nos casos 1 e 2, a de evitar um mal maior, podendo, claro, ocorrer que do resultado dessa prática surja a criação de um bem.[51]

Há ainda, contudo, outros sentidos relevantes da expressão "não estar no poder de *x* agir diferentemente". Um deles, que tratarei mais adiante, está presente no uso da expressão "age forçado e não por coação, *ou não por natureza*",[52] referindo-se àquelas ações que o agente pratica, nas quais o princípio da ação está nele presente, mas que ele não pode fazer diferentemente por constituírem um resultado de sua estrutura biológica. O outro sentido refere-se à irrupção de uma emoção irresistível para a natureza humana e que ninguém

---

[51] Uma dificuldade menor é levantada por WOODS [1992], p. 132: qual a magnitude do mal a ser evitado ou do bem a ser defendido, considerada relevante? A resposta talvez esteja implícita no exemplo dado por Aristóteles: apenas o bom senso pode determinar quando uma ação que engendra um certo mal é ainda melhor do que a não-realização dessa ação, engendrando um mal maior. Do ponto de vista das práticas morais cotidianas, essa dificuldade está com freqüência ligada à avaliação das conseqüências relevantes da ação. Cf., a esse respeito, o Capítulo V mais adiante.

[52] Aristóteles literalmente diz "forçado e <não> por coação", e o restante da expressão também não é evidente paleograficamente. A versão latina medieval da *Ethica eudemia* não contém esse "não", mas ele aparece em todos os demais Mss, em particular nos mais antigos, de modo que não parece haver meio de optar por ela. Talvez o que Aristóteles esteja querendo distinguir é o caso em que alguém é coagido fisicamente e o outro em que alguém é coagido moralmente: no segundo caso ele seria "forçado", mas não agiria "por coação" ou ainda "por violência". Mas confesso que também não tenho evidências fortes para esta interpretação. De toda forma, o restante do texto é claro: trata-se de distinguir a coação moral da coação física, e é nisso que esses dois casos se distingüem do movimento natural do indivíduo. Veja-se, a respeito, mais adiante, Capítulo IV.

poderia suportar. É o caso particularmente das paixões como ira ou medo extremos, cujo refreamento geraria uma dor insuportável para um ser humano, e também o caso das paixões amorosas, que alguns classificam como fortes demais. Ambos os sentidos referem-se a ações que o agente pratica, nas quais o princípio da ação está nele presente, mas que nem por isso podem ser consideradas voluntárias.

Novamente, o método aqui consiste em corrigir a definição provisória, recorrendo às práticas morais habituais. Alguns estados emocionais, como paixão erótica, raiva etc., produzem ações consideradas contravoluntárias; a prova disso é que são objeto de perdão, visto que exercem uma coação (*βιάζεσθαι*) sobre a natureza humana (*EE* II, 8, 1225ª19-22). Outros casos de ações contravoluntárias são aqueles nos quais o agente age de modo a evitar uma grande dor que ultrapassa sua natureza. Daí a necessidade de acrescentar, ao primeiro sentido de "poder agir de modo diferente", um segundo. Formalmente:

[S2] Se *A* foi praticada *(i)* em virtude de uma emoção sobre-humana, ou *(ii)* para evitar uma dor sobre-humana, então não estava em poder de um agente *x* praticar ou não a ação *A*.

Note-se que aqui, mais uma vez, é preciso que a emoção ou a dor ultrapassem os limites do que pode ser suportado por um ser humano. Tal como no sentido *S1,* também aqui seria irrazoável pensar que alguém agiu de modo contravoluntário porque não estava em seu poder praticar ou não uma ação *A,* ao temer um sofrimento perfeitamente suportável por sua natureza ou ao curvar-se perante uma emoção perfeitamente controlável. É o caso do que fala sob tortura, que acaba por dizer qualquer coisa, como dirá a *Rhetorica.* E, mais uma vez, cabe notar que os limites da natureza humana só podem ser determinados empiricamente. Não é porque as fronteiras das duas classes de ações (aquém e além da natureza humana) não são nítidas que essas classes não podem ser definidas. Haverá sempre exemplos e contra-exemplos claros que permitem a aplicação desses predicados, muito embora haja também uma zona cinzenta em que o erro é altamente provável, em que os casos dependem das circunstâncias particulares, e apenas o bom senso permitirá decidir.

Uma terceira possibilidade diz respeito a pensamentos e desejos que não provêm por natureza do agente e, assim, devem ser considerados contravoluntários. É o caso daqueles que têm pensamentos decorrentes da inspiração divina ou dos adivinhos. Um pensamento irrompe em suas mentes, ou eles praticam uma ação em decorrência de um desejo que lhes sobrevém, mas não se pode dizer, mais uma vez, que estivesse em seu poder "dizer o que disseram ou fazer o que fizeram" (*EE* II, 8, 1225ª29-30).[53] A crença que surge repentinamente na mente de um profeta ou de um vaticinador em transe é uma que, embora eventualmente verdadeira, não vem acompanhada de justificação. São crenças (verdadeiras) que sobrevêm ao sujeito epistêmico, sem que ele possa explicar sua origem nem fornecer uma justificativa racional para acreditar nelas. As ações de tais indivíduos (por exemplo, suas declarações) também são movidas por desejos que lhes sobrevêm, e não têm uma origem detectável. Nesse sentido, os estados da alma de tais indivíduos, assim como as ações que deles decorrem, não estão sob seu controle, e, pode-se dizer, não está em

---

[53] Ver também a análise de Huby [1978], p. 56-7.

seu poder tê-los ou não.[54] Trata-se de ações que sobrevêm ao agente e sobre as quais ele não tem qualquer poder:

[S3] Se *A* foi praticada *(i)* por um impulso que não pode ser sobrepujado ou *(ii)* como resultado de um impulso ou raciocínio naturais de um agente *x*,[55] então não estava em poder de um agente *x* praticar ou não a ação *A*.

Claro que é difícil saber em que condições empiricamente detectáveis é possível constatar essas condições, em que não estava em poder do agente proceder como procedeu. O caso é ainda mais difícil do que aquele focalizado em *S2*, em que o agente é tomado de uma forte emoção, pois aqui é sempre possível considerar o ponto de vista do agente moral na circunstância dada, fazendo intervir os fatores psicológicos e fisiológicos envolvidos, ao passo que em *S3* isso não é possí-

---

[54] O texto apresenta uma dificuldade: Aristóteles afirma, em *EE* II, 9, 1225ª27, que "aquilo que não é possível [suportar] e não pertence a seu desejo ou raciocínio por natureza, não está em seu poder", e diz ser esse o caso dos que agem por *ἐνθουσιασμός* ou dos que profetizam. Mas pouco abaixo, em *EE* II, 9, 1225ª30, numa frase excessivamente elíptica, afirma, literalmente: "mas sem dúvida nem por apetite". DIRLMEIER [1969], p. 285, sugere que se leia "mas sem dúvida nem (tudo aquilo que é) por apetite (está em poder do agente ou é voluntário)" (*οὐδὲ (τὸ) δι' ἐπιθυμίαν (πᾶν ἐφ' αὑτοῖς)*). WOODS [1992], p. 135, critica essa sugestão, afirmando que em ª27 "está implicado que inclinação [*ὄρεξις*], de que o desejo [*ἐπιθυμία*] é uma espécie, é tal que tudo o que está dentro da inclinação de uma pessoa é voluntário", e sugere que se entenda a frase como significando que poetas e outros inspirados divinos não agem como resultado do apetite. Seja como for, é certo que a ação praticada pelos possuídos divinos não é voluntária, e não está em poder daquele que a sofre agir assim ou não.

[55] Para as duas cláusulas, ver *Ethica eudemia*, II, 8, 1225ª25-30.

vel. Não há, em *S3,* um conjunto de causas capaz de explicar a irrupção de determinado pensamento ou desejo que move o agente a fazer isto ou aquilo: não há explicação racional que se possa apresentar para que aconteça. Tais ocorrências, inteiramente ao acaso, também dificilmente podem ser comprovadas, exceto, talvez, apelando para a história psicológica do indivíduo (alguém aparentemente normal em circunstâncias rotineiras e que muda inteiramente de personalidade, pronunciando discursos misteriosos no contexto religioso da profecia ou da enunciação da poesia). No caso do indivíduo comum, a comprovação é ainda mais difícil, embora a possibilidade não deva ser excluída (apesar de a evidência dada por Aristóteles dizer respeito ao caso dos adivinhos etc.).[56]

Finalmente, uma ação praticada pelo agente, cujo princípio está nele próprio e não fora, mas com respeito à qual não estava em seu poder agir diferentemente, não é voluntária. Trata-se dos acontecimentos fisiológicos como envelhecer, ficar com o cabelo branco etc., citados por Aristóteles, mas também, nada impede, suar ou os batimentos do coração. Aristóteles afirma na *Ethica eudemia* II, 8, 1225^{a}30-32, generalizando e ampliando os sentidos de *S2* e *S3,* que

> [T]anto alguns pensamentos quanto afecções [*πάθη*][57] não estão em poder do agente, ou ações,

---

[56] É de se notar, como lembra Huby [1978], p. 53 e ss., que a posição de Aristóteles a respeito da existência desses fenômenos não é constante, parecendo ora admiti-los, ora rejeitá-los.

[57] Traduzo aqui, excepcionalmente, *πάθος* por "afecção", e não por "emoção", como habitualmente, pois o contexto parece sugerir que Aristóteles está generalizando sua conclusão para tudo o que advém ao agente e sem que este possa fazer o contrário, o que parece envolver também eventos fisiológicos.

> aquelas conforme tais pensamentos ou raciocínios, mas como Filolau disse, há alguns raciocínios que são mais fortes do que nós. De modo que, se era necessário investigar o voluntário e o contravoluntário em comparação com aquilo que é por coação, seja isso distinguido dessa forma *(EE* II, 8, 1225ª31-36).

Pouco antes, na *Ethica eudemia* II, 8, 1224ᵇ29, Aristóteles dava alguns exemplos de coisas naturais que sobrevêm a um indivíduo qualquer, se seu processo de crescimento ocorrer normalmente. Assim, se o processo segue seu curso até o fim, sobrevêm essas afecções e efeitos:

> Pois também a razão está entre os princípios por natureza, porque, sendo permitida a geração e não sendo mutilada, estará presente, e o apetite, porque se segue e está presente imediatamente a partir do nascimento. E distinguimos por estes dois traços aquilo que é por natureza [*τὸ φύσει*], por aquilo que acompanha a todas as coisas logo que geradas, e pelo que vem a ser para nós se permitida sua geração feliz, por exemplo, o agrisalhamento e o envelhecimento, e as outras coisas dessa espécie *(EE* II, 8, 1224ᵇ29-35).

À primeira vista, tais processos fisiológicos, uma vez que seu princípio está presente no agente e não se classificam nos sentidos de *S1* a *S3,* deveriam ser considerados voluntários. Dificilmente se diria que são coagidos, já que seu princípio está no agente. Dificilmente, também, se pode dizer que o agente não tem acesso epistêmico a alguns deles: sei perfeitamente que agora estou suando devido ao calor ou que meu coração bate mais rápido quando corro.

Esse caso aparece em duas ocasiões no texto, ou talvez mesmo três, se considerarmos que, na *Ethica eudemia,* II, 8,

1225a31, πάθη engloba tanto emoções quanto afecções fisiológicas. Na *Ethica eudemia* II, 8, 1225a17-19, Aristóteles diz que o homem que sofre uma coação moral age forçado (ἀναγκαζόμενος), mas não coagido (βίᾳ) nem "por natureza" (φύσει). É sempre possível considerar que aqui Aristóteles se refere àqueles que agem conforme seus impulsos naturais (e não excepcionais, como será o caso a partir de *Ethica eudemia* II, 8, 1225a19), e não às ações que se resumem a afecções fisiológicas, seguindo a definição dada na *Ethica eudemia* II, 8, 1224b29-35: tratar-se-ia de opor as ações forçadas moralmente àquelas nas quais há coação, e àquelas "normais", nas quais o agente segue um impulso "não-natural". Mas na *Ethica eudemia* II, 8, 1225a20-21, Aristóteles afirma que isso explica por que alguns consideram, com base numa analogia com a coação moral, que emoções eróticas, algumas paixões e τὰ φυσικά são fortes demais e sobrepujam a natureza (ἰσχυρὰ καὶ ὑπὲρ τὴν φύσιν). Aqui me parece difícil compreender que Aristóteles esteja dizendo que alguns impulsos *naturais* sejam tais que ultrapassem a própria natureza: nesse caso haveria impulsos naturais fortes demais e que, assim, deixariam de ser naturais, o que soa estranho. Provavelmente Aristóteles está se referindo a afecções fisiológicas que não podem ser sobrepujadas sem que se viole a própria natureza física do agente, ultrapassando desse modo qualquer possibilidade de modificação. A expressão ὑπὲρ τὴν φύσιν provavelmente insiste mais nos dois primeiros casos de emoções incontroláveis, isto é, inabituais, ao passo que τὰ φυσικά se refere provavelmente a afecções fisiológicas inalteráveis (incluindo, claro, provavelmente apetites, mas não apenas). Embora não haja evidências textuais fortes para supor que Aristóteles esteja introduzindo um quarto sentido de "estar em poder de *x* agir de outro modo", a teoria inteira aponta para a possibilidade de introduzir esse novo sentido. Seria, de fato, bastante estranho que uma emoção forte pudesse ser considerada causa de uma ação tal que o agente não pode agir, nesse caso, de maneira diferente (sendo, portanto, contravoluntária), e que os movimentos do coração e o sangue e o calor que provêm dele para as diversas partes do corpo, por exemplo, sejam atividades nas quais o agente pode "agir de modo diferente" e que são voluntárias.[58] Não é impossível, portanto, completar os sentidos dessa expressão com mais um:

[S4] Se *A* foi praticada tendo por causa um evento fisiológico, então não estava em poder de um agente *x* praticar ou não a ação *A*.

Esse último sentido não é, contudo, simples, pois é claro que a partir da teoria aristotélica da alma qualquer ação tem sempre como causas imediatas, como esclarecerá o *De motu animalium,* alguns processos fisiológicos (contração muscular, movimento do fluxo sangüíneo para os músculos, batimento do coração, o πνεύμα etc.).[59] Mesmo ações nas quais o agente poderia aparentemente ter agido de outra forma se tornariam, assim, contravoluntárias. Para responder a esse problema será necessário examinar a teoria aristotélica do movimento animal. Na resposta ao problema, cabe lembrar o contexto em que Aristóteles estabelece as condições da ação voluntária: trata-se de extrair das práticas morais cotidianas as condições par que uma ação seja dita *contravoluntária,* uma

---

[58] Em *De motu animalim* 703^{b}5 e ss., Aristóteles dá como exemplo de movimento contravoluntário do corpo as batidas do coração e a ereção e de movimentos não-voluntários (οὐχ ἑκούσια) o sono, o despertar e a respiração. É obviamente o primeiro caso que está em questão aqui.

[59] Cf. mais adiante Capítulo IV.

vez que o agente não poderia ter agido de outra forma naquela situação. O uso normal dessa expressão envolve essas quatro condições tal como o senso comum as entenderia e sem maiores referências às dificuldades teóricas envolvidas em seu uso. A investigação de Aristóteles nas *Éticas* não pretende ir nem vai além desse exame das condições habituais de aplicabilidade desses predicados. Caberá, talvez, a outros tratados enfrentar as dificuldades que se colocam a partir de agora.

São, portanto, quatro os sentidos da expressão "estava em poder de um agente *x* praticar ou não a ação *A*". Formalmente, temos:

Não estava em poder de um agente *x* praticar ou não a ação *A se:*

(a) ou *A* foi praticada *(i)* havendo escolha apenas de sua finalidade e *(ii)* a fim de evitar um mal maior ou concretizar um bem *[S1];*
(b) ou *A* foi praticada *(i)* em virtude de uma emoção sobre-humana, ou *(ii)* para evitar uma dor sobre-humana *[S2];*
(c) ou *A* foi praticada *(i)* num impulso que não pode ser sobrepujado, ou *(ii)* como resultado de um impulso ou raciocínio naturais de um agente *x [S3];*
(d) ou *A* foi praticada devido a um evento ou causa fisiológica qualquer *[S4].*

Por sua vez, uma ação é voluntária, supondo-se que o agente tenha acesso epistêmico perfeito às circunstâncias e conseqüências relevantes de sua ação, *se e somente se:*

(1) a ação não foi praticada por coação (o princípio da ação estava no agente) e
(2) estava em poder do agente praticá-la ou não.

Por contraposição ao conjunto de condições *(a) (d)*, uma ação voluntária será aquela que satisfizer duas condições ao mesmo tempo, correspondentes às de (1) e (2), da definição de ação voluntária, com (2) implicando que nenhuma das condições *(a)-(d)* ocorre:

(1') o agente pratica *A* "por ele" (*δι' αὑτόν*) e não "por outro" – isto é, não por coação, o princípio da ação estando no próprio agente e não fora dele, e é ele pessoalmente quem age,

e

(2') estava em poder do agente praticá-la ou não (*ἐφ' ἑαυτῷ*).

É essa a conclusão a que Aristóteles chega na *Ethica eudemia* II, 8, 1225^{b}8, em que aparece claramente ligada a um raciocínio por contraposição:

> Tudo quanto, portanto, está em seu poder não fazer e ele faz não-ignorando e por si próprio, necessariamente estas coisas são voluntárias e o voluntário é isso *(EE* II, 8, 1225^{b}8-10).

Essas são as "condições físicas" da ação voluntária, segundo a *Ethica eudemia.* "Físicas" porque se opõem às condições "epistêmicas", as primeiras dizendo respeito à natureza e à localização do princípio da ação (fora ou no agente, ação na qual o agente poderia agir diferentemente ou não), as segundas devido ao acesso cognitivo às conseqüências e circunstâncias da ação que o agente pratica.

Resta saber se a *Ethica nicomachea* acrescenta pontos cruciais a essa análise e se efetivamente chega a resultados divergentes.

4. *A análise das condições da ação voluntária na* Ethica nicomachea

A investigação das condições "físicas" da ação voluntária na *Ethica eudemia* é, sem dúvida, muito mais complexa e detalhada do que da *Ethica nicomachea.* Aqui, para determinar as condições necessárias e suficientes da aplicação do predicado "ser voluntário", Aristóteles argumenta por contraposição, diferentemente do que faz na *Ethica eudemia.* Além disso, como veremos adiante, a análise das condições "epistêmicas" na *Ethica nicomachea* é muito mais rica do que os comentários sucintos apresentados na *Ethica eudemia.* Ambos os textos são, desse ponto de vista, complementares, e é difícil garantir uma prioridade cronológica de um sobre o outro. Entretanto, a análise da *Ethica nicomachea* conduz a pelo menos um resultado aparentemente contraditório com os da *Ethica eudemia* e estabelece um conjunto de condições físicas da ação voluntária bem menos exigente e bem mais modesto.

O ponto de partida de Aristóteles é, mais uma vez, a necessidade de esclarecer o conceito de excelência.[60] Conclui nos livros anteriores que a excelência é uma disposição produzida no indivíduo que guia sua escolha. Diz respeito, portanto, ao desenvolvimento de uma disposição que o conduz à correta moderação e, de modo geral, à recusa dos extremos

---

[60] GAUTHIER & JOLIF [1959], p. 168-9 defendem a tese de que o objetivo da investigação de Aristóteles, nesses sete primeiros capítulos do livro III, é oferecer as bases de uma crítica da teoria socrática do vício ("ninguém é mau voluntariamente"). Mas embora os resultados aqui conduzam ao estabelecimento das condições pelas quais um agente é moralmente responsável, esse parece ser mais o alvo da investigação do livro VII que do livro III.

de acordo com as circunstâncias e com o caso individual, e determinava, assim, ações e emoções adequadas. A formação dessa ἕξις decorre da aplicação de recompensas e punições que leva o indivíduo a ter, por fim, seu caráter formado. Obviamente, recompensas e sanções durante o processo de formação do caráter individual predispõem o agente a ter este conjunto de emoções esperadas (e a agir, com base nelas, de certa maneira), ao invés de outro qualquer. Dessa maneira, só podem ser aplicadas ao indivíduo por atos que decorrem de emoções *voluntárias,* cabendo, no caso das ações contravoluntárias, compreensão e por vezes perdão, mas não elogio nem censura. Para o investigador da natureza da excelência, o exame desses conceitos torna-se uma tarefa essencial, cujos resultados são úteis não apenas para ele mas, é claro, também para a atividade do legislador, na medida em que a aplicação de punições e recompensas exige o esclarecimento prévio das circunstâncias em que uma ação é voluntária (e, portanto, merecedora de punições e recompensas), ou não.[61]

Outro ponto importante é a introdução do conceito de *decisão* ou *escolha* (προαίρεσις) na definição de excelência, que é, repetindo, uma ἕξις προαιρετική, uma "disposição que conduz a escolha" ou, numa tradução mais literal, mas provavelmente pernóstica, uma "disposição decisória". A noção de προαίρεσις, contudo, pressupõe, por sua vez, o conceito de ação voluntária, o que exige, portanto, para o pleno esclarecimento da noção de excelência, uma análise da classe das ações voluntárias. Como o alvo de toda a obra é examinar como a εὐδαιμονία pode ser alcançada, e se considera que esta consis-

[61] Essa é, essencialmente, a análise de BROADIE [1991], p. 124 e ss., e ZANATTA [1993], 446-7.

te numa atividade excelente, no "funcionamento excelente" do ser humano,[62] é de supor-se que esta esteja ao alcance do indivíduo e não dependa da fortuna. Pressupõe-se uma análise das coisas sobre as quais se pode deliberar e que podem ser alcançadas para demonstrar que a excelência está ao alcance do indivíduo. Com ela, mais uma vez, a análise da ação voluntária se faz necessária.[63]

Qualquer que seja a razão precisa, é certo que Aristóteles encara o exame das condições pelas quais uma ação pode ser considerada voluntária como um tema essencial, dedicando a ele boa parte da primeira metade do livro III da *Ethica nicomachea.* O ponto de partida de Aristóteles é, novamente, o conjunto de pressupostos das práticas morais cotidianas presentes em uma ação *contravoluntária.* Dessa definição, que Aristóteles se encarrega logo de explicitar, surge a definição completa de uma ação voluntária:

> Parece, com efeito, que as ações contravoluntárias são aquelas que ocorrem por coação [*βίᾳ*] ou por ignorância [*δι' ἄγνοιαν*] *(EN* III, 1, 1109^{b}35-1110^{a}1).

Essa introdução abrupta de uma definição de ação contravoluntária contrasta com o percurso cuidadoso que Aristóteles segue na *Ethica eudemia.* Aí, parece partir de uma evidência proveniente do uso comum do termo *ἀκούσιον* – contravoluntário –, aplicado em geral quando o agente *(a)* age por coação ou *(b)* age desconhecendo algum fator relevante para sua escolha. Aristóteles também não se detém em sustentar dialeticamente essa definição: passa imediatamente ao

---

[62] BROADIE [1991], p. 124.

[63] Essa é, por seu turno, a análise de IRWIN [1985], p. 315-6.

esclarecimento das duas condições presentes nela, a condição *(a)*, que nos interessa no momento, sendo o objeto do primeiro capítulo do livro III da *Ethica nicomachea.*[64]

Uma ação por coação *stricto sensu* é aquela em que o princípio da ação é exterior ao agente:

> Coagido é aquilo cujo princípio vem de fora [ἔξωθεν], tal sendo aquele no qual o que age ou padece não contribui em nada, por exemplo, se um vento o mover para algum lugar ou havendo homens que o dominam [ἄνθρωποι κύριοι] *(EN* III, 1, 1110ª1-4).[65]

Pelos exemplos de Aristóteles, é possível supor que ele tem em mente dois casos: *(i)* aquele em que o agente, querendo realizar uma ação, é impedido de realizá-la (o caso de

---

[64] Deve-se notar, contudo, que Aristóteles emprega aqui o verbo δοκέω ("parecer", no sentido de "ser opinião corrente"), fazendo supor que essa definição não tem, ainda, caráter "científico". A análise subseqüente mostrará, a exemplo do que ocorria na *Ethica eudemia,* que, embora a ação contravoluntária seja aquela na qual o agente ou age coagido, ou ignorando, há casos limítrofes e confusos que exigem um exame mais cuidadoso. Ver a esse respeito IRWIN [1985], p. 316.

[65] Deve-se observar que a sugestão de Irwin é bastante insatisfatória. Embora ele chegue a notar que há uma diferença entre o agente e o paciente numa ação coagida, prefere traduzir ὁ πάσχων como *the victim.* Mas "a vítima" aparece sempre num contexto em que *(i)* o sujeito *sofre* a intervenção de outro sobre ele e *(ii)* o sujeito *sofre um prejuízo de alguma espécie.* Somente o segundo exemplo de Aristóteles parece sugerir *(ii)*, mas não o primeiro. Traduzir, portanto, por "vítima" envolve supor que Aristóteles considera que toda ação por coação é *ipso facto* uma ação na qual o agente é contrariado, esquecendo-se da possibilidade de que o resultado de sua ação seja indiferente para o agente ou mesmo benéfica (por exemplo, retirar uma pessoa desmaiada do local de um acidente) (IRWIN [1985], 316).

haver outros indivíduos que me prendem e me impedem de fugir ou de fazer o que quero); e *(ii)* aquele em que o agente é levado a praticar uma ação (quando um vento conduz o navio para uma região indesejada pelos passageiros).[66] Neste último caso, o agente pode ou não contribuir para a sua realização (pode tanto debater-se contra ela, permanecer passivo e indiferente, ou ainda, embora não seja a causa principal da ação que pratica, contribuir para ela).[67] Outro traço importante desse tipo de ação é o fato de que seu princípio vem de fora do agente. Uma ação por coação *stricto sensu* é sempre aquela em que o agente age de modo contrário ao que faria em circunstâncias normais, mas movido por um princípio não presente nele próprio. É o caso, por exemplo, do psicopata que pratica a ação contra a sua vontade, mas provavelmente também, nos exemplos de Aristóteles, o do profeta de *Ethica eudemia,* a quem sobrevém desejos e pensamentos contrários ao que ele desejaria.

[66] Gauthier & Jolif [1959], p. 172 argumentam, retomando o comentário do pseudo-Alexandre, que Aristóteles pensa aqui no movimento de um navio (como, por exemplo, no *Ciclope* de Eurípides, no canto IX da *Odisséia* — no qual o *Ciclope* é baseada — ou ainda as desventuras de Platão quando seu barco foi jogado pela tempestade na costa de Egina).

[67] Irwin [1985], 316. É de notar-se que a quase totalidade dos comentadores não se detém em examinar os exemplos de Aristóteles. Irwin, erroneamente, vê como função principal do exemplo daquele que lança a carga ao mar oferecer um contra-exemplo à tese, implícita no primeiro caso, de que ações por coação moral são contravoluntárias (aquele exemplo ofereceria uma evidência de que o gesto de lançar fora a carga foi plenamente voluntário). Mas a mesma oposição entre ações por coação moral causadas por um agente humano e por um agente natural já estava presente nos exemplos da *Ethica eudemia.*

Essa definição sumária, tal como a *Ethica eudemia* havia mostrado, debate-se com aparentes contra-exemplos, provenientes das práticas morais ordinárias, nos quais se considera que a ação praticada é uma ação *por coação* e, ao mesmo tempo, se sabe que o princípio da ação está perfeitamente presente no agente e, portanto, não provém de fora:

> Mas em todas as coisas que são feitas por medo de males maiores ou por algum bem, por exemplo, se um tirano instasse a fazer algo torpe tendo em seu poder pais e filhos, e de modo que, fazendo, seriam salvos e, não fazendo, morreriam, há controvérsia se são contravoluntárias ou voluntárias. E algo tal ocorre também quando se joga fora uma carga durante as tempestades. Pois simplesmente [ἁπλῶς] ninguém joga fora voluntariamente, mas todos aqueles que têm juízo o fazem por causa da salvação de si próprio e da dos restantes (*EN* III, 1, 1110^{a}4-6).

Aristóteles apresenta novamente dois exemplos: num deles, a causa é humana (um tirano), no outro, a causa é natural (a tempestade). Essa distinção entre causas humanas e naturais não é tão importante. Em contrapartida, é crucial o fato de que Aristóteles, nos dois casos, emprega exemplos de ações que têm como resultado evitar um mal maior (mortes dos pais e filhos, ou de si próprio e do restante dos passageiros e da tripulação), através da realização de um mal comparativamente menor. São casos dramáticos e extremos de ações que o senso comum consideraria contravoluntárias, pois "simplesmente", isto é, sem condições excepcionais, ninguém seguiria esse curso de ação, e, dadas essas condições, qualquer pessoa em sã consciência faria isso. O que faz supor que Aristóteles admite que há contextos práticos em que, essas condições não sendo satisfeitas, a prática da ação é moralmente reprovável e, em contrapartida, contextos em que, satisfeitas essas condições, *não a praticar* torna-se um ato imoral. Isto é,

[R] A prática da ação *A* não torna o agente *x* moralmente reprovável *se e somente se* certo conjunto de circunstâncias *C* estiver ocorrendo.[68]

R torna um agente passível de sanção pela prática de uma ação *A* toda vez que circunstâncias atenuantes não estiverem presentes, e de sanção pela prática de *não-A* toda vez que essas circunstâncias estiverem presentes. Para tratar desses casos difíceis, Aristóteles distingue entre *possibilidade física* e *possibilidade deôntica.*[69] É claro que o agente *x* envolvido na prática de *A* não pode, moralmente falando, agir de outro modo. Pode-se dizer que *A* é o tipo de ação que aparece em todos os mundos possíveis deonticamente perfeitos em que o conjunto de circunstâncias *C* estiver ocorrendo. Isso torna a ação imperativa, e se o agente optar por manter-se estritamente no campo da moralidade, a prática dessa ação é certa. Mas o fato de ser *deonticamente* necessária em todos os mundos perfeitos deonticamente possíveis não a torna *fisicamente* necessária, e é disso que se trata na definição de ação coagida apresentada anteriormente. O mundo do dever-ser não é o mundo do ser – naquele, uma ação pode ser necessária, ao mesmo tempo que, neste, ela simplesmente não está ocorren-

---

68 Utilizei a forma predicativa "torna o agente moralmente reprovável", evitando assim o emprego de um operador deôntico da forma "é obrigatório *p*" ou "não é permitido não-*p*", para evitar os paradoxos no momento da aplicação de contraposição e simetria a esse princípio.

69 Gauthier & Jolif [1959], p. 172 parecem defender esta mesma tese. Obviamente, essas expressões não são de Aristóteles.

do. Do ponto de vista físico, portanto, estava no poder de *x* praticar *A* ou não (em contraste com o que ocorria com as ações nas quais o agente era impedido ou levado a agir nessa ou naquela direção por coação física).

Esse, portanto, não é um tipo puro de ação:

> Mistas, portanto, são tais ações, mas parecem-se mais com as voluntárias: pois são passíveis de escolha no instante em que são praticadas, e o fim da ação é conforme à circunstância. Com efeito, deve-se dizer o voluntário e o contravoluntário no instante em que age. Mas age voluntariamente: pois inclusive está nele o princípio do mover as partes corporais nas ações dessa espécie. E daquelas coisas cujo princípio está nele, está em seu poder tanto o fazer quanto o não fazer. Tais coisas, com efeito, são voluntárias, mas talvez, simplesmente [ἁπλῶς] falando, contravoluntárias: pois ninguém elegeria por si mesma nenhuma de tais coisas (*EN* III, 1, 1110ª11-19).

Assim, do ponto de vista de uma definição física, é preciso continuar considerando tais ações como voluntárias, tendo em vista que havia cursos de ação alternativos para o indivíduo no momento em que as praticou. O agente podia ter escolhido agir de outra maneira, e isso já basta para mostrar que eram voluntárias na medida em que não havia coação física. Claro, racionalmente não havia escolha, mas isso não significa que, fisicamente falando, um curso alternativo de ação não fosse possível (no sentido de "fisicamente" empregado até aqui).[70] Deonticamente, contudo, elas poderiam ser consideradas contravoluntárias ("ninguém elegeria por si

[70] IRWIN [1985], p. 316

mesma nenhuma dessas coisas") e, ao partilharem dessa dupla face (voluntárias por um lado, contravoluntárias por outro), podem ser consideradas mistas. Mas fisicamente, ainda assim, ações que não são feitas por coação continuam sendo voluntárias e a definição ainda vale, com essa determinação adicional.[71] Dessa maneira, pode-se supor que um indivíduo normal e racional jamais escolheria praticar tais ações por si mesmas e fora de tais circunstâncias excepcionais. Se o fizer, muito provavelmente praticará uma ação deonticamente contravoluntária. Isso não quer dizer, contudo, que a ação praticada sob tais circunstâncias não seja fisicamente voluntária, agora no sentido de que o princípio está presente no agente. Pelo contrário, nesse caso a ação é praticada satisfazendo todos os requisitos de aplicabilidade desse predicado, o que faz supor seu caráter voluntário.

Tais ações são o objeto, por vezes, de censura e de elogio, e não de perdão ou compreensão, prova adicional de que são voluntárias. Isso ocorre quando um agente está colocado diante do dilema de *ou* praticar uma ação *A,* moralmente reprovável, e obter com ela uma grande vantagem para si, *ou* não a praticar e ter de suportar suas conseqüências doloro-

---

[71] Aristóteles, além disso, parece reempregar aqui o raciocínio de *Ethica eudemia* a respeito da escolha dos fins, mas não das próprias ações ("o fim é conforme à circunstância"). É difícil saber com certeza o que ele pretende dizer aqui. Uma possibilidade é que esteja querendo contrastar as ações cujos fins não são conforme a circunstância (por exemplo, aquelas cuja causa é o movimento causado pelo vento), nas quais o agente não tem participação e não são o produto de uma escolha racional, e aquelas que, embora sob coação moral, são realizadas tendo em vista fins que foram objeto de uma escolha racional e adequada ao momento. Irwin, em seu comentário à *Ethica nicomachea,* ignora inteiramente a dificuldade e Zanatta, embora a mencione, oferece uma

sas.[72] Escolher suportar essas ações, que só trazem prejuízo, desconforto e dor, em lugar de aceitar praticar uma ação má, que só lhe faria lucrar, é motivo de aprovação e elogio, e a escolha contrária sujeita-se à censura e à reprovação moral. Prova, mais uma vez, de que tais ações são voluntárias, uma vez que ações contravoluntárias não são objeto de censura ou elogio. Há, contudo, um limite para tal tipo de tolerância, e tal limite é dado pela natureza humana: ações praticadas em virtude de ameaças que causam um sofrimento que a natureza humana não é capaz de suportar são objeto de perdão, não de elogio ou censura. É o caso dos dois exemplos oferecidos por Aristóteles: no primeiro, o limite mais extremo foi alcançado e está em jogo a vida dos passageiros e, supostamente, do próprio piloto do navio; no segundo, Aristóteles escolhe não pessoas quaisquer em poder do tirano, a respeito das quais o agente poderia até ser indiferente, mas pais e filhos.

A estrutura desse tipo de circunstância é aproximadamente a seguinte: um agente *x* pratica uma ação *A*, cujo conjunto de conseqüências *C* é moralmente reprovável e tal que, se *x* não praticasse *A*, as conseqüências de *não-A* (dessa omis-

---

solução extremamente confusa. GAUTHIER & JOLIF [1959], p. 173, lembrando o caráter controverso da passagem, sugerem que se interprete da seguinte maneira: "todas as vezes que nos decidimos a empregar um meio para chegar a um fim trata-se, evidentemente, do fim que se espera no próprio momento em que nos decidimos, e são as circunstâncias em que nos encontramos que nos fazem, nesse momento, esperar esse fim: na tempestade, espera-se escapar do naufrágio, o que, fora dessa ocasião, não teria nenhum sentido."

72 Sigo Joachim que interpreta assim a frase *ὅταν αἰσχρόν τι ἢ λυπηρόν ὑπομένωσιν ἀντὶ μεγάλων καὶ καλῶν* (*EN* 1110ª 20-2). Ver ZANATTA [1993], p. 448, TRICOT [1994], p. 120-1 e GAUTHIER & JOLIF [1959] p. 174-5.

são, portanto), digamos *C'*, seriam ainda piores do que *C*. Aumentemos agora o "teor de imoralidade", para brincarmos com palavras, da ação *A*. Imaginemos que a prática de *A* acarreta conseqüências tais que sua realização seja equivalente ou pior àquilo que *x* seria forçado a sofrer se não a praticasse. Isto é, suponhamos que *C'* é agora "menos ruim" do que *C*. Nesse caso, é melhor suportar *C'*, é preferível recusar-se a realizar *A*, do que a praticar. É o que Aristóteles ilustra na sua referência à tragédia de Eurípides, o *Alcmeão*, infelizmente perdida:

> Mas algumas coisas não é posível ser forçado [a fazê-las], mas se deve antes morrer padecendo as coisas mais terríveis: pois realmente as coisas que forçaram o Alcmeão de Eurípides a cometer matricídio são evidentemente ridículas (*EN* III, 1, 1110ᵃ26-29).[73]

Esta peça aparece mencionada várias vezes na obra de Aristóteles.[74] Seu enredo, até onde podemos saber, era o seguinte: Anfiaraos, rei de Argos mencionado no canto XI da

[73] Há aqui uma pequena ambigüidade nos Mss: os códices *Marcianus* 213, *Parisiensis* e a tradução latina de 1497 apresentam παθόντα, ao passo que os demais Mss apresentam παθόντι (que é a escolha de BYWATER [1991 (1894)], 41, na edição OCT.). Neste caso, Aristóteles estaria dizendo que é melhor morrer a padecer tais coisas terríveis, seja porque seria melhor aceitar não viver que realizá-las e ver suas conseqüências, seja porque seria melhor não viver que ter de suportar os resultados dramáticos que a omissão teria sobre nós. De toda forma o pensamento de Aristóteles aqui é claro. (A escolha que empregamos aqui é aquela preferida por Irwin, Tricot e Zanatta).

[74] Aristóteles repete um trecho da peça, em *Ethica nicomaquea* V, 8, 1136ᵃ13-14, e alude a ela em *Poet* 14, 1453ᵇ24-25.

Odisséia, era adivinho e, assim, soube por antecipação que, se tomasse parte na expedição contra Tebas, nela pereceria.[75] Para evitar ter de engajar-se na expedição passou a esconder-se. Sua mulher, Erífile, faz com que seu retiro secreto seja descoberto através de um colar de ouro que Polinice ofereceu a ele. Com isso, Amfiaraos é forçado a partir e termina por perecer sob as muralhas de Tebas, mas não sem que antes adjurasse seu filho Alcmeão, instando-o a vingá-lo caso seus temores se realizassem, caso, de fato, perecesse. Alcmeão não tem, então, outra alternativa para livrar-se da adjuração de seu pai e assassina sua mãe, justificando sua conduta pela vingança posta sobre seus ombros. Pode alguém chegar a matar a própria mãe para salvar-se de uma maldição? Segundo Aristóteles, não: há limites e aqui parece justamente que se ultrapassou um deles, uma vez que o resultado de matar a própria mãe é ainda pior do que o de ter de enfrentar a maldição que teria de sofrer. O gesto continua sendo voluntário, sobretudo nessas circunstâncias, pois é o produto de uma escolha, e o princípio da ação está perfeitamente presente no agente, e não fora dele.

Saber qual curso de ação deve ser preferido a outro qualquer não é fácil, de modo geral, e Aristóteles está consciente de que em tais circunstâncias, menos ainda, pois o que está em questão é escolher entre uma ação pérfida ou o sofrimento.[76] De toda forma, Aristóteles distingue *conceitualmente* dois grandes tipos de ação por coação:

---

[75] ZANATTA [1993], p. 448-9; GAUTHIER & JOLIF [1959], p. 176.

[76] Cf. *Ethica nicomachea* III, 1, 1110^{a}29-1110^{b}1: "Mas é difícil por vezes julgar qual ao invés de qual se deve escolher e o que ao invés do que se deve suportar, e ainda mais difícil persistir em nossos juízos pois o mais

(a) *Ações contravoluntárias em si mesmas* (καθ᾽ αὑτά ἀκούσια). É o caso de uma ação moralmente reprovável praticada por um agente colocado num contexto prático no qual não se pode supor que, ao praticá-la, estaria beneficiando-se com suas conseqüências. Caso das ações contravoluntárias em virtude de uma falha epistêmica, por exemplo, mas também daquelas cujo princípio é exterior ao agente. São objeto de perdão ou compreensão (*EN* III, 1, 1110^{b}1-2, 1110^{b}2-7).

(b) *Ações contravoluntárias em si mesmas mas voluntárias em virtude das circunstâncias* (ἀντὶ τῶνδε ἑκούσια). Caso das ações moralmente reprováveis mas realizadas tendo em vista evitar um mal maior. Podem ser tanto objeto de perdão e compreensão, quanto de elogio ou, no caso em que seu resultado sobrepuje o mal que pretendiam evitar, reprovação.

Essas distinções permitem contornar a primeira objeção de que há ações por coação que contudo não são voluntárias. A tese que Aristóteles sustenta na *Ethica nicomachea* é que tais ações são, em determinados contextos, contravoluntárias e, em outros, voluntárias. No caso da prática de uma ação moralmente reprovável sem a presença desse contexto prático adicional que a torna voluntária, a ação *pode* ser contravoluntária, isto é, será contravoluntária desde que não haja ra-

---

das vezes as coisas esperadas são dolorosas, enquanto que as forçadas são vergonhosas, e é por isso que elogios e reprovações vêm a surgir em torno dos que são forçados ou não." E *Ethica nicomachea* III, 1, 1110^{b}7-10: "E quais coisas em lugar de quais outras devem ser escolhidas não é fácil responder: pois há várias distinções nas coisas particulares."

zões para supor que o agente se beneficiou de sua prática (é o caso da ação praticada pelo intemperante, por exemplo, que é sempre suspeita). Caso, contudo, esse contexto prático esteja presente, a ação passa automaticamente a ser voluntária, embora a culpabilidade do agente venha a depender, nesse caso, de se as conseqüências de sua ação sobrepujam ou não o mal que sua prática pretende evitar. Deve-se presumir o agente inocente, exceto se agiu num contexto em que sua ação moralmente reprovável podia beneficiá-lo.

Essa argumentação responde, portanto, à objeção de que uma ação por coação moral seria contravoluntária: são ações, tão voluntárias quanto as demais, só que, em tais ações as circunstâncias levadas em consideração no processo de deliberação e escolha oferecem ao agente uma classe mais limitada de alternativas que o coagem a agir assim, e não de outra forma. Essa não é, entretanto, a única objeção que se pode levantar contra a definição, *ceteris paribus,* de uma ação contravoluntária como aquela que tem seu princípio fora do agente. Outra objeção possível seria dizer que objetos e estados prazerosos são *exteriores* ao agente. Uma vez que estes despertam o desejo e, assim, movem o agente, as ações tendo em vista algo de prazeroso ou belo (καλά) seriam contravoluntárias. Essa objeção, que não é nem um pouco trivial, recebe de Aristóteles uma resposta que faz uso de uma evidência do senso comum:

> Mas se alguém dissesse que as coisas prazerosas e belas coagem [βίαια εἶναι] (que forçam sendo exteriores), tudo então o coagiria [πάντα ἂν εἴη αὐτῷ βίαια]: pois todos fazem tudo por causa dessas coisas (*EN* III, 1, 1110^{b}9-11).

Objetou-se, com freqüência, que a afirmação de que toda ação é produzida tendo em vista a produção de um efeito "prazeroso ou belo" não é necessariamente verdadeira. Há ações nas quais agimos tendo em vista não algo dessa espécie, sendo esse o caso de todas as ações cuja finalidade é evitar desconforto futuro (por exemplo, submeter-se a uma dieta), em si mesmas desagradáveis e que não procuram produzir algo de prazeroso (se se admitir que o estado de saúde não é necessariamente um estado de prazer, mas, sim, de ausência de enfermidade, isto é, de dor). Uma maneira de replicar ao adversário, que pretende que todas as ações sejam coagidas, seria justamente oferecer evidências contra essa idéia. Nem tudo, assim, seria praticado por causa do prazer. Não é isso, contudo, o que Aristóteles faz aqui. Parece aceitar o argumento do interlocutor em seus próprios termos e oferecer, contra ele, uma evidência proveniente do senso comum. Há ações que não são produzidas por coação, e, na visão comum que temos das ações no interior das práticas morais cotidianas, isso é inegável. A alternativa do adversário seria, então, recusar justamente o fato de que há alguma ação humana que não seja coagida. Noutras palavras, seria admitir que *todas* as ações humanas resultam de alguma espécie de coação. Nesse caso, porém, o preço a pagar pelo adversário seria, como Zenão, opor-se a uma evidência do senso comum.

Outra evidência contrária a essa tese diz respeito aos estados que acompanham as ações por coação contravoluntárias. Aristóteles chama a atenção aqui para um ponto importante: ações por coação *e contravoluntárias* são *sempre* acompanhadas de dor, ao passo que aquelas cujo resultado é a produção de algo prazeroso ou nobre são acompanhadas de prazer. Esta tese – a de que, literalmente, "os que [agem] pelo prazeroso e pelo belo [estão] acompanhados de prazer" *(EN* III, 1, 1110^{b}12-13) – não é inteiramente clara. O *resultado* de uma ação pode ser acompanhado de prazer, mas não necessariamente a própria ação.[77] Ela, com efeito, pode perfeitamente ser acompanhada de sofrimento (a ginástica, que produz um belo corpo e saúde, não é acompanhada de prazer no momento em que é praticada)..Uma solução seria considerar que Aristóteles está se referindo ao prazer que o agente experimenta ao saber que, ao final de sua ação, terá um prazer. Seria uma espécie de prazer antecipatório e que motivaria o agente.

Outra objeção seria a de que Aristóteles parece aqui não levar em consideração que *nem toda* ação por coação é acompanhada de dor: há aquelas que são indiferentes ao agente, e aquelas nas quais o agente participa como causa secundária, como vimos anteriormente. Em nenhum desses casos a ação causa sofrimento no agente. Mas Aristóteles, neste caso, é claro: trata-se das ações estritamente por coação, isto é, aquelas nas quais a prática da ação *contraria o agente* e nas quais ele agiria diferentemente se pudesse. Tais são, fisicamente falando, as únicas ações nas quais o princípio da ação é exterior ao agente e em que há nele, uma resistência a agir daquela forma. Nesse caso há sofrimento (causado por essa resistência a um princípio exterior) e, assim, trata-se de um caso de ação contravoluntária. A resistência ao princípio movente exterior é um elemento importante que merece ser considerado. No caso de uma ação cujo princípio é exterior, mas na qual o agente coopera efetivamente, é claro que apenas acidentalmente a causa da ação é exterior e se pode considerar tran-

---

[77] Cf. *Ethica nicomachea* I, 7, 1097ª25 e s. Isso é o que Glaucon já lembrava a Sócrates no início do livro II da *República,* 357a-d. (KYMLICKA [1995], p. 12-13; ZINGANO [1994], p. 34 e ss.).

qüilamente a ação como voluntária. No caso, contudo, das ações em que há *indiferença,* o fato de o agente não se debater contra o princípio externo indica que o resultado da ação praticada não entra em confronto com seu sistema de desejos e crenças.[78] Aqui também não há, propriamente, princípio exterior da ação, que também não é contravoluntária.[79] De toda forma, restringindo-nos ao caso das ações realizadas *(a)* com um princípio exterior e *(b)* com resistência da parte do agente, é evidente que tais ações são acompanhadas de sofrimento e são contravoluntárias, e é isso, provavelmente, o que Aristóteles afirma na *Ethica nicomachea* III, 1, $1110^{b}12$. Ora, para o argumento de Aristóteles, basta admitir que nenhuma ação considerada por coação nesse sentido estrito é praticada com prazer. Isto é, mesmo que se restrinja o sentido de "por coação", nesse caso, à ação que satisfaz as condições *(a)* e *(b)* acima, é certo que uma ação dessa espécie não é por coação nesse sentido. Esse é, porém, o sentido relevante para que uma ação por coação seja contravoluntária (nos demais casos, como se viu, a análise considera a ação como voluntária), e, assim, a ação tendo em vista algo de prazeroso é voluntária.

A terceira resposta de Aristóteles é um argumento *ad hominem,* mas que, no contexto desse primeiro capítulo da *Ethica nicomachea,* serve para indicar que o adversário admite, apesar das aparências, a tese de que o agente aceita que há ações de que ele é causa. Aristóteles afirma:

---

78 *Mutatis mutandis* é o que ocorre com o dolo eventual, no direito penal: para o agente tanto faz se o resultado colateral ocorre ou não.

79 É possível que Aristóteles classifique este tipo de ações entre as que denomina de não-voluntárias (οὐχ ἐκούσια), mais adiante.

> E é ridículo responsabilizar as coisas exteriores [αἰτιᾶσθαι τὰ ἐκτός] mas não a si próprio, sendo presa fácil por tais coisas, e [responsabilizar] a si próprio pelas coisas belas, e pelas coisas vergonhosas [responsabilizar] as coisas prazerosas *(EN* III, 2, 1110^{b}13-15).

O ponto em questão é que aqueles que empregam como justificativa de suas ações moralmente reprováveis o fato de terem sido movidos por objetos prazerosos exteriores não estão, em geral dispostos a responsabilizar algo que lhes é externo quando realizam ações moralmente louváveis (καλά). Essa falta de coerência indica que não acreditam, na verdade, que *todas* as ações que têm como alvo algo de prazeroso ou belo sejam ações por coação. Argumentativamente mais fraco do que os anteriores, este raciocínio, contudo, mostra que esse tipo de justificativa que apela para a συγγνώμη ou "compreensão", quando um agente moral pratica uma ação reprovável, não se sustenta.

O que todos esses argumentos têm em comum é o fato de que empregam e apelam para certezas pertencentes às práticas morais ordinárias a fim de refutar os argumentos dos que não aceitam a definição de ação contravoluntária como a que, *ceteris paribus,* é praticada por coação. Aristóteles em nenhum momento recorre a argumentos *físicos* para afirmar que está em poder do agente praticar ou não as ações cujo princípio se encontra nele. Toda a investigação lida com as práticas morais cotidianas e não introduz pressupostos de natureza diferente. Após essa investigação dos casos em que, nas práticas morais cotidianas, se considera a ação de um agente contravoluntária por coação, Aristóteles passa à análise das condições *epistêmicas* da ação contravoluntária. Os resultados são resumidos no capítulo 3 do livro III da *Ethica nicomachea,* logo antes de uma discussão sobre o caráter voluntário ou não dos atos cometidos por paixão ou apetite.[80]

A definição que Aristóteles apresenta de ação voluntária estabelece duas condições para tal ação. Chega a ela pela contrapositiva da definição de ação contravoluntária, depois de ouvidos os aparentes contra-exemplos do senso comum e respondidas as críticas dos adversários. Já que ambos os predicados determinam conjuntos complementares de ações, uma definição é simétrica da outra:

> Mas sendo o contravoluntário aquilo que é por coação e por ignorância, o voluntário pareceria ser aquilo cujo princípio está nele, quando ele está ciente das coisas particulares nas quais está a ação (*EN* III, 2, 1111^{b}22-4).

Claro que os resultados da investigação de Aristóteles conduzem à conclusão de que a coação ou a ignorância são *condições suficientes e necessárias* da ação contravoluntária.

---

[80] Gauthier & Jolif [1959] p. 176, sugerem, que se interpole o capítulo 3 (*EN* III, 1, 1111^{a}24-^{b}3) logo após III, 1, 1110^{b}1, dado que seu conteúdo retoma em sua maior parte a discussão do capítulo 1. A dificuldade está contudo nas linhas 1111^{a}22-24, em que Aristóteles parece resumir os resultados dos capítulos 1 e 2; além disso, em algumas passagens esse trecho parece poder inserir-se tanto em III, 1, 1110^{b}18 quanto em III, 1, 1111^{a}19. Irwin [1985], p. 58, esse trecho vê como um conjunto de respostas a objeções possíveis à definição de voluntário a que se chegou. A passagem seria assim um excurso para tratar de objeções ulteriores à definição de voluntário, e não à idéia de que uma ação por coação seria voluntária. De toda forma, como lembra Kenny [1979], p. 36-7, esse trecho está repleto de dificuldades e provavelmente constitui um extrato anterior da composição do texto. Aqui, tratarei apenas de algumas dessas dificuldades mais diretamente pertinentes à análise acima.

Noutras palavras, Aristóteles admitiria o princípio de que uma ação é contravoluntária se e somente se ou *(a)* é praticada por coação ou *(b)* é praticada por ignorância. Trata-se de saber em que circunstâncias uma ação *é voluntária.* Já que ambos os conjuntos se excluem termo a termo e esgotam a classe das ações, segue-se, do princípio anterior, a seguinte conseqüência: uma ação não é contravoluntária se e somente se *(a')* não é praticada por coação e *(b')* tampouco por ignorância.

A definição de Aristóteles explicita as cláusulas *(a')* e *(b'):* uma ação não é praticada por coação se e somente se o princípio da ação está presente no agente; e, como se verá mais adiante, uma ação não é praticada por ignorância se e somente se o agente agiu tendo pleno acesso às circunstâncias e conseqüências de sua ação. Donde uma definição completa de ação voluntária:

> Uma ação é voluntária se e somente se *(i)* o princípio da ação está presente no agente e *(ii)* o agente tem acesso epistêmico pleno a sua ação.

A cláusula *(i)* é examinada no capítulo 1, do livro III, da *Ethica nicomachea,* e a cláusula *(ii),* no Capítulo 2.

A cláusula *(i)* parece implicar a concepção de Aristóteles de que, *porque o princípio da ação está presente no agente,* está em poder do agente também agir como não agir. Na *Ethica nicomachea* III, 1, 1110^{a}17-18, Aristóteles toma como pressuposto que "daquelas coisas cujo princípio está nele [isto é, no agente], está em seu poder tanto o fazer quanto o não fazer". Esse princípio permitia distinguir ali entre a coação moral da coação física e afirmar que as ações por coação moral são moralmente necessárias, mas fisicamente voluntárias, já que o agente pode escolher entre dois cursos de ação. Em outras passagens, Aristóteles parece constantemente admitir essa tese. Em *Ethica nicomachea* III, 3, 1112^{b}28, por exemplo, afirma que as ações que ocorrem através de nós são possíveis e não necessárias, inclusive aquelas praticadas a nosso pedido por nossos amigos, "já que o princípio delas está em nós". Em *Ethica nicomachea* III, 5, 1113^{b}28, condena o ébrio, e o que se deixa cegar pelo apetite e o que alega desconhecer a lei, como moralmente responsável, já que podia ter agido de outro modo. E finalmente, em *Ethica nicomachea* III, 5, 1114^{a}19, afirma que, embora o incontinente não possa mais não desejar ser como é, já esteve em seu poder, no passado, levar uma vida desregrada ou não, novamente "porque o princípio está nele".

Todas essas afirmações sugerem que Aristóteles admitiria sem dificuldade o seguinte princípio:

(i) Para toda ação *x*, se o princípio de *x* está no agente, então está em poder dele praticar *x* ou não a praticar.

Ora, isso sugere que Aristóteles considera que uma condição necessária da presença do princípio da ação no agente é a capacidade, nele presente, de praticá-la ou não, o que suscita a questão de saber se Aristóteles admitiria também a recíproca desse condicional: qualquer ação, tal que estava em poder do agente praticá-la ou não, apresenta seu princípio no próprio agente. Isto é:

(ii) Para toda ação *x*, se está em poder do agente praticar *x* ou não o praticar, então o princípio de *x* está no agente.

Desconheço a existência de uma evidência textual forte que permita concluir que Aristóteles aceitaria este novo princípio. Entretanto, tampouco consigo imaginar um contra-exemplo para ele. Se uma ação é tal que o agente podia, se quisesse, ter agido de outro modo, me parece claro que isso implica admitir que o princípio da ação não estava fora do agente (ele não era coagido, portanto), mas nele próprio. Se for assim, *(i)* e *(ii)* podem conduzir a uma equivalência, de forma que "estar em poder do agente praticar a ação ou não" e "o princípio da ação estar presente no agente" passam a ser predicados equivalentes (embora não sinônimos) na *Ethica nicomachea.* Para esta, portanto, toda ação em poder do agente tem seu princípio nele, e vice-versa.

Contudo, mesmo que não se admita a equivalência entre *(i)* e *(ii)*, é certo que Aristóteles entende por "princípio da ação estar no agente" algo bem mais restrito do que a cláusula equivalente da *Ethica eudemia.* Enquanto ali introduzia uma condição suplementar, atribuindo a esta expressão um sentido extremamente amplo, aqui Aristóteles prefere desde o início restringi-la. Os princípios relevantes para a ação voluntária são aqueles que propiciam ao agente a possibilidade de praticar a ação de modo diferente. Aristóteles, portanto, não tem em vista, ao empregar a expressão acima, uma classe geral dos princípios presentes no agente, mas uma bem mais restrita, em que as ações que decorrem dos princípios presentes no agente oferecem-lhe a capacidade de praticá-las ou não.[81]

---

[81] Stewart, bem como GAUTHIER & JOLIF [1959], p. 174, não atentaram para essa restrição do sentido de "princípio da ação presente no agente" no contexto da *Ethica nicomachea.* IRWIN [1980A], p. 121-2, também não se dá conta disso e interpreta a cláusula "estar em poder do agente praticar ou não a ação", em *Ethica eudemia* a meu ver de uma maneira incorreta, sequer mencionando o caso em que o princípio está no agente mas ele não é capaz de agir diferentemente (que Irwin examina na p. 122).

Há objeções, contudo, a essa definição. As ações decorrentes de impulsos incontroláveis, como a paixão e o apetite, são consideradas habitualmente contravoluntárias: irrompem no agente sem que este possa controlá-las e são causa de ações. Como elas "forçam" o agente a praticar a ação, jamais poderiam ser consideradas voluntárias. Essa objeção, entretanto, não é aceita por Aristóteles. Ele lembra que há evidências de que as ações produzidas pela cólera e por outras paixões semelhantes, ou pelo apetite, são tão voluntárias quanto as ações voluntárias mais triviais[82]. Repete, em seguida, a objeção lançada contra aqueles que consideram as ações vergonhosas causadas por apetite ou paixão como contravoluntárias, ao passo que as ações belas seriam voluntárias. Se ambas as classes de ações têm a mesma causa (justamente o apetite ou a paixão), não é possível dizer que uma é voluntária, ao passo que a outra não. Restaria, nesse caso, uma única alternativa: considerar *todas* as condutas produzidas pelo apetite ou pela paixão como contravoluntárias. Isso implicaria afirmar que, se houver coisas que devemos desejar (e há), essas coisas são contravoluntárias.

Este último argumento não é simples, e sua reconstrução parece ter de recorrer a um princípio da lógica deôntica,

---

[82] GAUTHIER & JOLIF [1959], p. 179 alertam, com razão, para que se evite, ao empregar neste argumento o termo "voluntário", introduzir a idéia de que crianças ou animais não-humanos agiriam movidos "pela vontade", o que tornaria o argumento sem sentido. Contudo, é equivocada sua análise de que Aristóteles emprega essa família de termos de uma maneira vaga: Aristóteles está, nesta investigação, procurando encontrar para a expressão ἑκούσιον um sentido preciso, justamente o contrário do que os autores supõem.

bastante controverso.[83] O princípio afirma que "tudo o que é obrigatório é possível", ou ainda, que se uma ação descrita por uma proposição *p* é obrigatória para um agente *a,* então ela é também um evento possível, algo que pode ser feito por *a:*

[O] Se *p* é obrigatório para *a,* então *p* é possível para *a.*

A réplica de Aristóteles assume esse princípio, considerando "*p* é possível para *a*" como equivalente a "está em poder de *a* praticar ou não a ação descrita por *p*". A idéia é que há emoções que caem sob o campo dos deveres: há emoções que *devemos* ter, tal como há ações (que decorrem delas) que devem, moralmente falando, ser praticadas. Há objetos que devem ser odiados pelo homem excelente e há coisas que devem ser buscadas. Ora, se há, portanto, paixões e apetites *obrigatórios* para o agente, então tais emoções são praticamente possíveis para o agente e, assim, voluntárias:

> E sem dúvida é absurdo chamar de contravoluntárias aquelas coisas que se deve [δεῖ][84] desejar: e seguramente se deve odiar [ὀργίζεσθαι] algumas coisas e ter apetite por algumas, por exemplo, a saúde e o aprendizado (*EN* III, 1, 1111ª29-31).

[83] Cf. a sugestão de IRWIN [1985], p. 317 para essa passagem e a discussão do princípio da possibilidade do dever em BAILHACHE [1991], p. 53 e ss. Fundamentalmente, o problema reside no fato de que a aceitação irrestrita desse princípio implica a tese de que "o impossível é proibido", que é contra-intuitiva.

[84] GAUTHIER & JOLIF [1959], p. 179, e IRWIN [1985], p. 317, insistem no aspecto moral, e não físico, do verbo "deve" (δεῖ), nessa passagem.

A evidência desse princípio provém de uma intuição do senso comum segundo a qual ninguém é obrigado a fazer o que não pode fazer, o que, por contraposição, implica que se algo é obrigatório para alguém, também lhe é possível. Mas, como já disse acima, esse princípio está longe de ser trivial, e um determinista psicológico poderia objetar a Aristóteles que uma ação pode ser obrigatória (num determinado contexto deôntico) para um agente *a* e nem por isso ser possível a ele praticá-la. Para o determinista psicológico, isso não acarretaria necessariamente a dissolução do conceito de responsabilidade, com as conseqüências morais e jurídicas que isso traz. Um determinista psicológico poderia perfeitamente manter a noção de responsabilidade e admitir uma teoria *dissuasivista,* e não *retributivista,* da aplicação penal e da justiça. Pode ocorrer que *a* não possa agir de outro modo no contexto deôntico *D,* embora devesse (ou estivesse proibido de agir como agiu). Suas paixões são de tal forma fortes que o movem irresistivelmente a praticar a ação proibida ou a não praticar a ação obrigatória. Nesse caso, não estava em poder de *a* praticar *p* em *D.* Isso exime *a* da responsabilidade por *p* e das possíveis retribuições penais que venha a sofrer? Para um determinista psicológico, não. A pena que *a* sofrerá poderá ter duas funções: *(i)* desenvolver em *a* emoções como medo, vergonha etc., que o impedirão de (não) praticar *p* quando *p* é obrigatória (proibida) e *(ii)* despertar, em outros indivíduos, um conjunto de emoções que *(a)* os impeçam de praticar ações idênticas, quando num contexto semelhante a *D* e *(b),* que impeçam que esses outros indivíduos, movidos por outras emoções (por exemplo, desonra, indignação etc.), pratiquem ações proibidas ou não pratiquem ações obrigatórias em outros contextos deônticos. Nesse caso, pode-se recusar a formulação forte de *O* em favor de uma formulação mais fraca, a de que o condicional "se é obrigatório para um agente *a* praticar, num determinado contexto deôntico, a ação expressa por *p,* então é possível para *a* praticar *p* nesse contexto" é, ele próprio, possível.[85] Claro que um determinista psicológico forte negaria mesmo esse princípio mais fraco, considerando que *todas* as ações humanas são causadas por fatores de ordem psicofisiológica e, assim, *por serem causadas,* são determinadas, logo necessárias. O argumento de Aristóteles, que apela para uma intuição do senso comum, não teria grande valor de um perspectiva necessitarista.[86]

Há ainda mais duas réplicas apresentadas por Aristóteles. A primeira retoma aquela tese já discutida anteriormente: ações contravoluntárias *stricto sensu* são sempre desconfortáveis ou mesmo dolorosas. Ora, tudo o que satisfaz o apetite é prazeroso, logo, não é doloroso e, assim, não é contravoluntário. A segunda réplica já introduz elementos epistêmicos, de modo que retornaremos a ela mais adiante.

5. *Contrastes entre as análises de* Ethica eudemia *e* Ethica nicomachea *com respeito às condições físicas*

Há algumas discrepâncias claras entre as análises que a *Ethica nicomachea* e a *Ethica eudemia* desenvolvem acerca das condições "físicas" da ação voluntária:

(1) A *Ethica nicomachea* não coloca como condição suplementar do caráter voluntário de uma ação a necessidade de que ela estivesse em poder do agente no momento em que

---

[85] Ou seja, o escopo do operador modal "é possível que" aplicar-se-ia ao princípio *O* acima.

[86] Ver a discussão dessa tese, no Capítulo V deste trabalho.

a praticou. Essa cláusula, porém, está presente na definição de ação voluntária da *Ethica eudemia.*

(2) A *Ethica eudemia* considera contravoluntária uma ação praticada por coação moral, já que não estava em poder do agente praticar a ação, ou não, pois havia escolha apenas da finalidade da ação e ela foi praticada a fim de evitar um mal maior ou concretizar um bem. A *Ethica nicomachea,* por sua vez, considera que, embora "simplesmente" a ação seja contravoluntária (ninguém escolheria tal ação em condições normais), dado que o princípio está presente no agente e, além de tudo, ela foi produto de uma escolha (o agente preferiu esse curso de ação a um outro), deverá ser considerada voluntária.

(3) Ações resultantes de paixões que a natureza humana não poderia suportar são consideradas contravoluntárias na *Ethica eudemia.* A *Ethica nicomachea,* ao contrário, parece considerar voluntária qualquer ação produzida por uma paixão.[87]

---

[87] Essas disparidades entre as duas *Éticas* deram origem às mais diversas interpretações, desde os que consideram a *Ethica eudemia* um trabalho em geral mais bem elaborado do que a *Ethica nicomachea* e cujas teses seriam, *grosso modo,* compatíveis, até os que defendem a posição exatamente contrária. Dentre os primeiros, Anthony Kenny desenvolveu a tese de que a *Ethica eudemia* seja cronologicamente posterior à *Ethica nicomachea,* e a ela pertenceriam originariamente os "livros comuns" (conjunto de livros repetidos em ambos os tratados éticos). Numa feroz resenha publicada em 1980, Therence Irwin critica a posição de Kenny, particularmente a hipótese de que os livros comuns pertenceriam originalmente à *Ethica eudemia* (IRWIN [1980B], 338-54). Um ano depois, John M. Cooper publica uma resenha em que discordava das teses de

No que diz respeito às condições físicas da ação voluntária, a *Ethica eudemia* apresenta uma análise muito mais rica e detalhada. A questão que se coloca é saber se as discrepâncias entre as duas obras conduzem a resultados incompatíveis ou não. Quanto à divergência (1), a meu ver a mais importante, Aristóteles considera, na definição de "princípio da ação presente no agente", da *Ethica nicomachea,* que a ação e o princípio em questão são de tal espécie que estava em poder do agente agir diferentemente naquele caso. Assim, o princípio da ação estará no agente somente se estiver ao alcance dele praticar ou não aquela ação. Nesse sentido estrito, uma ação como os batimentos do coração ou o suar, embora tenham sua causa em mim, já que não depende de mim "praticá-las" ou não, não têm seu "princípio", neste sentido estrito, em mim. Tudo leva a crer que Aristóteles, embora empregue aí a palavra ἀρχή, esteja referindo-se claramente a uma ὄρεξις presente no agente, e que é a causa de sua ação, e não a um outro elemento fisiológico qualquer, capaz de produzir movimentos em meu corpo. Se for assim, a discrepância está entre uma definição explícita de "estar em poder do agente", presente na *Ethica eudemia,* e um pressuposto não-explicitado da *Ethica nicomachea.*[88]

Kenny, mas admite que os livros comuns de fato deveriam ter originalmente pertencido à *Ethica eudemia,* e que esta seria, sustentando a conclusão de Kenny, *(i)* aristotélica e *(ii)* posterior à *Ethica nicomachea* (Cooper [1981], 387; Irwin [1985]). Os dois livros de Kenny tiveram o mérito de trazer um novo aporte para o estudo da *Ethica eudemia,* tornando-a como uma obra merecedora do mesmo interesse que a *Ethica nicomachea;* contudo, a maioria dos comentadores recentes prefere evitar as especulações acerca da cronologia dessas duas obras.

88 Em *Rhetorica* I, 10, 1368^{b}37-1369^{a}7, Aristóteles não deixa dúvidas de que considera a φύσις como uma das causas da ação, junto com a fortuna, a coação, o caráter (ἔθος), o cálculo, a cólera (θυμός) e o apetite. E

Contudo, a definição de "estar em poder do agente", introduzida na *Ethica eudemia,* abarca muito mais do que a simples capacidade de praticar uma ação ou não, por oposição a uma coação fisiológica. Esse predicado está condicionado a outras fatores que parecem diferir essencialmente da *Ethica nicomachea.* Na *Ethica eudemia,* se uma ação foi praticada havendo escolha apenas do fim, e para evitar um mal maior, essa ação não estava em poder do agente e, portanto, era contravoluntária. A *Ethica nicomachea* insiste em que, dado que o princípio da ação está no agente, a ação é voluntária, embora, *moralmente falando,* seja contravoluntária. A discrepância (2), portanto, não parece ser facilmente solucionável, e talvez se deva supor que Aristóteles de fato deixou de lado uma posição e passou a admitir outra.

Uma sugestão de solução consiste em distinguir dois sentidos de *αἴτιον* (e *ἀρχή*) e *ἑκούσιον*, nas *Éticas.*[89] Haveria então dois sentidos para cada um desses termos:

(1) *αἴτιον*, com sentido de "originador", isto é, causa eficiente da ação;
(2) *αἴτιον*, com sentido de "responsável por" ou "imputável por" uma ação;
(3) *ἑκούσιον*, com sentido de "uma ação praticada com plena consciência pelo agente";

também aí não deixa dúvidas de que o que entende por "natureza" como causa das ações é um princípio fisiológico: "São por natureza as coisas cuja causa está nelas próprias e é regular: pois ou sempre ou no mais das vezes se produz dessa maneira. Pois o contrário à natureza não é necessário precisar, quer venha a ser conforme a uma determinada *φύσις* ou a outra causa, e a fortuna parece ser causa de tais coisas também" *(Rhet* I, 10, 1369^{b}1-5).

89 Essa é a interpretação de BROADIE [1991], p.138 e p.145, que adoto aqui.

(4) ἑκούσιον, com sentido de "uma ação pela qual o agente é imputável".[90]

Claro que, no caso da ação para evitar males maiores, um agente é inimputável, tanto para a *Ethica eudemia* quanto para a *Ethica nicomachea.* Nesse sentido, embora ele seja o "originador" da ação, não é "responsável" por ela e não cabe (em contextos razoáveis, bem entendido) penalidade ou sanção moral. Por outro lado, é claro que ele "agiu com plena consciência", e é, segundo a *Ethica nicomachea,* um agente voluntário. Noutras palavras, é possível que a discrepância entre a *Ethica nicomachea* e a *Ethica eudemia* resida no uso de dois sentidos diversos da palavra ἑκούσιον, traduzida habitualmente por "voluntário", mas ambígüa em grego. A *Ethica eudemia* esforçar-se-ia, assim, por apresentar as condições nas quais um agente agiu voluntariamente, isto é, a responsabilidade por sua ação pode ser imputada a ele. Já a *Ethica nicomachea* investigaria as condições nas quais um agente é alguém que origina uma ação com plena consciência, podendo ter agido fisicamente de outro modo. Se for assim, a *Ethica nicomachea* estabelece as condições necessárias e suficientes de ἑκούσιον, no sentido (3), mas não no (4); em contrapartida, a *Ethica eudemia* investigaria as condições necessárias e suficientes de ἑκούσιον, no sentido (4), mas não no (3).

Essa hipótese (e insisto que se trata apenas de uma *conjectura)* explicaria também por que Aristóteles considera, na *Ethica nicomachea,* voluntárias as ações decorrentes de paixões ou apetites que ultrapassam a natureza humana, ao passo que,

---

[90] Tanto ἑκούσιον quanto ἑκῶν podem também ter um sentido adverbial. Liddell & Scott registram esse sentido, embora haja bem poucas ocorrências desse uso em Aristóteles, até onde sei.

na *Ethica eudemia,* as considera contravoluntárias. Na primeira, Aristóteles estaria interessado em mostrar que a ação praticada em decorrência de uma paixã não é causada por nenhum princípio exterior ao agente, mas pelo próprio agente. E explicaria também por que Aristóteles insiste tanto no fato de que uma ação, tendo em vista o desfrutar de um prazer, não é contravoluntária, embora sua "causa" esteja fora do agente, já que mesmo aqui o princípio da ação está no agente, e ele é, por sua ação, perfeitamente imputável. Por outro lado, na *Ethica eudemia,* Aristóteles estaria investigando se uma ação provocada por uma paixão incontrolável (um grande medo, por exemplo) seria imputável ao agente ou não. Isso esclarece, por fim, por que Aristóteles não estabelece o "estar em poder do agente" como requisito suplementar na *Ethica nicomachea,* enquanto na *Ethica eudemia* essa condição é introduzida e analisada em separado. Dessa forma, ἑκούσιον, no sentido (4), ("imputável a *x*"), implicaria ἑκούσιον, no sentido (3) ("originado em *x*"), mas não o inverso.

Essas condições físicas da ação voluntária não esgotam as condições de aplicabilidade desse predicado. Um outro conjunto de condições, presente nas definições de ação voluntária, recebe um tratamento em separado: trata-se das condições "epistêmicas".

II. *As condições epistêmicas da ação voluntária*

1. *A ação "por ignorância"* (δι᾽ ἄγνοιᾳν) *na* Ethica nicomachea *III, 2*

Que o princípio da ação esteja presente no agente e que dependa dele agir ou não é apenas uma das condições que uma ação deve satisfazer para ser considerada voluntária. Há, entretanto, um segundo conjunto de condições que, caso não satisfeito, exime o agente da responsabilidade, impedindo que suas ações sejam voluntárias. Um longo exame dessas condições – que dizem respeito a sua capacidade, no momento em que praticava a ação, de prever suas conseqüências relevantes e ter acesso a suas circunstâncias – aparece no segundo capítulo, do terceiro livro, da *Ethica nicomachea.* Essa investigação é drasticamente abreviada na *Ethica eudemia,* reduzindo-se apenas às linhas que precedem a enunciação da definição de ação voluntária, no final do capítulo 9, do livro II.

Na *Ethica nicomachea,* Aristóteles introduz o tópico lembrando que o acesso epistêmico às circunstâncias e conseqüências da ação (doravante CCA) é uma condição relevante para seu caráter voluntário:

> O [praticado] por ignorância [*δι᾽ ἄγνοιαν*] é, todo ele, não-voluntário [*οὐχ ἑκούσιον*], mas é contravoluntário [*ἀκούσιον*] aquilo que é acompanhado de dor e arrependimento: pois aquele que pratica qualquer coisa por ignorância, em nada estando descontente com a ação, não fez voluntariamente aquilo, pois não sabia, nem por outro lado contravoluntariamente, já que não tem dor *(EN* I, 1, 1110^{b}18-22).

O novo tema, nesse momento, são as ações praticadas por ignorância. Aristóteles havia previamente examinado a classe das ações por coação e verificado que aquelas ações nas quais o princípio não está presente no agente eram contravoluntárias. Mas, ao invés de esgotar aí a classe das ações às quais o predicado "ser voluntário" não pode ser aplicado, a investigação encontra uma outra classe a que esse predicado não pode ser aplicado: as ações "por ignorância", isto é, aquelas nas quais o resultado de um ato decorre do desconhecimento, pelo agente, de um elemento relevante do contexto em que agiu, ou nas quais um elemento imprevisível interfere no resultado previsto.

Aristóteles já estabelece aí uma distinção que se tornará relevante logo em seguida: aquela entre ações "não-voluntárias" (*οὐχ ἑκούσια*), ou praticadas "não-voluntariamente" (*οὐχ ἑκών*: *EN* III, 1, 1110^{b}23), e as ações "contravoluntárias" (*ἀκούσια*), ou praticadas "contravoluntariamente" (*ἄκων*: *EN* III, 1, 1110^{b}21-22). Há, portanto, duas classes concorrentes (não necessariamente disjuntas) de ações que não devem ser consideradas não-voluntárias: ações cujo princípio é externo e ações praticadas por ignorância. Dentro da classe mais geral das ações "não-voluntárias por ignorância", Aristóteles distingue duas subclasses próprias: aquela das ações não-voluntárias digamos "fracas", e aquelas das ações não-voluntárias "fortes". Utiliza dois sentidos de *οὐχ ἑκούσιον* (ou *οὐχ ἑκών*) nesse trecho: um, para referir-se às ações contrárias às voluntárias (classe geral das ações não-voluntárias), e outro para referir-se à classe das ações não-voluntárias e não-contravoluntárias.[91] Estas últimas correspondem a ações nas quais um agente pratica uma ação num instante, desconhecendo um fator relevante das CCA, e, num momento ulterior, percebendo a produção de conseqüências *diferentes daquelas previstas,* o agente é ou indiferente a elas, ou toma alguma vantagem com respeito a elas.[92]

Aristóteles não dá um nome particular diferente de "não-voluntário" a essas ações, que chamarei aqui de ações "involuntárias", embora as distinga explicitamente. Há aqui, portanto, dois tipos de ação não-voluntária:

---

[91] Broadie [1991], p. 138 e ss.

[92] Caso, como já dissemos, do dolo eventual.

Ação não-voluntária (οὐχ ἑκούσιον), praticada por ignorância, e dividida em:

(a) *Ação involuntária* (οὐχ ἑκούσιον), na qual as CCA da ação diferem das previstas, mas não há arrependimento.

(b) *Ação contravoluntária* (ἀκούσιον), na qual as CCA da ação diferem das previstas, e há arrependimento;

(a) e *(b)* dividem a classe das ações não-voluntárias em duas subclasses exclusivas. Aristóteles distingue esses dois sentidos em *Ethica nicomachea* III, 1, 1110^b22-23, ao modificar o uso da expressão οὐχ ἑκούσιον e passar a empregá-la exclusivamente para as ações involuntárias:

> Com efeito, dentre [os que agem] por ignorância, o que está no arrependimento parece contravoluntário, mas o que não se arrepende, dado que é diferente, seja [chamado] involuntário (οὐχ ἑκών): pois, já que difere, melhor que tenha um nome próprio *(EN* 1110^b22-23).

Assim, uma ação é contravoluntária quando torna verdadeiro um enunciado contrafactual da seguinte forma:

[A] Se o agente *x* tivesse tido acesso epistêmico perfeito às CCA, no momento em que a praticava, então não teria praticado sua ação.

Para uma ação por ignorância, é possível perguntar se esse enunciado contrafactual é verdadeiro ou falso. Será falso caso seu antecedente seja verdadeiro, e o conseqüente, falso, isto é, se o agente, num mundo possível no qual teria acesso epistêmico perfeito às CCA, ainda assim a praticasse. Nesse caso, estaremos diante de uma ação na qual o agente não se arrependerá do que ocorreu posteriormente, e a ação não é contravoluntária. Se, contudo, tanto o antecedente quanto o conseqüente de *A* forem verdadeiros, a ação praticada contrariará aquilo que o agente desejaria praticar. Esta ação contrária a seu querer, "sem querer", é justamente a ação *contra*voluntária.

O teste lógico, portanto, consiste no seguinte: situa-se, primeiramente, o agente num mundo possível em tudo semelhante àquele no qual praticou a ação, exceto pelo fato de que aí ele tem acesso epistêmico adequado às CCA. Se o agente, nesse mundo possível, ainda assim pratica a ação, estamos diante de um caso de ação *in*voluntária. Se, contudo, ele se recusa a praticar a ação, aquela sua ação é *contra*voluntária. No primeiro caso, o agente é capaz de prever adequadamente (isto é, dentro dos limites do razoável) os resultados de sua ação. Ao examiná-los, percebe que, se praticar a ação, irá angariar resultados proveitosos e não desiste de enveredar-se por sua prática. No segundo caso, o agente pode antecipar o mal e se recusar a fazê-lo. O arrependimento, que ocorre no mundo real, e não no mundo possível em que fizemos o teste, seria conseqüência justamente do fato de que o produto da ação contraria um desejo. Esse estado doloroso é da mesma espécie daquele que ele sofre quando o princípio da ação está fora, e ele não somente não contribui em nada para sua ação, mas também deseja o *contrário* daquilo que o princípio exterior o incita a fazer.[93] Mas enquanto naquele caso o sofrimento não

---

[93] Gauthier & Jolif [1959], p.182, ressaltam esse ponto: para que estejamos diante de uma ação *contra*voluntária é necessário (e o "contra" da palavra já insinua isso) que o arrependimento e a "repugnância positiva" se manifestem desde que o agente venha a conhecer a natureza

é temporalmente *posterior* à prática da ação, neste caso, por haver uma falha epistêmica no acesso às CCA, o sofrimento não ocorre ao mesmo tempo que a prática, mas apenas quando o agente vislumbra, posteriormente, as conseqüências do que fez. É o que faz com que o exemplo de *Physica* II, 5, 196^b33 e ss. seja um caso de ação *in*voluntária: o agente foi para a praça e lá encontrou, por acaso, seu devedor que, por sua vez, recebia uma dívida e, assim, o primeiro recobrou do segundo aquilo que este lhe devia. Neste caso, embora o agente não soubesse previamente do resultado de sua ação (encontrar seu devedor no exato momento em que este recebia o dinheiro de uma dívida), não só não se arrepende dela como também se beneficia do resultado inesperado. *Se* o agente tivesse sido capaz de prever o resultado, *ainda assim,* teria agido da mesma forma – e talvez com mais empenho ainda.[94]

Há, contudo, a distinção entre uma ação realizada *por* ignorância e uma ação realizada *em* ignorância. A diferença diz respeito essencialmente a se a falha epistêmica foi, ela própria, contravoluntária ou não. Suponhamos que alguém, num momento t_1, pratica uma ação cuja conseqüência será a ignorância das *CCA* que praticará em t_2 – por exemplo, em t_1 o agente embriaga-se. Nesse caso, a ação praticada em t_2 é voluntária, já que a *causa* da ignorância em que essa ação foi praticada é uma ação voluntária do próprio agente, e não estamos diante de uma ação *por* ignorância, mas de uma ação *em* ignorância. A causa de tais ações é, portanto, uma ação moralmente reprovável, que, por sua vez, decorre do caráter

---

do que fez e suas conseqüências, lembrando que a idéia já aparecia nas *Leis,* 866e.

[94] Esse é um dos exemplos de evento fortuito, oferecidos por Aristóteles. Voltarei a ele no Capítulo V.

vicioso do agente.[95] É por isso que os legisladores poderão impor sanções para atos em ignorância, toda vez que o agente for responsável por entrar nesse estado *(EN* III, 5, 1113^{b}30-1114^{a}3). O mesmo ocorre com a *ignorantia legis,* no caso da legislação de que se supunha que o agente devesse estar a par naquele instante e que não era difícil de ser conhecida, bem como no caso da negligência ou imprudência. Em todos esses casos, estava no poder do agente não carecer da informação relevante para a prática de seu ato, de modo que ele *devia,* em t_1, ter-se suprido de informações relevantes e suficientes para a prática da ação realizada em t_2.[96]

Uma ação por ignorância é, portanto, aquela em que o agente escolheria agir de outro modo se tivesse sido capaz de prever suas conseqüências e se tivesse podido apreender corretamente todas as particularidades relevantes de sua ação, desde que tal ignorância não seja, ela própria, resultado de uma ação voluntária dele. Quais são, contudo, esses "elementos" de que as *CCA* são compostas? Aristóteles enumera seis deles, na *Ethica nicomachea (EN* III, 1, 1111^{a}3-6):

(1) Quem está praticando a ação (*τίς*),
(2) o que está fazendo (*τί*),
(3) sobre o que ou em quem está fazendo (*περὶ τί ἢ ἐν τινί*),[97]
(4) com o que está fazendo, isto é, o instrumento (*τίνι, οἷον ὀργάνῳ*),

[95] IRWIN [1985], p. 317.

[96] Ver sobre esses pontos, para uma análise no âmbito da filosofia analítica contemporânea, o texto de ANSCOMBE [1963], p. 398-01.

[97] Sigo Gauthier e Jolif, Richards, Rackham e Irwin e leio *τινί* como neutro, e não como masculino, supondo que a distinção aristotélica não seja entre uma coisa e uma pessoa, mas entre o objeto e o âmbito no qual a ação é praticada, como aliás os exemplos deixarão claro (ZANATTA [1993], p. 452).

(5) com que finalidade (ἕνεκα τίνος) e
(6) de que maneira (πῶς).

Obviamente um homem médio normal (que não esteja louco) não pode ignorar *todos* os elementos de (1) a (6). Também é difícil imaginar um caso em que ignorasse (1) –, desconhecesse que o agente é ele, pois é difícil imaginar uma circunstância em que possa ignorar a si próprio, ignorar sua identidade.[98] Mesmo no caso de um agente que, imaginemos, estivesse passando por um período de amnésia, é difícil imaginar que não soubesse que é *ele* (quem quer que ele seja) que está agindo, não outra pessoa. O exemplo de Aristóteles para (2) é o caso de Ésquilo, que alegou, perante o Areópago, diante da acusação de divulgar o segredo dos Mistérios em suas tragédias, que desconhecia que se tratava de segredos, uma vez que não havia sido iniciado a eles.[99] Ésquilo, nesse caso, não sabia *o que* estava fazendo; caso soubesse, não o teria feito. O exemplo de (3) é o caso de Mérope, que matou seu filho pensando ser um inimigo. O de (4), o caso daquele que, ensinando a alguém como usar a catapulta, acreditando estar ela travada, desloca o dispositivo que a solta; ou ainda daquele que, achando que se trata de pedra pome, mas na verdade tratando-se de uma pedra comum, fere alguém com ela.[100] Nesse caso, o agente atribui ao instrumento com que age uma propriedade que este não possui, desconhecendo assim um dos elementos relevantes da ação. Para (5), Aristóteles esco-

---

[98] A identidade pessoal, ao longo de toda a ação e, finalmente, até o momento da sanção, é uma condição necessária, portanto, do conceito de voluntariedade.

[99] Cf. *República,* VIII, 563b-c.

[100] ZANATTA [1993], p. 452-3.

lhe o caso de uma pessoa que tenta curar alguém com um remédio, mas termina por matá-lo. Finalmente, para (6), destaca o caso de alguém que luta com um adversário procurando apenas tocá-lo, mas, sem querer, se excede na força e o mata.

Nem sempre os exemplos de Aristóteles são claros, mas a divisão em seis elementos parece apontar para uma possível subdivisão entre o erro, no tocante às *circunstâncias* em que uma ação é praticada, e o erro concernente às *conseqüências* que provêm de uma ação. (2) é suficientemente vago para encaixar-se nos dois casos: *o que* se está fazendo pode significar *(a)* – desconhecimento da própria ação (o agente percebe a ação, quando a pratica, de modo diferente de como a perceberá posteriormente) – ou *(b),* desconhecimento das conseqüências da ação (o agente não imaginava que as conseqüências decorrentes de sua ação seriam aquelas). (5) é outro caso que parece poder ser interpretado mais como ignorância a respeito das conseqüências do que das circunstâncias: o agente desconhecia que, ministrando um determinado remédio, mataria o doente, sendo que, em outras circunstâncias, o remédio serviu ou teria servido para curar pacientes com a mesma moléstia. A distinção entre as duas espécies de erros terá de esperar pelo livro V, da *Ethica nicomachea.* Seja como for, Aristóteles adverte, desde já, que os dois elementos mais importantes dessa série são *(i)* a ignorância do que o agente está fazendo e *(ii)* a ignorância concernente ao resultado da ação.[101]

---

[101] Note-se que, no primeiro caso, estamos diante de um tipo de acesso cognitivo *revisável,* o que faz com que o conhecimento que temos das nossas intenções práticas seja diferente daquele que temos de outros tipos de estados psicológicos, como por exemplo uma dor. Os estados

Uma ação, contravoluntária por ignorância é, portanto, aquela em que *(a)* o agente age *por ignorância* (em contraste com a ação na qual age *em ignorância)* e *(b)*, em que, após sua realização, o agente se arrepende. Noutras palavras, trata-se de uma ação na qual há falha epistêmica quanto à previsão das CCA e em que o agente, caso tivesse tido acesso epistêmico a elas, teria agido diferentemente.

2. *Ignorância conforme* Ethica nicomachea *V, 8.*

Nesse capítulo – que aparece no contexto mais geral de uma discussão sobre a natureza da justiça – Aristóteles procura ligar o caráter justo ou injusto de uma ação ao fato de ela ter sido praticada voluntária ou contravoluntariamente. Assim, uma ação injusta praticada contravoluntariamente é injusta "apenas por acidente" (κατὰ συμβεβηκός: *EN* V, 8, 1135ª15-18), não por si mesma, já que o simples fato de algo injusto ser praticado não torna o ato em si passível de reprovação.[102] Para que um ato seja injusto e, assim, passível de reprovação, é preciso, diz Aristóteles, não apenas que seja reprovável em si mesmo, mas que satisfaça às mesmas condições de qualquer ato voluntário:

---

intencionais são passíveis de erro, e sempre se pode dizer, após alguém ter-se equivocado ao agir, que "ele estava fazendo tal e tal coisa, embora não fosse verdade que ele estava fazendo isso", sem que, assim, sejam estados aos quais chegamos através de um conjunto de evidências ou observações sobre nosso comportamento, num determinado instante. Na verdade, a apreensão da *intenção* é imediata, mas o resultado da ação *pode* ser conhecido por observação. Ver a esse respeito DONNELLAN [1963], p. 403.

[102] Cf. também *Ethica nicomachea* V, 6, 1134ª17 e ss.

> Tendo sido assim descritas as ações justas e injustas, age-se injustamente e age-se justamente caso se faça essas coisas voluntariamente. Mas, quando se faz contravoluntariamente, não se age injusta nem justamente, exceto por acidente: pois faz coisas às quais sucede (*συμβέβηκε*) serem justas ou injustas. Mas uma ação injusta ou justa (*ἀδίκημα δὲ καὶ δικαιοπράγημα*) define-se pelo voluntário e contravoluntário: pois, caso voluntária, é reprovada, e, ao mesmo tempo, também é uma ação injusta. De modo que algo será injusto (*ἄδικον*), mas ainda não um ato injusto (*ἀδίκημα*), se não for, em acréscimo, voluntário (*EN* V, 8, 1135ª15-23).

A justificativa por trás dessa distinção é bastante clara, sobretudo se atentarmos para a distinção terminológica que Aristóteles apresenta no texto: para que estejamos diante de um *ato* injusto (*ἀδίκημα*) é preciso que esse ato tenha sido praticado voluntariamente, caso contrário não será objeto de reprovação. Há contudo, diz Aristóteles na seqüência do texto, três condições que determinam o caráter voluntário de uma ação: *(a)* que ela seja praticada estando o princípio no agente *(EN* V, 8, 1135ª26-28), isto é, nem por acidente, nem por coação; *(b)* que dependa de o agente fazer ou não a ação *(EN* V, 8, 1135ª24); e *(c)* que a ação seja praticada "sabendo (*εἰδώς*) e não desconhecendo (*μὴ ἀγνοῶν*) nem quem sofre a ação, nem com o que é feita, nem com que finalidade".[103] Uma ação é composta, portanto, de um componente factual

---

[103] É exatamente a distinção que Anscombe traça entre o objeto "material" e o objeto "formal", presentes numa ação, e que podem não coincidir (justamente no caso do erro). Ver para esse ponto ANSCOMBE [1963], p. 395 e ss.

– a própria ação, um evento físico que ocorre no mundo e que pode eventualmente adquirir significados sociais – *mais* um componente intencional, que pode ou não coincidir com o resultado da própria ação:

> Caso [alguém aja] conhecendo e não tendo previamente deliberado, trata-se de uma ação injusta [ἀδίκημα] – por exemplo, todas as coisas que são por paixão e outras emoções, e todas as coisas necessárias ou por natureza que sucedem aos homens: pois, infligindo tais danos [βλάπτοντες] e erros, os homens agem injustamente [ἀδικοῦσι], sim, e são ações injustas. No entanto, ainda não são, por essas ações, injustos, nem são ainda ruins: pois o dano [βλάβη] não ocorreu por vício [μοχθηρία] (*EN* V, 8, 1135^{b}20-25).

Caso não coincida o objetivo intencional do agente com aquela ação e o resultado efetivo obtido e caso essa não-coincidência seja contravoluntária, e não involuntária, a ação não é objeto de reprovação.[104]

O capítulo é importante porque esclarece e complementa o capítulo 2, do livro III, da *Ethica nicomachea,* essencialmente em dois pontos. O primeiro é o fato de que Aristóteles oferece aí algumas indicações para compreendermos os elementos que compõem as *CCA* (pessoa, instrumento etc.), que aparecem de modo sumário nesse capítulo e ainda mais resumidamente na *Ethica eudemia.* Aristóteles distingue aí três maneiras de causar danos a outro agente: ações por ig-

---

[104] Ver o comentário de HEINAMAN [1986], p.128, sobre este ponto, na *Ethica eudemia,* que pode ser transposto, a meu ver, também para a *Ethica nicomachea.*

norância, ações injustas, mas sem intenção, e ações causadas por um caráter injusto. As primeiras consistem em duas espécies: as ações que Aristóteles denomina de "erros" (ἁμάρτημα) e as ações nas quais uma "desventura" ocorre (ἀτύχημα). Os erros consistem justamente no desconhecimento, no momento da ação, de alguns elementos que compõem o âmbito no qual ela é praticada. Aristóteles enumera, como esses elementos, (1) a ação que o agente pratica, (2) a pessoa sobre quem se age, (3) o instrumento com que pratica a ação (ᾧ) e a finalidade com que ela é praticada (οὗ ἕνεκα). Para (1), oferece como ilustração o caso de um agente que não acredita que está batendo em alguém, embora esteja; para (2), que não acredita que está batendo nessa pessoa, mas, sim, em outra (caso de Édipo); para (3), que não com este instrumento e, para (4), que está batendo em alguém, mas não tendo em mente esse resultado.

Note-se que aqui, novamente, seríamos conduzidos a perguntar pela diferença entre (2) e (5). Aristóteles oferece indicações para distingüir entre ambas:

> Pois ou julgou que não estava batendo, ou que não por esse intrumento, ou que não nesta pessoa, ou que não com essa finalidade, mas aconteceu (συνέβη) não aquilo que tinha em vista, por exemplo, bateu nele para tocá-lo, não para feri-lo, ou não a esta pessoa, ou não com este instrumento (*EN* III, 8, 1135^{b}13-16).

O engano, portanto, pode dizer respeito tanto à interpretação que o agente oferece de sua ação quanto ao fim buscado com ela. No primeiro caso, o agente, se perguntado sobre *o que* estava fazendo, responderá descrevendo sua ação (e, nessa descrição, pode ou não incluir sua finalidade). No segundo caso, o agente, se perguntado *por que* agia, descreverá, não a ação, mas a meta que pretendia alcançar. A dificuldade está em que, no primeiro caso, teremos muitas vezes como resposta uma sentença descritiva e outra que envolve uma finalidade, enquanto, no segundo, teremos apenas uma sentença expressando a finalidade.[105]

O segundo ponto importante do capítulo 2 é que Aristóteles distingue um *erro* de uma *desventura.* Ambos serão duas subclasses da classe das falhas epistêmicas, o que permite distinguir entre *circunstâncias* e *conseqüências* de uma ação. Suponhamos alguém que aja de boa-fé, tendo em vista a produção de um determinado efeito qualquer – por exemplo, ministra a alguém um remédio para curá-lo. Pode ocorrer que o paciente se cure ou não, e neste segundo caso haverá duas alternativas: ou o agente ministrou o remédio errado, numa dosagem imprópria etc., ou alguma outra causa interferiu no processo, impedindo a cura. Na primeira alternativa, se o agente tivesse tido acesso a essa informação relevante, teria agido de outro modo. Com essa informação relevante ele te-

---

[105] Por exemplo (DONNELLAN [1963], p. 403), suponhamos que alguém me pergunte "O que você está fazendo?", eu responda "Estou ligando o rádio", e meu interlocutor replique: "Mas isso não é o rádio, é o toca-discos". Nesse primeiro caso, há um erro de descrição da ação: eu a descrevo de maneira diversa daquela que o interlocutor a descreve. Suponhamos, contudo, que à mesma pergunta eu responda "estou ligando o rádio", e meu interlocutor replique: "Mas o rádio está quebrado". Neste segundo caso meu interlocutor insiste na inexeqüibilidade de meu objetivo: a finalidade que persigo — ligar o rádio *para ouvir música,* supostamente — é irrealizável. A *conseqüência* da ação, no segundo caso, não é alcançada; no primeiro, *a ação* não é praticada. Os casos confundem-se quando a ação se torna fim em si mesmo (ligar o rádio equivalendo a produzir música, isto é, ligar o rádio para ligar o rádio, e exemplos semelhantes).

ria como prever que o efeito seria diverso do esperado. Neste caso o princípio do resultado inesperado, isto é, sua causa ou explicação, está presente no agente: é justamente nisso que consiste a falha epistêmica, e é ela a responsável pelo efeito inesperado. Na segunda alternativa, a causa da conseqüência inesperada está *fora* do agente e consiste numa série causal concomitante e intrusa, que é a verdadeira responsável pelo evento inesperado. Aristóteles emprega dois termos para distinguir os dois casos. No primeiro, trata-se de um ἁμάρτημα ou erro; no segundo, de uma desventura ou ἀτύχημα.

Um ponto importante é que uma ação é uma desventura se e somente se o dano ocorre sem qualquer possibilidade de *previsão da parte de um agente racional* na mesma condição.[106] É preciso, portanto, que qualquer outro agente racional equivalente, posto diante das mesmas circunstâncias, tivesse sido incapaz de prever o evento futuro para que tenhamos o caso da desventura. Assim, para saber se se trata de uma ação contravoluntária ou não, neste caso, deve-se verificar se, em todos os mundos possíveis, agentes nessas circunstâncias são incapazes de prever o evento futuro. No caso, contudo, em que nem todos os indivíduos nas mesmas circunstâncias forem incapazes de prever esses eventos inesperados, estaremos diante de um erro, desde que, claro, a ignorância, nesse caso, não tenha sido produzida por negligência ou por uma ação anterior que o agente poderia ter evitado. Os dois casos, contudo, não constituem dois conjuntos com

[106] Sigo aqui a interpretação de SCHOFIELD [1973] e DYER [1965], que sustentam que παραλόγως, em V, 8, 1135^{b}16-17, deve ser interpretado como "não razoavelmente" ou "não racionalmente", referindo-se assim a uma expectativa racional do agente, e não a simplesmente "inesperado" ou "contrário ao cálculo".

fronteiras nítidas, e podemos sempre pensar que um indivíduo que ignora uma causa intrusa exterior qualquer poderia, em circunstâncias mais favoráveis, tornar-se ciente dessa falha, o que implica que esse caso poderia, por outro ângulo, ser considerado um caso de desventura, e vice-versa. De toda forma, parece que a ênfase de Aristóteles reside particularmente na distinção entre uma ação praticada com ou sem vício, e na qual o agente desconhecia um elemento (externo) relevante, e uma ação praticada desta vez totalmente sem vício, e na qual o agente não tinha uma informação relevante, normalmente presente.[107]

De toda forma, a análise de Aristóteles na *Ethica nicomachea* é bastante clara: uma ação contravoluntária é aquela praticada por coação, no sentido anterior, ou por ignorância, também no sentido anterior do termo. Isto é,

[1] uma ação é contravoluntária *se e somente se (i)* é praticada por coação ou *(ii)* por ignorância.

De [1] extrai-se [2]:

---

[107] GAUTHIER & JOLIF [1959], p. 400-1, fazem uma grande confusão e afirmam que a desventura é o caso em que "se ignora o que se faz e não se tem nenhuma razão para procurar causar um dano", ao passo que o texto de Aristóteles é claro ao dizer que a desventura é o tipo de erro causado pela interferência de uma causa exterior. Também consideram que o erro equivale à imprudência e sustentam que, nesse caso, se é culpável de não ter refletido sobre as conseqüências possíveis da ação. Mas Aristóteles deixa claro que no erro, em sentido geral, o agente ignora um elemento das circunstâncias e, assim, caso tal ignorância não resulte de uma ação prévia do próprio agente, ele é inimputável *(EN* V, 8, 1135^{b}20 e ss.). Tais confusões ocorrem pelo fato de os autores não terem dado a devida ênfase às expressões *παραλόγως* e *ἄνευ κακίας*, que marcam a diferença entre os dois conceitos.

[2] Uma ação é voluntária *se e somente se (i)* não é praticada por coação (isto é, o princípio da ação está no agente), e *(ii)* não é praticada por ignorância (isto é, há acesso epistêmico adequado do agente às *CCA* relevantes).

É essa a conclusão de Aristóteles:

> Sendo o contravoluntário aquilo que é por coação e por ignorância, o voluntário pareceria ser aquilo cujo princípio está nele próprio, conhecendo as circunstâncias a ação *(EN* 1111ª22-24).

Essa passagem, entendendo as expressões "por ignorância" e "por coação", bem como "princípio está nele" e "conhecendo os elementos da ação" da maneira especificada anteriormente, fornece a primeira definição completa de uma ação voluntária, que não consiste noutra coisa: uma ação cujo princípio está em mim e na qual estou plenamente informado acerca dos pormenores relevantes para agir.

3. A ação por ignorância na Ethica eudemia *II, 9.*

Enquanto a discussão da ação por ignorância recebe um tratamento detalhado na *Ethica nicomachea* e nos livros comuns, o mesmo não acontece na *Ethica eudemia.* O ponto de partida de Aristóteles aí, ao introduzir a discussão, é concluir a tarefa começada anteriormente: uma ação voluntária é uma cujo princípio está no agente e que, além disso, mantém certa relação com o pensamento (διάνοια). Posto que uma ação voluntária na qual, como já se sabe, o princípio dela está no agente, e está em seu poder agir ou não agir – não pode ser definida nem pelo desejo, nem pela decisão, resta ser definida pela presença de algum estado cognitivo no agente.[108] Aristóteles chega a uma definição de ação voluntária próxima daquela da *Ethica nicomachea.* O processo de chegada a essa definição, contudo, levanta dificuldades tanto de ordem argumentativa quanto de ordem interpretativa do texto.

A primeira delas diz respeito ao fato de Aristóteles afirmar, na *Ethica eudemia,* que ações contravoluntárias "parecem ser o contrário das ações voluntárias", o que significaria que ambas as classes de ações constituem conjuntos complementares. Que dizer, contudo, das ações *in*voluntárias, que constituem uma espécie de terceira classe, a meio caminho entre as duas? Aristóteles não parece se importar com essa segunda classe de ações, nas quais o agente age ignorando algum dos elementos relevantes das *CCA,* mas cujos efeitos imprevistos são ou indiferentes, ou favoráveis ao que o agente teria desejado, caso pudesse prever a ação. Ora, uma ação é voluntária se e somente se ela não é contravoluntária e, além disso, o agente conhece as *CCA,* se e somente se não é ignorante delas. Desse modo, se um agente age ignorando as *CCA,* age contravoluntariamente, o que implicaria que, se um agente age voluntariamente, não pode ser ignorante das *CCA*. Mas justamente: como dizer que uma ação é contravoluntária *se e somente se* não for voluntária? E, além disso, como Aristóteles pode sustentar que, se alguém age desconhecendo as CCA, então age contravoluntariamente? Aristóteles não deveria afirmar antes que, se alguém age desconhecendo esses elementos, age ou involuntária, ou contravoluntariamente?[109]

---

[108] WOODS [1992], p. 135.

[109] HEINAMAN [1986] desenvolve essa primeira dificuldade, concluindo pelo caráter insatisfatório das análises da *Ethica eudemia* sobre as ações voluntárias, se comparadas àquelas da *Ethica nicomachea.*

Uma sugestão, mais uma vez, seria distinguir dois sentidos de ἑκούσιον, "imputável por" e "originado em", que marcariam as diferenças entre a *Ethica eudemia* e a *Ethica nicomachea,* permitindo indicar uma via de solução para o problema da divergência acerca das condições físicas da ação voluntária. Assim, um agente age voluntariamente (é responsável pela ação) se e somente se não age contravoluntariamente (não é não-responsável pela ação). Um agente conhece as *CCA* se e somente se não as ignora e, se as ignora, não age voluntariamente (novamente, não é responsável pela ação). Donde se seguiria, então, que alguém age voluntariamente (entenda-se: responsavelmente) somente se não ignora as *CCA.*

Nesse caso, o agente que, nos termos da *Ethica nicomachea,* age involuntariamente seria responsável ou não-responsável pela ação? Uma vez que o princípio da ação está nele, mas ele desconhece alguma das *CCA,* deverá ser considerado um agente não-responsável por ela.[110] Esse resultado não é paradoxal, de maneira nenhuma. O que Aristóteles parece ter em mente, nessa passagem da *Ethica eudemia,* é a diferença entre uma ação *dolosa* e uma que não é dolosa, um caso fortuito ou força maior, causando benefício ou prejuízo ao agente, pouco importa. Mesmo que a ação *x* tenha beneficiado o agente, digamos, em prejuízo de outrem (o que torna a ação moralmente reprovável "acidentalmente", embora não em si mesma), é claro que ele não premeditou o que iria fazer. Podemos não ter evidência, mesmo que fraca, de que neste caso

[110] É de se notar que Urmson confunde várias vezes, em sua análise desse livro, ἑκούσιον como "intencional" e como "responsável por". Ao mesmo tempo, parece tratar o capítulo como uma doutrina da responsabilidade e como uma série de considerações sobre o caráter intencional ou não da ação (URMSON [1988], p. 38-48).

o agente não premeditou a ação e não agiu com dolo: não há arrependimento. Mesmo assim, do ponto de vista da definição, uma ação involuntária, nos termos da *Ethica nicomachea,* seria não-responsável, e, assim, não passível de sanção ou mérito. Dessa forma, alguém age voluntariamente se e somente se não age ou contravoluntaria, ou involuntariamente, isto é, alguém age responsavelmente (e é passível de mérito ou sanção) se e somente se não age não-responsavelmente – e é justamente esse o caso das ações contra ou involuntárias. Como quem é ignorante das *CCA* age *eo ipso* de modo não-responsável, um agente responsável (cujos atos são voluntários) não é ignorante das *CCA.*[111]

Se se entende "voluntário" aqui como sinônimo de "responsável por", como conciliar responsabilidade e caráter voluntário da ação com o contra-exemplo das crianças e animais não-humanos, que agem *voluntaria,* porém não *responsavelmente?*[112] A *Ethica nicomachea* (I, 1, 1111^{b}8-9) admite que crianças e animais não-humanos realizam ações voluntárias. Mas não há, em parte alguma da *Ethica eudemia,* qualquer evidência de que Aristóteles afirme que crianças ou animais não-humanos ajam voluntariamente. *Ethica nicomachea* I, 1, 1111^{a}22-23, afirma que uma criança age voluntariamente *porque* o princípio da ação está nela, o que parece ser mais uma evidência de que o sentido de ἑκούσιον, empregado em um e outro texto, é diferente: na *Ethica eudemia:* "ser responsável", na *Ethica nicomachea* "ser o originador da ação". Mais

[111] A meu ver esse, é o ponto que HEINAMAN [1986] deixa de lado, e é por isso que não consegue se desvencilhar das dificuldades que apresenta para a argumentação da *Ethica eudemia.*

[112] HEINAMAN [1986], p.145, a meu ver de modo extremamente confuso, levanta essa dificuldade.

ainda, na *Ethica eudemia,* II, 8, 1224^a28-30, Aristóteles nega que crianças e animais não-humanos ajam. Uma hipótese seria considerar que a criança ou o animal não-humano não realizam ações, e se se admite, como faz a *Ethica nicomachea,* que uma ação é um movimento dos membros, é difícil imaginar que crianças e animais não-humanos não ajam, visto que, por definição, sendo animais, movem-se. Mas, novamente, o sentido de *πράττειν*, na *Ethica eudemia* II, 8, 1224^a28-30, parece ser bem diverso daquele da *Ethica nicomachea.* Nessa passagem, Aristóteles afirma que, enquanto nos seres inanimados o princípio que os move é um só, nos seres animados os princípios são vários (*πλεονάζει*), pois nem sempre o cálculo racional (*λόγος*) e o desejo concordam. Nesse contexto, a intemperança é, em princípio, possível e ocorrerá em seres adultos racionais: consiste justamente nessa luta entre o desejo racional, que provém da parte calculativa da alma, e os demais desejos com ele concorrentes. Ora, os animais não-humanos e crianças, "tal como os demais seres inanimados" (*Ethica eudemia* II, 8, 1224^a25-26), não possuem desejo e razão que se contradizem, movendo-se apenas pelo desejo, não cabendo sequer dizer que há neles ação incontinente. Não há para eles, portanto, possibilidade de agirem de modo diferente, e logo, não agem voluntariamente, embora no sentido da *Ethica nicomachea* eles de fato o façam. Assim, não cabe dizer sequer que *ajam,* se agir significa praticar uma conduta *somente quando se possuir uma parte calculativa desenvolvida* (*λογισμός*). Crianças e animais não-humanos, assim, não agem, nem agem voluntariamente, nem são responsáveis, embora a *Ethica nicomachea,* no novo sentido que dará ao termo, deva admitir que, se o princípio da ação está neles, eles agem voluntariamente.

Outra dificuldade diz respeito à passagem em que Aristóteles afirma que a ação na qual o agente age conhecendo as

CCA se opõe àquela em que se age "por causa da ignorância e não acidentalmente" (*δι᾽ ἄγνοιαν, μὴ κατὰ συμβεβηκός*: *EE* II, 9, 1225^b^6). Aristóteles poderia estar retomando aí a diferença entre agir "por ignorância" e agir "em ignorância" *(EN* III, 5, 1113^b^30 e ss).[113] Isso significaria que alguém agiu conhecendo as *CCA,* caso tenha agido "em ignorância", na medida em que sabia, em t_1, que iria perder o acesso epistêmico a elas em t_2, ao praticar a ação que realizou naquele momento. Mas a dificuldade dessa interpretação é o fato de que, em nenhum momento, Aristóteles parece estar mencionando esta distinção na *Ethica eudemia.* Woods e Heinaman, apoiando-se na diferença estabelecida na *Ethica nicomachea* V, 8, 1135^a^28-30, sugerem uma outra interpretação.[114] A diferença residiria em conhecer um aspecto da ação, ao mesmo em tempo que se ignora outro, e o exemplo paradigmático seria o de Édipo. Assim, alguém pode matar um homem com consciência do que faz (e com plena consciência da ação, não acidentalmente) e matar o próprio pai com conhecimento "acidental" do que estava fazendo.

A diferença entre "saber que *p*" e "saber acidentalmente que *p*" não parece estranha ao pensamento de Aristóteles. *Metaphysica* E 2, 1026^b^37-1027^a^4, em que ele discorre a respeito do acidental, parece oferecer exemplos que sugerem a pertinência da distinção. *Ethica nicomachea* V, 8, 1135^a^23 e ss. reforçam essa interpretação. O problema é que o texto da *Ethica eudemia* não distingue "saber que *p*" de "saber acidentalmente que *p*", mas sim, se admitirmos a segunda leitura, "não saber (ou ignorar) que *p*" de "não saber (ou ignorar) aci-

---

113 É essa a leitura de Solomon (BARNES [1991], p. 1941).

114 WOODS [1992], p. 137, e HEINAMAN [1986], p. 131-4. Ambos apenas apontam a dificuldade.

dentalmente que *p*". Restaria determinar o significado preciso destas duas últimas expressões. Aristóteles oporia "conhecer que *p*" a "ignorar que *p*", e não a "ignorar acidentalmente que *p*". Mas o que significaria exatamente "ignorar acidentalmente que *p*"? E se isso é verdade, como "ignorar acidentalmente que *p*" e "saber que *p*" não se opõem,[115] seria possível pensar num caso em que alguém saberia que *p* ao mesmo tempo em que "ignoraria acidentalmente" a ocorrência de *p*. Mas como isso seria possível?

Uma terceira possibilidade é afirmar que "agir sabendo que *p*" se opõe a "agir ignorando que *p* não acidentalmente", no sentido de que uma ação se tornaria diferente se o agente viesse a desconhecer *suas CCA,* mas não *outras* diversas. Quando, por exemplo, o médico ministra um remédio que vem a matar o paciente por ser, na verdade, veneno, o acréscimo *dessa* informação alteraria substancialmente a ação praticada. O mesmo não ocorre com saber ou não, no momento em que ele ministra o remédio, que, por exemplo, Sócrates está no Pireu conversando com Glaucon. *Essa* informação, nesse caso, é irrelevante para a ação e, se acrescentada ao conhecimento que o agente possui no momento, não a alterará em nada. Há, aqui, portanto, ignorância, mas ela é acidental para a natureza da ação. O agente age *em* ignorância no caso anterior, *por causa* de sua ignorância, e esta ignorância, ao invés de ser acidental para a ação, lhe é essencial.[116] Esta interpretação é reforçada pelo uso de *διά* (*τῷ ἀγνοοῦντα... δι᾽ ἄγνοιαν, μὴ*

[115] "*X* ignora acidentalmente *p*" opõe-se formalmente a "*X* não ignora acidentalmente *p*", que pode ser interpretado seja como "*X* sabe que *p*", seja como "*X* ignora *p* mas *não acidentalmente*", isto é, ignora "por si" *p*, o que quer que isso queira dizer.

[116] Esta interpretação é mencionada por Woods [1992], p. 137.

κατὰ συμβεβηκός, em II, 9, 1225^{b}6; novamente em ^{b}7 e *διὰ τὸ ἀγνοεῖν* em ^{b}10), ao longo do texto, e sugere que Aristóteles pensa que todas as ações podem envolver certo grau de ignorância, e o importante para o caráter voluntário ou não é que essa ignorância seja *relevante* para a prática da ação. Assim, ao contrário do que pensa Woods,[117] esta interpretação é perfeitamente compatível com a evidência proposta para a interpretação anterior (de *EN* V, 8, 1135^{a}23 e seguintes), e antecipa o andamento do texto a partir de ^{b}8, quando Aristóteles estabelece uma série de outras distinções epistêmicas relevantes para o caráter voluntário das ações.

Há ainda duas distinções importantes que são acrescentadas à definição a que se chega na *Ethica eudemia* II, 9, 1225^{b}10. A primeira delas diz respeito à diferença entre *ter* conhecimento e *usar* conhecimento. A segunda refere-se a *ter* conhecimento e *não o ter, mas poder tê-lo*. Ambas as distinções apontam para dois tipos de negligência. Suponhamos que alguém invoque que, porque não fez uso do conhecimento ao praticar uma ação *A* qualquer, e, portanto, ao *ser ignorante* enquanto a praticava, não agiu voluntariamente. Mantendose no contexto de *ἑκούσιον* como "responsável", é preciso investigar o que quer dizer a sentença "porque não fez uso do conhecimento", na justificativa anterior. Isso pode significar três coisas: ou *(a)* que o agente não possuía conhecimento das *CCA* e não tinha como possuí-lo; ou *(b)* que o agente não o possuía, mas tinha como obtê-lo; ou *(c)* que o tinha como uma *δύναμις*, que não se tornou uma *ἐνέργεια*, enquanto praticava a ação – tinha-o potencialmente na memória, mas não fez uso dele. No caso *(a),* de fato o agente não agiu voluntaria-

---

[117] WOODS [1992], p. 137.

mente, mas não nos casos *(b)* e *(c)*. No caso *(b)*, se o conhecimento fosse fácil de ser obtido, ou ainda que não fosse obtido facilmente, deveria ser obtido para a prática de ações daquela espécie, o agente deveria tê-lo buscado. Não buscar o conhecimento por causa de negligência torna o ato voluntário e passível de punição. O mesmo vale para o caso *(c)*, em que o agente deveria ter utilizado o conhecimento que possuía e, se não o fez, agiu por negligência (δι' ἀμέλειαν). Assim, claro que em todos os três casos o agente agiu ignorando, mas o tipo de ignorância é diferente em todos eles. Somente no primeiro a ignorância foi completa e indicava uma impossibilidade do agente. Nos demais casos, a ignorância, embora fosse real, não constituía uma impossibilidade de fato.

A conclusão de Aristóteles sobre esses casos é clara: uma ação voluntária não pode ser praticada ignorando e por ignorância. Uma ação voluntária, portanto, deverá satisfazer as seguintes três condições:

> Uma ação é voluntária se e somente se *(i)* depende de o agente agir ou não, *(ii)* é praticada pelo agente não ignorando (μὴ ἀγνοῦν) e *(iii)* é praticada pelo próprio agente (δι' αὐτόν).

Uma ação, portanto, na qual o agente não age ignorando no sentido *(a)* acima, nem ignorando por acidente (isto é, ignorando algo irrelevante para a ação), na qual está em seu poder (nos sentidos anteriormente fixados de "estar em poder de") agir ou não agir e na qual o princípio da ação está no agente (portanto, é praticada "por ele", sendo ele o responsável, e não outro), é voluntária. Caso contrário, será contravoluntária ou involuntária.

Mais uma vez, a distinção entre ἑκούσιον, como "responsável por", e ἑκούσιον, como "originário em", parece solucionar algumas das dificuldades de conciliação entre as duas *Éticas*. Isso não nos permite avançar nenhuma hipótese sobre qual das duas teria sido redigida primeiro, nem a qual delas os livros comuns pertenceriam. De qualquer forma, é certo que a *Ethica nicomachea* está interessada muito mais nas condições em que se pode atribuir a *origem* ou a *causa* de uma ação ao agente. Ela negligencia a diferença entre "estar em poder do agente" e "não estar em poder do agente", presente na *Ethica eudemia* e necessária, se o que Aristóteles deseja é investigar as condições da responsabilidade. Ações tendo em vista evitar um mal maior são consideradas contravoluntárias, na *Ethica eudemia,* já que o agente não é responsável por elas. Na *Ethica nicomachea,* após levantar a dificuldade, Aristóteles afirma que são voluntárias ou mistas, pois o agente, obviamente, é a causa (fisica, não moralmente falando) da ação. O mesmo ocorre com as ações por paixões mais fortes, consideradas contravoluntárias na *Ethica eudemia,* e voluntárias na *Ethica nicomachea.* As considerações da *Ethica eudemia* implicam que as ações de animais não-humanos e crianças sejam contravoluntárias, já que não lhes é possível agir diferentemente. A *Ethica nicomachea,* por outro lado, admite que, já que o princípio da ação está neles, agem voluntariamente.

A *Ethica eudemia,* por seu turno, não necessita distinguir entre uma ação involuntária, provocada por uma série causal interveniente ou pela presença, no agente, de ignorância, e de cujos resultados o agente não se arrepende, daquela na qual há arrependimento (ação contravoluntária). Mais uma vez, Aristóteles parece estar interessado em se o agente é responsável pelo que fez, daí ser irrelevante saber se teria agido de outro modo ou não, caso lhe tivesse sido possível antecipar os resultados ou conhecer as circunstâncias em que agia. A *Ethica nicomachea,* ao contrário, investiga se a causa esteve presente no agente e se ela teria estado ou não, caso o agente não tivesse ignorado as *CCA*, tornando, assim, este fator relevante para a explicação da ação efetiva ou contrafactualmente praticada.

Resta, contudo, a dificuldade de saber por que Aristóteles modificou a perspectiva de análise, se essa interpretação é correta, passando a privilegiar sentidos diversos de ἑκούσιον em ambas as *Éticas*, sobretudo se a questão central é saber como uma disposição excelente é formada no agente a partir de recompensas e punições. A dificuldade só pode ser resolvida de modo satisfatório se lembrarmos do duplo aspecto, ao mesmo tempo moral e psicológico, que uma teoria da ação voluntária deve apresentar. De um lado, ela deve explicitar *quando* um agente pode ser punido, recompensado nem uma coisa, nem outra. Isto é, deve dizer em que condições um agente é moralmente responsável por sua ação. De outro lado, deve mostrar quando e como o agente age de modo voluntário, isto é, como suas ações têm seu princípio no próprio agente. Uma teoria da ação voluntária deve esclarecer, além disso, como é possível uma ação que não seja feita por coação e, assim, apontar para uma psicologia da ação e explicar *por que* uma ação voluntária é passível de punição ou recompensa, ou nenhuma das duas, *por que* uma ação contravoluntária ou involuntária são passíveis de perdão ou compreensão e *por que* uma ação voluntária é fisicamente possível, dado que não há duvida de que o é.[118]

---

[118] Rawls [1955], p. 3-13, introduz a distinção entre justificação da regra e justificação da ação, e entre uma teoria da punição, que justifica a punição de ações, e uma que justifica a existência de regras de punição. Parece-me que uma diferença análoga existe entre as ênfases da *Ethica nicomachea* e da *Ethica eudemia.*

Uma ação é voluntária, de toda forma, ao menos se o princípio da ação está no agente e se ele não age ignorando.[119] Mas a condição básica para que o agente possa agir diferentemente, e ser, portanto, responsável por sua ação, é que possua já plenamente desenvolvida a faculdade de deliberar. Só faz sentido procurar desenvolver, por recompensas e punições, uma disposição de caráter que oriente a escolha deliberada em agentes capazes de deliberação. Mas a formação no agente de uma tendência para escolher uma determinada direção não é automática, e há a possibilidade de que vençam sempre os impulsos irracionais, mais fortes no momento. É preciso, portanto, explicar quando uma ação deve ser recompensada ou punida, mas também por que deve sê-lo. Os capítulos seguintes procurarão responder a essa dupla questão.

---

[119] Note-se que a mesma definição da *Ethica nicomachea* é repetida, agora de modo mais sumário, na *Rhetorica* (I, 10, 1368^{b}9-10): "fazem de modo voluntário as coisas que [fazem] sabendo e não forçados (*ἀναγκαζόμενοι*)".

CAPÍTULO II

ESCOLHA, DELIBERAÇÃO E RESPONSABILIDADE

1. *A definição da noção de "escolha"* (προαίρεσις)[1]

Feita a análise das condições da ação voluntária, a *Ethica nicomachea* passa ao exame da escolha e deliberação. O resultado a que essa primeira metade do livro III pretende chegar é que excelência e vício "estão em poder do agente", são voluntários, e, portanto, o agente deve receber recompensas e punições conforme as ações que deles resultem *(EN* III, 5, 1113^{b}3-1114^{a}3). São suscetíveis de sanção ou prêmio os atos e disposições de que o agente é responsável, e, conforme as teses defendidas pela *Ethica nicomachea,* uma ação responsável é, muito mais do que simplesmente um ato voluntário, uma na qual o agente estava em condições de deliberar. Crian-

---

[1] Há divergências quanto à melhor tradução de προαίρεσις, e os comentadores recentes hesitam entre "decisão" (Irwin, Gauthier & Jolif), "escolha" (Zanatta, Woods, Décarie), "escolha dotada de um propósito" *(purpositive choice,* Rackham) ou ainda "eleição" *(elección:* Bonet). Por mera convenção, empregarei, como a maioria dos comentadores, os dois primeiros termos indiferentemente.

ças e animais, portanto, já que não são capazes de deliberar, não agem responsavelmente, embora ajam voluntariamente.[2] Esse mesmo movimento havia sido antecipado na *Ethica eudemia* em que Aristóteles, logo após sustentar que todas as ações resultantes da escolha do agente são voluntárias *(EE* II, 7, 1223ª9-21), conclui que excelência e vício são também voluntários. Desse modo, era necessário investigar o que eram ações voluntárias, contravoluntárias e, finalmente, em que consiste a escolha ou decisão (προαίρεσις). Ambos os tratados, entretanto, concordam com boa parte das propriedades que atribuem a essa noção. Em particular, ambos concordam em definir a escolha como, mais uma vez, um estado epistêmico associado a um estado volitivo.

O livro II da *Ethica nicomachea* (II, 6, 1106ᵇ39-1107ª4) já havia introduzido, em sua definição de excelência, o conceito de decisão ou escolha. Excelência era uma disposição de caráter (ἦθος) que guiava ou predispunha a *escolha* a decidir por uma ação situada entre dois extremos, tal como o φρονιμός o faria.[3] Justamente a escolha, ou melhor, o tipo de ações que um agente escolhe praticar com mais freqüência é conseqüên-

---

2 Ver a esse respeito IRWIN [1980A], p.132. Note-se que Aristóteles emprega os termos βουλή e βουλεῦσις o mais das vezes com o sentido preciso de um cálculo que visa a obtenção de um fim *que é o melhor,* e não apenas no sentido de um cálculo da ação visando adequar meios a fins. A excelência, neste caso, exige não apenas a apreensão dos princípios adequados, mas também um cálculo correto *(EN* VI, 9, 1142ª31 e ss). Empregarei, contudo, o termo "deliberação" e seus derivados num sentido amplo, ora significando cálculo apenas, ora significando cálculo visando a um resultado que é o melhor.

3 O que indica a presença de um caráter excelente num agente não é, portanto, a mera prática de ações excelentes (que podem ser praticadas contravoluntariamente), mas uma *escolha* dessas ações decorrente do

cia direta de seu caráter. Assim, embora objetivamente o único elemento a que o observador tem acesso sejam as ações – e essas podem ser contravoluntárias –, são elas que exprimem as escolhas, essas sim, conseqüências diretas do caráter.[4] São as escolhas, portanto, aquilo que, em cada contexto prático, permitirá distinguir os agentes entre si por seus tipos de caráteres.[5] A escolha é, sem dúvida, a expressão mais clara do caráter de um indivíduo, muito mais do que as ações, que podem ser contravoluntárias e falsear nossa avaliação sobre a intenção do agente ao praticá-la:[6]

---

caráter. Uma ação excelente é, assim, um *actus eletivus,* como dirão os medievais (ZANATTA [1993], p. 457). Ver a esse respeito também *EE* II, 10, 1227^b5-11. De certa forma, portanto, Aristóteles antecipa aqui a distinção, fundamental para a moral kantiana, entre "ação *por dever*" e "ação *conforme o dever*".

4 É, portanto, a partir de uma classe de ações suficientemente representativa do comportamento de um indivíduo que se poderá julgar o tipo de escolha que ele freqüentemente fará e, através desse, seu caráter. Uma só ação não basta para a determinação do caráter: embora má, poderá ser contravoluntária e, assim, pode não representar o comportamento-padrão do indivíduo. Mas a repetição constante de um comportamento dá provas suficientes de que o caráter é bom ou mau. Donde, para julgar acerca da pertinência ou não da justificativa, apresentada por um agente que agiu moralmente mal, de que sua ação foi contravoluntária, deve-se recorrer, além de ao exame das circunstâncias e séries causais concomitantes, ao comportamento mais habitual do indivíduo, em contextos práticos semelhantes.

5 URMSON [1988], p. 49, afirma que "não é claro por que esta ordem é pensada ser própria", referindo-se ao exame da noção de escolha *após* o de ação voluntária. Mas é claro, pelo texto, que este conceito é uma subclasse das ações voluntárias, devendo vir depois da definição de voluntário, e não antes.

6 Esse é um dos pontos em que a ética aristotélica se distingue da ética pré-trágica. Como assinalei na introdução, para Aristóteles não basta a

> Distinguidos o voluntário e o contravoluntário, resta discutir a escolha, pois ela parece ser o que há de mais próprio à excelência e parece, mais do que as ações, discernir os caráteres. É certamente evidente que a escolha é voluntária, porém não a mesma coisa, mas o voluntário é mais amplo: pois participam do voluntário tanto crianças quanto os demais animais, mas não da escolha, e as ações feitas instantaneamente (τὰ ἐξαίφνης) são ditas voluntárias, mas não conforme a decisão (*EN* III, 2, 1111^{b}4-10).

Esse texto já insere a noção de ação resultante de uma escolha no interior da classe mais geral das ações voluntárias. Mas não se deve, afirma Aristóteles na *Ethica nicomachea*, confundir essa classe mais geral com aquela, nela contida, das ações resultantes de uma escolha. Em primeiro lugar, uma ação resultante de uma escolha pressupõe, previamente, um exame (que receberá o nome de βούλευσις ou βουλή, traduzido geralmente por "deliberação") dos diversos cursos de ação, abertos ao agente e suas respectivas conseqüências. Este exame toma tempo, não é realizado "instantaneamente" (ἐξαίφνης), no calor do momento, mas exige cuidado e cálculo. A *Ethica eudemia*, por outro lado, descarta a possibilidade de uma ação voluntária confundir-se com uma ação resultante de uma escolha exatamente pelos mesmos motivos (*EE* II, 8, 1224^{a}2-5). Aristóteles considera que esse tipo de ação, reali-

mera prática de uma ação reprovável para determinar que o caráter do agente é pérfido e que ele deve, pela prática dessa ação, ser punido. É preciso verificar, em última análise, se há responsabilidade, que depende, obviamente, da existência da escolha por parte do agente. Justamente a escolha, e não a mera ação, expressa o tipo de desejo mais freqüente no agente e, assim, seu caráter.

zada num impulso momentâneo, tem uma causa no agente, estava ao alcance dele praticá-la ou não (ao menos de várias entre elas), e era ele capaz de antecipar suas circunstâncias e conseqüências. Não há, portanto, razão para não as considerar voluntárias e também para não supor que o princípio da ação não esteja presente no agente.[7] Nem toda ação voluntária, portanto, resulta de uma escolha.

A segunda razão é que crianças e animais não-humanos agem voluntariamente (no sentido da *Ethica nicomachea*),[8] embora seja incorreto dizer que agem após decidir com cálculo e cuidado o que irão fazer. Esta segunda razão ganhará um sentido completo mais adiante, quando o problema da acrasia for inteiramente examinado. Claro que crianças realizam cálculos, num sentido amplo, para atingir fins. Formas rudimentares de inteligência e previsão de conseqüências podem ser encontradas até mesmo entre os animais não-humanos, e o fato de poderem aprender é prova disso.[9] Mas a faculdade de calcular e prever conseqüências é ainda uma δύναμις nas crianças, não está ainda plenamente desenvolvida e, no caso dos animais, nunca alcançará, quando desabrochar até onde pode, o ponto a que chega nos humanos adultos. Nesses, sobretudo, é viável a existência de uma dualidade entre os dese-

---

[7] Não parece, em nenhum momento, que Aristóteles levante a hipótese de que tais ações sejam *incausadas*. A teoria supõe, a todo instante, que uma causa, presente no agente ou não, pode ser encontrada. (Para uma crítica da tese de que ações livres equivalem a ações *sem causa* e que isto permitiria uma defesa da liberdade da vontade, ver O'Connor [1993], p. 57 e ss.).

[8] Cf. a esse respeito a discussão no capítulo anterior.

[9] *Metaphysica* A, 2, 980^{a}21-27, afirma que os animais partilham da experiência (ἐμπειρία), mas não chega a afirmar que são capazes de realizar inferências (Sorabji [1993], p. 87-9).

jos voltados para o bem verdadeiro que o indivíduo persegue, calculando como obtê-lo, e aqueles que se voltam para o bem imediato, dualidade típica do continente que não estará presente nem na criança, nem nos animais não-humanos.[10] Nesse sentido, crianças e animais não ponderam as conseqüências nem avaliam se a realização do bem verdadeiro será alcançada ou comprometida com a escolha de um curso de ação. Apenas calculam *como* atingir um fim particular a que se voltam, não *se* vale a pena atingi-lo. Ainda deste ponto de vista, portanto, agem voluntariamente, mas não escolhem.

O processo que chegará à definição da escolha é semelhante àquele que terminará na definição do caráter voluntário de uma ação. Nesse aspecto, *Ethica eudemia* e *Ethica nicomachea* complementam uma a outra. Tratando-se de um evento na alma, a escolha pode pertencer ou à classe dos eventos psicológicos volitivos, ou à classe dos eventos cognitivos, ou finalmente a alguma terceira classe, intermediária de ambas e em que os dois estados estão presentes.[11] Suponhamos

---

[10] Note-se que essa dualidade atinge apenas o continente e o incontinente, mas não o temperante (sempre desejando o bem), nem o intemperante (que deseja um bem aparente oposto ao bem verdadeiro). De toda forma, é um tipo de ambivalência que só pode acometer indivíduos adultos humanos.

[11] Há divergências sobre se Aristóteles estaria aqui procedendo a uma análise conceitual (KENNY [1979], p. 69), que leva em consideração as diversas funções da alma, ou a uma retomada crítica das teses defendidas pelos antecessores (GAUTHIER & JOLIF [1959], p. 189 e ss; ZANATTA [1993], p. 457). Embora o ponto não seja crucial para minha discussão, sigo a primeira interpretação, uma vez que em nenhum momento Aristóteles considera tais teses como ἔνδοξα a serem discutidas e eventualmente reinterpretadas, mas parece apenas proceder a um exame das alternativas concebíveis.

que se trata de uma espécie de ὄρεξις. Nesse caso, a προαίρεσις seria ou apetite (ἐπιθυμία), ou paixão (θυμός), ou querer (βούλησις). Mas animais não-humanos e humanos incontinentes possuem perfeitamente apetite, mas não agem de acordo com a decisão. Fossem ambos idênticos, agiriam sempre conforme uma escolha, mas não é isso o que acontece, sobretudo se lembrarmos que o continente age *contra* apetite ou paixão, não *com* eles. Dessa forma, há casos de escolha sem apetite ou paixão e há casos de paixão ou apetite sem escolha *(EE* II, 9, 1225^{b}26-30; *EN* III, 2, 1111^{b}12-16). E, mais ainda, o apetite procura sempre um objeto prazeroso e afasta-se daquilo que é doloroso. Sua realização (ou não-realização) ocorre sempre acompanhada de prazer (ou dor). Já a decisão, resultado de uma deliberação, não é movida imediatamente pela busca do prazer e pela fuga da dor, e implementa uma ação para obtenção do bem, seja ele prazeroso ou não. E, segundo Aristóteles, a mesma propriedade vale para a paixão *(EE* II, 9, 1225^{b}30-31; *EN* III, 2, 1111^{b}16-19).

A βούλησις (ou querer) constitui um caso particular, já que "é evidentemente (φαινόμενον) algo próximo (σύνεγγυς)" *(EN* III, 2, 1111^{b}19-20) da escolha, embora seja diferente dela. Ambas são próximas porque consistem num estado cognitivo, associado a um estado volitivo, mas não exatamente a mesma coisa. Por exemplo, decide-se fazer sempre algo que é possível fazer – possível *praticamente,* isto é, possível para o agente em determinadas circunstâncias –, mas pode-se querer coisas impossíveis *(EN* III, 2, 1111^{b}20-26; *EE* II, 9, 1225^{b}30-39). Posso querer, por exemplo, nunca morrer, ou ser rei de toda a humanidade, e um enunciado do tipo "gostaria que não tivesse chovido ontem" é, nesse quadro, perfeitamente significativo, e pode ser verdadeiro apesar de o passado ser imutável. O termo βούλησις, que traduzo aqui por "querer", talvez pudesse ser vertido por "preferir" ou "ter vontade", desde que, nesta última expressão, não se acredite que se trata de uma faculdade semelhante àquela que os medievais irão elaborar. Posso, assim, "preferir", "ter vontade" ou "querer" que algum atleta ou ator vença um concurso, sem que eu possa intervir e agir no sentido da vitória. Mas não se decide que este ou aquele atleta ou ator será vitorioso, exceto se se for louco, e particularmente jamais se decide não morrer.

Um ponto importante está presente na *Ethica eudemia,* mas é desenvolvido mais longamente na *Ethica nicomachea.* Uma decisão versa sempre sobre algo possível para o agente (as coisas impossíveis em si não sendo, *ipso facto,* suscetíveis de deliberação para aquele que age). Mas uma decisão versa sempre sobre os meios para atingir os fins, nunca sobre os próprios fins:

> E, além disso, o querer diz respeito mais ao fim, ao passo que a escolha diz respeito aos meios (τὰ πρὸς τὸ τέλος). Por exemplo, queremos ser saudáveis, mas escolhemos por que coisas ficamos saudáveis, e queremos ser felizes e o dizemos, mas não cabe dizer que escolhemos isso: pois, em geral, a escolha parece dizer respeito a coisas que dependem de nós *(EN* III, 2, 1111^b26-30).[12]

A passagem é crucial por duas razões, que examinarei mais adiante com mais cuidado,[13] sendo que a primeira se

---

[12] A mesma conclusão aparece em *Ethica eudemia* II, 10, 1226^a16: "querer (βούλεσθαι) e crença dizem respeito mais aos fins, a escolha, por seu turno, não."

[13] Neste e no próximo capítulo examinarei rapidamente a estrutura do silogismo a respeito das coisas práticas e, no capítulo seguinte, o tema da incontinência. Cf. também o Capítulo IV, sobre os motores da ação.

refere a sobre que meios a decisão (e a deliberação, que leva a ela) versa, meios (e os fins intermediários[14]) estes que conduzem ao fim contido na *εὐδαιμονία*, embora não sobre o próprio fim. Este é desejado, ou objeto do querer, mas sobre ele não pesa deliberação ou escolha.[15] Ninguém, se mentalmente são, delibera *se* vale a pena ser ou não saudável. Todos, supostamente, querem sê-lo e deliberam, isto sim, sobre *como* conseguir sê-lo. É sobre os meios, não os fins, que haverá deliberação, que consistirá nas premissas menores do "silogismo prático" (ou "acerca das coisas práticas"). A segunda razão é que ela evidencia o tipo de ambivalência presente num incontinente. Nele, o querer volta-se para o bem. O incontinente sabe, perfeitamente, o que é o melhor e justamente por *saber* disso o querer é uma *ὄρεξις*, associada a um estado cognitivo.[16] Mas seu querer, neste caso, não é suficientemente forte para sobrepujar seu apetite (ou sua paixão, conforme o caso), que se volta para um bem imediato.[17] Move-se, então, na direção

---

[14] Essa é a melhor maneira de entender *μᾶλλον*, na linha 26, presente em todos os Mss. Mas isso pressupõe — e eu assumo isso aqui — uma concepção inclusivista da *εὐδαιμονία*: os "bens intermediários" são, na verdade, coisas que podem *fazer parte* da *εὐδαιμονία*, sem que, com isso, haja decisão sobre a própria *εὐδαιμονία*. Ver a esse respeito ZANATTA [1993], p. 459-69; IRWIN [1989], p. 318, 341 e 393. Para uma defesa da *εὐδαιμονία* como bem inclusivo ver ZINGANO [1994].

[15] Embora não haja deliberação sobre os fins últimos, isso não significa que não possa haver uma justificação racional desses fins. Poderia parecer — e várias passagens de Aristóteles poderiam estar apontando para isso — que o fim excelente de uma ação é, em última instância, estabelecido por uma educação, talvez mesmo convencionalmente.

[16] ZANATTA [1993], 458; GAUTHIER & JOLIF [1959], p.192.

[17] Note-se, portanto, que o "bem aparente" não equivale necessariamente a um "bem falso", como pretendem GAUTHIER & JOLIF [1959], p. 210-2. O bem aparente é o que é visto pelo agente como bem, que

da ὄρεξις mais forte, no caso, seu apetite e, assim, o incontinente sabe (e quer, mais fracamente) o bem e faz o mal.

Ethica nicomachea III, 5, 1113^{a}15-1113^{b}2, coloca o problema de saber, afinal, o que é o objeto do querer. Duas alternativas, que serão rejeitadas, levantam-se de imediato: o objeto da βούλησις é o bem, ou o bem aparente (τὸ φαινόμενον ἀγαθόν) – o "bem em si" ou "o bem para nós". A distinção entre "bem" e "bem aparente" aí se refere não ao bem em si e a um bem que seria uma mera aparência de bem, e não o seria de forma alguma (sendo, de fato, um mal), mas sim à diferença entre um objeto objetivamente bom e a apreensão subjetiva que o agente possui desse bem. Ambos podem coincidir ou não, e a figura do intemperante (ἀκόλαστος), como veremos no próximo capítulo, é a daquele indivíduo em que bem aparente e bem simplesmente não coincidem. Se o objeto da βούλησις fosse o bem simplesmente, então toda βούλησις voltar-se-ia para o bem, e a βούλησις que não se voltasse para o bem, que "não quisesse corretamente (ὀρθῶς)", não seria uma βούλησις. Mas é claro que aquele que *quer* algo que não é o bem, quer efetivamente, e, assim, se se supõe que o objeto para o qual a βούλησις se volta é o bem (simplesmente), chegamos a uma contradição.[18]

Por outro lado, admitamos, por hipótese, que o objeto da βούλησις seja o φαινόμενον ἀγαθόν. Isso conduz-nos a uma forma de relativismo, pois, dado que diferentes indivíduos

---

pode ou não coincidir com o bem real, não necessariamente uma mera aparência *falsa* de bem. Nesse sentido, a βούλησις tanto quanto o apetite ou a paixão podem voltar-se para o bem verdadeiro ou não, conforme o caso (ZINGANO [1992], p. 356-64).

[18] IRWIN [1985], p. 64, entende assim esse passo argumentativo (como uma *reductio ad absurdum*).

querem coisas diversas (contrárias e incompatíveis), não há uma *mesma* coisa que querem. Se o objeto do querer é apenas o bem aparente, jamais haverá uma única coisa que é "por natureza" (*φύσει*) bem e, portanto, não haverá medida do bem e do mal. Exceto se se admitir essa alternativa, que recusa a existência de um padrão objetivo para determinar o que é ou não bom, será necessário concordar também que o bem aparente não é o que realmente se quer, quando se quer o bem *(EN* III, 5, 1113^{b}20-22). Neste ponto, Aristóteles, que na alternativa anterior já havia rejeitado uma alternativa socrático-platônica, recusa a opção de Protágoras. A solução consiste justamente em distinguir entre o que de fato é o bem, independentemente do modo como é subjetivamente apreendido pelos agentes, e o que parece ser bom para o agente (e que pode ou não o ser, conforme o caso). Assim, há, para além do modo como o que é bom pode parecer para cada um (justamente o *φαινόμενον ἀγαθόν*), um bem *ἁπλῶς*, "simplesmente". O problema é que prazer e dor freqüentemente (mas não sempre) se confundem com o bem ou mal, *e não o são.* Isso conduz o agente a querer o que não é bom, confundindo o que lhe parece bom (o prazeroso) e, assim, a agir de modo vicioso. O homem de valor (*σπουδαῖος*), portanto, agirá conforme o bem *ἁπλῶς*, já que o que parece ser bom para ele coincidirá com o que de fato é o bem. O "vulgar", ou ainda, o "grosseiro" (*φαῦλον*) está condenado a decepcionar-se com o prazer, pois sua característica básica é parecer ser bom, quando muitas vezes não é *(EN* III, 4, 1113^{a}39-1113^{b}2).

Uma passagem longa da *Ethica eudemia* (II, 10, 1227^{a}18- 1227^{b}5) explica com maior cuidado essa diferença entre o bem aparente e o bem verdadeiro, os quais constituirão o objeto material e formal do querer. A idéia básica é que não se deve pensar a *βούλησις* como análoga à visão ou à audição, mas ao conhecimento. A visão só pode ver o que é objeto da visão, ou a audição o que é audível, e poder-se-ia pensar, então, que o querer só poderia ter como objeto alguma coisa que, em si própria, fosse "desejável". Mas a analogia é falsa, pois conduz a pensar que toda vez que não se quer o bem não se está querendo, pura e simplesmente. A analogia correta, aos olhos de Aristóteles, é entre a produção a partir de um conhecimento, ou uma ciência, se se preferir assim (ἀπὸ ἐπιστήμης ποίησις), de um lado, e a βούλησις, de outro. Tomemos o caso da medicina: "conformemente à natureza" (κατὰ φύσιν) ela deve restaurar o estado de saúde, sendo ela a ciência disso.[19] Mas essa mesma ciência, agora "contrariamente à natureza" (παρὰ φύσιν), e a sua finalidade precípua, é capaz também de produzir a doença. E assim,

> Do mesmo modo o querer é também, por natureza, do bem, mas, contrariamente à natureza, também do mal, e quer-se por natureza o bem, contrariamente à natureza e por perversão (στροφή), também o mal (*EE* II, 10, 1227ª28-31).

Assim, a finalidade de qualquer ação é a produção do bem, e do bem "conforme à natureza". Mas alguém pode enganar-se, e o engano só pode dizer respeito à apreensão que o agente tem do que seja o bem. Portanto, o φαινόμενον ἀγαθόν, não coincidindo com o bem "conforme a natureza", pode levar o agente a querer o que não é o bem ἁπλῶς.

Não sendo nenhum desses estados volitivos exclusivamente, restaria saber agora se a προαίρεσις confunde-se com

---

[19] No texto, Aristóteles chama a medicina de ciência (ἐπιστήμη), não de técnica (τέχνη), mas é claro que a entende como uma forma de saber capaz de *produzir* uma disposição no agente.

algum estado cognitivo. Duas alternativas colocam-se de imediato: ou a escolha é o mesmo que uma forma particular de crença (δόξα), ou é a própria classe geral da crença. Quanto à segunda alternativa, cumpre repetir, primeiro, o que já valia para o querer, que parece não se limitar a nenhuma classe especial de objetos, mas aplicar-se a tudo. Da mesma forma, pode-se ter crenças sobre qualquer coisa, mesmo uma coisa eterna ou impossível, em si ou para nós, mas a escolha nunca pesa sobre esse tipo de coisa, mas sobre uma ação possível que é o meio para atingir um resultado igualmente possível. Por outro lado, escolhas nunca são corretas ou erradas. Elas podem ser adequadas ou não, boas ou más para certo propósito, e se dizemos que são "corretas", é apenas por abuso de linguagem. Crenças, em contrapartida, são verdadeiras ou falsas, certas ou erradas (*EN* III, 2, 1111^{b}30-34; *EE* II, 10, 1226^{a}1-6).

Resta então a primeira possibilidade: a escolha é uma subclasse própria da classe mais geral das crenças.[20] Noutras palavras, poderíamos supor que a προαίρεσις fosse uma opinião *mais* alguma propriedade qualquer que a tornasse diversa e específica diante das outras opiniões. Mas a diferença entre um estado epistêmico puro e um estado epistêmico acompanhado de um estado volitivo mostra que a identificação com uma classe particular de opiniões é também impossível. Por exemplo, é por escolhermos praticar e repetir ações moralmente boas ou más que nosso caráter se torna pouco a

---

[20] Do ponto de vista estritamente argumentativo, a segunda objeção, de que crenças são verdadeiras ou falsas enquanto escolhas não o são, já seria suficiente para dar cabo dessa alternativa. Mas Aristóteles, na *Ethica nicomachea,* prefere apresentar ainda alguns argumentos suplementares para excluir a alternativa restante.

pouco bom ou mau. Em contrapartida, podemos perfeitamente opinar sobre ações boas e más, sem nos tornarmos automaticamente bons ou maus *(EN* III, 2, 1112ª1-2).[21] Ações que produzem benefícios ou malefícios são objeto de escolha, enquanto o objeto da opinião é, por exemplo, o que é uma coisa, para quem é vantajosa, ou ainda, como pode ser alcançada, sendo que não opinamos sobre lutar ou fugir, mas antes *escolhemos* fazê-lo *(EN* III, 2, 1112ª3-4; *EE* II, 10, 1226ª15-20). Escolhemos aquilo que sabemos ser bom, ao passo que opinamos sobre aquilo que não sabemos com certeza *(EN* III, 2, 1112ª9-11), e assim por diante. A opinião que versa sobre meios da ação não equivale, portanto, à escolha, ainda que esta sempre verse sobre os meios. Não se trata, portanto, de opinião, nem, sobretudo, de um tipo particular de opinião.

A escolha pertence, assim, ao gênero do voluntário, embora não se identifique com ele. Aristóteles oferece uma definição da escolha bastante complexa, sob o aspecto filológico, bem como argumentativo:

> O que é (*τί εστι*), então, ou qual sua diferença (*ποῖον*), visto que não é nenhuma das coisas mencionadas? Embora com certeza seja evidentemente voluntária, nem todo o voluntário é escolhido. Mas não seria ao menos o "o-que-foi-deliberado-previamente" (*προβεβουλευμένον*)?[22] Pois a escolha existe com cálcu-

[21] Sigo a sugestão de GAUTHIER & JOLIF [1953], p.196, que interpretam dessa forma o argumento: opinião e *προαίρεσις* podem ter o mesmo objeto, mas os resultados morais são diversos.

[22] A maioria dos comentadores entende assim esse termo de difícil tradução (veja-se IRWIN [1985], p. 61; ZANATTA [1993], p. 203; TRICOT

> lo (λόγος) e pensamento (διάνοια). E também o nome parece dar a entender (ὑποσημαίνειν) que é o escolhido antes de outras coisas *(EN* III, 2, 1112ª13-17).

Esse comentário, presente na discussão da *Ethica nicomachea* e ausente da *Ethica eudemia,* só poderá ser plenamente compreendido após a análise da noção de deliberação. De toda forma, é certo, primeiro, que a escolha, e as ações que resultam de um ato de escolha, é voluntária, embora nem todos os atos voluntários sejam, *ipso facto,* escolhidos.[23] Além disso, Aristóteles define-a através de um particípio perfeito, acrescido de um advérbio indicando anterioridade: é o que foi deliberado e já acabou de sê-lo (βεβουλευμένον), "anteriormente" (πρo). É sobre essa etimologia que a maior parte dos comentadores se debruça, mas a meu ver é preciso tomar muito cuidado com as especulações filológicas, em particular nesse texto. O que Aristóteles está provavelmente querendo dizer, e o trecho parece indicar isso, é que a escolha é o resultado

---

[1994], p. 132; BARNES [1991], p. 1756). A outra alternativa é que se entenda o πρo como indicando a deliberação de algo *em detrimento* de outra coisa, mas a meu ver a primeira leitura torna o texto menos confuso.

23 Há uma diferença *intensional* — isto é, conforme uma descrição —, e não *extensional,* entre a escolha e o ato conforme a uma escolha. A escolha é sempre o passo final de um cálculo sobre as conseqüências e os meios para a obtenção de um fim e, em particular, o resultado a que chega uma deliberação (cálculo dos meios para a produção do melhor). A ação é a implementação dessa conclusão. Mas Aristóteles insiste que, extensionalmente, sempre que um agente chega a uma escolha, e não é um incontinente por fraqueza, agirá imediatamente conforme a essa escolha. A escolha é, assim, idêntica à prática da ação e extensionalmente não difere em nada dela, desde que, claro, não haja nem acrasia, nem falha epistêmica na ação.

final ou a implementação daquilo que, num momento anterior, foi deliberado. Assim, Aristóteles identifica o objeto da escolha com o objeto da deliberação anterior à ação. Ao menos neste ponto, a expressão "decisão" está mais próxima dos matizes semânticos gregos que a palavra "escolha". Contudo, a expressão *προβεβουλευμένον* não é um neologismo de Aristóteles. Aparece com o sentido de "decretado", "ter passado por exame na Assembléia" etc., em Eurípides, Ésquines e outros, e equivalerá, no mundo romano, à expressão *senatusconsultum.*[24] Há, assim, um processo de cálculo que se estende no tempo e que será a deliberação, precedendo a escolha. Seu produto será o objeto da escolha e, portanto, esta só será possível ali onde tiver havido previamente deliberação.

A *Ethica eudemia* insistirá sobre esse ponto, explicitando como a escolha deriva (a ser satisfatoriamente explicada somente após a análise da deliberação) de um querer com uma opinião:

> Portanto, dado que a *προαίρεσις* não é nem opinião, nem querer enquanto cada um sozinho, nem enquanto ambos (*οὐδ' ἄνφω*) (pois embora ninguém escolha imediatamente, opina imediatamente ser necessário agir e quer), então deve ser proveniente de ambos (*ὡς ἐξ ἀμφοῖν ἄρα*): pois estes dois pertencem ao escolhido. Mas deve-se investigar como ela consiste neles. Mas o próprio nome também o evidencia de algum modo. Pois, embora a *προαίρεσις* seja um pegar (*αἵρεσις*), não o é simplesmente, mas, sim, um pegar uma coisa ao invés de outra. Mas isto não é tal como algo que é sem investigação e deliberação. Por

[24] LIDDELL & SCOTT [1940], p. 1472.

> isso a *προαίρεσις* consiste numa opinião deliberativa (*δόξης βουλευτικῆς*) (*EE* II, 10, 1226^{b}2-9).[25]

O ponto em questão parece ser o seguinte. Primeiro, a argumentação anterior mostrou que a escolha ou decisão não pode ser *identificada* ao querer ou, mais geralmente, a qualquer forma de desejo. Além disso, também não podia ser considerada equivalente, quer como classe geral, quer numa forma específica qualquer, à opinião. Poderíamos, então, supor que a *προαίρεσις* fosse opinião *mais* um querer, isto é, uma combinação de ambos. Um agente pode, por exemplo, perante circunstâncias adversas, agir ou querer agir precipitadamente. Terá uma avaliação da situação (uma opinião sobre o que fazer e sobre a natureza do contexto) e quererá agir imediatamente (sua opinião está acompanhada de um estado volitivo, provavelmente forte). Isso poderá, inclusive, levá-lo a agir sem deliberar e, com sorte, até a conseguir um bom resultado, mas é bem provável que a precipitação o leve a conseqüências indesejadas. Ora, toda escolha ou decisão, no sentido aristotélico, vem após um *processo de cálculo* em que se ponderam as conseqüências de agir desta ou daquela maneira. Não pode, portanto, dar-se num instante, precipitadamente. Necessariamente só surge após a deliberação, que exigirá certo tempo. Este contra-exemplo prático exclui, assim, a alternativa de que se possa identificar a escolha com a presença, no agente, de um estado composto de um elemento epistêmico (uma crença) e de um elemento volitivo (um querer). A escolha será, então, uma forma particular de opinião, um

---

[25] O texto, embora não seja difícil, exige uma pequena emenda textual: sigo Allan e exciso *ἐστι* da linha 2.

estado epistêmico bastante preciso que resulta de um processo de cálculo de conseqüências, e posto em marcha por um desejo que visa alcançar um fim desejado. A escolha, portanto, deve poder, sempre, ser justificada como resultado de um raciocínio prático (é um "pegar uma coisa ao invés de outra"), e é isso o que diferencia este tipo de estado epistêmico da presença, no agente, de uma mera opinião, ainda que acompanhada de um querer.

Como quer que seja, sendo a escolha o resultado implementado da deliberação, a definição da *προαίρεσις* dependerá agora da definição da *βουλεῦσις*, que precisará ser esclarecida. Tanto a *Ethica eudemia* quanto a *Ethica Nicomachea* deixarão por instantes o exame final da definição da escolha e passarão ao exame da deliberação. Em ambas a *προαίρεσις* só faz sentido após o exame desse novo conceito que sua definição deve incorporar.

2. *Deliberação (βουλή, βουλεῦσις) e sua estrutura.*

A estratégia que Aristóteles segue, em seu exame da deliberação, é análoga àquela levada a cabo anteriormente, no exame da escolha: examinar primeiro o que não é a deliberação, para depois, pouco a pouco, chegar a circunscrever sua definição. Seu caminho parte daquilo sobre o que não há deliberação possível – eventos necessários ou impossíveis em si e necessários ou impossíveis para nós –, para, finalmente, circunscrever o objeto da deliberação como aquele conjunto das ações, cuja execução está em poder do agente e que pertencem, assim, à classe de eventos contingentes. Dessa forma, só um bobo ou um insano deliberaria sobre coisas impossíveis ou necessárias – só se delibera sobre aquilo que deliberam os que têm bom senso (*νοῦς ἔχοντες*):

> Sobre as coisas eternas certamente ninguém delibera, por exemplo, sobre o cosmo ou sobre a diagonal e o lado, que são incomensuráveis. Mas nem sobre as coisas em movimento e que sempre vêm a ser do mesmo modo (*κατὰ ταὐτα φαινομένων*), seja por necessidade, seja tembém por natureza ou por alguma outra causa, por exemplo, sobre os solstícios ou o nascer do sol. Nem sobre as coisas que são a cada vez de um modo diferente (*τῶν ἄλλοτε ἄλλως*), por exemplo, secas e chuvas. Nem sobre as coisas fortuitas (*ἀπὸ τύχης*), por exemplo, sobre a descoberta de um tesouro. Mas nem sobre todas as coisas humanas, por exemplo, nenhum lacedemônio delibera sobre como os citas podem praticar as melhores políticas (*ἄριστα πολιτεύοιντο*). Pois nenhuma destas coisas pode vir a ser por nosso intermédio (*δι᾽ ἡμῶν*) (*EN* III, 3, 1112ª21-30).

A eternidade do mundo e, *ipso facto,* de sua estrutura é necessária pelas razões expostas no primeiro livro do *De caelo.* Desse ponto de vista, tanto um fato matemático como a incomensurabilidade entre a diagonal e o lado, quanto um fato "empírico", como as propriedades do Universo, podem ser assimilados a fatos necessários. Sobre tais fatos não pode haver deliberação (*EE* II, 10, 1226ª29-30). Analogamente, não há deliberação sobre fenômenos físicos submetidos a uma estrita regularidade. Não há deliberação possível sobre o movimento dos planetas ou do céu de estrelas fixas, por exemplo, bem como não há sobre o crescimento ou o bater do coração.[26] As "outras causas" são provavelmente aquelas represen-

---

[26] Conforme Rachkam [1994 (1926)], p. 134, a expressão *ἐξ ἀνάγκης* exprimiria uma lei do mundo dos seres inanimados, ao passo que *φύσει*, o tipo de necessidade que vigora no mundo dos seres vivos.

tadas pelo acaso (αὐτόματον) e pela sorte (τύχη). Não parece haver diferença essencial entre ambos, exceto o fato de que, no acaso, um evento não previsível a partir da regularidade das leis físicas é produzido pelos elementos naturais sem intervenção humana, enquanto nos eventos produzidos pela sorte uma causalidade originada num ser humano intervém na produção do fato fortuito final. Em ambos os casos, contudo, o evento não era previsível e não decorria exclusivamente do par leis naturais/eventos antecedentes *(EN* III, 3, 1112ª31-33).[27]

Sobre os eventos que são ou necessários, ou impossíveis, ou cujas causas os tornam inteiramente fortuitos não há, portanto, deliberação possível. Resta o domínio dos eventos humanos. Mas, neste caso, também são necessárias algumas precisões, já que a deliberação não existe sobre todos os negócios humanos, mas apenas sobre aquelas coisas cuja produção ou não-produção está em poder do agente *(EN* III, 3, 1112ª30-31, *EE* II, 10, 1226ª26-28). Mas não há deliberação sobre todas as coisas que dependem do agente serem feitas ou não. Por exemplo, embora "dependa de mim" escrever "Sócrates" ou "Sórtaces", quando há uma convenção a respeito das regras de uma determinada técnica ou ciência não terei dúvida em grafar o nome de Sócrates da primeira, e não da segunda maneira. Não se delibera, portanto, sobre como se deve escrever uma palavra comum da língua, embora grafá-la dependa de nós e esteja em nosso poder escrevê-la assim ou de outro modo.[28] De modo geral, há deliberação "sobre as coisas que

---

[27] RACHKAM [1994 (1926)], p. 134. Cf. também a esse respeito o Capítulo V.

[28] O paralelo em *Ethica eudemia,* II, 10, 1226ª34 e ss., é um texto que exige transposições textuais, mas cujo argumento é aparentemente sim-

vêm a ser por nosso intermédio, mas não são sempre da mesma forma" (*EN* III, 3, 1112^{b}3-4), mas com a ressalva de que o setor do conhecimento a partir do qual se delibera deve ter sido pouco transformado em ciência e assentar-se sobre princípios ainda pouco seguros. Desse modo, a τέχνη é a forma privilegiada de conhecimento em que pode haver deliberação, ao passo que aquele modo de conhecimento que expressa relações de necessidade (a ἐπιστήμη) não permite deliberação. A τέχνη, então, é a forma de conhecimento próprio ao domínio do provável, não do certo, e nela pode haver deliberação:

> Mas deliberamos sobre aquilo que, embora venha a ser por nosso intermédio, não é sempre do mesmo modo, por exemplo, sobre as matérias médicas e mercantis (χρηματιστική), e mais sobre a pilotagem do que sobre a ginástica, porque menos está especificada (διηκρίβωται), e ainda, sobre as coisas restantes, similarmente. E mais também sobre as técnicas do que sobre as ciências:[29] pois estamos mais inseguros

---

ples. Onde há deliberação, há espaço para duas espécies de erro: erro na implementação ou prática da ação e erro no cálculo que é feito. O primeiro caso é o do médico que ministra o remédio errado ao paciente; o segundo, o do médico que diagnostica erroneamente a doença ou conclui equivocadamente pela melhor terapêutica. No caso do escriba, ele só pode enganar-se pela percepção do que faz (do que escreve, no caso), não pelo cálculo errôneo de como se escreve uma palavra. Michael Woods, [1989], p. 142, de quem tomo a reconstrução do argumento, vê um contraste entre *Ethica eudemia* e *Ethica nicomachea*. A meu ver, contudo, os exemplos de *Ethica eudemia* e *Ethica nicomachea* parecem conduzir à mesma conclusão.

[29] Ao contrário do que pretendem Gauthier & Jolif [1953A], p. 200, o que não faz sentido, e a tradição atestou isso, é ler δόξα no lugar de τέχνη (que, aliás, é a lição de Aspásio e dos Mss). O contexto é bastan-

> sobre aquelas. Com efeito, deliberar diz respeito àquilo que ocorre no mais das vezes (ἐν τοῖς ὡς ἐπὶ τὸ πολύ), mas cujo resultado não é claro, e também nas quais há o indeterminado (καὶ ἐν οἷς ἀδιόριστον).[30] E tomamos conselheiros (συμβούλους δὲ παραλαμβάνομεν) para as coisas importantes quando não confiamos em nós próprios, porque não competentes, para discernir (διαγνῶναι) (*EN* III, 3, 1112b2-11).

Assim, a deliberação só é possível dentro de um conjunto prévio de cenários, sobre os efeitos *prováveis* de condutas possíveis, e estas mesmas condutas. Justamente esse conjunto de cenários associados a suas respectivas causas práticas, no âmbito do provável, é organizado numa forma de saber que recebe o nome de τέχνη, técnica ou arte. A deliberação que o médico empreende não tem uma forma diversa dessa. Ele examina os cenários futuros produzidos por cada prática terapêutica (fricção, ingestão de remédios, dieta etc.) e delibera, ponderando efeitos e causas. Obviamente, então, a deliberação

---

te claro a esse respeito e não deixa dúvidas: a oposição é entre ἐπιστήμη (cujos princípios já estão desvencilhados e determinados, e que versa sobre o que não pode ser diferentemente) e a τέχνη (que tem por objeto o que pode ser produzido de modos diversos, é contingente, e, portanto, cabe escolher a melhor via de produção). Os exemplos de Aristóteles, particularmente o da medicina, não deixam dúvidas sobre a melhor lição.

30 Há diversas emendas para este texto, provavelmente corrupto. Rackham sugere entendê-lo como "e no qual os meios certos a tomar não estão definitivamente determinados", provavelmente seguindo ou Stewart (que lê ἐν οἷς ⟨ἃ δεῖ⟩ ἀδιόριστον), ou Rassow (que sugere ἐν οἷς ⟨τὸ ὡς δεῖ⟩ ἀδιόριστον). Na tradução, procurei, na medida do possível, manter a dificuldade.

deve mover-se do *efeito para a causa,* sendo assim um procedimento semelhante ao método analítico na matemática, em que, dada a conclusão que se deseja demonstrar, se procura a prova supondo-a já descoberta *(EN* III, 3, 1112^{b}20-21).

Alguns resultados podem ser resumidos até agora. A deliberação é um processo de cálculo de conseqüências, dadas determinadas condutas possíveis para um agente. Assim, é preciso, antes de tudo, que os eventos a serem produzidos, que se tem em vista, não sejam *(i)* nem necessários, nem *(ii)* impossíveis. Portanto, tais eventos futuros devem pertencer à classe dos fatos que podem "tanto ser quanto não ser". Contudo, esses eventos devem poder ser o produto, *não casual,* de uma ação do agente. Não pode haver deliberação sobre *(iii)* eventos que, embora possíveis, não estão em poder do agente (a política dos citas ou os negócios dos habitantes da Índia, que será o exemplo da *Ethica eudemia* II, 10, 1226^{a}29). Mas ainda entre estes há convenções e regras que sensatamente não devem ser objeto de deliberação, embora não recaiam sob nenhuma das cláusulas *(i)-(iii)* anteriores. Há, ainda, um quarto elemento sobre o qual não haverá deliberação possível, mas que merecerá um tratamento em separado: trata-se dos fins últimos visados pela ação, acerca dos quais há apenas querer, não cálculo –, pois ninguém delibera sobre se quer ou não ser feliz.

3. *Deliberação, meios e fins.*

A deliberação, para Aristóteles, possui um limite inferior e um superior. Trata-se de um processo psicológico, cujo produto final será a escolha ou a decisão, e cujo efeito, naquele não sujeito à acrasia, é a implementação de uma ação que redunda, na ausência de causalidades intrusas, na produção de um resultado almejado pelo agente. Por outro lado, esse processo de cálculo não se move espontaneamente, mas por um elemento que pertence à classe dos desejos – a βούλησις, justamente. Nos capítulos seguintes será possível avaliar mais de perto como essa mecânica psicológica intervém para produzir a ação tanto daquele cujo desejo almeja o verdadeiro bem, quanto do que procura o bem aparente. Algumas indicações da *Ethica nicomachea* e da *Ethica eudemia* a esse respeito, contudo, todas no âmbito da análise da deliberação, permitirão ver mais claramente como o processo é desencadeado, segundo a análise de Aristóteles.

A afirmação de que não há deliberação sobre os fins, mas que toda deliberação ocorre sobre os meios poderia levar a alguns equívocos. Ela aparece tanto na *Ethica eudemia* quanto na *Ethica nicomachea,* e em ambos os casos Aristóteles é categórico. Na *Ethica nicomachea,* por exemplo, diz:

> Mas não deliberamos sobre os fins, mas sobre os meios (περὶ τῶν πρὸς τὰ τέλη). Pois nem o médico delibera sobre se curará, nem o orador, se persuadirá, nem o político, se produzirá a boa lei, nem nenhum dos restantes [delibera] sobre o fim. Mas tendo posto o fim, investigam o como e por que coisas será: e, se for evidente que vem a ser por várias coisas, examinam em seguida por qual vem a ser mais facilmente e melhor. Por outro lado, se realizado por um, [examinam] como será por este e este por qual, até que cheguem à primeira causa, a qual, na descoberta, é a última *(EN* III, 3, 1112^b11-20).

A *Ethica eudemia* não sustenta outra coisa:

> Com efeito, sobre o fim ninguém delibera, mas este está posto para todos, mas sim sobre as coisas que

> tendem para este, se isto ou aquilo conduz [a ele] ou, tendo ele sido decretado [δεδογμένου τοῦτο], como será. Mas todos nós deliberamos sobre isso até que a nós reconduzamos o princípio da origem (*EE* II, 10, 1226^{b}9-13).

Essas declarações de Aristóteles são, à primeira vista, bastante simples e não pareceriam oferecer algum problema. Toda vez que deliberamos, procuramos adequar meios a fins, e, para que não haja uma regressão ao infinito, é preciso que haja um ponto de partida quanto ao qual não cabe deliberação sobre se deve ser perseguido ou não.[31] Mas se sobre os "fins últimos" não há deliberação possível, caberia indagar se há deliberação possível sobre os "fins intermediários", isto é, aqueles que se situam entre a ação praticada pelo agente e o fim último perseguido. A tomar a afirmação de Aristóteles ao pé da letra, certamente não. Mais ainda, o paralelo entre o método analítico praticado na matemática e a descoberta dos meios para alcançar os fins procurados pareceria conduzir a um modelo excessivamente restrito da deliberação, na qual o que contaria seria apenas *como* são encontrados meios para alcançar os fins que o agente se coloca, sejam eles "últimos"

---

[31] Uma passagem relevante seria *Ethica nicomachea* III, 3, 1113^{a}2 ("mas se se deliberar sempre, ter-se-á uma regressão ao infinito" (εἰς ἄπειρον ἥξει)), mas o contexto aqui não permite apelar para ela. A passagem afirma, na verdade, que deve haver um limite inferior na deliberação – representado justamente por um fato perceptivo, que deve ser escolhido e que estará presente na ação –, não que haja um limite superior para ela. Mas toda a teoria da εὐδαιμονία, pouco importa neste instante se entendida como bem inclusivo ou dominante, poderia servir de apoio para essa tese, e, além disso, tudo parece indicar que o argumento anterior também poderia ser aplicado quanto ao nível superior da deliberação.

ou "intermediários".[32] Mas é claro que esse modelo restrito da deliberação conflita, primeiro, com nossas práticas ordinárias de deliberar, nas quais avaliamos se determinado fim vale ou não a pena ser perseguido, e com os próprios princípios da teoria aristotélica da deliberação, conforme os quais o agente deve ser capaz de agir ou não e, portanto, deixar de lado o fim a que uma determinada ação conduzia.

Embora Aristóteles não possua, até onde eu saiba, um termo ou expressão específica para "fins intermediários", esse conceito é implicado por sua teoria ética. Em *Ethica nicomachea* III, 3, 1112^{b}17-18, é introduzida a idéia de que a deliberação pode processar-se de duas maneiras não-excludentes. A primeira delas ocorre quando há um conjunto de meios *M* e um fim *F* a ser obtido. Cada meio em *M* produz eficazmente, se escolhido para ser praticado, o fim *F.* Aristóteles apresenta dois critérios, mas é óbvio que poder-se-ia pensar em vários outros, para a escolha entre esses meios. O primeiro deles é a facilidade. *Ceteris paribus,* deve-se escolher o meio mais fácil para a produção do evento almejado *F* dentro do conjunto *M* (ῥᾷστα é o termo de Aristóteles nessa passagem). O outro critério é escolher, entre todos os meios em *M,* o que melhor produziria *F* (κάλλιστα). Saber qual critério escolher entre ambos, quando um aponta para um meio e outro para outro excludente, poderia ser deixado para as particularidades práticas de cada fim e cada circunstância. Nem sempre conseguir a melhor realização de *F, sob todos os aspectos,* é o critério a ser seguido. Pode haver urgência na produção de uma parte de *F* apenas, ou do começo de *F* (que supostamente será desenvolvido depois), e assim por diante. Um

[32] Ver, a esse respeito, as excelentes análises de JOACHIM [1951], p. 101-2, e HARDIE [1980], p. 166.

médico, dada a urgência do caso com que se depara, pode preferir uma solução de emergência, que provavelmente não produzirá, ao cabo, a saúde perfeita do paciente, mas que lhe garantirá ao menos a vida, optando não pela solução que melhor produziria o resultado (a saúde), mas a mais adequada no momento (salvar a vida).[33]

A segunda forma de deliberação a respeito dos "fins intermediários" é aquela na qual a partir do fim descobre-se um meio e, a partir deste, outro, e assim por diante até que o agente possa encontrar algo que seja imediatamente realizável por ele. Esta regressão de fim intermediário a fim intermediário pode redundar ou não em algo que possa ser realizado pelo agente:

> E se se depararem com algo impossível, desistem, por exemplo, se há necessidade de riquezas e se não for possível provê-las. Mas, caso se mostre possível, tentam agir. E são possíveis as coisas que podem vir a ser por nosso intermédio, pois as coisas por intermédio dos amigos são, de certo modo, por nosso intermédio, pois o princípio está em nós *(EN* III, 3, 1112^{b}24-28).

---

[33] JOACHIM [1951], p. 102, a meu ver de maneira insatisfatória, afirma que para Aristóteles os meios são "partes constituintes do fim", apoiando-se no exemplo de *Metaphysica* Z 1032^{b}18-31. Mas é difícil imaginar que o meio "esfregar para produzir calor" seja parte constitutiva do fim "produzir saúde". Além disso, se o fosse, não poderia haver meios alternativos de produção de um mesmo fim. A solução que proponho é distinguir entre meios e fins que participam da *εὐδαιμονία*. Nesse sentido, a *εὐδαιμονία* é o fim último buscado, e que comporta, com elemento constituínte, a saúde. Todos os procedimentos que a mantém ou restauram serão então meios e não necessariamente farão parte do fim procurado.

Assim, de um fim último *F* pode-se extrair uma seqüência (finita) de fins "intermediários" que conduzem, causalmente, à realização de *F* – seja $f_1, f_2,..., f_n$. Se f_n for o fim *F* último procurado, e entre cada f_i e f_{i+1} houver uma relação de causalidade, então será necessário que f_1 seja possível para o agente *F.* Se isto não ocorrer, a seqüência inteira será deixada de lado. Caso haja ainda algumas alternativas disponíveis, o agente poderá iniciar um novo processo de deliberação, examinando agora, digamos, $f'_1, f'_2,..., f'_n$. Novamente, poderá deparar-se com uma impossibilidade ou não, e assim por diante. Se, finalmente, encontrar um evento f_1 qualquer que dependa dele, que seja o mais simples a ser realizado e eventualmente o que melhor produzirá *F,* passará, então, diretamente à ação. Mas é claro que estes dois últimos critérios podem não estar disponíveis, sobretudo se o único meio de produzir *F* for um meio laborioso e que não o produzirá integralmente.[34]

A deliberação, desse modo, é um procedimento *arborizante* de cálculo, e Aristóteles, como já pude mencionar, não deixa de sugerir analogias com o método analítico em geometria. É um procedimento psicológico posto em ação por um desejo: uma βούλησις do fim último, realizável ou não. Não é sem razão que a escolha não pode ser uma βούλησις, pois, após a deliberação, pode-se perceber que um determinado fim almejado é inalcançável. Nem por isso o agente deixará de desejar este fim – "pode-se querer coisas impossíveis", "pode-se ter opinião sobre coisas impossíveis", "não se pode escolher coisas impossíveis, mas a escolha é sempre de algo possível para o agente". A deliberação é um procedimento de

[34] HARDIE [1980], p. 167-8.

cálculo desencadeado e levado avante por um querer de um fim, suposto inicialmente como alcançável pelo agente. Ela pode terminar numa escolha do meio mais adequado e necessariamente *factível ao agente*, mas pode também desembocar num fracasso e na certeza de que tal fim é inalcançavel – na melhor das hipóteses, nas circunstâncias do momento. É possível dizer, então, que há deliberação sobre *F*, não no sentido de que o agente deliberaria sobre se *F* é ou não um fim que vale a pena ser perseguido, mas no de que ele descobre se *F pode ou não* ser atingido e, assim, se há um curso de ação possível no qual ele possa engajar-se para consegui-lo.

F, contudo, só desperta o interesse do agente porque é considerado por ele como dentro de um bem maior que o inclui como parte.[35] Assim, a realização do evento *F* é desejada pelo agente como uma das condições para atingir ou manter seu estado de *εὐδαιμονία*. Não cabe dizer que é um meio para a obtenção da *εὐδαιμονία*, pois nesse caso ela deveria ser considerada não um fim inclusivo, mas um fim dominante. *F* é antes um dos eventos possíveis que, conjuntamente com outros, fazem com que o agente passe a desfrutar do estado da *εὐδαιμονία*. Possivelmente (embora não necessariamente), é alternativo em relação a vários outros fins. Por exemplo, suponhamos que faça parte da *εὐδαιμονία* ter amigos, saúde, riquezas etc. Detenhamo-nos neste último componente: a riqueza. Pode haver vários meios para conseguir esse componente da *εὐδαιμονία*: posso dedicar-me ao comércio ou à pirataria, por exemplo. Posso desejar pilhar uma cidade para

---

[35] Não há espaço aqui para argumentar a favor de uma concepção inclusivista da *εὐδαιμονία*. Para resultados a favor dessa interpretação, remeto novamente a ZINGANO [1994] e ACKRILL [1995].

enriquecer. Nesse caso, preciso deliberar a respeito dos meios para atingir esse fim – uma tropa bem armada e motivada, provisões, armas, uma frota naval (caso seja uma cidade ultramarina) e uma avaliação estratégica do poder de defesa dessa cidade diante da minha investida. Pilhar a cidade é o evento *F* que me conduzirá à obtenção de riqueza, esta, por sua vez, elemento integrante da *εὐδαιμονία*. Para a obtenção da riqueza posso abandonar *F*, caso sua consecução se mostre um caminho difícil ou impossível, ou desvantajoso, comparado a outros cursos de ação possíveis.

É, portanto, a partir do desejo de realização de algum evento que o processo de deliberação sobre como obtê-lo – e se pode e vale a pena obtê-lo – passa a ocorrer. As declarações de Aristóteles nas duas *Éticas* não deixam dúvida:

> Com efeito, na medida em que, por um lado, o fim é objeto do querer (*βουλητόν*) e que, por outro lado, os meios são objetos de deliberação e escolha, as ações relativas a estes últimos são ações segundo a escolha e voluntárias *(EN* III, 5, 1113ᵇ3-5).
>
> E sendo o escolhido um deliberado desejado das coisas que dependem de nós (*βουλευτοῦ ὀρεκτοῦ τῶν ἐφ᾽ ἡμῖν*), também a escolha seria um desejo deliberado das coisas que estão em nosso poder. Pois, a partir do deliberar, julgando, desejamos conforme a deliberação *(EN* III, 3, 1113ª9-14).
>
> Se, com efeito, ninguém decide sem se ter preparado e ter deliberado se é ruim ou melhor delibera-se sobre as coisas que podem tanto ser quanto não ser que têm em vista o fim e que estão em nosso poder, é claro que a escolha é um desejo deliberado das coisas que estão em poder dele [o agente] (*ὄρεξις τῶν ἐφ᾽ αὑτῷ βουλευτική*). Pois todos queremos aquelas coisas que também decidimos, embora de toda a forma

> não escolhamos todas as que queremos (chamo de deliberada aquela cujo princípio e causa é a deliberação, e é desejada por ter sido deliberada) *(EE* II, 10, 1226^b13-20).[36]

Esse "deliberado desejado", que constitui a προαίρεσις, nada mais é que o desejo (sob a forma de uma βούλησις do fim) transferido, pelo processo de deliberação, do fim para o meio realizável. Ele move e desencadeia a deliberação, e termina finalmente no desejo de realizar uma ação ao alcance do agente, ação esta que produzirá, ao cabo, o fim desejado (desde que, novamente, nenhuma causalidade intrusa interfira no nexo causal que liga a ação ao resultado). O desejo do agente conduz, assim, de "eu desejo que o evento *F* ocorra" a "eu desejo fazer *A*", estando *A* ao alcance do agente. O produto desse processo é, então, um novo evento (no caso, a prá-

---

[36] O texto é difícil e exige uma justificação das escolhas de leitura. A primeira delas, a menor, é a correção de Fritzsche, na linha 15 (seguida também por Walzer e Mingay), que lê εἰ, contra os Mss que mantêm ἤ. A lição de Fritzsche, que sigo aqui, permite evitar o problema de saber como uma βούλευσις (no sentido preciso que Aristóteles está dando a essa palavra, nessa passagem) pode terminar numa escolha de algo que seja ruim. A deliberação, com essa correção, indicaria se um meio é o melhor a ser escolhido, o pior ou se é impossível. A segunda correção, de maior vulto, diz respeito a recusar novamente a *lectio dificilior*, e, com Dirlmeier, Rowe e outros, que se apóiam na versão latina, deixar de lado βουλευόμεθα nas linhas 18 e 19 (em 19 há ainda a evidência de outros Mss) e preferir βουλόμεθα ("queremos" ao invés de "deliberamos"). É o que parece fazer mais sentido, sobretudo porque nas linhas 17 e 20 Aristóteles mencionará a ὄρεξις como uma componente da προαίρεσις. WOODS [1992], p. 194 argumenta a favor da outra leitura, mas a evidência que apresenta *(EN* 1113^a2-3) realmente não parece ser de grande utilidade a seu favor. Sigo, contudo, sua sugestão e encerro a frase parentética após διὰ τὸ βουλεύσασθαι.

tica de uma determinada conduta) que passa a ser desejado. Por outro lado, o processo todo não é desencadeado sozinho. A deliberação supõe algumas condições prévias no agente. É preciso, primeiro, que ele seja de fato capaz de deliberar (animais estão por princípio excluídos de προαίρεσις: *EE* II, 10, 1226^{b}22) e, depois, que tenha essa capacidade desenvolvida (crianças também estão excluídas). Uma forma de acrático, portanto, será aquela em que o incontinente, embora tenha deliberado e deseje fazer o que decidiu, tem um desejo não-deliberado mais forte que aquilo que é o oposto do escolhido e que, eventualmente, terá conseqüências também opostas. Crianças e animais, portanto, são o caso exemplar de inexistência de ambivalência: fazem imediatamente o que desejam, sem ponderar as conseqüências.

Mas sempre é possível que a deliberação se detenha numa impossibilidade prática.[37] Ela não conduzirá à ação, é claro, mas isso não quer dizer que o desejo de algo desapareça. O que há de dramático, talvez, no processo todo é que um desejo, mesmo quando a deliberação aponta para um xeque-mate, pode ainda continuar desperto. Não é a deliberação, sozinha, que fará com que desapareça, já que esta é, an-

[37] Aristóteles parece plenamente ciente da diferença entre impossiblidade prática e lógica. É lógica quando acarreta a atribuição de um predicado a um substrato, predicado que contraria o conjunto de predicados que constitui a essência desse objeto (ser imortal, por exemplo). É prática quando, embora não haja esse tipo de contradição, é certo que não há meios disponíveis para um sujeito, ou para um determinado indivíduo em particular, realizar a ação pretendida. A impossibilidade não decorre de uma contradição de essência, de uma certa constelação de fatos presente em certo momento. A diferença remete para a definição do possível em *Met* Θ 5, e é o que parece estar por trás de *De motu animalium* 4, 699^{a}17-21.

tes, movida por ele. É por isso que podemos querer coisas impossíveis, como sermos imortais ou senhores de toda a terra, ou vivermos eternamente – mesmo quando isso é impossível, e não há como deliberar sobre isso.

4. *Deliberação, responsabilidade moral e formação do caráter*

Uma vez que nem todos os seres podem deliberar, mas apenas os que têm inteiramente desenvolvida a capacidade da alma que avalia a adequação de meios a fins (*EE* II, 10, 1226^{b}25-26), é a presença, no agente, da *possibilidade* de ter deliberado o que determina sua responsabilidade perante uma ação e uma disposição voluntárias.[38] Uma ação voluntária (no sentido da *Ethica nicomachea)* moralmente reprovável não é, *ipso facto,* passível de sanção: crianças e animais, por exemplo, embora pratiquem ações voluntárias, nem por isso praticam ações responsáveis. Um outro argumento nessa linha diz respeito à própria teoria da ação voluntária. Uma ação na qual o agente perdeu a ciência do que fazia, mas na qual teve escolha, previamente, entre entrar nesse estado ou não, é suscetível de sanção e é, portanto, uma ação responsável (*EN* III, 5, 1113^{b}30-33), sobretudo porque tal tipo de ação pode originar uma disposição de caráter sobre a qual o agente tinha, no início, possibilidade de escolha.[39] Isso significa que o agente, num momento anterior à prática da ação, era capaz de deli-

---

[38] É essa a tese de IRWIN [1980A].

[39] Esse ponto é enfatizado por BONDERSON [1974], p. 62-3. Um dos aspectos que distinguem animais e crianças de adultos responsáveis é que eles "aparentemente não têm este conhecimento, embora possam ter e adquirir estados de caráter." Um adulto, contudo, é, supostamente,

berar sobre as conseqüências do ato que acarretaria a perda de acesso cognitivo àquilo que praticava (o mesmo vale para a negligência) e sobre os eventuais resultados que poderiam seguir-se de ações praticadas nesse estado. Em todos esses casos, o agente era capaz de prever as conseqüências colaterais da prática de uma ação que tinha em vista a obtenção de um resultado. Sendo, portanto, capaz de deliberar e prever conseqüências, era responsável.

Essa teoria da responsabilidade moral e da premeditação não está literalmente presente no texto das duas *Éticas,* mas parece ser a que melhor decorre delas. Uma primeira conseqüência da teoria da deliberação, relevante para a teoria da responsabilidade, é a seguinte:

> Portanto, visto que, por um lado, quando está em poder do agente o agir ou não agir, se alguém age ou deixa de agir, por ele e não por ignorância, ele age ou deixa de agir voluntariamente e, por outro, fazemos muitas dentre essas coisas não tendo deliberado nem premeditado, necessariamente todo o escolhido é voluntário e nem todo o voluntário é escolhido, e todas as coisas conforme à escolha são voluntárias, enquanto que as que são voluntárias não são todas conforme à escolha. E, ao mesmo tempo, a partir dessas considerações é evidente também que distinguem corretamente os que classificam legalmente (*νομοθετοῦσιν*)

---

capaz de deliberar e prever que, se uma ação *A* for repetida *n* vezes, ela irá gerar, no final, uma disposição de caráter que tornará quase automática sua repetição e da qual será difícil se desvencilhar mais tarde. Essa presença de uma capacidade, no agente, de prever as conseqüências da ação, inclusive no que diz respeito à formação do caráter, é o que torna esse agente responsável ou não.

> dentre as afecções as voluntárias, as contravoluntárias e aquelas por premeditação (τὰ δ' ἐκ προνοίας). Pois mesmo se não são acurados, aproximam-se ao menos de algum modo da verdade. (*EE* II, 10, 1226b30-1227a2).

O primeiro resultado, portanto, é que toda ação resultante de uma deliberação que conduz a uma decisão é voluntária, já que depende do agente agir ou deixar de agir (e desde que não aja ignorando). A proposição conversa não é verdadeira, pois há ações que não são produto de uma deliberação e são, contudo, voluntárias (as ações feitas num impulso momentâneo). Nem poderia ser diferente, supondo-se que o agente conheça as conseqüências e circunstâncias da ação: se houve deliberação e escolha, a ação empreendida resultou de um desejo deliberado, e, portanto, de um princípio presente no agente. Desse modo, conforme ainda as exigências de aplicação do predicado "ser voluntário", colocadas pela *Ethica eudemia,* estava em poder do agente agir ou não.

Neste ponto é preciso distinguir dois aspectos da deliberação. De um lado, há, na deliberação, um cálculo retrospectivo que recua do fim procurado aos meios disponíveis para o agente. Essa é a forma examinada anteriormente com mais detalhe. Nela se escolhe o melhor meio (diante da facilidade e da perfeição na realização do fim) à disposição do agente naquelas circunstâncias. Mas a idéia de que a πρόνοια ou premeditação de uma ação moralmente reprovável acarreta uma sanção sugere uma forma prospectiva de cálculo das conseqüências também presente na deliberação. A boa deliberação é aquela na qual não somente é descoberto o melhor meio (do ponto de vista da facilidade e da perfeição do fim), mas também aquele cujas conseqüências previsíveis não implicam em resultados rejeitáveis. Ao proceder a seu cálculo deliberativo, o agente deverá ponderar qual o meio mais fácil de atingir certo fim e que melhor o realizará. Mas deverá também examinar as conseqüências colaterais da escolha desse meio. A negligência consiste justamente nisso: em não dar importância às conseqüências colaterais da escolha de um determinado meio. Um agente é responsável por um evento *E* que decorreu de uma ação *A*, por ele praticada, se e somente se ou *(i)* *E* resulta de *A* por intermédio de uma deliberação explícita do agente para atingir *E*, ou *(ii)* *E* seguiu-se de *A* como resultado colateral de uma deliberação do agente para atingir *E'*, mediante *A* (e *E* era previsível pelo agente). Assim, se busco deliberadamente produzir um evento *E* qualquer, obviamente sou responsável por *E*, caso se realize; e se eu era capaz de prever a existência de *E* a partir de minha ação (mesmo que não o tenha feito por negligência) sou também responsável por *E*.

Podemos recuperar agora um resultado do capítulo anterior. Uma ação era voluntária, segundo a *Ethica eudemia*, se e somente se satisfizesse a três condições: *(i)* seu princípio estava no agente, *(ii)* o agente não agia desconhecendo as circunstâncias e resultados da ação e *(iii)* estava em poder do agente praticá-la ou não. Afirmei, no primeiro capítulo, que essa teoria da ação voluntária, que contrastava com aquela da *Ethica nicomachea* por introduzir uma cláusula suplementar (a terceira), era, na verdade, uma teoria da responsabilidade moral, enquanto a teoria da *Ethica nicomachea* era antes de tudo uma teoria física da origem dos efeitos da ação. Por outro lado, é certo também que um agente é responsável por sua ação somente se *(i)* o princípio da ação estava nele, *(ii)* conhecia as circunstâncias e conseqüências da ação e *(iii)* era capaz de deliberar sobre ela (mesmo se, de fato, não o fez). Se isso é certo, então "estar em poder do agente agir ou não agir" é logicamente equivalente a "ser capaz de deliberar". E sem dúvida não faltarão evidências textuais que apontarão para esse sentido.

Ethica nicomachea III, 5, por exemplo, tece alguns comentários sobre o caráter voluntário da excelência e do vício que apontam nessa direção.

> Com efeito, na medida em que, por um lado, o fim é objeto do querer (βουλητόν) e que, por outro lado, os meios são objetos de deliberação e escolha, as ações relativas a estes últimos são ações segundo a escolha e voluntárias. E as atividades das excelências referem-se a essas. Com efeito, depende de nós tanto a excelência, quanto, similarmente, o vício. Pois, nas coisas em que depende de nós o agir, também [depende de nós] o não agir, e naquelas em que depende de nós o sim, também depende de nós o não; de modo que, se o agir, sendo correto, depende de nós, também o não-agir, sendo incorreto, dependerá de nós, e se o não-agir, sendo correto, depende de nós, também o agir, sendo incorreto, dependerá de nós. E se depende de nós fazer tanto as coisas certas como as erradas e do mesmo modo [depende de nós] também o não as fazer, e isto [isto é, fazê-las ou não] era o ser dos bons e o ser dos maus, ora, então, depende de nós sermos notáveis ou sermos medíocres. E dizer que ninguém é vil voluntariamente nem afortunado contravoluntariamente parece tanto falso quanto verdadeiro: pois ninguém é afortunado contravoluntariamente, embora a vileza (μοχθηρία) seja voluntária. Caso contrário, deve-se contradizer as coisas que acabaram de ser ditas e não dizer que o homem é princípio nem originador das ações tal como também dos filhos (*EN* III, 5, 1113^{b}2-19).

Esta longa citação ilustra a conclusão de Aristóteles na *Ethica nicomachea.* Ele apóia-se na tese de que o agente é sempre princípio de ações contrárias. Em *Metaphysica* Θ, 2, 1046^{b}4, sustenta a tese de que uma mesma δύναμις, desde que seja acompanhada de razão, pode produzir efeitos contrários. Uma τέχνη, por exemplo, como a medicina, deve oferecer uma explicação sobre como são produzidos efeitos contrários no paciente – tanto explicar as causas de uma doença como aquelas, pelas quais, o paciente pode recuperar a saúde. Dado que a alma possui um princípio de movimento, a ciência de contrários seria, então, capaz de produzir efeitos opostos.

O argumento, sem dúvida, não é claro, mas talvez a seguinte reconstrução, inspirada um pouco numa passagem do *De fato,* de Alexandre,[40] possa lançar um pouco de luz sobre ele. Toda deliberação é, por definição, sobre um evento que pode ou não ocorrer e que depende de nós ocorrer ou não. Assim, uma deliberação versa sobre a realização ou não de um evento contingente. Em contrapartida, posto um fim desejado, este conduzirá a parte deliberativa da alma a deliberar. Suponhamos, apenas para simplificar, que não haja erro na deliberação neste caso (que o meio que o agente a seu alcance para produzir o efeito desejado de fato o produzirá, caso ele o escolha).[41] Nesse caso, a única alternativa viável é que o enunciado contrafactual, "se o agente tivesse desejado um fim diferente, então teria agido diferentemente", seja verdadeiro. As-

---

[40] ALEXANDRE DE AFRODÍSIA[1989], 11-12, 177,18-180, 9.

[41] A outra alternativa é que haja um erro na deliberação. Esse erro pode pesar sobre vários componentes, o mais grave de todos sendo aquele no qual o agente escolhe realizar *A,* acreditando, assim, que ele produzirá o evento *É* e *A,* no entanto, produz um evento indesejado E'. Ver, para esses erros na ação, Capítulo I acima.

sim, o agente deseja a realização de um evento *E* que é visto por ele como bom. Delibera, então, sobre o meio de alcançá-lo e conclui ou *(i)* que existe pelo menos um meio à sua disposição para alcançar o fim, ou *(ii)* que não existe nenhum meio disponível a seu alcance. Claro que *(ii)* pode significar duas coisas pelo menos: ou *(a)* que não há nenhum meio a seu dispor (a realização de *E* é impossível), ou *(b)* que, embora haja um meio disponível, ele conflita com outros fins também desejados (e mais desejados) pelo agente, e, portanto, deve ser abandonado. Assim, não se pode passar imediatamente do desejo, por parte do agente, de um fim *E* qualquer, a sua ação *A,* no caso de humanos adultos. Intervindo a deliberação, o resultado final será muitas vezes diferente daquele do cavalo que se dirige imediatamente na direção do que deseja comer. A ação, aqui, não é diretamente resultante do desejo, embora se vincule a ele. Um desejo latente do agente (por exemplo, o desejo de manter a saúde) pode ser despertado pelo processo de deliberação e impedir, caso seja mais forte, a realização imediata da ação, visando à satisfação imediata daquele outro desejo. É por isso, justamente, que crianças e animais não deliberam e não são responsáveis, embora ajam, conforme a *Ethica nicomachea,* voluntariamente. Nelas não há outra alternativa possível, e não se pode dizer que, sendo diferente o conjunto de circunstâncias em que o agente se insere, a ação seja diferente. Em todos os contextos práticos em que houver, na criança e no animal, desejo da realização de *E,* eles desempenharão a ação *A* mais imediata para produzir *E.*

Isso significa que o agente poderia ter agido de outro modo, diante das mesmas circunstâncias, caso tivesse deliberado? Tornando a questão mais precisa: suponhamos dois agentes a_1 e a_2, ambos inseridos no mesmo contexto prático e portadores dos mesmos desejos para a realização dos mesmos eventos e na mesma intensidade. Ou, se quisermos simplificar mais ainda, um único agente *a* num mesmo contexto prático, com os mesmos desejos e intensidades, mas em duas circunstâncias diversas: num caso ele efetua a deliberação, no outro, não. Obviamente, nessas condições *a,* sem a deliberação, realizará tantas vezes quantas quisermos a mesma ação *A,* tendo em vista o mesmo fim desejado *E.* Com a deliberação, contudo, três coisas ao menos podem ocorrer. Primeira alternativa: o agente pode, na primeira tentativa, de fato buscar a realização de *E* mediante a execução de *A.* Deliberou que essa era a melhor maneira de obter *E,* nenhum outro impedimento foi descoberto e, então, passou a desejar realizar *A* para obter a realização de *E.* Segunda alternativa: num outro instante, após ter descoberto que havia meios mais fáceis ou melhores (pela experiência passada recolhida) de obter *E,* decide realizar não *A,* mas *A'.* Numa terceira alternativa, está o agente diante das mesmas circunstâncias e com os mesmos desejos que antes, mas descobre (por intermédio da experiência) que *E* conflita com a realização de um outro evento *E',* desejado mais fortemente. A presença da deliberação, portanto, altera inteiramente o resultado causal final, que vai da causa final desejada *E* à causa eficiente de *E* que será a ação *A:* esta pode não ser praticada, conforme o resultado da deliberação.

5. *Responsabilidade e punição*

Se depende do agente ser bom ou mau, qual o papel que a punição pode ter nessa mecânica ético-psicológica? Embora à primeira vista Aristóteles insista no aspecto retributivista e distributivista da justiça *(Ethica nicomachea,* V, 3-4), seus comentários no livro III, da *Ethica nicomachea,* e no livro II, da *Ethica eudemia,* apontam para uma concepção dissuasivista da teoria da punição.[42] Suponhamos por instantes uma conduta moralmente reprovável *A*, praticada por um indivíduo qualquer. O senso comum exige que, no caso, sejam aplicadas a ele as sanções morais e jurídicas disponíveis em nossa cultura, conforme a natureza e a gravidade de *A*. Podemos colocar a seguinte pergunta: por que esse agente deve ser punido? Há duas respostas possíveis a ela, e, conforme a resposta, teremos um aspecto diferente da teoria aristotélica da punição.

A primeira resposta possível a essa questão é: o agente deve ser punido *porque* praticou *A*. (*Mutatis mutandis* as mesmas observações valem para a teoria da justiça como retribuição.) Essa resposta explica, no interior de um ordenamento jurídico, a razão da aplicação de uma pena ao agente. Noutras palavras, dado o fato de que um ordenamento jurídico qualquer deve comportar normas da forma "se um agente *a* praticar uma ação *A*, então ser-lhe-á aplicado o conjunto de sanções *S*", a primeira maneira de responder à questão é simplesmente repetir essa norma conjuntamente com a asserção do fato de que o agente *a* efetivamente praticou a ação *A*. Essa é uma maneira possível de responder à questão, e a fazemos cotidianamente, tanto em nossas práticas morais quanto na aplicação formal do ordenamento jurídico, toda vez que submetemos alguém a alguma punição, e são-nos perguntadas as razões por que isso é feito. A segunda resposta possível é de ordem meta-ética e metajurídica. Posso responder a essa questão afirmando que, se não houvesse punições, não haveria como dissuadir os demais indivíduos de condutas, os quais,

---

42 Sobre as distinções na solução a seguir, veja-se o artigo de Rawls [1955].

de outro modo, estariam tentados a desejar realizar. Posso também responder que a sanção visa reeducar o indivíduo, numa espécie de behaviorismo social que remolda a massa de desejos presente no agente, diante de certos estímulos, refreando (pelo medo) as paixões que o levaram a praticar certa ação. Seja qual for a resposta que se escolha, é certo que estamos num nível que não é mais o da justificativa da aplicação da norma ao caso, mas, sim, da justificativa da própria norma. Esses dois níveis de discussão da justiça e da teoria da punição estão presentes nas *Éticas* de Aristóteles, quer nos comentários sobre a justiça, quer na descrição de como a excelência pode vir a surgir como disposição no agente.

Aristóteles admite o princípio de que só cabe punição a um agente que agiu responsavelmente:

> Mas estas coisas parecem ser testemunhadas tanto, na vida privada, por cada um, como também pelos próprios legisladores: pois punem e vingam os que fazem coisas reprováveis (δρῶντας μοχθηρά), os que agem não por coação nem por ignorância da qual eles mesmos não sejam causas, e honram os que fazem as coisas belas, e, assim,[43] encorajando uns e impedindo outros. Certamente, ninguém exorta a fazer as coisas que nem dependem de nós, nem são voluntárias, já que não tem nenhum resultado estar persuadido a não sentir calor ou sentir dor ou fome, ou qualquer outra coisa assim, pois não menos sentiremos as mesmas (*EN* III, 5, 1113^{b}21-30).

[43] O grego é aqui ambíguo, e Aristóteles parece empregar a conjunção ὡς, que pode tanto possuir um sentido final como consecutivo, em ambos os sentidos. Procurei manter a ambigüidade, traduzindo-a por "assim".

Nessa e noutras passagens, Aristóteles sustenta uma interpretação dissuasivista da aplicação penal. Ela não parece ser, contudo, de modo algum inconsistente tanto com sua teoria da deliberação quanto com sua teoria da excelência. Do ponto de vista da formação de uma ἕξις, que norteie a escolha na direção do meio termo particular a cada indivíduo, a aplicação de prazeres (e dores) serve para direcionar o desejo, ainda indiferenciado, da criança para a direção correta e desenvolver-lhe a deliberação. Por outro lado, a punição pode redirecionar o desejo naqueles que já desenvolveram um cálculo de efeitos das ações, mas que por ventura tomam o bem aparente como o bem real:

> Assinalam-no também as punições que vêm a ser por meio destas [isto é, o prazer e a dor]: pois são como que práticas médicas (ἰατρεῖαι), e as as práticas curativas vêm a ser por natureza mediante os contrários *(EN* II, 3, 1104^{b}16-18).

Esta última citação foi extraída do livro II, num contexto em que Aristóteles examina como a excelência se relaciona ao prazer e à dor, ao lado de uma série de ao menos mais sete argumentos nesse sentido, pouco antes de afirmar que prazeres e dores contribuem para o aumento e diminuição da excelência no agente. Uma punição supõe necessariamente que o agente seja capaz de deliberar prospectivamente sobre os efeitos de uma ação. Ela não interfere – nem pode fazê-lo – sobre o desejo de um evento *E* qualquer. O que ela pode fazer é *interferir colateralmente,* tornando claro para o agente que, se a condição de *E* é praticar *A* e se a prática de *A* acarreta *E'* (uma punição), *A* não pode ser praticado. A punição confia na aversão do agente pelo sofrimento a que será submetido em *E',* relativamente ao prazer que obterá com *E.* É por isso, portanto, que só pode haver punição onde houver responsabilidade, e só há responsabilidade ali onde *(a)* o agente podia ter agido de outra forma, isto é, *(b)* podia ter deliberado sobre as conseqüências de suas ações.

A punição, tanto em adultos quanto crianças, terá, assim, um papel diverso. Entre os primeiros, que já desenvolveram a deliberação e são, portanto, capazes de prever, fazer com que sofram uma punição aumentará, em sua ἐμπειρία, a memória de uma conseqüência dolorosa resultante de uma ação que acarretou um evento reprovável. Em crianças, contudo, a punição não aumenta esse conhecimento, mas antes serve para desenvolvê-lo. A partir de uma punição aplicada numa criança, espera-se que esta venha a lembrar-se do ocorrido e a levar em consideração as conseqüências colaterais da busca da realização de determinado evento desejado. Ela aprende, assim, que de *A* se segue *E'*, com *E'* sendo uma sanção. Novamente, *mutatis mutandis*, o mesmo raciocínio poderá ser repetido no caso das recompensas.

Outras evidências textuais apontam novamente para a presença de uma concepção dissuasivista da penalidade. Por exemplo, em *Ethica nicomachea* III, 5, 1114^{a}3-1114^{b}25, Aristóteles repete a mesma idéia: embora nossas disposições não sejam inteiramente voluntárias como são nossas ações, ainda assim o início mesmo de uma disposição que começa no agente é causado por ele e é voluntário. Daí, mais uma vez, o vício e a excelência serem voluntários, ao menos em seu início:

> E, além disso, é absurdo que aquele que age injustamente não queira ser injusto ou que o que age intemperantemente não queira ser intemperante. E se alguém, sem ignorar, praticar ações pelas quais será injusto, será injusto voluntariamente; entretanto, no caso em que, sendo injusto, quiser cessar de sê-lo, não

> cessará e será justo; pois nem o doente [será] saudável [caso deseje sê-lo]. E, se sucede desta maneira, ele adoecerá voluntariamente, na medida em que vive de modo intemperante e desobedece aos médicos. Assim, embora nesse momento lhe fosse possível não ficar doente, ao que avançou na doença isso não mais é possível [não ficar doente], assim como nem para aquele que lançou um pedra é-lhe ainda possível retomá-la, mas, no entanto, estava em seu poder atirá-la e lançá-la: pois o princípio estava nele. E, do mesmo modo, também era possível ao injusto e ao intemperante, desde o início, não se tornarem assim, [e], por isso, são voluntários, ao passo que, para os que se tornaram assim, não mais é possível não o ser *(EN* III, 5, 1114ª11-21)

Não há muita dificuldade em entender essa passagem. Uma vez que o princípio da ação está no agente, e ele agiu de modo consciente das conseqüências prováveis, agiu voluntariamente. Essa primeira ação voluntária, movida pelo desejo de alcançar um fim, produz na alma uma disposição para escolher realizá-la novamente, a qual se torna cada vez mais forte à medida que a mesma ação seja repetida. Reiterada *n* vezes, a disposição passa a mover a ação, sem que esteja em poder do agente escolhê-la ou não. Nesse momento, claro, ela deixou de ser voluntária, mas não se pode dizer que não o era no início, quando ainda dependia de o agente agir ou não. A única maneira de romper com essa ἕξις viciosa é aplicar uma penalidade. A aplicação de uma sanção, portanto, pode ser comparada à de um medicamento por um médico: é mediante a aplicação do contrário do que essa disposição produz que ela poderá ser, finalmente, dissolvida.

Aristóteles faz sua teoria da deliberação e da responsabilidade moral apoiar-se em uma teoria dos fins desejados pelo agente. Ora, um objetor poderia argumentar que, não havendo deliberação sobre os fins, estes deveriam ser determinados, para o agente, pela natureza. Já nasceríamos naturalmente determinados a desejar certos eventos e a rejeitar outros, e, embora a deliberação introduza, entre o *imput* do despertar do desejo de algo e o *output* da conduta escolhida, um elemento novo, o que faz com que a conduta não seja resultado imediato daquilo que é desejado, ainda assim, não haveria como não desejar este algo (posto pela natureza), e, portanto, excelência e vício seriam disposições contravoluntárias. A objeção é grave e Aristóteles está perfeitamente consciente dela:

> Se alguém dissesse que (a) todos almejam o bem aparente, e da *φαντασία* não são senhores, mas o fim aparece a cada um tal como cada um porventura seja. [E se alguém dissesse que] então, por um lado (b), portanto, se cada um é de certo modo responsável por sua própria disposição, também será, ele próprio, responsável de certo modo pela *φυατασία* [e que (c)], caso contrário, ninguém será responsável, perante si mesmo, pelo fazer coisas más, mas fará estas coisas [más] por ignorância do fim, julgando que, por intermédio dessas coisas más, lhe adviria o melhor e [se alguém dissesse que] (d) o desejo do fim – pelo qual discerne acertadamente e assume o bem verdadeiro – não é escolhível pelo próprio agente (*αὐθαίρετος*), mas é preciso nascer [tendo tal desejo] tal como nascer tendo visão, pela qual julga corretamente e escolherá o bem verdadeiro (*τὸ καθ ᾿ ἀλήθειαν ἀγαθόν*), e [se alguém dissesse que] (e) é bem-nascido aquele no qual isto naturalmente cresceu de modo acertado (*ᾧ τοῦτο καλῶς πέφυκεν*) e [que] o mais importante e o mais belo, e aquilo que não é possível tomar ou aprender

> de outro (mas que [cada um] terá tal qual nasceu (*οἷον ἔφυ*)), e o nascer acertadamente e bem disposto (*εὐφυΐα*), quanto a isso é a perfeita e verdadeira bem-nascença... (*τὸ εὖ καὶ τὸ καλῶς τοῦτο πεφυκέναι*) [...] (*EN* III, 5, 1114ᵃ31-ᵇ12).

Suponhamos que o fim não seja suscetível de ser escolhido pelo agente, mas nasça com ele ou, se preferirmos, seja determinado por forças psicológicas e sociais que não dependem dele.[44] Nesse caso, dado que o agente está determinado não-voluntariamente a desejar tal fim que lhe aparece bom, vício e excelência não poderiam ser voluntários, ainda que o agente delibere. A conclusão é que o agente não seria responsável por seus vícios ou sua excelência.

Aristóteles parece estar interessado por apenas uma das conclusões do argumento, e sem dúvida ele deve ter sido utilizado com uma finalidade precisa: eximir de culpabilidade o que age de modo vicioso.[45] Suponhamos que alguém sustente que a excelência, num agente qualquer, foi produzida por seus próprios atos, mas não o vício, pois este foi resultado das ações produzidas por sua natureza (ou por outra causa qualquer). Tornando a argumentação um pouco mais atual, imaginemos que alguém admita que a excelência do caráter de um agente provenha de seu esforço pessoal, contrariando toda a gama de desejos que "naturalmente" teria, dado seu meio

[44] O próprio Aristóteles aventa esta última possibilidade em *Ethica nicomachea* III, 5, 1114ᵇ15: o fim poderia ser determinado *φύσει* ou *ὁπωσδήποτε*, "como quer que seja".

[45] É o que notam GAUTHIER & JOLIF [1959A], p. 215-6: o argumento seria *ad hominem*, e o alvo seria o socrático, para o qual o vício não seria voluntário, mas a excelência, sim. Mas sua reconstrução do argumento é, sob vários aspectos, insuficiente.

social, sua formação psicológica etc. Alguém poderia talvez, por exemplo, sustentar que as virtudes do agente proviriam de seu esforço pessoal, ao passo que a parte viciosa de sua conduta decorreria da ação de forças sobre as quais o agente não teria controle. Dessa perspectiva, a excelência seria voluntária, mas não o vício. Mas é claro que, se vale, para o vício, o pressuposto de que uma ação resulta de um fim preestabelecido para o agente, o mesmo pressuposto terá de valer para a excelência, o que o adversário, certamente, não estará disposto a admitir. Mas, se é assim, as ações são voluntárias tanto quanto as disposições desenvolvidas no agente:

> De fato, quer o fim, para cada um, não apareça por natureza com uma qualidade qualquer, mas seja também algo ao lado do mesmo, quer o fim, por seu lado, seja natural, mas a excelência, por sua vez, seja voluntária pelo fato de que o valoroso faz voluntariamente as ações restantes, também o vício, não menos que a excelência, seria voluntário; pois da mesma maneira ao mau pertence, nas ações, o [feito] por ele mesmo, mesmo que não pertença o que está no fim. Se, portanto, como se diz, as excelências são voluntárias (pois inclusive das disposições somos nós mesmos de certo modo co-responsáveis e estabelecemos um tal fim por sermos tais), também os vícios serão voluntários; pois ocorre do mesmo modo *(EN* III, 5, $1114^{b}16$-25).

Se se admite, como faz o adversário, que o agente é causa de suas disposições (causa conjunta, isto é, que trabalha ao lado da disposição natural que já estava presente no agente) e, além disso, que o fim é posto por essas disposições, sendo o fim aquilo que move o agente, ele necessariamente deverá movê-lo tanto na excelência quanto no vício. Um será, tanto quanto o outro, uma disposição criada no agente voluntária ou contravoluntariamente.[46]

Esse argumento, como frisei, vale apenas se o adversário se recusar a admitir que a excelência é contravoluntária. Se, como alguns séculos depois, alguém admitir que a causalidade é sempre necessária, não haverá alternativa senão admitir também que tanto excelência quanto vício são contravoluntários. Ser ou não possuidor de deliberação não alterará o quadro, apenas fará demorar um pouco mais o *output* diante de um *imput* qualquer que representará um desejo despertado. A deliberação estabelece uma diferença entre a resposta da criança e do animal e aquela do homem adulto, mas não é suficiente para permitir ao agente ter agido de outro modo naquelas circunstâncias. Processada a deliberação, resta apenas, para o que irá segui-la (o continente), agir conforme a ela, e não está em seu poder agir conforme a seu resultado *ou não*. Exatamente como, no caso da criança ou do animal, não está em seu poder agir diferentemente, uma vez despertado seu desejo de algo.

Aristóteles poderia perfeitamente admitir essa réplica. "Estar em poder do agente agir ou não" não equivale ainda, como ocorrerá séculos depois, a "está em poder da *vontade* do agente agir assim ou não". Noutras palavras, como vimos no capítulo anterior, "estar em poder do agente", ao menos na acepção que a *Ethica eudemia* dá a essa expressão, significa apenas que a ação não foi praticada quando havia apenas a alternativa realizar/não-realizar a ação (a fim de evitar um mal maior ou realizar um bem), para evitar uma dor sobre-humana ou por causa de uma emoção inelutável, nem por um im-

---

[46] Para a interpretação dessa passagem que estou seguindo aqui ver o artigo de WOODS [1986], p. 147-8.

pulso ou raciocínio naturais ao agente ou um evento fisiológico qualquer igualmente incontrolável. Qualquer ação fora dessas quatro exclusões diz-se que "está em poder do agente". Quando Aristóteles afirma que está em poder do agente tanto possuir vício quanto excelência de caráter, está, assim, excluindo estas disposições (e suas respectivas ações) daquelas quatro classes. Nesse sentido, a ação foi feita sem dúvida como resultado de um desejo presente no agente, não de um evento inesperado ou infreqüente no interior do mecanismo psicológico do agente ou num contexto prático-moral qualquer. Cabe, então, a devida punição ou a devida recompensa, mas isso não significa, em nenhum momento, que o agente poderia, fazendo uso de uma faculdade como o livre-arbítrio, ter agido de modo diferente *neste sentido.* A expressão em grego – *ἐφ᾿ αὐτῷ ποιεῖν καὶ μή*, "depender de alguém agir ou não" – significa apenas *negativamente,* que não há nenhuma outra causa, exceto o desejo nele presente (sobretudo exterior ao agente), responsável pela ação que foi praticada. Ela não significa que o enunciado contrafactual, "o agente poderia ter agido de outro modo se fosse outra sua escolha voluntária", é verdadeiro nesse caso.[47] Aristóteles pode salvar a noção de responsabilidade, e com ela o par sanção/recompensa, apenas montando uma mecânica psicológica na qual a responsabilidade habilita o agente a receber recompensas ou punições, e estas servem, psicologicamente, para remodelar sua psicologia (e eventualmente também aquela dos que o observam, a punição ou a recompensa sendo recebida pelo agente, pelo medo ou pela esperança).

Mas a teoria, tal como a expus até aqui, é uma parte apenas de um quadro mais amplo no qual um princípio de

---

[47] Voltarei ao assunto nos Capítulos IV e V.

indeterminação, ainda não examinado, desempenha um papel fundamental e completa a teoria exposta. Embora ele não conduza a uma teoria da vontade e da escolha como indiferença, fará com que o resultado final do desejo do fim, da deliberação e, finalmente da ação, não possa ser previamente determinado. Nos próximos capítulos, veremos com maiores detalhes a estrutura psicofisiológica dessa psicologia da ação, até onde ela pode ser extraída dos textos de Aristóteles.

CAPÍTULO III

INCONTINÊNCIA E INTEMPERANÇA

1. *A ἀκρασία e a teoria psicológica de Aristóteles*

A ἀκρασία – literalmente, a característica daquele que não domina a si mesmo – e a ἀκολασία – o comportamento daquele que não sofreu punição, a "impunidade", no sentido mais literal do termo – são dois tipos de comportamento, cuja análise exige de Aristóteles o desenvolvimento dos princípios de uma psicologia da ação.[1] O problema que o leva a interessar-se pelo tema é o paradoxo da existência de indivíduos que, apesar de saberem, no momento em que agem, qual é a melhor conduta a ser seguida, e mesmo chegando a esse conhecimento por uma deliberação, fracassam, não a praticam e são levados posteriormente a arrependerem-se do que fizeram. O principal alvo da crítica, portanto, são as insuficiências da moral socrática quando tenta explicar o comportamento desses indivíduos. A dificuldade torna-se ainda mais grave pelo fato de que o ἀκρατής não é uma figura rara. Ao contrário, a ἀκρασία é um tipo de comportamento muito fre-

[1] Sobre a dificuldade em traduzir esses termos, cf. URMSON [1988], p. 89.

qüente em todos nós, em graus e momentos diversos e conforme aspectos diversos. Falhando ao explicar esse comportamento, ou melhor, sendo parcial, a doutrina socrático-platônica deixa de dar conta de um dos comportamentos mais freqüentes e cruciais e mostra, assim, uma de suas principais insuficiências.[2]

O intelectualismo socrático, embora trouxesse em seu bojo alguns princípios psicológicos, em sua maior parte era essencialmente vazio e tautológico, do ponto de vista da teoria aristotélica da *ἀκρασία*. A julgar pela descrição dada por Aristóteles, Sócrates supunha que um agente só pratica uma ação moralmente reprovável se estiver persuadido de que essa ação é, na realidade, moralmente correta. Noutras palavras, uma ação moralmente má (que não seja contravoluntária, bem entendido) só era possível se houvesse um erro *epistemológico* na apreciação da ação por parte do agente.[3] Se o agente

---

[2] Notar em particular *Ethica nicomachea* VII, 2, 1145^{b}28-29, quando Aristóteles afirma que este argumento socrático visivelmente discorda dos *φαινόμενα*.

[3] Note-se que se trata de um erro *epistemológico* e não *epistêmico:* o erro não recai sobre a apreciação que o agente faz das circunstâncias e conseqüências de sua ação, mas, sim, sobre aquilo em que uma ação moralmente correta consistiria. Nesse sentido, o erro só pode ser corrigido mediante não uma reavaliação das circunstâncias e conseqüências, mas por um aprendizado sobre o que seja o verdadeiro bem. Desse ponto de vista, a tese socrática é trivial: supondo um acesso epistêmico adequado da parte do agente, Sócrates admitia que *x* pratica uma ação moralmente correta se *x* sabe o que é uma ação moralmente correta. Dado que um agente só deseja o que acredita ser o melhor, se ele deseja algo, e está a seu alcance fazê-lo, realizará esse algo, desde que saiba o que é o melhor. O que Aristóteles insiste é que desejar o melhor não implica fazê-lo, mesmo se estiver a seu alcance, já que não é necessário que haja apenas um desejo presente em cada agente.

não errasse, seguiria todo o tempo uma conduta moralmente aprovável. Caberia, portanto, empreender uma παιδεία do agente, que eliminasse as opiniões que porventura ele tivesse acerca do bem e, como dirá o final do *Mênon,* fixasse suas opiniões e as transformasse, assim, em ἐπιστήμη. A educação consiste, então, em produzir no agente uma mudança cognitiva, fazendo com que veja o bem que, pelo simples fato de ser conhecido e ser o melhor, faz com que ele o prefira a outra conduta qualquer *(EN* VII, 2, $1145^{b}21$-$1146^{a}5$).

A teoria socrática procura, no tocante à explicação da conduta moralmente reprovável, colocar todo o peso sobre o aspecto epistemológico do conhecimento moral por parte do agente, tornando nulo ou mínimo o aspecto psicológico da explicação da ação. Nela, conforme a descrição de Aristóteles, simplesmente não há espaço para a figura do ἀκρατής: este é apenas mais um caso do homem que, pura e simplesmente, age *errado* porque desconhece o que seria a melhor conduta. Para dar verossimilhança conceitual a essa figura, Aristóteles tem de deslocar a explicação da ἀκρασία para um novo terreno, tornando-se necessário conceber um caso em que o agente, apesar de conhecer o bem, ainda assim prefere o mal. Se o estado epistêmico em que se encontra não é o da simples crença, mas o do conhecimento, não mais será possível atribuir a uma falha cognitiva sua conduta moralmente reprovável. A partir de então, a explicação deverá ser encontrada em outra parte, e é justamente no terreno da psicologia que Aristóteles busca a resposta. Mas justamente a questão de saber como tratar o ἀκρατής e se seu comportamento é voluntário ou não conduz Aristóteles a esboçar os contornos de uma psicologia da ação, em geral, e da ação voluntária, em particular.

2. *A psicologia da ἀκρασία*

No *De anima*, Aristóteles por duas vezes comenta, muito rapidamente, o fenômeno da *ἀκρασία*. Ambas as considerações, porém, apenas repetem resultados que aparecem desenvolvidos em *Ethica nicomachea* VII. Aí, discorrendo sobre a separabilidade e a existência de partes da alma, afirmará:

> Mas nem a parte calculativa (*τὸ λογιστικόν*), nem o assim chamado *νοῦς*, é aquilo que move. Pois a parte contemplativa (*ὁ θεορετικός*) nada contempla de prático, nem diz coisa alguma sobre do que se deve fugir ou o que se deve perseguir, mas o movimento é sempre ou uma fuga ou uma perseguição (*ἢ φεύγοντός τι ἢ διώκοντός τί ἐστιν*). E nem mesmo quando contempla algo assim ela conduz imediatamente a fugir ou perseguir. Por exemplo, muitas vezes, algo amedrontador ou prazeroso é pensado, mas isso não nos leva a ter medo; e o coração move, caso seja prazeroso, alguma outra parte. E, além disso, o *ἀκρατής*, por exemplo, não se move quando o *νοῦς* comanda e o pensamento diz para fugir de algo ou a perseguir, mas age conforme o apetite *(De anima* III, 9, $432^{b}26$-$433^{a}3$).[4]

Assim, a parte contemplativa da alma, na medida em que não tem por objeto um conjunto de possibilidades práticas, não pode oferecer alguma crença nem algum estado

---

[4] Este texto, como de resto também os capítulos 10 e 11, do livro III, do *De anima,* encerra muitas variantes, várias cruciais. Sigo os Mss e leio *θεωρεῖ* (e também com Temístius), ao invés de *νοεῖ*, na linha 27, e *ἀεὶ δὲ ἡ*, na 28.

volitivo que conduza o agente a perseguir ou a fugir de um estado de coisas (dado que o movimento animal consiste na busca ou na fuga de um estado de coisas desejado). Restaria, então, atribuir à parte calculativa da alma a causa do movimento nas ações humanas. Mas o funcionamento desta parte da alma e de seus produtos nem sempre tem como conseqüência imediata fugir ou perseguir algo. Posso, em *t,* pensar simplesmente em algo amedrontador ou em algo prazeroso, mas isso não quer dizer que o mero ato de pensar, nesse momento, nesse algo, me fará, em *t* ou mesmo num momento posterior a *t,* começar a fugir ou a perseguir essa coisa. A tese geral é que a presença de um conteúdo cognitivo qualquer em minha mente não tem qualquer efeito *necessário* sobre minhas ações. Isso não significa, claro, que conteúdos cognitivos sejam irrelevantes para a ação – eles são relevantes, sem dúvida –, mas não são nem condições necessárias (pode haver ação sem um estado epistêmico que a acompanhe: caso das ações por impulso), nem suficientes (pois pode haver conteúdo cognitivo sem concomitante ação: imagino uma coisa amedrontadora) para as ações. Há, então, dois casos particulares: aquele do ἐγκρατῆς, que, embora tendo um conteúdo cognitivo de algo prazeroso (mas moralmente rejeitável) e um desejo a ele associado, nem por isso o persegue imediatamente; e – exemplo de Aristóteles nessa passagem – o do ἀκρατής, no qual a presença de um estado mental e mesmo de um desejo a ele associado, impedindo-o ou impelindo-o a agir de uma determinada maneira, não leva a seguir essa linha de conduta, sendo ele movido pelo apetite.

Pouco adiante, numa passagem difícil que pretende indicar a necessidade de investigar também se animais simples, cuja única sensação possível é o tato, podem ter φαντασία e apetite, ou não, Aristóteles dirá que, embora a φαντασία αἰσθητική seja comum a todos os animais, a φαντασία βουλευτι-

κή pertence apenas àqueles dotados de parte calculativa. E afirma, num texto paleograficamente bastante difícil:

> Portanto, como foi dito, enquanto a *φαντασία αἰσθητική* pertence também aos animais irracionais, a *βουλευτική* pertence aos racionais. Pois se fará isto ou aquilo é já a função da parte calculativa; e é necessário medir por algo único: pois procuram sempre o maior. De modo que é possível fazer, de vários *φαντάσματα*, um. E esta é a razão de não parecerem ter opinião, porque não a têm a partir do raciocínio, mas esta [a parte deliberativa] [supõe] aquela [a parte sensível]. E, por isso, a *ὄρεξις* não supõe a faculdade de deliberar (*τὸ βουλευτικόν*). Mas *(i)* algumas vezes vence o querer (*τὴν βούλησιν*) e ora esta move aquela (*τὴν βούλησιν?*), ora *(ii)* aquela, esta, tal como uma esfera move uma esfera, e *(iii)* a *ὄρεξις* move a *ὄρεξις* quando a *ἀκρασία* está presente: por natureza a de cima sempre comanda mais (*ἀρχικωτέρα*) e move, de modo que é movida, a partir de agora, quanto a três movimentos *(DA* III, 11, 434^{a}5-16).[5]

---

[5] Este texto é extremamente corrupto. Na linha 12, Torstrik supôs que a ocorrência de *ὄρεξις* fosse corrupta ou mutilada, mas não vejo por que não supor que *ἔχει* aqui tenha o sentido de "supor", que parece ser o sentido que esse verbo estaria assumindo desde as linhas 11-12, quando apareceu elíptico. Se for isso, Aristóteles estaria dizendo apenas que pode haver desejo sem deliberação, mas não o contrário, tese que é clara tanto na *Ethica eudemia* quanto na *Ethica nicomachea.* Mantive também, com a maioria dos Mss e dos comentadores antigos, *τὴν βούλησιν* na linha 13. De resto, a reconstrução que sigo para o trecho seguinte, extremamente corrupto, é a de Biehl na edição Teubner.

Que a ὄρεξις não possui a faculdade de deliberar, isto é, que uma não é uma subclasse da outra, é evidente pelo fato de existirem animais que possuem o desejo (todos os animais, aliás), mas não deliberação. É difícil saber a que se referem os pronomes αὕτη, ἐκείνην e ταύτην, na linha 13, e os comentadores desde a Antigüidade têm sugerido ou ἡ βουλευτική e ἡ ὄρεξις (a primeira tendo aparecido algumas linhas antes), ἡ ὄρεξις simplesmente, repetida nas linhas 13 e 14, ou finalmente βούλησις. Como quer que seja, é certo que a faculdade deliberativa não põe em funcionamento a si mesma, nem move sem que um desejo, sob a forma de um querer, esteja presente, como vimos no capítulo precedente. Ao dizer, então, que "esta move", Aristóteles poderia estar querendo dizer que o desejo, movendo a faculdade deliberativa, chega a uma via de ação desejável que será ou não seguida. Este é o desejo diante do qual um outro desejo se contraporá, quando estivermos perante o fenômeno da ἀκρασία. Qualquer que seja, contudo, o referente desses pronomes, é certo que o fenômeno da ἀκρασία ocorre apenas quando há dois desejos conflitantes (linhas 14-15), um deles deliberado, mas mais fraco, o outro bruto e mais forte. Também a analogia com uma esfera que move a outra foi objeto de diversas especulações, mas parece que se trata da imagem de uma bola movida ao acaso pelos jogadores.[6] Assim, uma ὄρεξις mais forte e em sentido

---

[6] Sobre todos estes pontos e a interpretação que sigo aqui, ver HAMLYN [1993], p. 154. Hamlyn lembra também a interpretação de Temístio segundo a qual se trataria do movimento impresso por cada esfera celeste à esfera subseqüente inferior. Qualquer que seja a interpretação da metáfora e a *lectio* correta deste texto, o sentido geral parece ser claro: um desejo move o outro e, na acrasia em particular, o inferior é mais forte do que o superior. Voltarei à análise dessas duas passagens no próximo capítulo.

contrário seria capaz de mover aquela ὄρεξις, e é isso o que Aristóteles parece querer dizer ao afirmar que a superior move, por natureza, a inferior: a mais forte move a mais fraca, ora a deliberada impera sozinha (não havendo desejo que procure resistir a ela), ora impera *sobre* a irracional, ora a irracional vence (quando sobrevém a ἀκρασία).

3. *A bestialidade e a morbidez*

Enquanto o *De anima,* nessas breves considerações, desenha um esboço da dinâmica psicológica, a análise do livro VII da *Ethica nicomachea* descreve menos o ângulo psicológico e mais o comportamental da ἀκρασία, por oposição a duas outras figuras paradigmáticas: a do intemperante e a do bestial. A bestialidade, ou θηριότης, é examinada no capítulo 5, do livro VII, da *Ethica nicomachea.* Aí, Aristóteles parte de uma classificação dos prazeres quanto ao fato de serem naturais ou adventícios, e é com base nessa classificação que a bestialidade será entendida como um comportamento desviante. Os prazeres são classificados em naturais (φύσει), "não-naturais" e "a-naturais". Deve-se notar, entretanto, que a fronteira entre essas três classes não é nítida, e os exemplos que Aristóteles escolhe são tomados com cuidado para mostrar que, embora se possa pensar num conjunto comum de prazeres próprio à "natureza humana", hábitos, desvios e perversões de toda espécie podem tornar prazeroso o que é repugnante ou doloroso.

Os prazeres "naturais" dividem-se em duas grandes classes: os que são naturais "pura e simplesmente" e os que são naturais, conforme o gênero dos animais e dos homens em questão. Pode-se supor que os prazeres naturais ἁπλῶς são, por exemplo, a satisfação da fome, sede ou dos impulsos sexuais.[7] Prazeres naturais particulares, por outro lado, são aqueles que cabem a um tipo determinado de ser humano ou de animal (preferir grama a ouro, como afirmou Heráclito, é natural para o asno, já que para este grama dá mais prazer do que ouro[8]) e, mesmo entre seres humanos, uns sentem prazer em certo tipo de comida, por exemplo, e não outros.[9] São dos prazeres que se espera que determinada classe de animais, dada sua essência, venha a desfrutar "normalmente" ao atingir o estado adulto. Sejam os prazeres abstratamente gerais, ou particulares "naturalmente" a determinados tipos de animais ou aos homens, podemos notar que Aristóteles rapidamente passa à segunda e terceira classes deles. Os prazeres "não-naturais" são os que resultam ou de uma imperfeição física, ou do hábito. Os termos empregados por Aristóteles não deixam dúvida a respeito: *πήρωσις*, indicando ao mesmo tempo uma lesão, uma mutilação, ou um desenvolvimento imperfeito, e *ἔθος*, hábito. No primeiro caso, embora a natureza do indivíduo, se desempedida, devesse produzir nele prazeres e dores de um ser humano normal, algum fato impediu o desenvolvimento ou a condução do processo de formação até o ponto esperado, e o resultado foi um indivíduo "desviante". No segundo caso, não se trata de uma lesão física que proporcionou um quadro desviante de prazeres e desejos. O indivíduo, embora fisicamente "normal", é portador de uma característica "psíquica" desviante que o conduz a desejar e, sentir prazer naquilo que a média "normal" não sentiria. Embora neste caso a *φύσις* não seja responsável, já que ela foi im-

---

[7] Cf. a esse respeito, por exemplo, *De anima* II, 8, 414ª29-414ᵇ19.

[8] Cf. sobretudo *Ethica nicomachea* X, 5, 1076ª6-8.

[9] *Idem*, 5, 1076ª10-15.

pedida de desabrochar inteiramente, o resultado é que o indivíduo portará uma natureza que não é aquela esperada para um exemplar de sua espécie. Terá prazer, assim, onde a maioria não tem (ou tem dor), e, eventualmente, desconforto (ou dor), onde a maioria tem prazer. Finalmente, o terceiro caso é o dos prazeres "a-naturais", produzidos por uma natureza perversa desde o início, monstruosidades ou aberrações que acidentalmente aparecem no mundo sublunar e que, embora aparentemente humanos, não têm uma natureza humana. É o que consideraríamos hoje como um indivíduo que possui uma fisiologia cerebral desviante. Levando o exemplo ao limite, a diferença está entre um traço congênito da fisiologia, um acidente fisiológico ao longo do desenvolvimento do indivíduo e, finalmente, uma característica psicológica nele desenvolvida. A bestialidade é, assim, a presença de uma natureza no indivíduo que o conduz a desejar prazeres a-naturais, enquanto a morbidez o leva a desejar prazeres não-naturais.

Qualquer que seja a causa da presença, no agente, de um conjunto desviante de desejos, são certas duas coisas. A primeira delas é que não estamos diante de um tipo "normal" de prazeres. Os exemplos de Aristóteles não deixam dúvida a respeito:

> E por bestiais entendo, por exemplo, o ser em forma humana feminina (τὴν ἄνθρωπον) que, dizem, estripando as gestantes, devora-lhes os filhos,[10] aque-

---

[10] RACKHAM [1994 (1926)], p. 400, sugere que se trata da Lamia, personagem do folclore grego, que corresponde aproximadamente ao nosso "bicho-papão". Há vários personagens dessa espécie entre os gregos, seres que se supõe que devorem crianças ou as raptem, e talvez se trate, acima, de um caso semelhante.

> las coisas com as quais se deliciam, dizem, alguns dos selvagens nas cercanias do Helesponto, uns alimentos crus, outros carnes humanas e outros emprestam os filhos uns aos outros para o festim, ou o que se diz acerca de Falaris (*EN* VII, 5, 1148^{b}19-24).

Não é nem um pouco comum que alguém se delicie com a carne de seus filhos ou se vista de mulher e, estripando gestantes, adore devorar fetos. O exemplo é radical e desperta talvez até mais medo do que repulsa. Mas, note-se, a série de exemplos, entre eles os que sentem prazer em comer coisas cruas ou comer terra, ou cinzas (1148^{b}28), aponta para que não somente o comportamento, mas também o prazer desfrutado sejam desviantes.

A segunda coisa certa é que, embora se trate de um indivíduo, de resto, perfeitamente humano, nem por isso sua natureza é inteiramente humana. Isso não quer dizer que estejamos diante de um ser cuja essência seja diversa, mas, antes, de um indivíduo monstruoso que, embora pertença ainda à natureza humana, perdeu em parte traços nucleares desta natureza.[11] Aristóteles insiste nas causas mórbidas desse tipo

[11] Esse é um dos pontos em que discordo inteiramente da análise, sem dúvida bastante persuasiva, de Bodéüs [1997]. Esse autor concebe a θηριότης como um comportamento desviante, que seria definido por Aristóteles de um ponto de vista estritamente moral. Mas deixa de perceber, primeiro, que o termo θηριότης é empregado, por exemplo no *De generatione animalium* para designar a monstruosidade. Claro que dois pintinhos xifópagos ou uma serpente com duas cabeças não deixam de ser pintinhos ou serpentes, mas é claro também que algum traço *fisiológico* de sua natureza não é mais o mesmo. Em segundo lugar, Aristóteles dedica bem pouco espaço à bestialidade, no livro VII, justamente porque o que lhe interessa é isolar esse tipo de comportamento – cujas causas não são psicológicas, mas fisiológicas, como a linguagem

de comportamento – alguns chegam a isso por loucura, como o que sacrificou a própria mãe e a devorou (1148^{b}25-26) – e emprega, como termo para tal tipo de comportamento, a palavra νοσηματώδης, "pestilência", talvez "doença", mas num sentido pejorativo, "morbidez". Trata-se de indivíduos que comportam um conjunto de desejos (e, portanto, suas respectivas disposições para o prazer) que diverge e contradiz o dos indivíduos normais.[12]

Esses indivíduos, que não agem conforme a maioria e sentem prazer naquilo que outros não sentem, não são, *stricto sensu,* acráticos. A conduta perversa, moralmente reprovável, ou, pelo menos, inusitada, não é o resultado de nenhum conflito entre desejos, no qual o que visa o prazer imediato, e não o bem, é satisfeito em detrimento de outro. O ἀκρατής não é um indivíduo que possui desejos inusitados, diversos daqueles do homem que se autocontrola: ambos possuem, em *intensidades* diversas, os mesmos desejos, o que não é o caso do bestial, ou do acometido de uma natureza mórbida ou demente. Neste caso, seus desejos são diferentes, não são os mesmos e, assim, se dissermos que é um ἀκρατής, o diremos apenas por analogia:

---

de todo o capítulo sugere continuamente, comparando-a com a morbidez – e, deixando-o de lado, passar à análise de formas *psicológicas* de comportamento: justamente a intemperança e a incontinência.

[12] Arrancar o cabelo, comer unhas, cinzas ou terra e comportamentos sexuais desviantes são os exemplos aristotélicos de comportamentos que resultam da repetição de uma determinada prática pelo indivíduo (de modo voluntário ou não: podem ser o resultado de o indivíduo ter sido vítima, quando criança, de um abuso sexual, afirma Aristóteles). Exemplos de comportamentos desviantes resultantes de doenças ou loucura, são o caso do louco que ofereceu sua mãe em sacrifício aos deuses e a devorou, ou o do escravo que devorou o fígado de seu companheiro.

> Portanto, aqueles para os quais a *φύσις* é a causa ninguém os chamaria de incontinentes, tal como nem [se chamaria de incontinentes] as mulheres, porque não são sexualmente ativas, mas passivas: e do mesmo modo também quantos são mórbidos (*νοσηματωδῶς ἔχουσι*) por hábito. Portanto, está fora dos limites do vício ter cada uma dessas coisas, tal como a bestialidade. Poder dominar ou ser dominado[13] não é incontinência simplesmente (*ἁπλῆ*), mas sim [incontinência] por similaridade, tal como também não deve ser chamado incontinente [simplesmente] aquele que, com respeito às paixões (*θυμοί*), excede deste modo em emoção *(EN* VII, 5, 1148^{b}31-1149^{a}4).

Não faz sentido, portanto, dizer que são incontinentes, exceto por analogia e se admitirmos que deveria haver, sobre esse conjunto de desejos desviantes, um outro conjunto que os refreasse e fizesse o agente desejar o verdadeiro bem. Nesse sentido, o bestial ou o psicótico seriam incontinentes, mas não no sentido próprio da palavra, que exige, como veremos a seguir, um agente normal, *mas* no qual os desejos normais (do prazer) excedem os do bem.

Se, portanto, não faz sentido dizer que bestialidade ou loucura são formas da *ἀκρασία stricto sensu,* nem por isso, contudo, isso significa que o agente, tendo essa disposição, não poderia ter agido de outro modo. Claro que isso exigirá que um conjunto suplementar de desejos esteja ali presente, pois

---

[13] Sigo Rackham e entendo o texto como querendo dizer que a continência ou a incontinência *ἁπλῆ* não significam apenas dominar ou ser dominado, mas dominar ou ser dominado por certos desejos (de prazeres humanos normais). A sugestão de Richards de introduzir *μή*, em 1149^{a}1, após *ἔχοντα*, me parece dispensável se admitirmos esse sentido.

não faz sentido imaginar que um intemperante bestial, "como algumas tribos de bárbaros" (1149ª11-12), possa agir diferentemente, já que não somente teria um conjunto de desejos divergentes, mas, por ser intemperante (e assim dificilmente corrigível), não teria nenhum outro conjunto suplementar. Falaris, contudo, que desejou devorar uma criança, podia, em princípio (a saber, se tivesse um conjunto suplementar de desejos que o refreasse) não ter agido dessa forma. Portanto, poderá haver uma *ἀκρασία* mórbida ou bestial, se o fenômeno de conduta em exame comportar, além de desejos mais fracos do bem, desejos mais fortes do prazer, *isto é,* de prazeres bestiais ou mórbidos. De toda a forma, *ἀκρασία*, enquanto um fenômeno freqüente do comportamento humano, não se confunde com a *ἀκρασία*, qualificada como "bestial" ou "mórbida". É por isso também que os objetos da temperança, intemperança, continência e incontinência são os mesmos, o que não ocorre com a bestialidade. Quando se fala de incontinência, ela é entendida em relação aos prazeres humanos normais. Se se tratar de incontinência quanto a prazeres diversos ou não, tratar-se-á se de incontinência, ou esta será dita *κατὰ μεταφορὰν καὶ οὐχ ἁπλῶς*, "metaforicamente, e não pura e simplesmente" (1149ª25).

De modo geral, contudo, o bestial não somente não possui esse conjunto complementar de desejos, mas, além disso, qualquer capacidade calculativa, e é isso o que o torna (e, em geral, o insano) menos perigoso que o homem vicioso, tal como o animal é menos capaz de causar um dano, uma vez que não possui nem capacidade de escolha nem a parte calculativa da alma.[14] Um primeiro resultado, portanto, ain-

---

[14] Sigo novamente RACKHAM [1994 (1926)], p. 410, e entendo dessa forma a passagem difícil de 1149ᵇ27-1150ª8. De toda forma, é certo, con-

da negativo, pode ser extraído do fenômeno da incontinência: trata-se de um comportamento psicológico no qual o agente, mesmo tendo deliberado em contrário, busca a realização dos prazeres a outra coisa, mas sempre de prazeres *normais.* Noutras palavras, incontinência não é bestialidade. É um fenômeno comportamental, que acomete humanos, cuja natureza não foi pervertida por uma ἕξις desviante, uma natureza congênita pérfida ou mal desenvolvida por causa de algum processo mórbido sofrido pelo indivíduo.

4. A *relação da incontinência com os prazeres e com a raiva* (θυμός)

Intemperança e incontinência dizem respeito a prazeres *normais,* aquelas situações nas quais se supõe que adultos comuns teriam prazer, quando a elas submetidos. Mas dizer que a incontinência está relacionada com prazeres normais é apenas um primeiro passo para uma definição satisfatória. Pois a classe dos prazeres (e também das dores e desprazeres) é ela própria divisível em duas subclasses, conforme o prazer contenha ou não um elemento racional. No primeiro caso, estão todos os prazeres corporais, como o alimentar-se ou a satisfação sexual. Estes prazeres são necessários, na medida em que sua ausência implica alguma forma de desconforto e, eventualmente, de dano físico *(EN* VII, 3, 1147^{b}23-25). No segundo caso estão os prazeres que envolvem um elemento

---

forme esse texto, que a temperança e a intemperança, e, conseqüentemente, a continência e a incontinência, no seu sentido estrito, estão relacionadas com os prazeres normais, não com os desviantes, sejam bestiais ou mórbidos *(EN* 1149^{b}28-30).

racional ou, mais precisamente, um comportamento possível ou efetivo de outros indivíduos, com respeito ao indivíduo que o desfruta. A este tipo de prazer, necessariamente social, pode-se dar como exemplo "a vitória, a honra, o dinheiro e outros tais dentre os bens e prazeres" (*EN* VII, 3, 1148^{b}29-30).[15] Estes prazeres não são necessários, embora, seria hipócrita não admitir, sejam dignos de escolha por si mesmos, desde que não em excesso.[16]

---

[15] Talvez a menção ao dinheiro ou à riqueza (πλοῦτος) como não-necessários poderia causar estranheza à primeira vista. Sem apelar para razões de ordem histórica para explicar essa afirmação, o que seria uma estratégia perfeitamente válida, pode-se imaginar ao menos duas razões, mas do interior da obra de Aristóteles, que garantem essa conclusão. A primeira é que, embora a privação da posse de dinheiro não engendre *necessariamente* desconforto ou dor, a privação dos prazeres físicos pode inclusive levar à morte. Nesse sentido, não é condição necessária da existência do prazer ou inexistência de sofrimento (por isso os deuses não necessitam de dinheiro: *Ethica nicomachea* X, 8, 1178^{b}6-24). A segunda é que o dinheiro pode ser um meio para a realização de um fim, este sim necessário. Dessa forma, ele é garantia da possibilidade de aquisição de uma mercadoria e, assim, da própria existência de uma comunidade em que há divisão do trabalho, mas não é ele próprio algo necessário para a existência do indivíduo, exceto de maneira indireta. Ver, a esse respeito, *EN* V, 5, 1133^{a}19-^{b}28.

[16] Há ainda uma última classe que corresponde aos prazeres que nem são necessários, nem dignos de escolha, embora não necessários: trata-se dos prazeres que são maus por si mesmos e devem ser sempre evitados, não apenas em excesso, mas em qualquer grau. Ver *Ethica nicomachea* VII, 4, 1148^{a}23-26; 11, 1153^{a}28-30; X, 3, 1173^{b}21-1174^{a}12). Não compreendo como URMSON [1988], p. 96, pôde sugerir que outros prazeres corporais, como "esportes ativos, caminhar, nadar e jardinagem", poderiam estar no mesmo nível que esses outros prazeres. Comer, satisfazer o sono, a sede e o sexo são, mais do que prazeres, necessidades de que depende a sobrevivência do organismo ou ao menos sua

Ora, a palavra "incontinência" e o adjetivo "incontinente" (e correlativamente os adjetivos "temperante", "intemperante" e seus substantivos) admitem dois usos, conforme o tipo de prazer físico ou racional em questão. Um indivíduo é dito incontinente *ἁπλῶς* caso o seja com respeito aos prazeres corporais em excesso. No caso, contudo, dos prazeres em que há um elemento cognitivo, os prazeres "sociais", o indivíduo não é dito "incontinente" pura e simplesmente, mas sempre "incontinente quanto a" (*ἀκρατής* + genitivo): "quanto à honra", "quanto ao dinheiro", "quanto à raiva" etc. Este é expressamente, conforme Aristóteles, um uso analógico, ou uma extensão do sentido primeiro da *ἀκρασία*, que comporta três elementos básicos:

> Por outro lado, é dito incontinente aquele que persegue, não por escolher, excessos de prazeres relacionados aos desfrutes corporais com respeito aos quais alguém é chamado temperante e intemperante, e foge das dores, fome, sede, calor, frio e de todas as dores do tato e paladar, mas contrariamente à escolha e ao pensamento, não com algo acrescentado (*κατὰ πρόσθεσιν*), "com respeito a isto", tal como com respeito à raiva (*ὀργή*), mas apenas simplesmente (*ἁπλῶς*). Prova: pois também são ditos fracotes (*μαλακοί*) sobre tais coisas [ou seja, dores corporais], mas não sobre nenhuma daquelas *(EN* VII, 4, 1148ª4-13).

---

permanência fora de um estado de forte desprazer. São exatamente aqueles que correspondem aos apetites, forma de desejo comum tanto ao animal quanto ao homem, e são essencialmente vitais.

Portanto *(i)* alguém é dito ἀκρατής, no sentido estrito e não derivado da palavra, com respeito a prazeres *corporais* (necessários, portanto), ponto no qual Aristóteles já havia insistido previamente. Por outro lado, *(ii)* devem ser perseguidos *em excesso,* além do limite, intensidade, freqüência etc. admissíveis.[17] Desfrutar, desejar ou amar esses prazeres não torna alguém *ipso facto* incontinente: é preciso, para tanto, que sejam desfrutados, desejados ou amados *excessivamente (EN* VII, 4, 1148^{a}27-29), além da medida. Finalmente – e este é o ponto crucial – *(iii)* o ἀκρατής persegue estes prazeres "contrariamente à escolha e ao pensamento". Diferentemente do intemperante, que escolhe deliberadamente o prazer, o incontinente, mesmo tendo escolhido o caminho contrário, fraqueja.

Isso não significa que essas três características sejam particulares ao incontinente "somático" e que, no sentido qualificado de incontinência (a que versa sobre prazeres em que há um componente cognitivo e que é sempre "quanto a" alguma coisa), não reapareçam. Ao contrário, as afirmações de Aristóteles permitem transpor essas três características para o caso da ἀκρασία qualificada.[18] Mas é claro também que, nes-

---

[17] Ver, a esse respeito, *Physica* VII, 3, 246^{b}3-20, texto em que Aristóteles oferece uma interpretação fisiológica para as excelências, particularmente as corporais.

[18] É preciso tomar cuidado e não esquecer que Aristóteles admite um uso amplo da noção de incontinência. Nesse uso amplo, não há razão para restringir à esfera dos prazeres corporais a continência, a prova disso é que são formas de incontinência não somente a fraqueza, mas sobretudo a impulsividade, que acomete principalmente aquele que se deixa levar pelo θυμός ou cólera. É o que BROADIE [1991], p. 270-1, parece não ter visto ao exagerar a restrição da incontinência ao território dos prazeres estritamente corporais.

te caso, trata-se de uma extensão do uso próprio do termo *ἀκρασία*, bem como de suas propriedades. Embora excessos na busca de prazeres desta classe devam ser evitados e sejam baixos ou vulgares (*φαῦλαι*), são sempre bons desde que dentro de certos limites.[19] Isso não ocorre com os prazeres (e, *mutatis mutandis,* dores) corporais, que, mesmo dentro de certos limites, são ora bons, ora maus. Tal como no caso da bestialidade a *ἀκρασία* deve possuir um sentido derivado e analógico, também no caso dos prazeres "racionais" seu sentido deve ser metafórico. Numa acepção precisa e estrita, essa palavra envolve os mesmos prazeres e dores que a intemperança e a temperança; todos os outros casos são "com respeito a algo", e nunca *ἁπλῶς (EN* VII, 4, 1148^{b}9-14; 5, 1149^{a}21-25).

Um outro sentido derivado da *ἀκρασία* é o que diz respeito à incontinência quanto à raiva ou à ira (um dos sentidos de *θυμός*). Assim como a satisfação do *θυμός*, como coragem ou impetuosidade, é um prazer com respeito ao qual não se pode falar de incontinência numa acepção estrita, mas apenas derivada, também no caso do *θυμός*, como raiva, isto é, resposta a uma injúria, não há *ἀκρασία stricto sensu,* mas apenas num sentido derivado. Aristóteles apresenta quatro razões para isso, as quatro redundando novamente na limitação do sentido próprio da *ἀκρασία* ao terreno dos prazeres corporais. A primeira, e a mais interessante, é que há nela, tal como nos demais prazeres "racionais", um elemento cognitivo. Ela "ouve

---

19 Nem todas as emoções e ações más decorrem de um excesso ou de uma falta: para Aristóteles há emoções e ações que são más em si, independentemente da quantidade (falta de vergonha, adultério, inveja, roubo e assassinato são alguns exemplos). Veja-se, a esse respeito, *Ethica niconachea* II, 6, 1107^{a}12-26.

a razão até certo ponto" (ἀκούει τι τοῦ λόγου), o que significa que pressupõe uma interpretação das conseqüências de uma ação. Trata-se, então, de uma avaliação cognitiva de uma ação ou circunstância e que, assim, é passível, em princípio, de persuasão contrária, através de um discurso adequado que faça o agente modificar sua apreciação cognitiva dos fatos. Um agente tomado de ira, sob circunstâncias favoráveis, pode justificar seu estado emocional através de um discurso racional. A estratégia de um terceiro participante será, então, atacar o raciocínio do indivíduo, fazendo com que este reveja seja sua apreensão dos fatos, suas conseqüências, sua subsunção possível a princípios morais ou, finalmente, a validade moral desses mesmos princípios. A ira injustificada (num sentido derivativo, acrática) é, assim, uma apreensão moral *parcial* de uma circunstância ou de suas conseqüências por parte de um agente, um *juízo apressado* sobre a realidade, que deixa de lado aspectos relevantes ou não busca um exame completo e pormenorizado. Tal como um cão que, pelo simples bater na porta, começa a latir antes mesmo de saber se se trata de um amigo ou inimigo (*EN* VII, 6, 1149^{a}29-30), a ira é o resultado de um raciocínio apressado (33-34) que conduz à busca da vingança. Sendo, portanto, um raciocínio, obedece à razão até certo ponto e pode, por ela, ser governado, seja sua alma resfriada pelo próprio agente e trazida de volta à razão, seja mediante o auxílio de um terceiro participante.

O mesmo não ocorre com o apetite, isto é, com os desejos corporais. Estes não dependem de uma interpretação de um estado de coisas, ainda que parcialmente ou de modo equivocado, mas apenas de uma percepção. Isso não significa que não haja uma avaliação quanto às propriedades de um objeto ou de um estado de coisas que é produzido, mas certamente a complexidade do raciocínio presente no θυμός está ausente. Não há valoração de um estado de coisas, valoração essa que, justamente, via como *ultrajante* algo feito por alguém. Não há, no desejo de degustar algo doce, um juízo moral associado, um raciocínio quanto às conseqüências ou às circunstâncias, ou quanto ao fato produzido. Há apenas a avaliação de que *x* pertence à classe A, a classe A pertence à classe das coisas doces e esta, por sua vez, àquela das coisas prazerosas. Não há espaço para um questionamento das razões da raiva, da validade da subsunção aos princípios morais ou das conseqüências reais (não imaginárias) do ato. Também não há nenhum elemento social no desejo de desfrutar de prazeres corporais, enquanto que, no caso da ira, o que a dispara é sempre uma ação realizada *por outro ser humano.* Nesse sentido, o incontinente *stricto sensu* é controlado, quando age de maneira incontinente, não pela razão (esse o caso do irascível), mas pelo desejo. Mais uma vez, portanto, a *ἀκρασία*, no sentido próprio do termo, refere-se não aos prazeres em geral, nem à raiva, mas aos prazeres corporais.

Dessa maneira, a incontinência, no sentido estrito da palavra, envolve submissão a desejos de satisfação de realização de prazeres *corporais, excessivos* e *contrários a uma escolha prévia.* Esta terceira característica, em particular, determinará a natureza da incontinência e a mecânica psicológica por trás dela.

5. *Quadro geral da incontinência e intemperança*

A incontinência insere-se num quadro mais geral de oposições que caracterizam tipos de comportamento humano e que deriva de se considerar se o agente perseguiu deliberadamente o excesso de prazer ou não. Simetricamente, o mesmo quadro geral vale para o comportamento que foge da dor, de maneira deliberada ou não.[20]

(i) Intemperança (ἀκολασία). A característica básica da intemperança é o fato de que nela o agente persegue prazeres corporais excessivos *de acordo com uma escolha preliminar.* Ela é, portanto, um tipo extremo de comportamento no qual o agente, ao final de uma deliberação, decide perseguir um extremo de prazer. Mais ainda, este comportamento é repetido e constante:

> Mas, visto que alguns dos prazeres são necessários, enquanto outros não, e até certo ponto, e os exageros não [são necessários] nem as carências (ἐλλείψεις),[21] o mesmo vale para o caso dos apetites e das dores, aquele que persegue os exageros dos prazeres ou [os persegue] exagerada (καθ᾽ ὑπερβολὴν) e decididamente (κατὰ προαίρεσιν), por eles e de modo algum por outra coisa resultante, é intemperante (ἀκόλαστος). Pois necessariamente este não é suscetível de arrepender-se (ἀνάγκη γὰρ τοῦτον μὴ εἶναι μεταμελητικόν), de modo que é incurável, pois o que não se arrepende é incurável *(EN* VII, 7, 1150ª16-22).[22]

---

[20] A organização do quadro a seguir deriva de DIRLMEIER [1967], p. 488.

[21] Parece-me que a sugestão de RACKHAM [1994 (1926)], p. 412, é correta: as carências devem ser entendidas como uma falta excessiva de satisfação dos desejos corporais necessários. Pense-se no caso daquele que se submete a restrições alimentares, por exemplo.

[22] Há aqui uma *crux* no texto, e alguns, ao invés de ἢ καθ᾽ ὑπερβολὴν, conjecturam ᾗ ὑπερβολαί ("ou enquanto exageradamente"). Uma interpretação possível para a primeira leitura seria que Aristóteles estaria querendo distinguir o caso daquele que as persegue prazeres exagerados (em grau ou intensidade) daquele que os persegue *exageradamente* (em

As características básicas deste tipo de agente são duas. A primeira é a busca decidida do excesso ou exagero de prazer. O intemperante ultrapassa decididamente os limites toleráveis e desejáveis dos prazeres corporais necessários (e, analogicamente, também dos que, embora acessórios, são dignos de escolha, desde que dentro de certos limites – caso dos prazeres "racionais"). Havendo uma decisão, isso significa que o agente agiu conforme um desejo resultante de uma ἕξις nele presente. A segunda é a ausência de remorso ou arrependimento posterior àquilo que foi praticado. O agente, posteriormente, justifica e acredita em seu comportamento, e não agiria nem agirá de modo diferente caso um contexto prático semelhante vier a repetir-se. Nesse sentido, não há algum outro desejo contrário (levando à prática de um comportamento incompatível com esse) competindo com o desejo de satisfazer um prazer corporal excessivo ou exagerado, desejo este que teria sido frustrado ao ser satisfeito aquele e que daria, então, origem a um arrependimento. Neste caso, *não há dois desejos que competem,* um, o do bem, outro, o do bem aparente, mas apenas um, direcionado para a realização do bem aparente e para a satisfação do prazer excessivo ou exagerado.

(ii) Ascetismo ou carência de prazeres (ἐλλείψις τῶν ἡδονῶν, ἀναισθησία[23]). O extremo oposto da intemperança é o ascetismo ou o comportamento que decididamente busca a não-

---

freqüência). Não me parece, entretanto, que o sentido geral dessa passagem se altere significativamente com a escolha de uma ou outra dessas leituras. Mantenho καὶ em lugar de ἢ e o estabelecimento geral proposto por Susemihl, neste texto que, de resto, é bastante difícil paleograficamente.

[23] O termo ἀναισθησία não aparece no capítulo 7, do livro VII, mas apenas no livro III, 11, 1119ᵃ7.

satisfação dos desejos corporais. O ascetismo herda todas as características da intemperança, apenas que neste caso o agente, ao invés de escolher satisfazer exageradamente os prazeres corporais – isto é, *mais* do que o necessário – decide satisfazê-los *menos ou de modo nenhum (EN* VII, 7, 1150ª22-23). Não se arrependerá, agirá decididamente, não terá outro desejo conflitante além deste.

(iii) Temperança (σωφροσύνη). O ascetismo e a intemperança são, portanto, comportamentos, do ponto de vista de sua dinâmica psicológica, bastante simples. Trata-se de condutas voltadas para o excesso ou da falta satisfação de desejos corporais e são, desse ponto de vista, viciosas. O ponto intermediário (ao qual se opõem esses dois extremos, tal como se opõem entre si) é a temperança.[24] A definição da temperança, é clara: o temperante não possui desejo nenhum de ultrapassar quaisquer limites para satisfazer os desejos corporais, sejam eles os do excesso ou os da falta. Deseja exatamente o compreendido dentro dos limites, e nunca "além do razoável" (παρὰ τὸν λόγον) *(EN* VII, 9, 1152ª2).

Enquanto a tríade intemperança-temperança-ascetismo descreve um tipo de comportamento no qual interfere apenas um desejo (do razoável, além ou, finalmente, aquém dele), na incontinência estão em jogo dois desejos, perseguindo a realização de condutas contraditórias. Há continência ou incontinência conforme a força do desejo que estiver presente, mas, de toda a forma, o agente está dividido entre dois dese-

---

[24] A rigor, diz Aristóteles, apenas a intemperança é o oposto da temperança, pois o ascetismo "ocorre em poucos e poucas vezes é visível" e pode, então, ser deixado de lado no quadro de oposições *(EN* VII, 9, 1151ᵇ23-33; III, 11, 1119ª6-12).

jos contrários, um dos quais não será satisfeito. Um mínimo, portanto, de desprazer acompanha sempre o incontinente.

(i) Incontinência (ἀκρασία). A incontinência caracteriza-se pela presença durante a ação ou após sua prática, de dois desejos conflitantes levando o agente a tomar rumos de ação contrários. O que a caracteriza, contudo, é que o desejo da satisfação de um prazer corporal excessivo é mais forte do que aquele de se ater aos limites do razoável, e o agente será conduzido, então, à prática do excesso:

> E, dado que um [isto é, o incontinente] é tal que persegue os prazeres corporais exageradamente (καθ ὑπερβολήν), não por ter sido persuadido e de modo contrário à reta razão, e outro [isto é, o intemperante] está persuadido por ser tal que persegue os mesmos (διὰ τὸ τοιοῦτος εἶναι οἷος διώκειν αὐτάς), aquele, portanto, é suscetível de bem mudar (εὐμετάπειστος),[25] ao passo que este, não. Pois a excelência e o vício, um destrói o princípio (ἀρχή), enquanto o outro salva, e nas ações o princípio é a finalidade (τὸ οὗ ἕνεκα), como as hipóteses na matemática: seguramente nem ali, nem aqui [na ética] há discurso instrutivo (διδασκαλικός) dos princípios, mas há excelência ou física ou ética do opinar retamente sobre os princípios. Temperante, portanto, é o que é tal, enquanto intemperante é aquele que é contrário. Mas há alguém que, por paixão (πάθος), é tal que se desvia (ἐκστατικός) da reta razão, um a paixão domina de

[25] Εὐμετάπειστος pode significar tanto "ser suscetível a mudar sua conduta para melhor" quanto "ser bem suscetível de mudar sua conduta". "Ser suscetível de bem mudar", embora sintaticamente confuso, é, a meu ver, suficiente anfibólico para manter os dois sentidos possíveis.

> modo a não agir conforme a reta razão, enquanto no outro não domina, de modo que é tal que está persuadido que é necessário perseguir sem restrição tais prazeres: é o incontinente, sendo melhor do que o intemperante, e não é simplesmente vil: pois o melhor é salvo, isto é, o princípio (*EN* VII, 8, 1151ª11-26).

Enquanto, no intemperante, o princípio já está corrompido, uma vez que se volta incessantemente para a busca do prazer e *está convencido de que esse é o caminho certo,* no incontinente o princípio da ação – a boa finalidade – está preservada. Ambos têm em comum o fato de o resultado final ser a perseguição do prazer, mas a existência de um segundo nível de desejos *mais forte,* conflitante com o primeiro, é a marca distintiva do incontinente.

Esta segunda camada de desejos pode ser atualizada ou durante, ou após a execução da ação, dando origem a duas formas de incontinência. Na primeira, a fraqueza (ἀσθένεια), o agente delibera, chega mesmo a decidir-se por seguir um determinado curso de ação, mas não perdura em sua decisão, e, irrompendo nele desejos mais fortes, os segue. Nele está evidentemente preservado o princípio que conduz à ação excelente, a saber, a medida exata de prazeres corporais. Ele conhece esta medida, está persuadido de que é o melhor a ser perseguido, deseja agir assim, mas, no momento de implementar seu curso de ação, o desejo da realização de prazeres revela-se mais forte que o desejo concorrente contrário. Uma vez que o desejo de prazeres foi satisfeito e desapareu, resta apenas a frustração de não ter satisfeito o outro desejo que o levava-o a manter-se na medida exata, ou a dor provocada pelas conseqüências da ultrapassagem desses limites. Este desconforto ou esta dor não serão outra coisa senão o arrependimento. Na segunda forma, a impetuosidade (προπέτεια), o agente não delibera no momento em que age, mas, eventualmente, posteriormente. Irrompem nele desejos e, como seus freios inibitórios são incapazes de detê-lo e fazer com que pondere os cursos de ação possíveis, age abruptamente. De toda forma, é certo que, *após* a prática da ação e satisfação do impulso, surge a avaliação das conseqüências, dor e, novamente, a frustração do desejo de que *naquele* momento agisse de outro modo. Mais uma vez, então, o ἀκρατής vê-se confrontado com o arrependimento:

> Mas uma forma de incontinência é a impulsividade, e a outra, a fraqueza: pois uns, tendo deliberado, não permanecem nas coisas que deliberaram por causa da paixão (πάθος), e outros, por não terem deliberado, são conduzidos pela paixão: pois alguns não sucumbem à paixão, seja prazerosa ou dolorosa. Tal como aqueles que, tendo sentido cócegas antes (προγαργαλισθέντες), não as sentem, da mesma forma, tendo tanto percebido previamente quanto previsto e levantado a si próprios e à parte calculativa não sucumbem à paixão, seja ela prazerosa ou dolorosa (*EN* VII, 8, 1150^{b}19-25).

No caso da incontinência por impulsividade, a parte calculativa não é capaz de fazer com que a deliberação conduza o desejo do bem até a decisão e implementação da ação, antes que o agente comece a agir conforme o impulso imediato. Ela virá *post festum,* tarde demais. Nesse momento, o desejo do bem, frustrado, dá origem apenas a arrependimento. De resto, é entre os mordazes (ὀξεῖς), de temperamento e mente rápida, e os irritadiços (μελαγχολικοί) que esse tipo de incontinência é mais freqüente, já que os primeiros são precipitados demais, não param para pensar em seus comentários, e os últimos, excessivamente veementes, não ponderam os argumentos contrários: não esperam pela razão, mas seguem a imaginação imediatamente.

O oposto radical é aquele que, embora desejando o bem, persegue o prazer como bem aparente. Este é simétrico ao asceta:

(ii) Insensibilidade.[26] No caso do insensível, estamos diante de alguém que deseja ou sente *menos* prazer do que deveria razoavelmente tomar para si, e, embora saiba (e deseje) que deve desfrutar mais, sucumbe e satisfaz menos do que o devido. O anoréxico, num exemplo não inteiramente aristotélico,[27] embora saiba e deseje comer a quantidade certa, em virtude de sua estrutura psicológica termina por alimentar-se *menos* do que o devido. Sentimentos, como nojo, podem apanhá-lo no momento mesmo em que se esforça por fazer o que deve – alimentar-se, aumentar seu peso – e, assim, pode recair no extremo oposto, arrependendo-se depois. Neste caso temos a presença da deliberação e de um par de desejos conflitantes, um deles conduzindo à medida certa, o outro, à falta, este *mais forte* do que aquele *(EN* VII, 9, 1151^{b}23-33).

(iii) Continência (ἐγκράτεια). Enquanto a temperança opõe-se à intemperança e ao ascetismo, pela presença, nestes últi-

---

[26] No livro VII, da *Ethica nicomachea,* Aristóteles não dá nenhum nome a essa figura, embora a mencione. *Ethica nicomachea* III, 11, 1119^{a}6-12, diz que não há um nome específico para o oposto do intemperante, de tal forma ele é raro, já que todo animal, mesmo os mais inferiores, sente alguma forma de prazer. O mesmo poderia ser dito da incontinência.

[27] Embora Aristóteles insista sempre que os prazeres corporais de que fala são alimento, bebida e sexo *(EN* III, 11, 1118^{b}8-16). Mas talvez o exemplo do anoréxico possa servir também para aquele que é incapaz de suportar qualquer forma de dor. Dificilmente, contudo, a satisfação da fome causaria mais sofrimento, imagino, do que sua não-satisfação.

mos, de um desejo de ultrapassar os limites do razoável (e, assim, excelente), para aquele indivíduo, permanecendo nos estreitos limites do melhor em termos de prazeres, a continência opõe-se à incontinência não somente por um desejo de levar o bem a comandar a ação (como no caso da temperança), mas por ser *mais forte que um outro desejo também presente,* este um desejo da ultrapassagem, para o mais ou para o menos:

> E dado que muitas coisas são ditas por semelhança (καθ ὁμοιότητα), a continência do temperante também seguiu-se por semelhança: pois o continente, tanto quanto o temperante, é tal que não faz nada fora da razão por causa dos prazeres corporais, mas enquanto um tem, o outro não tem apetites baixos (φαύλας ἐπιθυμίας), e um é tal que não sente prazer fora da razão, ao passo que o outro é tal que sente prazer, mas não é conduzido. São similares também o incontinente e o intemperante, e, embora sejam diferentes, ambos perseguem as coisas corporais prazerosas, mas um julgando ser necessário, o outro julgando que não (*EN* VII, 9, 1151^{b}33-1152^{a}6).

Uma ulterior evidência de que Aristóteles concebe a incontinência como resultado de um conflito entre desejos são seus comentários à μαλακία, ou "moleza", e à καρτερία, ou "fortaleza". O μαλακός é o equivalente, no caso da dor, ao incontinente, no caso do prazer. É incapaz de suportar a dor ou o desconforto, mesmo quando sabe que isso é necessário e representa o melhor em dada circunstância:

> E opõe-se, por um lado, ao incontinente o continente e, por outro, ao μαλακός o καρτερικός [aproximadamente: ao moleirão, o durão]: pois o ser capaz

> de enfrentar a dor (τὸ καρτερεῖν) pertence ao resistir, enquanto a continência pertence ao dominar, e diferem o resistir e o dominar, como também o não sucumbir difere do vencer: por isso também é mais digna de escolha a continência do que a fortaleza. [...] Pois não é surpreendente se alguém sucumbe a prazeres violentos (ἰσχυρῶν) e excessivos ou a dores, mas é digno de compreensão (συγγωμονικόν) se resiste, como Filocteto no *Teodecto* do ser picado pela serpente, ou Carcino na *Álope* de Quercino, e como os que, tentando segurar o riso, soltam gargalhadas de uma vez (ἀθρόον ἐκκαγχάζουσιν), tal como sucedeu a Xenofanto. Mas [é surpreendente] se alguém sucumbe às coisas a que a maioria é capaz de contrapor-se, e não é capaz de resistir, não pela natureza do gênero ou por uma doença: por exemplo, entre os reis citas a moleza resulta do gênero, e como o sexo feminino comparado com o masculino (*EN* VII, 7, 1150ª32-ᵇ16).

No caso da καρτερία, o agente tem apenas de resistir à dor. Nesse caso, embora possua uma tendência natural a fugir da dor, o agente resiste a ela e admite a presença do sofrimento, uma vez que se trata da melhor coisa a ser feita naquele momento. Não implica, portanto, nada mais do que a manutenção de um estado físico, e não há ganho nenhum. A ἀκρασία, contudo, implica a presença de um desejo mais forte do que outro e, assim, capaz de impedir a satisfação daquele justamente pela satisfação deste. No primeiro caso não há dois desejos conflitantes competindo por sua satisfação. O indivíduo que recai e foge da dor, que para ele é insuportável, não satisfaz desejo algum. Ao contrário, o único desejo que estava presente – o de resistir – não foi satisfeito, e não satisfazer a dor não significa ter prazer, exceto acidentalmente.[28] Resistir, portanto, não implica ganho, mas que não há perda. No caso da continência ou incontinência, há a satisfação de um desejo e a insatisfação do outro, mas não seguir o desejo racional não implica (como no caso de fugir da dor) não ter nenhum ganho. Ao contrário, o ganho é a satisfação de outro desejo que compete com o primeiro. Exige, portanto, não apenas resistência (a manutenção de uma posição, malgrado os ataques da dor), mas domínio (a manutenção da posição e a imposição, ao desejo concorrente, de uma derrota).[29]

Por haver um outro desejo que concorre com o primeiro, a incontinência é um comportamento que pode ser curado, enquanto a intemperança, não. O sinal disso é a presença do arrependimento no incontinente e sua ausência no intemperante, já que este "permanece em sua escolha" *(EN* VII, 7, 1150^{b}30). A analogia, então, é entre a epilepsia, que acomete o doente durante certo tempo e depois o deixa, e doenças como a hidropsia ou a decrepitude, que são constantes. Assim, o vício e a incontinência pertencem a gêneros diversos, num caso havendo dois desejos, no outro apenas um; num caso, deliberação sobre o bem a seguir e, no entanto, busca do prazer excessivo, e, no outro, deliberação sobre o mal a ser seguido; num caso, finalmente, consciência do comportamento mal desempenhado (e arrependimento), no outro, contentamento e justificação da ação praticada. É por isso também que a incontinência "se assemelha ao vício", embora não seja estritamente um vício:

---

[28] Cf. *Ethica nicomachea* VII, 14, 1154b17-21, em que Aristóteles afirma que os prazeres restaurativos (que nos levam da doença à saúde, por exemplo) são prazeres apenas acidentalmente.

[29] *Idem* III, 12, 1119^{a}21-25.

> Que, portanto, a incontinência não é um vício (κακία) é evidente, embora talvez de certo modo: pois um é contra a decisão, e o outro, conforme a decisão: na verdade não é, mas de alguma forma é similar com respeito às ações [...] (*EN* VII, 8, 1151 ᵃ5-8).[30]

Sendo o oposto da excelência (disposição presente no agente que o conduz a escolher a medida justa e adequada, para ele, de prazer e dor), o vício conduz o agente sempre a escolher o que é mau. Implica, portanto, uma disposição ou, talvez ainda melhor, uma *propensão* do agente a escolher o mal, ela própria consistindo, em última instância, na intemperança. É por isso que o livro III, da *Ethica nicomachea,* ao classificar as excelências que dispõem o agente a buscar o adequado e os vícios que o impelem a ultrapassar os limites, classifica, ao final, a intemperança como um vício, embora admita que não se identifica com este.[31]

Embora o vício e a intemperança não se confundam, é certo que a intemperança é um vício, e um vício de certo modo paradigmático. A temperança, contudo, é certamente um comportamento virtuoso ou excelente, no qual o agente

[30] Realmente não vejo outra solução senão manter o οὐκ da linha 6, a partir de tudo o que Aristóteles afirma sobre a incontinência (em contraposição à intemperança) ser curável e todo o resto.

[31] A *Ethica nicomachea* considera que a intemperança é um vício relacionado aos desejos corporais do ser humano e, apenas por analogia, com as paixões "racionais" (coragem, por exemplo, que admite também excesso e falta). Nesse sentido, a classe dos vícios é mais ampla que a intemperança. Por outro lado, contudo, a estrutura que a intemperança (e a incontinência também) apresenta revela a estrutura-padrão de todos os outros vícios. Cf., a esse respeito, *Ethica nicomachea* III, 10, *passim.*

possui uma disposição para buscar o modo e a quantidade adequada de satisfação dos apetites corporais. A descrição de Aristóteles do intemperante não poderia ser mais clara:

> O temperante, por seu turno, mantém-se num meio termo (*μέσως ἔχει*) entre essas coisas: pois não sente prazer nas coisas que o intemperante [desfruta] ao máximo, mas antes desconforto (*δυσχεραίνει*) nelas. Em geral, não sente prazer nas coisas que não são necessárias e não tem apetite ou sente dor quando faltam, nem faz nada disso em excesso, ao invés de comedidamente. Tampouco os tem mais do que necessário, ou quando não são necessários, ou, de modo geral, em nada de tais coisas. E as coisas que servem para a saúde ou a boa constituição (*εὐεξία*), sendo prazerosas, deseja-as comedidamente e como é preciso, assim como os demais prazeres que não são impeditivos destas [isto é, a saúde e a boa constituição], contrários ao bem (*παρὰ τὸ καλόν*) ou acima de suas posses (*ὑπὲρ τὴν οὐσίαν*). Pois quem é assim [o intemperante] ama tais prazeres mais do que seu valor; mas o temperante não é tal [que os ama desse modo], mas como a reta razão (*ὡς ὁ ὀρθὸς λόγος*) (*EN* III, 11, 1119ª11-20).

Pode-se, então, encadear esses quatro tipos ideais numa seqüência, conforme a força dos desejos envolvidos, começando pelo temperante. Este é o grau zero do desejo excessivo do prazer corporal. Nele não há nenhum desejo além ou aquém do limite adequado do prazer que deve ser tomado, ou de dor a ser suportada. Em seguida vem o continente. Nele aparece, pela primeira vez, ao lado do desejo do bem, um desejo que busca o prazer excessivo. No temperante esse desejo não surge: ele sente desconforto diante das coisas que não são necessárias ou diante de coisas excessivas, e não tem apetite ou desconforto quando não estão presentes. Já o continente sente prazer e deseja tais coisas, e desconforto quando não as possui. Ainda assim, contudo, embora se veja surgir aqui um desejo que contraria o primeiro, este novo desejo não é suficientemente forte para superar ou enfrentar o desejo do bem. É, por ele, dominado, *não no sentido de que o desejo do bem age sobre ele, mas no de que a conduta praticada, ao fim, é aquela buscada pelo desejo do bem.* Ele não é subjugado *diretamente* pelo desejo (mais forte) do bem, mas, dado que as duas condutas para as quais ambos tendem não podem ser realizadas ao mesmo tempo, pois são contraditórias, a satisfação de um desejo implica a frustração do outro. O continente sente prazer ao satisfazer o desejo do bem, e sofrimento ao ver frustrado seu desejo do prazer.

Logo a seguir temos aquele no qual o desejo de desfrutar o prazer corporal já cresceu a tal ponto que este é mais forte que seu desejo do bem. É a situação inversa da anterior, na qual o agente frusta seu desejo de manter-se nos limites. Essa frustração é o arrependimento, tal como a frustração do desejo do prazer é o desconforto. O último elo dessa cadeia é o intemperante. Nele, um dos desejos novamente reduziu-se a zero, e o outro imperará soberanamente, sem oposição. O agente delibera e escolhe tendo em vista a realização e a perseguição desse bem aparente, e não se arrepende. É o grau zero do desejo do bem.

Desejos/ Comportamento	**Temperança**	**Continência**	**Incontinência**	**Intemperança**
Desejo do correto	Total	Forte	Fraco	Nulo
Desejo do excesso	Nulo	Fraco	Forte	Total

Essa seqüência é vista por Aristóteles essencialmente como lógica, não como cronológica. Mas algumas razões parecem indicar que, uma vez que se trata de tipos ideais, é possível conceber a seqüência também como uma ordem cronológica de reeducação. A primeira razão é que os indivíduos podem ser temperantes ἁπλῶς, por exemplo, mas também temperantes com respeito a algo (em particular, como já mencionei acima, temperantes ou intemperantes, continentes ou incontinentes com respeito a um prazer "racional" determinado: cólera, coragem etc.). Assim, um indivíduo pode ser perfeitamente temperante com respeito aos limites dos prazeres corporais, mas, por analogia,[32] incontinente quando se trata da ira ou da temeridade. Em segundo lugar, Aristóteles oferece exemplos de indivíduos que tentaram controlar-se diante de uma tentação de prazeres excessivos, mas não conseguem, e são dignos de compreensão (συγγνώμη). Suas ações não podem ser vistas como responsáveis, nem, no sentido da *Ethica eudemia,* como voluntárias, já que não dependia deles agir de outro modo. É o caso de Filocteto, após ter lutado contra a serpente, ou daquele que tentou segurar seu riso. São dignos de compreensão e perdão, porque não conseguiram opor-se eficazmente a prazeres e dores que a média dos homens não conseguiria suportar em tais condições, como vimos acima *(EN* VII, 7, 1150^{b}12-15). Assim, nada impede que um determinado indivíduo, que, em circunstâncias normais, é ou um temperante, ou um continente com respeito a

[32] Como já mencionei acima, enquanto as considerações sobre a temperança, no livro III, não permitem a extensão desse conceito aos prazeres "racionais", o livro VII permite desde que analogicamente. O sentido estrito, contudo, continua sendo aquele relacionado aos prazeres corporais.

um prazer ou a uma paixão, venha a perder esse seu estado numa determinada circunstância, surgindo nele desejos de tal intensidade que ele não pode resistir. Se for essa a interpretação correta do texto de Aristóteles, a figura do temperante e do continente e seus respectivos contrários envolvem uma noção de freqüência (como, de resto, tudo o mais no mundo sublunar) que não exclui a irrupção eventual de comportamentos inesperados. É por isso, talvez, que Aristóteles insiste que continência e incontinência dizem respeito à ultrapassagem dos limites de satisfação de prazeres, limites estes em que *a maioria* dos homens (*οἱ πολλοί, οἱ πλεῖστοι*) é capaz de manter-se *(EN* VII, 10, 1152^{b}25-27; 8, 1151^{a}6).

É também por isso que a incontinência, sobretudo sob a forma da precipitação, é "mais curável" que a intemperança, sobretudo se ela for resultante do desenvolvimento de uma ἕξις no indivíduo, uma vez que esta pode ser modificada mais facilmente do que a natureza *(EN* VII, 10, 1152^{a}20-30). Duvido que Aristóteles esteja querendo dizer aí que a natureza de um indivíduo possa ser mudada, sobretudo depois do que afirmou a respeito da bestialidade. Provavelmente, o sentido mais adequado seja o de que, se a incontinência em questão é resultante de uma ἕξις, é claro que se pode desenvolver outra disposição substituta, mediante a aplicação de punições e recompensas. No caso de a incontinência resultar da natureza do indivíduo, será necessário desenvolver uma ἕξις contrária que a compense. É o que o verso de Eveno, poeta que, de resto, é freqüentemente citado nas *Éticas* como suporte para uma tese que o próprio Aristóteles admite, parece sugerir:

> Digo que [a ἕξις] é um exercício a durar muito tempo (*πολυχρόνιον μελέτην ἔμεναι*), ó amigo, e que este, completado (*τελευτῶσαν*), é natureza para o homem *(EN* VII, 10, 1152^{a}32-33).

É daqui, talvez, que a escolástica medieval extraiu a noção de *natura secunda,* mas é de se notar que a argumentação de Aristóteles não afirma que a ἕξις é uma segunda natureza, mas que *age como tal.* Isso significa que o papel da ἕξις é produzir uma predisposição a um desejo mais forte que aquele que a natureza do indivíduo oferece espontaneamente. Ela não fará com que esse desejo natural desapareça: provavelmente permanecerá ali, latente, despertado sempre que condições propícias aparecerem. Mas não será mais forte do que a nova ἕξις desenvolvida no indivíduo, que o conduz a desejar o bem mais fortemente do que a busca do exagero nos prazeres. É por isso que o incontinente pode ser curado, e também, apesar de sua natureza, o bestial ou o mórbido.

E é também isso que explica a filologia da palavra *ἀκολασία,* "intemperança", mas, literalmente, "im-punidade", que é a característica de quem "não recebeu castigo":

> E aplicamos a palavra *ἀκολασία* também aos erros infantis, pois possuem algo de similar [a ela]. E qual das duas é chamada a partir de qual não faz nenhuma diferença nas coisas [que estamos analisando] agora, mas é claro que a última deriva da primeira. E não parece errado ter sido empregada assim (*μετενηνέχθαι*): pois é necessário castigar quem deseja as coisas más (*τὸ τῶν αἰσχρῶν ὀρεγόμενον*) e que tem muito crescimento, e tais são sobretudo o apetite e a criança. Pois as crianças também vivem conforme o apetite, e o desejo do prazer está sobretudo nestas. Se, portanto, não for obediente e estiver sob uma autoridade (*ὑπὸ τὸν ἄρχον*), avançará demais. Pois o desejo de prazer é insaciável e [vem] de todos os lados para o irracional (*ἀνοήτος*), e a atividade do apetite faz crescer o que é congênito (*τὸ συγγενές*) e, caso sejam grandes e excessivos [isto é, os apetites], des-

> viam também a parte calculativa. Por isso, é necessário que os mesmos [ou seja, os apetites] sejam comedidos e poucos, e que não contradigam em nada a razão (λόγος), e chamamos de obediente o que é assim e que foi disciplinado (κεκολασμένον), e tal como é necessário que a criança viva conforme a ordem do educador, assim também a parte apetitiva deve viver conforme a razão. Por isso, é necessário que a parte apetitiva do temperante esteja em consonância com a razão. Pois a meta de ambos é o bem (καλόν), e o temperante tem apetite pelas coisas que são necessárias, como são necessárias e quando o são, e, assim, a razão também ordena *(EN* III, 12, 1119^{a}33-^{b}18).

Essa longa passagem é talvez a melhor descrição do surgimento do intemperante a partir de uma vida na qual não houve uma disciplina dos desejos. A *ἀκολασία* é um fenômeno adulto, mas seu sentido pode ser estendido também ao comportamento infantil, sobretudo porque talvez o sentido próprio de *ἀκολασία* derive da observação desse tipo de comportamento ("o último é denominado a partir do primeiro"). O restante da passagem compara o intemperante e a criança, que deve ser disciplinada (eventualmente castigada), tal como o apetite. Esta vive obedecendo ao apetite, tal como o intemperante, e nela, como neste, o desejo de realizar ao máximo o prazer está sempre presente. Deve, portanto, ser obrigada a ser obediente, posta a agir e a repetir um padrão de conduta ("tal como o *φρόνιμος* determinaria"), devendo ser castigada toda vez que ultrapassar os limites, e recompensada quando permanecer dentro da medida correta que lhe cabe, particularmente quando submetida a tentações, e resistir a elas dentro do normal em sua idade. Esse exercício é fundamental não somente para uma formação do desejo do bem, mas sobretudo para que os apetites não corrompam a parte calculativa da alma, capaz, em pouco tempo, se não houver essa formação, de ser subjugada definitivamente a eles e passar a servir-lhes, assim que se desenvolver inteiramente em adulto.

O intemperante é alguém que, ao chegar à idade adulta e após desenvolver sua capacidade calculativa, permanece, contudo, com um conjunto infantil de desejos. A causa não é outra senão a ausência de uma educação eficaz, durante a infância, que tivesse corrigido os desejos, feito com que o agente desejasse apenas e estritamente aquilo que está nos limites do que é melhor, e incutido nele uma ἕξις que o impedisse de escolher excessos ou faltas: uma ἕξις προαιρετική, portanto – uma "disposição para a escolha" –, que o predispusesse constantemente a desejar o que *deve* ser desejado. O ideal é que a educação seja capaz de produzir indivíduos temperantes ao atingirem a idade adulta. Se isso não for possível em virtude das vicissitudes por que a formação individual sempre passa ou em razão da diferença de natureza dos indivíduos, a educação deve produzir ao menos indivíduos continentes. A educação começa a fracassar quando o resultado é um indivíduo incontinente, que mostra possuir uma ἕξις, que o conduz a deliberar e a escolher o melhor, mas que não é suficientemente forte para que ele faça perdurar e implemente, em sua conduta, sua escolha. É por isso que a incontinência é um vício "em certo sentido", enquanto que a intemperança é um vício sempre, já que na primeira há ainda uma decisão e uma intenção boa, mas não seguida, coisa inteiramente ausente na segunda (*EN* VII, 9, 1152ª16-19). E a educação é o fracasso total quando, incapaz de desenvolver qualquer ἕξις que seja, mesmo que mínima, permite que o indivíduo atinja a idade adulta dominado pelos apetites, sequer concebendo o que seria o melhor, já que decide que o melhor é aquilo que sempre escolhe, isto é, o excesso ou a falta no caso concreto. Este é incorrigível, nele nenhuma ἕξις que possa, mediante punições e recompensas, ser ainda desenvolvida, está presente. A formação de uma ἕξις tem, portanto, um prazo limite para formarse, que deve ser respeitado. Após isso, começar do zero é praticamente impossível. Reencontramos assim, mais uma vez, a teoria da punição de Aristóteles que examinamos no capítulo precedente: punir serve para desenvolver ἕξεις.

6. Conhecimento e incontinência

Ora, se a incontinência é uma ação que resulta de um desejo de busca do excesso de prazeres, mas acompanhada de outro desejo que almeja a medida certa, nada mais nem menos, obviamente o agente incontinente, nesse caso, *sabe* o que é o bem, mas, por ser movido por um desejo mais forte do que aquele associado ao bem, persegue o mal. Isso responde ao paradoxo socrático de que alguém ou busca o bem, ou, se não o busca, é porque ignora o que ele seja, pois ninguém agiria contrariamente ao que é o melhor em geral, já que este é obviamente o melhor para ele. De fato, alguém pode agir contrariamente ao que é o bem para ele, sabendo claramente que o que está fazendo não é o correto moralmente, desde que surja nesse indivíduo outro desejo, conflitante com o primeiro e mais forte. Mas o objetivo de Aristóteles, nesse livro da *Ethica nicomachea,* não é contradizer Sócrates, pois é evidente que, até certo ponto, a ação que o agente pratica leva a crer que ele não está ciente, em algum sentido a ser determinado, da ação que está praticando. Afinal, o envolvimento com a execução da ação moralmente reprovável faz com que o agente perca a consciência, momentaneamente, do mal que está praticando. Note-se que o arrependimento é *posterior* à prática da ação, seja ela uma ação por precipitação ou por fraqueza. Mas, então, é certo que o desejo do bem ainda está presente. O que dizer, agora, do conjunto de crenças a ele associado? Se desapareceram, não estamos, então, de volta ao paradoxo socrático?[33]

Aristóteles insiste que a ação do incontinente é voluntária, que o agente age sabendo e estando ciente do que faz. Sua ação, diferentemente daquela do indivíduo mau (no caso, o intemperante), que pondera e persegue uma decisão má, consiste em deliberar e escolher o bem, e não o seguir. Resta saber como se dá a deliberação desse tipo de agente moral:

> E, com efeito, nem [age] como o que sabe (εἰδώς) e está observando (θεωρῶν), mas como o que está dormindo ou embriagado. E, embora voluntariamente (pois de certo modo [age] sabendo tanto o que faz quanto sua finalidade), não é mau (πονηρός), pois a escolha é correta (ἐπιεικής), de modo que é "semimau" (ἡμιπόνηρος). E não é injusto: pois não premedita (ἐπίβουλος), visto que um deles não é tal que permanece nas coisas que deliberou, enquanto o excitável (μελαγχολικός) não é nem tal que, em geral, delibera. E, com efeito, o incontinente parece com uma cidade que, embora vote tudo o que é preciso e tenha leis valorosas, não usa nada, tal como Anaxandrides zombou: "a cidade queria na medida em que não

[33] Uma possibilidade consiste em afirmar que *x* se torna bom e assim pratica ações moralmente corretas somente se *x* sabe que a prática de ações do tipo *A* desenvolve nele um determinado caráter, e esse caráter é excelente. Essa é a sugestão de BONDERSON [1974], p. 59-65. Mas é certo que ela só recoloca o problema, pois restaria saber o que levaria o agente a desejar praticar ações que, por sua vez, produzirão nele um caráter (que o moverá a desejar). O problema, portanto, retorna novamente.

> cuidava de nenhuma lei". Ao passo que o indivíduo mau (ὁ πονηρὸς) parece-se com uma cidade que, embora esteja sujeita às leis, está sujeita a leis injustas (*EN* VII, 10, 1152ª17-25).

Mas resta saber como o agente é consciente e age, "de certo modo" (τρόπον τινα), sabendo o que faz e seu fim (seu resultado). Para tanto, Aristóteles introduz uma série de distinções que descrevem o processo epistêmico (e não mais orético) da incontinência. Tais distinções permitem, além disso, que a teoria socrática, de um lado, e a certeza cotidiana de que ninguém que faz o mal age sem saber, de outro, sejam conciliadas numa teoria mais ampla.

A solução está em distinguir diversos sentidos para a palavra "conhecer" (ἐπίστασθαι), conforme seus diversos usos práticos, distinções que, de resto, a *Ethica eudemia* II, 9, 1225ᵇ8-15 já antecipa em sua análise da ação voluntária. A primeira delas consiste em estabelecer uma diferença entre *(a)* alguém que possui o conhecimento e não o está usando (ὁ ἔχων μὲν οὐ χρώμενος δέ τῇ ἐπιστήμῃ) e *(b)* alguém que possui o conhecimento, e o está usando (ὁ χρώμενος) (*EN* VII, 3, 1148ᵇ32-34). A distinção é, à primeira vista, confusa, devido à ambiguidade do verbo χράομαι, que pode significar tanto "estar experimentando", num sentido subjetivo (estar presente à consciência), quanto "estar sendo praticado", numa acepção objetiva (sendo acompanhado de um comportamento que o implementa), ou, finalmente, uma distinção genérica entre conhecimento potencial e atual, englobando, portanto, ambos os sentidos. Mas uma distinção suplementar, feita logo em seguida, deixa claro que se trata de um sentido objetivo da prática do conhecimento. A distinção, nesse momento, é entre *(a')* ter conhecimento e não estar ciente dele (τὸ ἔχοντα μὲν μὴ θεωροῦντα δέ) e *(b')* ter conhecimento e estar ciente (*τὸ θεωροῦντα*) (*EN* VII, 3, 1148^b33-35).[34] Este segundo caso é justamente aquele do incontinente em que uma ação é praticada, o agente tem conhecimento de que o que está fazendo é moralmente reprovável, mas ainda assim o pratica. O conhecimento está presente no agente, mas latente: não está presente na consciência naquele momento. Noutras palavras, o caso do incontinente é justamente o caso *(a')* e, por isso, também de *(a)* (pratica o que sabe ser mau). Assim, (1) durante a deliberação e até o instante da escolha, o agente está consciente do que é o bem e de qual via de ação deverá seguir. Em seguida, (2) durante a prática da ação, ele tem esse conhecimento latente. É capaz de relembrá-lo caso seja perguntado ("você sabe o que está fazendo?") e arrepender-se-á mais tarde, mas não dirá que sofreu uma amnésia temporária ou que não sabia. Finalmente, então, (3) o agente voltará a ter conhecimento do que *devia ter feito* em (2), forçado pela presença de um desejo que não foi satisfeito. Esse é o momento do arrependimento.

Assim, alguém pode ter potencialmente conhecimento e nem por isso estar ciente dele. A argumentação é estritamente análoga àquela da crítica que Aristóteles faz aos Megáricos, em *Metaphysica* Θ 3: o paradoxo daqueles que serão cegos várias vezes por dia só surge se não se distingue a potência de ver e a atualização dessa potência. Um agente pode agora conhecer (em potência) e não conhecer (em ato) o que está fazendo, tal como, quando fecho os olhos, sou vidente (em

[34] Bywater introduziu *τοῦ ἔχοντα καὶ θεωροῦντα*, após *μὴ δεῖ πράττειν*. Mas, embora sua sugestão não seja incorreta, ela é, a meu ver, inteiramente desnecessária, se mantivermos a lição de Γ e M^b, que introduzem *καὶ τὸ θεωροῦντα* após *μὴ θεωροῦντα δὲ*. De toda forma, o contexto é bastante claro.

potência) e não conhecer (em ato). É por isso que Aristóteles insiste em que essa argumentação só é estranha (δεινόν) se não se leva em consideração o fato de que o agente não tem presente, no momento, o conhecimento na consciência *(EN* VII, 3, 1146^{b}35). Sob todos os aspectos, claro, o agente não poderia, ao mesmo tempo, ter e não ter conhecimento, mas *ter* conhecimento, aqui, terá uma acepção modalizada (ter *potencial* ou *atualmente* conhecimento). No exato instante em que o leitor lê este texto provavelmente não tem, presentes na consciência, uma série de crenças nas quais acredita (porque já pensou nelas em algum instante) ou acreditaria (porque estaria disposto a admiti-las a partir de uma argumentação, por exemplo). Essas crenças potenciais nem por isso deixam de ser crenças que lhe pertencem, mesmo que não estejam presentes na mente nesse momento.

Esse não é o caso apenas do conhecimento que temos, embora latente, mas de todo conhecimento que um indivíduo possui quando está adormecido, louco (caso a loucura seja passageira, bem entendido) ou embriagado. Os três casos implicam a passagem momentânea de *todo* o conjunto de crenças do indivíduo para o estado latente. É esse, analogamente, o estado em que recaem os indivíduos subjugados pela ira, pelo desejo sexual e outros estados emocionais análogos que "alteram o corpo e, alguns, até produzem loucuras" *(EN* VII, 3, 1147^{a}17-18). E mesmo se há indivíduos que demonstram, no exato momento em que praticam um comportamento incontinente, um comportamento verbal que contradiz o que estão fazendo, nem por isso se deve acreditar que eles estejam conscientes das máximas morais que pronunciam no momento mesmo em que fazem e praticam o contrário delas. Estudantes de geometria fazem o mesmo ao começarem seus estudos: repetem, se perguntados, hipóteses, cujo significado ainda não conhecem com clareza, e são, além disso, ainda inteiramente incapazes de demonstrá-las. Os atores também podem repetir frases que indicariam um estado emocional que estariam experimentando naquele momento, mas nada indica que vivenciem, de fato, por trás das palavras que pronunciam, aqueles estados. Pronunciar juízos morais contrários justamente àquilo que se está fazendo no exato momento em que se faz é um tipo de comportamento semelhante, e não indica necessariamente contradição entre conhecimento moral atualizado e uma determinada conduta oposta (*EN* VII, 3, 1147^{a}17-24). E exatamente a mesma explicação fisiológica dá conta da passagem do estado de ignorância, causado pela embriaguez ou pelo sono à consciência, do incontinente ao conhecimento do erro praticado. Essa explicação não é particular a esses processos, insiste Aristóteles, o que indica mais uma vez que a compreensão correta do fenômeno da ἀκρασία encontra-se não apenas no terreno da psicologia, mas também no da fisiologia (*EN* VII, 3, 1147^{b}6-9).

Dizer que é o conhecimento em ato que está ausente no incontinente, embora nele esteja presente conhecimento potencial, é ainda muito vago. Pois resta explicar em que consiste esse conhecimento de que o agente é ou deixa de ser possuidor, em potência ou em ato. Dado, contudo, que o intemperante delibera (ao menos na forma do que fraqueja, e é, portanto, incapaz de manter suas resoluções, embora se possa supor que o precipitado delibere *depois* sobre o que deveria ter feito), obviamente efetua uma forma de raciocínio no qual encadeia sentenças e, finalmente, chega a uma conclusão – a conclusão sendo, claro, sua decisão. O que passa de ato a potência na consciência do incontinente é, portanto, ou essa inferência como um todo, ou alguma proposição nele contida. Antes de descobrir o que, efetivamente, desaparece da mente do agente no momento que age, é preciso examinar em que consiste esse raciocínio a respeito de ações que o incontinente (bem como o continente) praticará. A descrição que a *Ethica nicomachea* faz desse tipo de raciocínio é bastante geral e apresenta apenas o conjunto mínimo de sentenças que um raciocínio sobre as ações deve conter.[35]

O primeiro ponto que se pode extrair do texto de Aristóteles é que esse tipo de raciocínio, embora possua duas premissas,[36] dificilmente poderá ter a forma de um silogismo:[37]

---

[35] *De motu animalium* e *De anima* apresentam outros exemplos (de que não tratarei) que apontam para diferenças importantes com respeito à inferência apresentada na *Ethica nicomachea.* Deve-se notar, de toda forma, que o contexto em que Aristóteles apresenta os exemplos do raciocínio prático na *Ethica nicomachea* é bastante particular: trata-se de descobrir o que sai da consciência do agente quando ele age de modo incontinente. Dado que esse tipo de deliberação é comum ao continente e ao incontinente (e, *mutatis mutandis,* ao temperante e ao intemperante) trata-se, a meu ver, da forma mais geral do raciocínio prático. Os exemplos de *De motu animalium* e *De anima,* em contrapartida, são introduzidos num contexto de explicação não da ação humana deliberada, mas de comportamentos animais de modo geral (inclusive o do homem).

[36] Na verdade, como mostrarei a seguir, as premissas são três, mas uma delas é desprezível. Talvez seja justamente o fato de que duas delas são as relevantes para o fenômeno da incontinência que levou vários intérpretes a ver aí ou um silogismo, ou uma cadeia de silogismos, quando na verdade a forma silogística não é de modo nenhum essencial para o texto.

[37] Donde a expressão "silogismo prático", que traduz literalmente *συλλογισμοί τῶν πρακτῶν*, ser, a meu ver, enganadora, já que, mesmo se transformarmos essa forma de inferência num silogismo, ela jamais terá a forma de *um único* silogismo, mas ao menos de dois. Manterei, então, aqui, a tradução de *συλλογισμοί*, num sentido amplo, por "raciocínio". Ver a esse respeito COOPER [1986], p. 46.

> Dado ainda que há dois modos das proposições [do raciocínio prático], por um lado nada impede que alguém, tendo ambas, aja contrariamente ao conhecimento, usando sem dúvida a geral, mas não a particular: pois são as coisas particulares que são factíveis. Por outro lado, o [termo] geral é diferente: pois um se refere a ele próprio, enquanto o outro se refere à coisa, por exemplo, que a todo homem são adequadas as coisas secas e que ele mesmo é um homem, ou que o seco é de tal tipo. Mas ou não tem [conhecimento] sobre se isto aqui é tal, ou não o atualiza. Sobretudo fará extraordinariamente diferença desses dois modos, de sorte que parece que, dessa maneira, conhecer não é, de forma nenhuma algo absurdo, embora, de outra, seja surpreendente *(EN* VII, 3, 1147ª1-10).

A inferência aqui apresentada é suficientemente complexa para que mereça um mínimo de formalização explicitando o que exatamente será esquecido pelo incontinente. Aristóteles afirma, primeiro, que "o termo geral é diferente", o que significa, provavelmente, que devemos encontrar nele, na verdade, dois termos. Também deixa claro que uma parte da inferência atribui uma propriedade à coisa, e a outra ao próprio agente.

A inferência inteiramente desenvolvida teria a seguinte forma:

[1] Para todo *x* e *y*, se *(a) x* for um Homem, então, se *(b) y* for Seco, *y* será adequado para *x*
("A todo homem são adequadas coisas secas");

[2] *p* é um Homem
("ele mesmo é um homem");

[3] *q* é Seco
("é seco o deste tipo").

E daí a conclusão:

[C] *q* é adequado para *p*.

É óbvio que o agente não pode desconhecer a premissa [2]. A *Ethica nicomachea,* ao comentar os elementos a que o agente pode não ter acesso epistêmico, afirma que obviamente ele não pode deixar de saber quem ele é (caso não esteja louco), o que inclui, obviamente, o fato de ser ele humano *(EN* III, 1, 1111ª7-8). A condição *(a),* portanto, tanto quanto a premissa [2] são, nessa inferência, irrelevantes, porque trivialmente evidentes. Mas não o é o que resta dessa inferência. A nova premissa,

[1/] se *y* for Seco, então *y* será adequado para *x,*

com *x* designando, claro, o próprio agente, não é ela própria evidente, tal como não é a sentença [3]. Um agente que aja de maneira incontinente deverá esquecer ou [1'], ou [3]. Suponhamos que um agente aja de maneira incontinente num determinado momento (por exemplo, diante de carne magra de frango e carne gordurosa, ele delibera e escolhe a magra, mas, finalmente, come a carne gordurosa). Qual a premissa que ele deve ter "esquecido" ao agir?

Suponhamos que o agente não leve em consideração, ou "se esqueça", de [3]. Nesse caso, seu comportamento é idêntico ao de alguém que escolhe aleatoriamente entre duas carnes ou escolhe a que lhe parece mais apetitosa. Embora saiba que alimentos secos são mais saudáveis e, portanto, melhor para ele, exclui da consciência o conhecimento que tem de que isto aqui é seco (e, portanto, *deve* ser preferido). O resultado será que estará consciente de que tudo o que é seco é saudável e, assim, deve ser preferido, mas, no momento mesmo em que age, seu conhecimento de que isto é seco deixará de ser levado em conta. Dessa forma, um outro silogismo, da forma "se *z* é gorduroso, então *z* é prazeroso para *x* (e, conseqüentemente, deve ser provado, o 'deve' agora exprimindo o desejo associado do prazer), e *w* é gorduroso, logo, *w* é prazeroso para *x*" toma seu lugar. Não tendo nenhuma razão para comer o pedaço de carne magra que está diante dele (porque não leva em consideração, em sua ação, que é magra), come a carne gordurosa, que lhe parece mais apetitosa. Não parece ser esta a sentença que Aristóteles tem em mente quando afirma que o agente se esquece dela. Primeiro, porque é difícil imaginar como alguém, estando diante de um conhecimento particular sobre a sua ação, pode "esquecê-lo": no máximo, poderia desconhecê-lo, mas não "esquecê-lo", no sentido próprio do termo. Em segundo lugar, mesmo que isso seja possível, o resultado não seria uma ação idêntica àquela do incontinente, mas antes uma ação involuntária por ignorância.

Por outro lado, o agente pode também deixar de lado [1′] e, embora saiba claramente que isto diante de seus olhos é carne magra, "esquecerá" (no momento em que come) que carne sem gordura deve sempre ser preferida. Esquecendo-se disso, não terá razão nenhuma, diante do mesmo silogismo anterior, para preferir o seco ao gorduroso. O resultado é óbvio: não comeria a carne magra e preferiria a gordurosa.[38] Mas

---

[38] É justamente por não haver dedicado mais tempo a formalizar os exemplos de inferência prática de *Ethica nicomachea* VII que Cooper [1986], p. 46-8, é levado a uma série de conseqüências paradoxais, em particular, a supor que o "silogismo prático" nada tem a ver com o processo

esse caso parece descrever muito mais o intemperante do que o incontinente. Justamente este indivíduo é o que busca deliberadamente o excesso ou o mal, acreditando que essa é a melhor escolha. Se o agente não sabe que a carne magra deve ser preferida, e escolhe a gordurosa, isso ocorre ou porque lhe é indiferente uma ou outra (não sentindo nenhum prazer especial na carne pesada) – caso talvez mais raro – e, assim, escolhe qualquer uma das duas, ou porque – caso mais freqüente – sabe que a mais gordurosa é mais prazerosa buscando assim; deliberadamente, o pior. Nos dois casos estamos diante de dois tipos de intemperança, não de incontinência: incontinência por ignorância do melhor e incontinência por busca deliberada do pior (considerado melhor). Resta a última proposição: justamente a conclusão.[39]

Nesse caso, estamos diante de um comportamento incontinente típico. O agente delibera, chega à conclusão de

---

de deliberação, sendo apenas sua forma final e o que explica a implementação da ação, quando na verdade o ponto de Aristóteles é antes o de mostrar como uma *boa* deliberação, esboçada nesses exemplos de raciocínio prático, é deixada de lado em favor de uma má deliberação sobre os meios de atingir o prazer. Minha formalização segue as sugestões de BROADIE [1991], p. 304-7 e KENNY [1979], p. 155-66, sobre como interpretar esses exemplos. Mas minhas conclusões, como se poderá notar, são diversas das deles.

[39] IRWIN [1985], p. 352, oferece a sugestão, segundo ele "mais improvável", de que πρότασις signifique "proposição", e não apenas "premissa", o que englobaria também a conclusão. Embora seja certo que Aristóteles usa o termo com os dois sentidos (em *Analytica posteriora* trata-se quase sempre de "proposição", enquanto em *Analytica priora* é quase sempre "premissa"), de modo geral em contextos em que está tratando de inferências o termo designa uma premissa, e é esse o caso aqui. Mas, então, recai-se nas dificuldades anteriores em que, em geral, diversas interpretações da incontinência e do raciocínio prático recaem ao con-

que o melhor é comer a carne magra, mas não come. Esquece-se da decisão que tomou e não a implementa. A explicação só pode ser, claro, a presença de um outro desejo que interfere nessa decisão, e que leva o agente a outro tipo de conduta a partir de um outro cálculo. "Carne gordurosa é prazerosa para mim, logo, deve ser preferida", pensará o incontinente, e seu desejo será despertado. "Isto é um pedaço de carne gordurosa", verificará, com o desejo mais forte do prazer conflitando com o desejo do melhor. Segue-se a conclusão, com a ação imediatamente praticada: "Quero a carne gordurosa". Tem-se, então, dois desejos conflitantes, um do bem, outro do prazer, e um deles, o mais forte, faz com que o agente esqueça a conclusão do raciocínio dominado pelo outro. No caso do continente, o raciocínio é o mesmo, porém inverso: este será levado a esquecer o raciocínio que, nele presente e associado a um desejo mais fraco, o conduz a consumir a carne pesada. Tais raciocínios, convém frisar, não precisam ser *verbais*. Ocorrem sempre que *interpreto* uma circunstância, mas não precisam ser explicitados lingüisticamente para outra pessoa, nem tampouco assumir uma forma lingüística na mente do agente.

Assim, o incontinente, incapaz de permanecer em sua resolução (de fazer ou não fazer, de preferir ou não preferir

---

siderar que é ou a maior, ou a menor a premissa "esquecida". Embora esse uso seja menos natural nesse contexto, a sugestão de considerar também a conclusão que possa ser esquecida resolve elegantemente ao menos este problema. Mas, como Irwin lembra, e eu próprio devo reconhecer, há uma grande disputa tanto a respeito da formalização do raciocínio prático quanto da sentença que seria deixada de lado pelo incontinente, e outras interpretações são, portanto, igualmente viáveis à primeira vista. Para uma defesa da tese de que a "última πρότασις" é, de fato, a conclusão, veja-se BOGEN & MORAVCSIK [1982], p. 122 e ss.

algo ao invés de algo), é alguém que, embora tenha deliberado, "esquece", no momento em que age, um dos elementos de sua deliberação. Pode-se tratar da certeza particular de que as circunstâncias em que se situa possuem tais ou tais propriedades (de que isto é seco etc.) ou da certeza geral de que em tais e tais circunstâncias a conduta apropriada a seguir é esta ou aquela. Este último tipo de crença, nesse momento geral e não mais particular, é ela própria composta de dois elementos. De um lado, uma *descrição* de uma circunstância que possui determinadas características objetivas – carne seca mantém a saúde. A propriedade "mantém a saúde", aplicada à carne, não é, ela própria, um operador deôntico. Ela apenas descreve uma propriedade que um determinado evento – a preferência da carne seca por outros tipos de carne – tem como conseqüência num agente humano normal. Mas o evento que é produzido no agente não é, ele próprio, deonticamente determinado, e Aristóteles está perfeitamente ciente disso.[40] Para que a expressão "*deve* ser preferido" venha a acrescentar-se a uma premissa geral que atribui propriedades a coisas, ou ainda, associè a determinados eventos suas conseqüências *preferíveis,* será preciso que o desejo venha a inferir:

---

[40] A objeção de Moore, de que Aristóteles cometeria uma falácia naturalista (pois não haveria como passar de enunciados factuais a enunciados deônticos), não me parece afetá-lo. Aristóteles é perfeitamente consciente, como veremos a seguir, de que o acréscimo do operador deôntico é o resultado da associação de um desejo a uma crença, e não da própria crença. Claro, contudo, que numa regressão de justificações, a justificação última que Aristóteles poderia oferecer é a busca da excelência humana, sob todos os aspectos, que recebe o nome de *εὐδαιμονία*. Mas a *εὐδαιμονία* é ainda uma descrição de um estado, e sua busca só poderá surgir a partir de uma educação do desejo. Não há, em última análise, justificação para a busca da *εὐδαιμονία*, em vez da *κακο-*

E ainda desta maneira, isto é, fisicamente, alguém poderia estudar a causa [da incontinência]. Pois a proposição geral é uma opinião, enquanto a outra diz respeito às coisas particulares, das quais a sensação já é própria. Mas quando uma coisa vem a ser a partir delas [isto é, uma premissa é inferida das outras duas], necessariamente a alma, por um lado, afirma a conclusão resultante naquele ponto (*τὸ συμπερανθὲν ἔνθα μὲν φάναι*), e, por outro, nas coisas práticas age imediatamente, por exemplo, se é necessário provar tudo o que é doce e isto é doce, já que[41] é um entre os particulares, necessariamente, aquele que é capaz e não está impedido ao mesmo tempo fará também isto. Quando, portanto, a proposição geral estiver presente, impedindo [o agente] de provar, e outra estiver presente, afirmando que tudo o que é doce é prazeroso, e que isto é doce (e esta está em ato), e ocorre que o apetite está presente, uma, então, dirá para fugir disto, enquanto o apetite conduzirá [para isto], pois é capaz de mover cada uma das partes [do corpo]. De modo que sucede [a alguém] agir de modo incontinente de certa maneira pela razão (*λόγος*) e pela opinião, e [esta] não é contrária por si mesma (*καθ*

δαιμονία: ela é um bem em si injustificável, justamente como queria Moore. Que ela se identifique com um estado em última instância físico, psicológico e social não implica que seja, enquanto bem moral, justificável por essas propriedades. Parece-me que Aristóteles sabe bem disso, e é o que se pode concluir da citação a seguir. (Sobre alguns aspectos dessa questão, mas por um ângulo ligeiramente diferente, ver ZINGANO [1992], p. 139-42.)

41 Não vejo razão para concluir que *ὡς* introduz uma sentença parentética em lugar de uma sentença que justifica a anterior, como fez RACKHAM [1994 (1926)], p. 391.

> ῾αὐτήν), a não ser acidentalmente (κατὰ συμβεβηκός), pois o apetite é que é contrário, não a opinião, à reta razão (τῷ ὀρθῷ λόγῳ). De modo que também por isso os animais não agem de modo incontinente, porque não têm um juízo geral (τῶν καθόλου ὑπόληψις), mas sim uma φαντασία e memória das coisas particulares (*EN* VII, 3, 1147ª24-1147ᵇ6).

Essa longa passagem é complexa, sobretudo por que nela, como indica a afirmação que a abre, Aristóteles está tentando apresentar uma explicação φυσικῶς – à maneira dos físicos – para a incontinência. O primeiro passo é oferecer uma explicação para a incontinência que possa ser expressa numa forma causal, logo, apresentar uma expressão silogística para esse tipo de comportamento. A analogia é estabelecida entre a necessidade psicológica da parte dianoética da alma, que tem de afirmar a conclusão de uma inferência a partir de suas premissas e de sua forma válida, e a necessidade psicofisiológica do agente, que deve agir conforme o resultado de uma inferência prática. O agente agirá tão logo a conclusão de um tal raciocínio seja extraída, tal como a alma afirmará a conclusão tão logo inferida.

Seja um raciocínio com as seguintes premissas:

[1] Se *a* é doce, então, caso *a* seja provado, *a* dará prazer

[2] *a* é doce

evidentemente a conclusão será

[3] se *a* for provado, então *a* dará prazer (e o prazer deve ser procurado etc.).

Com isso, o indivíduo será conduzido a agir tão logo chegue a essa conclusão, tão logo seja capaz de fazê-lo e nada o impeça. Até esse momento não há incontinência propriamente dita: o agente apenas observou que *a* é doce (tem forma, consistência, cor, cheiro etc. de mel), lembrou-se de uma generalização empírica que havia feito previamente a partir de casos similares (todos os objetos doces provados até aquele momento revelaram-se prazerosos), o desejo do prazer foi despertado e, para satisfazê-lo e alcançar o prazer, nesse exato momento não pensou duas vezes e provou *a*. Esse tipo de "deliberação", ou melhor, de cálculo, não apresenta nenhum problema suplementar e expressa apenas a relação entre percepção, memória e desejo: um deles voltado continuamente para o prazer, uma regra de obtenção a partir de certas circunstâncias ou práticas, e a condição disponível para alcançá-lo. Até este ponto estamos diante do caso dos animais, crianças e intemperantes em geral que calculam apenas a partir de sua experiência passada, desconhecem uma regra do que lhes seria mais adequado e, desejando o prazer, empregam a memória e a percepção para praticar ações a fim de obtê-lo.

Para que cheguemos à incontinência é preciso, claro, uma dualidade de desejos conduzindo a fins diversos. Note-se inicialmente que, no caso do raciocínio do intemperante, a premissa maior é "se *a* é doce então, provado, dará prazer, logo, deve ser provado", e o "deve ser provado" é introduzido pelo desejo de satisfazer o prazer. Para que tenhamos incontinência é preciso a presença de uma premissa da forma

[4] se *a* é doce, então, caso *a* seja provado, *a* prejudicará a saúde.[42]

---

[42] A rigor, [4] deveria ser mais fraca, numa forma talvez do tipo "excessos de doces, porque prejudicam a saúde, devem ser evitados". Mas manterei a forma radical para simplificar.

A "reta razão", ou a regra que estabelece a medida correta de prazeres nesse caso, afirma algo diferente da premissa [1]. Como [2] é comum a ambas as premissas, é preciso encontrar a contrariedade em outro lugar. A contrariedade, que não está presente na *forma* das premissas, é dada pelas conclusões, extraídas de [1] e [4] pelos respectivos desejos associados, conclusões estas que, elas sim, serão contrárias e exprimirão cursos de ação contraditórios. É por isso que uma premissa dirá ao agente para buscar, e a outra, para fugir de provar o doce na frente do agente. A contrariedade, que não provém de nada na forma das premissas, a estas é acrescentada de fora, pela relação com os respectivos desejos e pelas conclusões que extraem dessas premissas. É por isso que a primeira premissa é contrária à segunda apenas *acidentalmente,* e não por si própria, já que a responsável pela contradição entre as duas é uma relação orética, não sua forma lógica. Justamente essa premissa geral será "esquecida" pelo incontinente quando agir, perderá sua eficácia em favor da outra, contrária à primeira em virtude da presença de um desejo incompatível com ele.

É por isso que animais, intemperantes e crianças, por não possuírem uma outra crença à qual estaria associado um outro desejo, jamais agem de modo incontinente.[43] Para haver incontinência é preciso a presença de duas crenças, com conseqüências diversas (dar prazer, prejudicar a saúde), rela-

[43] É bastante claro que Aristóteles, em 1147^{b}4, ao afirmar que crianças e animais não podem agir de modo incontinente *porque* não possuem um juízo geral, mas apenas φαντασία particular e memória, está esclarecendo que o processo de formação do continente (e do incontinente) exige não somente um treinamento dos desejos, mas um treinamento que os associe a determinadas crenças. Crianças e animais não têm um duplo desejo nem desejos associados a juízos sobre o que é o melhor, logo, não podem agir de modo incontinente, mas, no máximo,

cionadas a desejos que, estes sim, são contrários (perseguir, fugir). É por isso também que Sócrates bem como o senso comum estavam ao mesmo tempo certos e errados. Sócrates estava certo ao afirmar que ninguém persegue o mal estando consciente ou procurando implementá-lo de modo consciente. No momento em que age, o incontinente deixa de lado o conhecimento (associado a um desejo) que possui sobre como atingir a saúde: não apenas não o pratica, mas também o "esquece". De atual, portanto, passa a potencial. Mas estava errado ao acreditar que crenças, apenas, seriam capazes de ser responsáveis por ações. O responsável pelo movimento das partes do corpo é o desejo, não a crença, de modo que, embora a causa final de uma conduta seja sempre um estado epistêmico do agente (uma *δόξα*), a causa eficiente é sempre um desejo. Crenças, sozinhas, não movem o agente, tal como pensar em algo amedrontador não produz em mim automaticamente medo e fuga. O senso comum estava certo, por seu turno, ao afirmar que ninguém, ao praticar o mal, o pratica sem saber. Antes da prática da ação o incontinente deliberou, tinha, em ato, o conhecimento do que deveria fazer, e, mesmo durante a prática da ação, o tinha em potência, recobrando-o em ato no exato instante em que se arrepender do que fez. Mas, tal como Sócrates, erra se supuser que o agente, enquanto agia, tinha conhecimento do mal que praticava, seja

---

de modo intemperante. É de elogiar-se a franqueza de ROBINSON [1995], p. 193, ao dizer que "confessa que não vê a relevância disso [dessa passagem]" e que "possivelmente há alguma coisa escondida nessa sentença que refutaria minha interpretação se fosse revelada". Embora eu não ache que, se o sentido "oculto" dessa passagem viesse a ser conhecido, Robinson mudaria sua teoria, é certo que sua defesa de que a premissa particular não é a mesma em ambos os raciocínios práticos concorrentes é mais difícil de entender do que esse trecho.

praticamente (o que significaria que procurava implementar justamente o contrário do que de fato fazia, o que é absurdo), seja *epistemicamente* (pois, ao envolver-se com a implementação da ação, esqueceria por instantes a outra conduta que deveria seguir[44]).

7. *Incontinência, intemperança e ação voluntária*

Enquanto a *Ethica nicomachea* dá um tratamento separado para a relação entre ação voluntária e ação incontinente, limitando-se a indicar que, sendo "de certa forma" um vício, é voluntária, a *Ethica eudemia* vincula diretamente ambos os tipos de conduta. Mais ainda: dado que se trata de descobrir em que condições uma ação é voluntária, Aristóteles não hesita em vincular a discussão do caráter voluntário da incontinência a um exame da mecânica psicológica da ação, em geral, e da ação incontinente, de modo particular. É aí, portanto, que será feita a ponte entre a discussão comportamental da *Ethica nicomachea* e o esboço de psicologia do movimento animal apresentado no *De anima.*

Uma das razões, como vimos no primeiro capítulo, de acreditar-se que a ação voluntária equivale a uma ação exclusivamente conforme a um desejo (*ὄρεξις*) é, segundo a *Ethica eudemia,* o fato de que ações incontinentes, por serem injus-

---

[44] Mas talvez o esquecimento, do ponto de vista epistêmico, não seja necessário. Pode-se conceber alguém que está consciente das duas condutas (a que procura implementar e a que deveria estar procurando implementar) ao mesmo tempo, e se arrepende do que faz no exato instante em que o faz. Esse caso, embora raro, implica ter prazer e arrependimento ao mesmo tempo e não é inconcebível. Mas a teoria de Aristóteles não o contempla explicitamente.

tas, são voluntárias. Visto, contudo, que resultam da satisfação de um desejo, todas as ações de conformidade a um desejo seriam voluntárias, e vice-versa. Claro que este argumento é logicamente inválido, mas Aristóteles o toma como uma das razões que, em geral, são apresentadas para identificar ação voluntária e ação resultante de um desejo, razão que não necessariamente (e, ao fim de sua argumentação, de modo nenhum) deve aceitar. Mas devemos notar que Aristóteles, embora rejeite, na definição a que chega, que uma ação voluntária seja *apenas* uma ação conforme um desejo, nem por isso a presença de um desejo no agente (sob a forma de um princípio da ação) deixa de ser, para ele, uma das condições necessárias da ação voluntária. Por outro lado, Aristóteles em nenhum momento, ao rejeitar a identificação da ação voluntária com as ações movidas exclusivamente por desejos (sem condições suplementares), recusa a tese de que a ação do incontinente decorre de um desejo. O motor da ação – sua causa eficiente –, como insiste a *Ethica nicomachea* e também o *De motu animalium* e o *De anima,* é sempre uma ὄρεξις, seja ela na forma de um querer, uma paixão ou um apetite.

As opiniões correntes a respeito do caráter voluntário da ação incontinente são, entretanto, contraditórias. Sendo uma ação injusta (contra a reta razão, isto é, fora dos limites) é, *ipso facto,* voluntária (conseqüência de *Ethica eudemia* II, 6, 1223^{a}9-20, e que aparece como um ἔνδοξον em *EE* II, 7, 1223^{a}36-1223^{b}2). Por outro lado, há também razões para crer no contrário *(EE* II, 7, 1223^{b}2-10), e o mesmo paradoxo, *mutatis mutandis,* vale para a continência *(EE* II, 7, 1223^{b}10-17). Neste último caso, teríamos inclusive um fenômeno curioso: alguém ao mesmo tempo agiria de modo voluntário e contravoluntário: voluntário porque faz o que quer, contravoluntário porque, sendo continente e, assim, tendo apetites voltados para a satisfação do prazer, faz o que não quer. O problema consiste em saber se o incontinente age ou não de modo voluntário e, se age, em que sentido.

A condição suficiente de seu caráter contravoluntário é a presença de uma coação exterior ao agente, ou ainda, o fato de o princípio da ação não estar presente no agente (nas condições específicas, claro, examinadas no capítulo I). Ao lado do sentido de "coagido", que se opõe a voluntário, sentido que, de resto, é o que interessa nesta discussão, é possível encontrar um outro, próprio a objetos inanimados movidos por uma causa eficiente exterior.[45] Nesse caso não faz sentido falar de ação voluntária, pelo simples fato de que falta a esses objetos uma capacidade de possuir um desejo que seria suficientemente forte para opor-se ao movimento que fazem. Não *agem,* portanto, e menos ainda de modo voluntário, embora sofram modificações como tudo no mundo que não é o primeiro motor:

> De fato, parece o coagido e o necessário, e tanto a coação quanto a necessidade, oporem-se ao voluntário e ao persuadido no domínio das coisas que são feitas. E, de modo geral, o coagido e a necessidade aplicam-se também ao caso dos seres inanimados: pois também dizemos que é por coação e por necessidade o ser conduzida uma pedra para cima, e o fogo,

---

[45] Não me parece nem um pouco sustentável a tradução de WOODS [1992], p. 24, que traduz o δέ de *Ethica eudemia* II, 8, 1224ª15 por "though" ("embora"), como adversativa portanto. O sentido aí não é de modo algum o insistir num sentido particular que deveria ser oposto a outro, mas antes o de complementar o primeiro sentido de *βίαιον* (que se opõe a voluntário), na linguagem comum, quando aplicado a objetos inanimados. Obviamente, portanto, δέ, a meu ver, possui um sentido aditivo.

> para baixo. E destes, quando são levados por natureza e conforme seu impulso próprio (κατὰ τὴν καθ᾽αὑτὰ ὁρμήν), não se diz que é por coação, nem, contudo, são ditos voluntários, mas a antítese não tem nome. Mas quando [são movidos] contrariamente a este [a saber, seu impulso próprio], dizemos que é por coação. E similarmente também no caso dos seres animados e dos animais vemos que sofrem e fazem várias coisas por coação quando movidos por algo externo e contrário ao impulso na própria coisa. Enquanto nos inanimados o princípio é simples, nos animados é múltiplo: pois nem sempre o desejo e a razão são consoantes. De modo que, enquanto no caso dos outros animais o coagido é simples, como no caso dos inanimados (pois não têm razão e desejo contrários, mas vivem pelo desejo), no homem ambos estão presentes em certa idade, naquela em que atribuímos também o agir. Pois não dizemos que a criança age, nem o animal, mas aquele que já faz [algo] graças à parte calculativa (*EE* II, 8, 1224^{a}13-30).

Uma pedra, portanto, tem apenas um impulso. Não tendo sensação, não se pode dizer que tenha desejo, embora, uma vez que se move e possui um movimento natural, decorrente do somatório dos movimentos naturais dos elementos que a compõem, não seja incorreto dizer que possui um impulso (ὁρμή). Quando as pedras são movidas por um motor exterior contrariamente ao movimento que lhe seria natural, é possível dizer que agem "por coação", "violentamente" talvez, numa tradução mais literal de βίᾳ. Mas, não possuindo desejos, e muito menos a capacidade de ter desejos contrários a um desejo imediato, não cabe dizer que agem nem de modo voluntário, nem de modo contravoluntário. A antítese da coação, nesse caso, não recebe um nome específico.

O grau seguinte é o dos seres animados dotados de sensação, nos quais, além da presença de um impulso de movimento natural – cair, subir ou permanecer nas regiões intermediárias, conforme o elemento predominante em sua composição –, possuem um segundo princípio de movimento, denominado ὄρεξις. O desejo, portanto, decorrente de uma determinada corformação dos elementos, da percepção e da memória, pode contrariar o impulso natural daquele ser. Um cavalo que é levado pela fome a determinado lugar onde poderá comer (porque farejou o capim ou porque se lembra de que ali havia alimento) contraria, no momento em que se move, sua tendência natural, enquanto objeto composto de elementos, a permanecer parado na superfície da Terra. Aqui estamos no grau dos animais e da criança que se movem. Não se pode dizer que ajam, uma vez que são capazes apenas de, dado certo desejo, conduzir-se de conformidade com ele, fazendo ou deixando de fazer alguma coisa. E, embora haja, de certa forma, contradição com respeito ao movimento natural do elemento predominante naquele corpo – isto é, haja contradição entre ἐπιθυμία e ὁρμή –, não há ainda contradição *entre os desejos,* já que há apenas um. Crianças e animais são incontinentes justamente porque, no caso dos primeiros, a satisfação dos desejos será sempre o comportamento esperado (caso o corpo esteja saudável e seja capaz, graças a sua organização, de contrariar o impulso predominante), enquanto, no caso da criança, justamente por ter uma δύναμις de uma capacidade calculativa, que estará plenamente desenvolvida ao chegar à idade adulta, ela realizará esse comportamento-padrão apenas durante a sua fase infantil (caso não se transforme, claro, num intemperante). Há nela, portanto, apenas um princípio da ação – apenas *uma* causa *eficiente* – e nisso seu comportamento não se distingue, finalmente, do comportamento dos seres inanimados, mas num segundo grau.

Por fim, o caso do homem. Nele está presente, em primeiro lugar, duas potências: a primeira, de ter desejos racionais, e a segunda, de desejar o prazer. Note-se que se trata de duas *potências* ou capacidades. Nada indica que a primeira potência será necessariamente atualizada em algum momento no indivíduo adulto, nem mesmo que será atualizada *todo* o tempo. Um intemperante, embora tenha a capacidade de desejar o bem, não o desejará jamais. Em segundo lugar, o adulto humano tem a capacidade de possuir desejos racionais *que sobrepujam* em intensidade os desejos da parte apetitiva da alma. Novamente, ter essa capacidade não significa que ela será necessariamente atualizada, como mostra o caso do incontinente que, embora tenha desejos de buscar o bem, não os possui na intensidade correta. Em terceiro lugar, além da capacidade de possuir desejos voltados para o bem, o agente humano adulto possui a capacidade de calcular (seu λογισμός está suficientemente desenvolvido) e, portanto, é capaz de deliberar. Mais uma vez, nada indica que o fará necessariamente, embora *possa* fazê-lo: o caso do incontinente precipitado é a prova disso. No caso do incontinente – é dele, justamente, que se trata nessa passagem, em que Aristóteles não menciona o caso do intemperante – há *dois* desejos conflitantes, um interpelando o outro. Vencerá o mais forte.

Havendo dois desejos no incontinente, aquele que vencer a disputa pela ação a ser praticada frustrará o outro. Em certo sentido, tanto o continente quanto o incontinente agem "por coação". Mas se trata de um sentido metafórico apenas, pois coação implica sempre um princípio externo que coage o agente. No caso da incontinência, ambos os princípios são internos – tanto o que move o agente a praticar uma ação racional quanto o que o move na direção da satisfação do prazer –, e é justamente essa a diferença relevante. Um incontinente, tanto quanto um continente, embora possuam princípios (isto é, desejos) internos que são contrariados no momento em que agem pelo outro princípio, não são agentes contravoluntários. Para tanto é necessário um princípio exterior que contrarie o que o agente preferiria fazer naquelas circunstâncias. É por isso que um princípio externo, que acidentalmente leve o agente a praticar uma ação que ele, nas mesmas circunstâncias, teria realizado sem essa imposição, conduz a uma ação que é, finalmente, voluntária. Somente, portanto, um princípio externo pode tornar a ação contravoluntária, não eventuais desejos presentes no agente, excedidos uns por outros:

> Foi dito que, portanto,[46] estes parecem agir por coação e contravoluntariamente e por uma certa causa: porque é por uma certa semelhança com a coação, como aquela que empregamos também no caso dos inanimados. Não obstante, se alguém acrescentar o que pertence à definição, também aí se resolve o que foi dito. Pois quando uma das coisas externas contrárias ao impulso na própria coisa move ou faz ficar em repouso dizemos que [isso ocorre] por coação, enquanto, quando não, não é por coação. Mas no que age de modo incontinente e continente é o impulso próprio[47] (*καθ ̔αὐτὴν*) que conduz, se estiver presente (pois tem os dois). De modo que nenhum dos dois age por coação, mas, ao menos por estas razões, poderia agir voluntariamente e não forçado (*ἀναγκαζόμενος*). Pois ao princípio externo, contrário ao impulso ou impeditivo, ou movente, deno-

---

[46] Sigo Rieckher e exciso *μόνοι*, que não parece fazer muito sentido nessa passagem.

[47] Aqui sigo Spengel e faço concordar *καθ ̔αὐτήν* com *ὀργή*.

> minamos necessidade, tal como se alguém, tomando a mão [de alguém], batesse em alguém contrariando tanto seu querer quanto seu ter apetite. Mas quando o princípio provém de dentro [a ação] não é por coação (*EN* II, 8, 1224^{b}2-15).

É preciso primeiro que o princípio seja externo ao agente para estarmos diante de uma ação contravoluntária. Não basta que seja interno e contrariado por outro princípio igualmente interno. Também, em segundo lugar, para haver ação contravoluntária é preciso que o princípio contradiga inteiramente o conjunto de desejos do agente (Aristóteles precisa: tanto o querer quanto o ter apetite). Se ele concordar com um desejo do agente, desejo esse que seria o mais forte nesse caso, obviamente estaremos diante de um caso em que as circunstâncias exteriores levaram o agente a fazer algo que ele próprio faria, mesmo sem elas. E, em terceiro lugar e mais fundamentalmente: toda ação incontinente é, portanto, voluntária. Uma ação voluntária é aquela, como vimos, em que o princípio da ação está no agente, em que ele possui a capacidade de prever suas circunstâncias e conseqüências e a qual depende do agente para ser executada ou não. Justamente esta terceira condição está estabelecida, no texto da *Ethica eudemia,* a partir de uma seqüência de condições negativas: *A* está em poder de *x* se *x não pratica A* em virtude de um impulso incontrolável para a maioria dos homens, buscando um mal menor, se não se trata de um evento fisiológico, e assim por diante. É possível apresentar uma condição positiva (que implicará todas essas condições negativas) mais fundamental, para que dependa do agente a prática de uma ação. Essa condição é justamente a presença, no agente, de uma *capacidade* de ter desejos suficientemente fortes para bloquear sua realização. Desse modo, é claro que, se *A* é uma ação moralmente reprovável, então,

[1] está em poder de *x* praticar *A se e somente* se *x* tem a capacidade de *não praticar A*.

O que não significa outra coisa senão que *x* tem *A* em seu poder se e somente se cada uma das condições examinadas no capítulo I *não* se realizam. Mas o segundo membro dessa sentença equivale agora a

[2] *x* tem a capacidade de *não praticar A se e somente* se *x* tem a capacidade de ter um desejo de não praticar *A* mais forte do que o desejo de praticar *A*.

Testemos agora [2].

No caso do continente, [2] garante-nos perfeitamente o caráter voluntário de sua ação, tanto quanto no caso do temperante. Ambos são indivíduos adultos capazes de ter, no momento em que praticam suas ações, desejos suficientemente fortes para não praticar *A* (ou praticar *não-A,* o que é equivalente). A prova disso é que têm esses desejos e, se os têm, necessariamente têm sua potência, como insistirá *Metaphysica* Θ 2. No caso do incontinente, embora ele tenha essa capacidade, ela nunca se atualiza até o ponto devido, e, no caso do intemperante, ela não se atualiza de modo nenhum. Ambos, sendo adultos normais, têm contudo, essa capacidade. Sua natureza não foi pervertida por nenhum evento que a impedisse de atingir seu pleno desenvolvimento, faltando-lhes apenas uma ἕξις que fizesse com que fossem suficientemente fortes para sobrepujar seus apetites. Sua capacidade de ter tais desejos, contudo, está ali, e não é sem razão que Aristóteles diz que o intemperante é "mais difícil" de curar do que o incontinente, embora não que isso seja impossível.[48] Tendo tal capacidade, suas ações incontinentes são, portanto, voluntárias.

No caso do adulto normal continente que foi sobrepujado por desejos que a humanidade média não seria capaz de suportar, evidentemente [2] nos dará uma ação contravoluntária. Não estava em poder de *x* praticar *A* simplesmente por que *x* era incapaz, no momento que praticou a ação, de ter desejos (atualizados ou não, pouco importa) que o impedissem de fazer *A*, sobrepujando os desejos que o fizeram praticá-la. O mesmo também no caso de "ações", ou antes, movimentos e mudanças corporais como o suor, o batimento do coração, o envelhecimento ou, no exemplo do *De motu animalium*, uma ereção. O agente não tem, nesses casos, a capacidade de ter um desejo mais forte do que o desejo de praticar essas "ações" pelo simples fato de que elas não são praticadas por um desejo (um apetite ou uma paixão), mas são automáticas, meramente fisiológicas. Por mais que o agente deseje o contrário, esses fenômenos ocorrerão, e um desejo qualquer jamais poderá impedir tais ações, a não ser que o agente aja indiretamente para evitar esses fenômenos. São, evidentemente, ações contravoluntárias. Animais e crianças não possuem *ainda* (no caso dos animais, por se tratar de uma potência frustrada, no das crianças, por ser uma potência ainda não desenvolvida por uma educação e pela maturação corporal) essa capacidade de ter um desejo relativamente mais forte do que aquele que o impele a praticar *A*. Suas ações serão, igualmente, contravoluntárias.

---

[48] Esse não parece ser o caso do bestial, por exemplo, embora também Aristóteles diga que em alguns casos estava no poder do agente não praticar a ação bestial ou mórbida que praticou.

Isso explica também por que, embora eu possa desejar ardentemente ser imortal, imperador do mundo inteiro ou que a diagonal seja comensurável com o lado, nem por isso esse tipo de desejo leva à implementação de uma ação. Em primeiro lugar, não se trata de um desejo do bem propriamente dito, embora entre eles haja alguns (que a diagonal seja comensurável, por exemplo) que são indiferentes. Em segundo lugar, não há nenhum meio disponível para o agente executar uma conduta, cuja conseqüência seria a obtenção desse resultado desejado. Assim, as condições lógicas, físicas ou sociais atuam como impeditivas para a ação do agente, tal como um apetite acima do normal humano impele o agente a agir, tenha ele um forte desejo da moderação ou não. Dessa forma, suas ações (ou melhor, sua *in*ação ou omissão) são, porque há condições impeditivas que ultrapassam o poder de um humano normal, contravoluntárias. Não está em meu poder tornar-me imortal, comensurar a diagonal, decidir sobre o governo dos citas, tornar-me imperador de toda a Terra porque, embora deseje, não tenho meios de agir de modo a atingir minha meta. O desejo, portanto, é incapaz de levar à ação ou, o que é o mesmo, impedir a inação. Tal como uma inação é contravoluntária se o princípio que me leva a não agir é exterior a mim (sequestradores que me mantêm amarrado, no exemplo da *Ethica nicomachea),* agora também este tipo de ação, porque condições objetivas me impedem de ter um desejo forte o suficiente para fazer cessar minha ação, não poderá ser voluntária. Ter, portanto, a capacidade de possuir um desejo que impede a prática de uma ação ou que impele a praticar uma ação incompatível significa apenas que se tem a capacidade de possuir a ἕξις que um adulto teria ou deveria ter, e que o move a desejar o melhor. Crianças ainda não têm plenamente essa capacidade. Será preciso que atinjam a idade adulta para verem-na inteiramente desenvolvida *como capaci-*

dade, mesmo que permaneça, na maturidade, apenas como potencial (totalmente ou em parte). Somente um indivíduo que tem essa capacidade desenvolvida, que é capaz de ser treinado para vir a ter desejos suficientemente fortes para colocá-lo num reto caminho, poderá ser considerado um indivíduo cujas ações são voluntárias. Bestiais e doentes, crianças, animais, doentes mentais não agem, portanto, voluntariamente, nem, obviamente, responsavelmente. E, de acordo com a *Ethica eudemia,* não se pode dizer nem mesmo que ajam.

A mecânica psicológica da ação consiste, assim, numa relação entre apetite (desejo do prazer, mas talvez, também o *θυμός*), deliberação e desejo do bem. Num indivíduo continente, o apetite, ao ser despertado, move a deliberação na direção de um cálculo que poderá ou não levar à ação. Se, passando por uma rua, sinto cheiro de chocolate, e isso me faz desejar ter o prazer de comê-lo, este desejo moverá minha deliberação a calcular as conseqüências de tal ação e os meios para realizá-la. Posso, primeiro, terminar numa impossibilidade prática: posso não ter dinheiro, no momento, para comprar a caixa de chocolates, excessivamente cara para meu bolso, ou posso não ter tempo ou coisa parecida. Isso bloqueia minha ação (como ser o imperador do mundo inteiro ou comensurar a diagonal). Posso também, segundo, chegar a descobrir nessa minha deliberação os meios para realizar essa ação, mas verificar que suas conseqüências são incompatíveis com outras conseqüências *mais fortemente desejadas* por mim – as conseqüências de manter uma dieta, por exemplo. Este desejo mais forte impede a ação, agora "internamente" ao agente, tanto quanto a falta de meios impedia externamente a implementação de uma tal conduta. Mas se o desejo for suficientemente forte, ele poderá sobrepujar inclusive meu desejo de manter uma dieta, e no caso particular de desejos *excessivamente* fortes para uma natureza poder suportar, a ação será, claro, contravoluntária. Num indivíduo incontinente, seu conjunto de desejos voltados para o bem não é mais forte do que seu conjunto de desejos voltado para a obtenção do prazer. O cálculo de meios e conseqüências, embora eventualmente presente (no caso do incontinente que fraqueja na deliberação), não é capaz, pela ação de um desejo mais forte, de impedir que eu realize a ação de comer o chocolate. É claro que essa ação, por ser voluntária e depender, assim, de o agente realizá-la ou não, também depende dele na exata medida em que ele era capaz de possuir, no momento em que a praticou, um desejo suficientemente forte para impedi-la. Isso não significa outra coisa senão que o agente era *capaz* de conter-se nessas circunstâncias, ou ainda que, se tivesse sido treinado e nele houvesse sido desenvolvida uma ἕξις suficientemente forte (e o agente era *capaz* de possuir uma tal ἕξις), esse comportamento não teria ocorrido. E a mesma lógica vale para o intemperante e o temperante, para crianças e animais, nos quais inexiste qualquer desejo mais forte do bem que possa conter a ação daquele que a pratica – ou melhor, nos quais ou inexiste uma *capacidade* de ter tal desejo (e, portanto, apenas um será efetivo), ou essa *capacidade* ainda não está plenamente desenvolvida.

Talvez boa parte das dificuldades para compreendermos por que Aristóteles identifica "estar em poder de" ou "depender de" com "ser capaz de desejar mais fortemente" esteja principalmente no sentido literal das expressões que empregamos para traduzir a expressão que designa esse conceito (ἐφ᾽ ἡμῖν, ἐφ᾽ αὐτῷ). Utilizamos, em português, paráfrases, quando, em grego, a expressão é bem mais simples e não envolve a presença nem de um verbo, nem de um substantivo, mas apenas de uma preposição e de um pronome. Ἐπί, contraído aqui com ἡμεῖς ou com αὐτό, não indica necessariamente que o agente podia ter usado algo como sua "vontade"

– uma faculdade cujos resultados são racionais ao mesmo tempo que é, ela própria, inteiramente incausada –, mas antes que o agente *tinha a capacidade de ter* desejos suficientemente eficazes para impedir uma conduta (ou impelir a outra), visto que chegou à idade adulta sem nenhuma seqüela. As traduções enganam, introduzindo, sem que percebamos, sempre uma noção de vontade onde, em grego, há apenas uma relação de dependência condicional bastante genérica. Isso faz pensar em geral que há algo mais além dessa relação de dependência condicional, e que Aristóteles estaria querendo dizer, numa formulação contrafactual bastante ambígua, que o agente poderia "ter-se controlado" na ocasião, o que leva a supor uma espontaneidade que não é causada (exceto, talvez, pelo "bem") e que é, contudo, forte o suficiente para implementar uma ação e impedir desejos conflitantes. Mas o que significa claramente a expressão "ter-se controlado"? E, mais precisamente, quando dizemos que o agente poderia "ter controlado a si próprio" ou "ter-se controlado", *como* o agente, psicologicamente falando, poderia ter feito isso? O uso do verbo "controlar" implica sempre que algo controla algo, sendo, portanto, necessário encontrar tanto o sujeito quanto o objeto desse verbo. Simplesmente dizer que "a vontade" controla uma faculdade "espontânea" por detrás dos atos do agente apenas recoloca o problema ou o torna irracional, já que a resposta à pergunta, "o que move a vontade?", acaba sendo "nada" ou, ainda pior, "o bem como causa final". Introduz-se, assim, algo no mundo que move a ação ou a impede, mas que, embora passando de potencial a atual, não é movido por algo diferente dela própria. Aristóteles não necessita deste conceito: basta-lhe a noção de apetite, despertado por uma percepção, movendo a deliberação, que aciona ainda outro desejo, este movendo o agente a agir ou a não. Nessa cadeia de movimentos que vai da percepção à ação, como veremos no próximo capítulo, o ponto crucial para saber se um ato foi voluntário, se foi, portanto, responsável e, assim, passível de punição, é compreender se o agente era capaz de vir a ter um desejo suficientemente forte que, em circunstâncias semelhantes, o impedisse ou o impulsionasse para a ação. Se esta capacidade estiver suficientemente desenvolvida (embora, eventualmente, não atualizada), o agente é passível de punição (justamente para que ela, assim, seja atualizada), é responsável, seus atos dependem dele e, finalmente, age voluntariamente.

Mas o que Aristóteles de fato parece estar dizendo é apenas que, para que um agente possa ser considerado responsável por suas ações, devemos poder ter certeza de que ele, psicofisiologicamente falando, *tem a capacidade de ser educado* para, em circunstâncias em que serão despertados seus apetites, não os persiga sem avaliação das conseqüências e, caso estas venham a mostrar-se danosas, não os persiga de modo nenhum além do razoável. Por isso, um animal ou mesmo uma pedra não podem ser considerados responsáveis, e mesmo as crianças, embora devam passar por um processo de educação, só o serão na exata medida em que se tornem adultos e, assim, merecem recompensas e punições tendo em vista a potência futura a ser desenvolvida. Ser responsável significa ser passível de ser punido ou recompensado, ser capaz de deliberar (agora no sentido estrito de βούλευσις), ser *capaz* de desejar (não necessariamente *ser desejante)* fortemente o bem, mais fortemente que seus eventuais apetites comuns, e examinar como implementar uma conduta com ele condizente.

Várias conseqüências podem ser extraídas daí. Sem essa educação, a natureza humana pode, como no caso do intemperante, permanecer potencial até a idade adulta. Nada garante que, ao nascer, um ser humano normal (entenda-se: que não possui uma natureza bestial) desenvolverá inteiramente sua natureza ao atingir a idade adulta.[49] O intemperante permanece uma criança ao crescer, uma criança perversa capaz de avaliar as conseqüências de uma determinada conduta e verificar se maximizam ou não o prazer. O intemperante é, assim, um adulto pela metade. Mais precisamente, um indivíduo que, ao atingir a idade em que sua natureza humana deveria ter sido inteiramente atualizada, atualizou apenas uma parte dela – a capacidade de cálculo (não a deliberação *stricto sensu).* Não deseja seu bem enquanto ser humano, mas seu bem apenas enquanto animal. É um animal que calcula. A educação, portanto, não é apenas um processo de condicionamento do indivíduo. Ela deve garantir que ele chegue a atualizar inteiramente a natureza a que está destinado, caso as condições necessárias para tanto sejam satisfeitas. No caso do bestial ou do doente, várias dessas circunstâncias não são satisfeitas (foram abusados quando crianças, ou mesmo, nasceram já com uma natureza desviante). No caso do intemperante, faltou-lhe o treinamento necessário para chegar a seu fim.[50]

---

[49] Ver a esse respeito Broadie [1991], p. 269.

[50] Como nota muito bem Fortenbaugh [1975], p. 48 e ss., a educação não pode consistir apenas em moldar os desejos de uma criança. Ela inclui necessariamente um duplo trabalho: de um lado, um elemento cognitivo, em que a criança aprende quais as melhores coisas a fazer nas circunstâncias corretas. Este elemento cognitivo, cuja perfeição será a φρόνησις e que consiste em conhecer tanto os princípios quanto os meios para atingir fins adequados a eles, não pode, obviamente, ser ensinada no sentido em que uma ciência ou uma técnica podem ser. No caso de uma técnica, um conjunto de procedimentos para produzir um evento ou objeto são transmissíveis de mestre a discípulo, bastando que este consiga seguir com perfeição as regras que o mestre o faz pra-

Mesmo que todas as condições necessárias estejam presentes e mesmo que o indivíduo chegue à idade adulta com uma natureza que, em circunstâncias normais, é perfeitamente humana, isso não garantirá ainda que sua ação seja sempre necessariamente boa. Como tentarei mostrar no próximo capítulo, o fato de a mecânica psicológica da ação possuir também uma contrapartida fisiológica garante apenas, *na maioria dos casos,* ações excelentes, nunca em todos eles. As razões são justamente as associadas às condições da ação voluntária responsável. Ainda que o princípio da ação esteja no agente e este seja capaz de possuir desejos suficientemente fortes para

---

ticar para que ele esteja treinado. No caso da ciência, a transmissão supõe apenas a capacidade de o aluno compreender os termos empregados (o que é um triângulo, uma reta etc.) e seja capaz de admitir como verdadeiros (em todos os sentidos desta palavra) os princípios que empregam esses termos, para que se tenha já as condições para o aprendizado da ciência. Um aluno terá aprendido uma ciência quando for capaz de demonstrar seus teoremas, bem como quando conhecê-los. No caso da ação excelente, não há aprendizado possível, embora haja um treinamento. Uma ação excelente é a que decorre de uma deliberação sobre os melhores meios em vista dos melhores fins, o que supõe, portanto, que o agente *conheça* os melhores fins, tanto *in abstracto* quanto *in concreto,* e que seja capaz de encontrar os meios para atingi-los. Mas "ser capaz de encontrar os meios para atingir um fim" significa ser capaz de deliberar e calcular, em cada circunstância, os meios de algo almejado e das conseqüências de sua obtenção. Sendo infinito o conjunto de circunstâncias em que um agente pode ser colocado, não há como transmitir para o discípulo fórmulas sobre como deverá agir em cada uma delas. Resta fazer com que, em certas circunstâncias muito freqüentes, aprenda o que um *φρόνιμος* faria, constituindo, assim, algo como uma *típica.* Neste ponto, a teoria moral de Aristóteles deixa de ser exclusivamente conseqüencialista e se torna quase formalista. Ora, o que um *φρόνιμος* faria *nessas* circunstâncias pode ser uma determinada conduta eficaz. Mas, acima de tudo, o que ele faria

impedir ações pérfidas, pode ocorrer que ele delibere mal porque algum fator impediu que sua deliberação fosse inteiramente correta (inferiu mal, avaliou mal as circunstâncias). Pode também ocorrer que, embora o princípio da ação esteja nele e ele delibere bem, ainda assim os apetites sejam mais fortes do que o desejo do bem habitual. Isso levará a uma ação passional incontrolável, pouco comum para um excelente, mas, ainda assim, possível. Para entender como isso é possível, será preciso examinar mais de perto as condições mais remotas de uma ação voluntária: as condições fisiológicas e físicas de uma conduta. Esse é o objeto do próximo capítulo.

---

seria *bem deliberar,* o que significa examinar circunstâncias, conseqüências e meios, evitar a precipitação e a lentidão na deliberação. É o desenvolvimento de uma ἕξις deliberativa que deve nortear, desse ponto de vista, a educação da criança.

Fortenbaugh, contudo, interpreta a teoria moral de Aristóteles como mais intelectualista e platônica do que ela parece ser. Embora a formação cognitiva seja um dos elementos da educação do agente, ela não é, contudo, suficiente para formar um indivíduo excelente. Um incontinente delibera e muitas vezes delibera bem, o que significa que conhece os fins gerais que um ser humano deve perseguir, tanto quanto os fins particulares naquela circunstância e os meios disponíveis para sua obtenção. Entretanto, falta a ele justamente a associação entre um desejo forte desses fins e os próprios fins. Este outro aspecto da educação é obtido por recompensas e punições, por uma recondução dos desejos na direção do melhor, e não apenas por um treinamento da parte calculativa da alma.

CAPÍTULO IV

FUNDAMENTOS DAS AÇÕES VOLUNTÁRIAS (I): PSICOLOGIA E FISIOLOGIA DA AÇÃO

1. As condições da ação voluntária e seus fundamentos

Uma ação é voluntária se três condições são satisfeiras: seu princípio está presente no agente, o agente podia, na ocasião, ter agido diversamente e ele estava ciente das circunstâncias e conseqüências de sua ação. Uma ação na qual qualquer uma dessas três condições não é satisfeita é contravoluntária, nos termos examinados no Capítulo I. Note-se que a análise de Aristóteles nas *Éticas* restringe-se a um exame das condições morais que fazem com que devamos considerar uma ação como voluntária; se merecer, então, punição ou recompensa, ela será, além disso, uma ação responsável. Aristóteles não se pronuncia, exceto muito rapidamente, sobre quais as propriedades e leis físicas que permitem esse tipo de ação e, sobretudo, se o permitem.

Para os propósitos da análise de Aristóteles nesses dois textos, basta tomar como um fato a existência de ações voluntárias (afinal, o ordenamento jurídico, bem como a vida moral cotidiana, supõe a existência de tal espécie de atos) e procurar uma definição que esclareça sob que condições se diz que uma ação é voluntária. Se a estratégia de Aristóteles fosse kantiana não haveria motivo para ir além e exigir que o restante da física e da metafísica permitisse tal tipo de conduta. Se se tomar a existência de atos voluntários como um postulado que é preciso admitir para que a moralidade seja possível e, portanto, para que faça sentido, será desnecessário exigir uma prova para tanto. Bastaria admitir como um fato a existência de julgamentos morais sobre o comportamento dos indivíduos e, daí, supor como seriam realizadas as condições que os tornariam possíveis. Mas a estratégia de Aristóteles não é essa. Não que ele remeta explicitamente a prova desses princípios para outras obras: em nenhum texto ético afirma algo como "a prova da existência e da possibilidade de ações voluntárias está na *Physica*" ou "como dissemos no nosso tratado sobre a alma etc." Aristóteles não vê a análise das ações voluntárias como um conjunto de corolários a serem extraídos a partir de outras doutrinas, contrariamente do que faz, por exemplo, em sua teoria do movimento, no livro VI, da *Physica,* que depende essencialmente das conclusões acerca das noções de δύναμις e ἐνέργεια examinadas no livro Θ da *Metaphysica;* ou em sua análise da noção de ἀρετή como ἔργον de uma parte da alma, no livro I, da *Ethica nicomachea,* cujos pressupostos estão demonstrados nos livros II e III do *De anima.* Não há nenhuma evidência textual, que eu consiga lembrar, que permita conduzir à conclusão de que Aristóteles vê sua investigação da ação voluntária como *conseqüência explícita* de uma investigação precedente. Sua análise parece, portanto, ser autônoma diante de outras análises no interior do *corpus* aristotélico.

No entanto, se esse exame independe das demais análises, como os textos parecem indicar, isso não quer dizer que seja impossível encontrar em outros tratados uma fundamentação tanto da possibilidade quanto da efetiva realização das condições que tornam uma ação voluntária.[1] Sendo a análise de Aristóteles independente das demais, é certo que ele considera que o simples fato de afirmarmos cotidianamente que um determinado indivíduo é responsável pelo que fez é suficiente para acreditar que tais condições se realizam com freqüência no mundo. Contudo, nada impede que tal análise seja contraditória com outros resultados de Aristóteles, o que nos levaria a um paradoxo. Mas também nada impede que se encontre em outros lugares demonstrações de teses cujas conseqüências fundamentarão as condições que tornam ou impedem que uma ação seja voluntária. Contudo, é possível que a independência da análise aristotélica da ação voluntária tenha ainda um outro sentido: talvez Aristóteles a veja como válida, *ainda que as condições do mundo fossem diversas.* Até que ponto isso é verdade e de que maneira ela continuaria verdadeira, mesmo num universo em que todos os eventos fossem determinados necessariamente por suas causas, são questões a ser analisadas. E, sobretudo se for verdade que a definição de ação voluntária permanece de pé mesmo num universo determinístico, é evidente que, ao menos para Aristóteles, o problema de saber como é possível uma ação voluntária num tal universo, não passa, em última análise, de um falso problema.

2. *Psicofisiologia da ação em* De anima *III, 9-11*

Para que uma ação seja voluntária é preciso, entre outras coisas, que seu princípio esteja presente no agente e que

---

[1] Dado o contexto dogmático em que se insere a filosofia de Aristóteles, não lhe basta, para fundar a moral, oferecer uma prova da mera *possibilidade* das ações voluntárias. Mais uma vez, Aristóteles não é Kant. Em

este seja capaz, quando pratica a ação, de agir diferentemente. Mas qual o significado preciso da expressão "princípio (ἀρχή) da ação" nesse contexto? Uma ação, como vimos no capítulo I, é vista por Aristóteles como um evento físico: trata-se de um movimento de deslocamento no espaço dos membros de um indivíduo. Embora a definição seja muito estreita, não é difícil ampliá-la para outros tipos de ação, sobretudo para comportamentos verbais. Seja como for, sendo uma κίνησις, é claro que está sujeita a todas as propriedades características desse tipo de evento. Em particular, consiste na atualização de uma potência do indivíduo (pela definição de κίνησις) e tem tanto uma causa final quanto uma causa eficiente. Como toda causa eficiente, ela deverá estar em ação sobre o indivíduo enquanto neste houver movimento. Nesse sentido, ἀρχή aqui significa apenas a causa eficiente das ações. Mas essa caracterização é ainda excessivamente formal, pois ainda não sabemos qual evento, especificamente falando, é o responsável pelo desencadeamento de uma ação. Embora eu já tenha antecipado que se trata, psicologicamente falando, de um conjunto de desejos, isso não é suficiente, do ponto de vista físico, para explicar esse movimento específico do organismo humano que se denomina uma *ação.* Sendo um evento, o próprio desejo deve ser produzido por outros eventos anteriores a ele. E sendo *psicológico,* cabe explicar como um evento dessa espécie pode dar origem a um evento *fisiológico.* A tarefa, então, é examinar em que consiste um desejo, como ele chega a surgir na alma de um indivíduo e como consegue levá-lo a agir nessa ou naquela direção. E, claro, a resposta a essa questão levará também a uma explicação sobre como um

---

sua estratégia, é preciso ir além e apresentar uma demonstração de que, além de possíveis, são efetivas.

indivíduo *é capaz* de vir a desejar coisas contrárias ou mais fortemente uma coisa do que outra, o que é justamente uma das condições da ação voluntária a ser explicada.

O primeiro ponto a ser considerado é que todos os animais possuem desejos. Basta que um animal tenha sensação – e é justamente pelo fato de possuírem sensações que os animais se distinguem das plantas – para que tenha desejos. A razão é que, se um ser vivo possui sensações, possui também prazer e dor. Ora, todos os animais possuem ao menos o tato, e, se é assim, também a faculdade de desejar esse objeto que causa, neles, prazer (pelo tato, nos animais simples) – justamente a faculdade apetitiva (ἐπιθυμία). Como a ἐπιθυμία é uma das formas da ὄρεξις, todo animal possui a forma menos complexa de desejo, o desejo de alimento, embora outros possam, além disso, possuir outras faculdades, como a capacidade de mover, imaginar, pensar e conceber *(DA* II, 3, 414^{b}1-19). Conseqüência da existência da sensação, possuir um desejo é, portanto, algo próprio aos animais, isto é, embora não seja o que permite defini-los, é uma propriedade que pertence apenas a eles, é coextensiva a essa classe de seres, tal como o fato de a soma de seus ângulos ser igual a dois retos é algo coextensivo à classe dos triângulos.

Dado que a maioria dos animais se move, cabe examinar agora qual é o motor, com respeito ao deslocamento no espaço, que os move. Os candidatos serão as faculdades que estão presentes nos animais ou ao menos em alguns deles: a αἴσθησις (ou sua sucedânea, a φαντασία), a ὄρεξις, o νοῦς (presente no homem), uma forma específica da ὄρεξις, isto é, a ἐπιθυμία etc. Uma planta, embora cresça, não é capaz de deslocar-se no espaço, de modo que é provável que crescimento e corrupção, alterações tanto de animais quanto de plantas, não sejam devidos a essa faculdade (se devessem ao desejo *exclusivamente,* plantas não deveriam crescer ou morrer). Se uma característica própria aos animais é o fato de, por um lado, moverem-se e, por outro, possuírem duas faculdades que estão ausentes nas plantas (desejo e sensação), é de supor-se que alguma destas duas, ou ambas, seja a responsável pelo fato de animais poderem deslocar-se no espaço, e plantas, não. Um movimento, além disso, visa sempre à produção de um determinado efeito: um animal move-se na direção do alimento *para comê-lo,* e, obviamente, não há movimento sem finalidade que não seja por coação (*βίᾳ*: *DA* III, 9, 432^{b}17). Se o motor do movimento fosse a faculdade nutritiva, presente nas plantas, seria de esperar-se que estas se movessem e, mais ainda, que tivessem órgãos para permitir o movimento dotado de uma finalidade: não somente pernas, mas também órgãos dos sentidos. Uma vez que Aristóteles admite o pressuposto de que, se um determinado órgão que permite satisfazer determinada necessidade está ausente, então essa necessidade está também ausente, é claro que, inexistindo sensação ou locomoção, plantas não terão desejos.[2] E o mesmo raciocínio vale para excluir a sensação como causa do movimento, já que há animais que possuem sensação mas permanecem sempre em repouso (*DA* III, 9, 432^{b}19-26).

Obviamente que partes da alma, como a faculdade intelectual (*τὸ νοητικόν*) ou o intelecto (*νοῦς*), tampouco podem ser a causa do movimento. Primeiro porque nem todo animal possui essas faculdades, de modo que, se elas fossem as causas do movimento, este deveria estar restrito ao homem.

---

[2] Este pressuposto, que deu origem aos mais diversos tipos de interpretação acerca dos raciocínios teleológicos nos tratados biológicos de Aristóteles, é explicitado em *DA* III, 9, 432^{b}21-26: a natureza nada faz "em vão" (*μάτην*), nem negligencia nenhuma das coisas que são necessárias para a sobrevivência de um organismo perfeito no seu gênero.

Embora Aristóteles pudesse dar como liquidada a questão dando essa razão, sua argumentação vai mais longe. A parte teorética da faculdade intelectual, obviamente, não poderá ser o motor da ação. Ela não se volta para nada de prático, envolvendo-se apenas com a apreensão dos primeiros princípios e com a dedução, a partir deles, de outros. Mas é claro que todo movimento, animal ou humano, visa ou a perseguir certo objeto, procurando produzir certo evento, ou a fugir dele, procurando evitar que um certo evento aconteça.[3] Nada do que a faculdade intelectual da alma, em sua função teórica, pode produzir levará a conclusões do tipo: "produza tal efeito" ou "evite que tal resultado aconteça" *(DA* III, 9, 432^{b}26-29). É claro que a parte intelectual da alma contém também uma "parte" responsável por cálculos de conseqüências e meios para obtenção de um determinado resultado, e, assim, poder-se-ia supor que é esta "subparte" a responsável pelo movimento. Ocorre, contudo, que nem sempre esse tipo de cálculo leva a uma ação condizente com seu resultado. Primeiro porque posso simplesmente pensar em alguma coisa temível ou prazerosa e nem por isso ter sensações de temor ou prazer: ela me é "indiferente", por assim dizer, e não é acompanhada de nenhum estado emocional associado. Por outro lado, a existência da figura do *ἀκρατής*, como vimos no capítulo precedente, é talvez a melhor evidência para isso:

---

[3] Este ponto – de que todo comportamento visa a perseguir ou a fugir — não é óbvio, como notou HAMLYN [1993], p. 151, e nada garante que será capaz de explicar todas as formas de comportamento. De toda a forma, é certo que Aristóteles acredita nessa tese e a empregará várias vezes para explicar o comportamento animal, em particular em *De motu animalium.*

> E, ademais, quando o νοῦς impõe, e o pensamento diz para fugir ou perseguir algo, não se move [de acordo com eles], mas age de conformidade com o apetite, tal como os incontinentes. E, em geral, vemos que o que tem a medicina não medica, de modo que há um outro senhor do fazer conforme a ἐπιστήμη, mas não é a ἐπιστήμη, embora, na verdade, nem o desejo seja senhor desse movimento, pois os continentes desejam e têm apetites, mas não fazem aquilo de que têm apetite, mas seguem o νοῦς (*DA* III, 9, 433ª1-8).

Ou seja, embora pudéssemos ser tentados a achar que a condição suficiente do movimento fosse a presença de uma ὄρεξις, que move o agente a perseguir a produção de determinado efeito, ou a evitá-la, fugindo dela, a ὄρεξις, condição necessária de qualquer ação, não é, contudo, condição suficiente. A prova disso, mais uma vez, é a existência da figura do ἐγκρατής, que tem desejos do excesso (e, se o critério fosse suficiente, deveria segui-los, e a ação ocorreria necessariamente), mas não os segue.

A mera presença de um desejo não é suficiente para que uma ação seja executada, mas, claro, sua ausência é suficiente para que uma ação *não seja* realizada (exceto se considerarmos as ações por coação física como ações no sentido estrito da palavra). O caso da ἀκρασία, que examinamos no capítulo precedente, já mostra que um desejo não é condição suficiente de uma ação porque *um outro desejo,* mais forte, pode estar intervindo e movendo o agente a fazer (ou não fazer) o contrário daquilo para que o desejo mais fraco tende. Nesse sentido, a presença de um desejo suficientemente forte para ultrapassar todos os limites da inação (inclusive outros desejos concorrentes) e mover o agente é condição suficiente para o desencadeamento de uma determinada conduta. Claro que esse desejo pode ser múltiplo, pode ter uma forma "racional", isto é, buscar o que é o melhor para o indivíduo naquela circunstância. Pode, ainda, ter uma forma bruta, visando à satisfação imediata do prazer ou, ao menos, de um prazer além ou aquém dos limites razoáveis. Nesse sentido, o resultado de uma ação será diferente conforme o motor seja um desejo *mais* uma deliberação (no sentido estrito do termo), ou apenas um apetite. Embora, portanto, uma ação seja, enquanto ação em geral, o produto de um desejo que move o agente numa determinada direção, ações particulares são o produto de um desejo mais alguma outra condição suplementar que determinará se o agente praticará uma conduta tendo em vista o bem ou tendo exclusivamente o prazer. Quem fornece a especificidade da ação – se se trata de uma ação voltada para a satisfação de uma ἐπιθυμία ou de uma ὄρεξις racional – é o tipo de desejo mais forte que move o agente a praticar uma ação. Mas como a especificidade do desejo é dada pela presença ou não de uma deliberação, em última análise, embora haja ou não uma ação que seja resultado da intervenção de um desejo, haver uma ação racional ou não é resultado da associação do desejo a uma deliberação ou não.

É justamente esse, a meu ver, o ponto chave do capítulo 10, do terceiro livro, do *De anima,* texto que, de resto, apresenta dificuldades paleográficas e interpretativas notáveis e cuja análise já antecipei rapidamente no capítulo anterior. Aristóteles abre o capítulo com a afirmação de que "é evidente" que ambas estas coisas – o νοῦς e a ὄρεξις – são motores da ação, uma vez que a φαντασία, já que envolve um juízo sobre que coisas perseguir e de que coisas fugir, pode ser tratada como uma espécie de intelecção. Primeiro de tudo, uma precisão terminológica que Aristóteles não deixa de fazer notar: νοῦς não tem o sentido de a faculdade que apreende o significado dos termos e dos primeiros princípios de uma ciência, mas é sinônimo de λογιστικόν, faculdade calculativa *(DA* III, 10, 433ª19) e, sobretudo, da parte da alma que estabelece os fins a que a ação se destina (ἕνεκά του). Ambos diferem quanto a suas respectivas finalidades (τέλος): enquanto um tem uma finalidade prática, oferecer os padrões gerais de uma ação excelente que devem ser buscados, o outro tem uma finalidade teórica, apreender os primeiros princípios e o significado dos termos presentes nesses princípios. É de notar-se que ambos têm uma característica em comum: seu conjunto de princípios (teóricos ou práticos) não é demonstrável ou ensinável. O agente precisa tê-los obtido por alguma outra via (treinamento, intuição) para que um aprendizado ético ou teórico possa começar a surgir. Como quer que seja, é certo que Aristóteles, neste contexto, não considera que seja função do νοῦς *apenas* apreender os fins da ação e colocá-los para que procurem ser atingidos. O intelecto de que ele fala é "o que *calcula* tendo em vista um fim" (ὁ ἕνεκα του λογιζόμενος) e é, assim, πρακτικός *(DA* III, 10, 433ª14).[4]

Enquanto o νοῦς coloca o tipo de ação, ou resultado de uma ação que o agente deve perseguir, a ὄρεξις move o agente a praticar ações dessa espécie:

> Também todo desejo tem em vista um fim (ἕνεκά του πᾶσα): pois aquilo de que é o desejo é princípio do intelecto prático, e o último é princípio da ação. De modo que com razão esses dois aparecem como os motores, o desejo e o pensamento prático: pois o desejado move, e, por isso, o pensamento move, porque o princípio do mesmo é o desejado. E também a

[4] Cf. HAMLYN [1993], p. 151.

φαντασία, quando move, não move sem um desejo (*DA* III, 10, 433ª9-21).[5]

Primeira tese: todo desejo é desejo de alguma coisa. Em essência, deseja a realização ou a não-realização de um evento, de modo que, é claro, sentenças do tipo "X desejou uma maçã" podem ser reinterpretadas como "X desejou comer uma maçã" ou, eventualmente, "X desejou comer esta maçã". Num cálculo sobre como atingir um determinado resultado a partir de uma ação, o agente, portanto, primeiro deseja a realização de certo fim e, depois, passa, retrospectivamente, a examinar que outros eventos levariam à realização desse fim e, assim, sucessivamente, até que a série termine ou numa impossibilidade prática ou na possibilidade de, a partir de um curso de ação do agente, alcançar a realização da meta alme-

[5] Filologicamente este texto é bastante delicado. Na linha 19, *διὰ τοῦτο* pode significar "por isso, desse modo, por causa disso", e *τοῦτο*, nesse caso, se referiria ao fato de que o desejado (*ὀρεκτόν*) move, num sentido ainda a precisar, ou que a *διάνοια* move (a ação, supostamente) "mediante este" (a saber, o *ὀρεκτόν*). Num caso, a posição, pelo desejo, de algo desejado move o agente a agir; no outro, o pensamento coloca o fim último e, uma vez este posto, quando associado a um desejo, move o agente na sua direção. Por outro lado, é também difícil saber com inteira segurança o referente de *αὐτῆς* na linha 19. À primeira vista, em "o princípio *do mesmo*", a expressão "o mesmo" deve estar se referindo a *διάνοια*, mas a ocorrência de *ὄρεξις*, na linha anterior, poderia sugerir uma outra leitura. No primeiro caso, o *ὀρεκτόν* seria o motor do pensamento: uma vez desejada alguma coisa, o pensamento é posto em ação e calcula como pode ser obtida. No segundo caso, dado um objeto que é capaz de despertar o desejo (*ὀρεκτόν* no sentido não de "desejado", mas de "desejável"), este, uma vez percebido, o despertaria. Deixo isso claro porque a interpretação que proporei a seguir, baseada em elementos contextuais, não é a única possível, e o texto admite perfeitamente uma outra leitura.

jada (como vimos no capítulo anterior). Nesse sentido, o que é último num cálculo é causa de uma determinada ação: é o desejo de realização desse evento, último na cadeia de eventos, que, despertando o desejo, move o agente a realizar uma ação. A frase "aquilo de que é o desejo é princípio do intelecto prático" pode significar duas coisas, uma mais geral, outra mais particular. De modo geral, essa frase pode significar que o princípio (no sentido de resultado perseguido) de uma ação é análogo à conclusão a que um geômetra tenta chegar numa demonstração. O ponto de chegada está dado, trata-se de encontrar a demonstração; da mesma forma, o evento a ser realizado está dado – é o objeto do desejo –, trata-se, para o intelecto prático, de calcular de modo a produzir esse resultado.[6] Dessa forma, ele é princípio do intelecto prático no sentido de que é a causa final de uma ação a ser buscada. Num sentido mais particular, essa frase pode querer dizer que o intelecto prático deve possuir os princípios de uma *boa* ação, tal como possui os princípios de uma *boa* ciência. Essa leitura, que implica a anterior (embora a anterior não a implique necessariamente), levaria a supor, então, que o intelecto contém princípios associados a desejos *(tipos* de ação e de eventos no mundo a serem produzidos, e que são considerados moralmente bons). É tendo em vista a produção de eventos e ações que são instâncias desses tipos presentes no intelecto que o cálculo e, finalmente, as ações, realizar-se-ão. Como quer que seja, é claro que o intelecto, em sua função calculativa de ações, e o desejo são os motores nesse sentido preciso: um

---

[6] Devo a Francis Wolff ter chamado minha atenção sobre este paralelo entre a conclusão de uma prova geométrica, dada previamente, durante o processo de descoberta de uma demonstração, e o fim que um determinado cálculo prático persegue.

porque move a ação como causa eficiente, o outro porque determina a especificidade da ação. E também é claro, pela frase final, que nem o intelecto nem a *φαντασία* podem conduzir a uma ação: é necessário a presença de um desejo mais forte, associado relativamente aos demais eventualmente presentes no agente. Sem ele, não há ação.

Assim, é um objeto, pertencente à *φαντασία* ou ao *νοῦς*, que desperta o desejo e, com este, eventualmente a deliberação. Este objeto pode ser percebido, ter sido lembrado, ter sido sugerido pelas circunstâncias, por enquanto não importa. É ele que move o desejo, faz com que passe de potência a ato e, assim, haja, por conseguinte, ação.[7] Sendo o querer (βούλησις), ou o desejo do bem, uma forma de ὄρεξις *(DA* III, 10, 433ª22-25), se o agente agir conforme uma *deliberação* (no sentido estrito da palavra: um cálculo tendo em vista praticar uma ação moralmente adequada), agirá necessariamente por causa de um desejo. Mas este é uma classe mais ampla que engloba também, como subconjunto, o apetite, de modo que alguém pode agir contrariando um cálculo racional, tendo em vista um bem. Como, nesse caso, será movido por apetite, e o apetite é um desejo, também aqui será necessário a presença de um desejo para que haja ação *(DA* III, 10, 433ª25-26). Ora, dado que tanto no caso do apetite como no caso do querer (que procura o bem) há sempre algo que é desejado – um evento que se deseja que ocorra ou que não ocorra –, é sempre esse objeto desejado aquilo que move o desejo e, através dele, a ação.[8]

---

[7] *De anima* III, 10, 433ª21 não deixa dúvidas de que o motor (e, conforme alguns manuscritos, o *primeiro* motor) da ação é o objeto desejado.

[8] Hamlyn [1993], p. 151-2 insiste nesse ponto, a meu ver de maneira correta.

> O *νοῦς*, por conseguinte, é absolutamente correto (*ὀρθός*). A *ὄρεξις*, por seu turno, e a *φαντασία* são ora corretas, ora incorretas. É por isso que o desejado move sempre, mas este é ou o bem, ou o bem aparente [a saber, o prazer]. Não qualquer bem, mas o bem factível. E é bem factível o que pode ser também diferentemente (*τὸ ἐνδεχόμενον καὶ ἄλλως ἔχειν*) (*DA* III, 10, 433a26-30).

Assim, enquanto o *νοῦς* é responsável por colocar fins corretos, e não pode ser diferente, a *ὄρεξις* pode ser ora correta (quando associada ao *νοῦς* e, portanto, sob a forma de uma *βούλησις*), ora incorreta (quando sob a forma de uma *ἐπιθυμία*). E, novamente, o motor desse desejo, no sentido daquilo para o que tende – aquilo que o desejo deseja – é ou um bem prático (factível), ou alguma coisa que a *φαντασία* me apresenta como desejável e que pode não ser boa (um prazer, em particular prazeres excessivos).

Estamos, portanto, diante de um esquema psicológico bastante elegante, que já havia sido esboçado no capítulo II e que agora passa a se tornar pouco a pouco mais claro. O caso mais simples, que ocorre entre os animais, crianças e intemperantes, é um objeto visto que passa a ser desejado. Um objeto percebido move a sensação que, por sua vez, move a *φαντασία*. Esta passa, então, a oferecer-me memórias de eventos passados nos quais tal objeto (por exemplo, comido por mim) produziu prazer. Isso desperta o desejo que move, então, a ação. Este caso é o mais simples de todos, mas, no caso dos adultos normais, é de esperar-se que a deliberação entre em jogo. E também não é preciso que a percepção do objeto, que fazia parte de uma lembrança, seja o elemento que vem a despertar o desejo. Basta que algum outro traço, ainda que vago, faça, por "associação livre", com que tal lembrança me venha à mente. Assim, por exemplo, um evento exterior é percebido por mim. Essa percepção move minha *φαντασία*, e, entre a multidão de imagens, haverá uma que me fará lembrar do prazer que tive associado a algum traço desse evento que já tinha sido repetido no passado em outro evento. Isso desperta meu apetite que, imediatista, me impele a praticar uma ação que me conduz a obter tal prazer. Mas este desejo move também minha faculdade de calcular conseqüências e meios. Posso, então, deparar-me, ao fim de alguns instantes, com uma conseqüência indesejada que advirá da realização desse evento exigido pelo apetite. Se desejar mais fortemente que essa conseqüência não ocorra do que o contrário, não praticarei a ação. Esse é o sentido geral, a meu ver, de uma longa passagem de *De anima* III, 10:

> Que, por conseguinte, tal capacidade da alma move, isto é, a assim chamada *ὄρεξις*, é evidente. [...] Mas, dado que os desejos também vêm a ser contrários uns aos outros, isso ocorre quando a razão e os apetites são contrários, e vêm a ser nos que têm a sensação do tempo (pois o *νοῦς* impele a resistir por causa do porvir, ao passo que a *ἐπιθυμία* [impele a resistir] por causa do já: pois o já parece aprazível, simplesmente aprazível e bom simplesmente pelo fato de não ver o porvir). Por conseguinte, o motor seria, por um lado, um em espécie, isto é, a faculdade desejante (*τὸ ὀρεκτικόν*) enquanto desejante, mas primeiro de todos é o desejado (*τὸ ὀρεκτόν*) (pois este move, não sendo movido pelo inteligir ou fantasiar), por outro lado, em número os motores são vários (*DA* III, 10, 433^a30-$^b13$).[9]

[9] Deixei de mencionar as linhas $^b1$-4 não porque admita, com Torstrik, que a frase esteja fora de lugar, mas para poder resumir a passagem.

O ponto-chave é o fato de que, embora o *ὀρεκτόν* mova (como objeto desejado: desperta e mantém em ação o desejo) e seja, portanto, o primeiro motor da ação, quem de fato move como causa eficiente é a faculdade desejante (*ὀρεκτικόν*) ou, mais precisamente, o desejo (*ὄρεξις*). O desejo, especificamente uno, é o que move o agente a agir; numericamente, claro, não se trata sempre do mesmo desejo nem do mesmo desejado. Mas, como quer que seja, é sempre um objeto desejado e um desejo aquilo que põe o agente em movimento.[10]

Essa análise é reforçada pelo comentário seguinte de Aristóteles:

> E dado que são três, um, o movente, o segundo, aquilo por que move, e ainda o terceiro, o que é movido, o movente é duplo, um imóvel, outro movente e movido. E, enquanto o imóvel é o bem prático, o movente e o movido são a faculdade de desejar (pois o desejante (*τὸ ὀρεγόμενον*), enquanto deseja, é movido, e o desejo é um movimento ou um ato), o animal é movido. E aquele instrumento pelo qual o desejo move é, então, corporal. Por isso, deve-se investigar sobre eles entre as funções comuns do corpo e da alma. Mas, por ora, para falar sumariamente, o mo-

---

[10] É evidente que não se pode tratar de um objeto real. Nesse caso, aliás, a noção de "objeto" é enganadora: o desejado, convém repetir, é um estado de coisas do qual o agente participa ou se beneficia. Trata-se, portanto, de um estado de coisas *potencial*, que poderá vir a ocorrer se sua ação for implementada (esse estado de coisas será a própria ação ou uma conseqüência da ação). Nesse sentido, o que move como causa final é um estado da alma, mais particularmente um juízo ou uma imagem da *φαντασία*, e não um objeto concreto do mundo, embora os eventos presentes possam suscitar no agente o surgimento de uma imagem que despertará seu desejo.

> vente [que move] mediante os órgãos (ὀργανικῶς) está onde o princípio e a finalização do movimento são o mesmo, por exemplo, a junta: pois aqui o convexo e o côncavo são, um, finalização, e o outro, princípio. Por isso, um permanece em repouso, o outro é movido, sendo, por um lado, distintos quanto à noção e, por outro, inseparáveis quanto à extensão. Pois todas as coisas são movidas por impulso e tração. Por isso, é necessário, tal como no círculo, que algo permaneça e o movimento comece a partir daqui *(DA* III, 10, 433^{b}13-27).

Physica VI diz que todo movimento exige um motor e algo que sofre o movimento, que atualiza uma capacidade e que é o movido. Mas o movimento poderá conter um intermediário, isto é, algo que transmita o movimento do motor (em ato) ao objeto movido (que passa de potência a ato). Aplicando esse esquema à relação objeto desejado/desejo, teremos que o que é imóvel só pode ser o bem, que move o desejo. Este, por sua vez, é o movente do corpo (este é o instrumento), mas movido pelo bem como causa final (é um movente-movido, como o primeiro movido que transmite movimento aos demais seres do mundo sublunar: o céu das estrelas fixas). O desejo, portanto, é movente nesse sentido: move o corpo, que está para o desejo como o bastão está para a mão que o move. Mas é também movido, já que, sem a imagem da *φαντασία* ou a idéia do bem, posta pelo *νοῦς*, este não poderia passar de potência a ato. Assim, o desejo, que move o corpo, é o intermediário entre a ação e a idéia de um bem (real ou aparente) a ser perseguido ou realizado. Ele está, portanto, no limite de duas séries de movimento – é o fim de uma e o começo de outra.

Que, portanto, a *φαντασία*, associada a um desejo, pode mover o animal é evidenciado pelo fato de que não há desejo sem *φαντασία*: animais mais simples, que têm imagens vagas, ainda assim têm *φαντασία*. Sem ela não há desejo e, desde que elas existem, é de se esperar que ele exista também (*DA*, III, 10, 433^b31-434^a5). Sendo, portanto, condição necessária do desejo, pode-se supor que suas imagens o movam. Aristóteles conclui esse capítulo exatamente com essa afirmação:

> Por conseguinte, em geral, como foi dito, é enquanto desejante (*ὀρεκτικόν*) que o animal é capaz de mover-se (*αὑτοῦ κινετικόν*). Mas não é desejante sem a *φαντασία*. Mas a *φαντασία* é sempre ou calculativa, ou sensitiva. Por conseguinte, também os outros animais participam dela (*DA* III, 10, 433^b27-30).

Todo animal tem, portanto, sensação. Se tem sensação, terá desejo. Mas, embora alguns animais não se movam, isso não é prova de que a natureza fez algo em vão: os animais que não se movem são justamente os polipos, que não precisam se mover justamente porque o alimento vem até eles sem que precisem procurá-lo. *Movimento animal* é assim um processo, antes de mais nada, que visa à sobrevivência do organismo e responde a exigências biológicas antes de tudo. Nesse sentido, o desejo não é senão a contraparte psicológica de um evento fisiológico, a falta de um dos elementos em meu organismo me levando à fome, sua satisfação me levando ao alívio, sua imagem me levando a desejar aquilo que pode repô-lo.

3. *Percepção e ação em* De anima *III, 7*

Essa seqüência percepção-desejo-ação, os três numa relação de movente a movido, aparece mais claramente no capítulo 7, do livro III, do *De anima,* mais um capítulo difícil do ponto de vista tanto filológico quanto argumentativo.[11] Ali, Aristóteles parte da afirmação de que o objeto conhecido por uma ciência e a ciência em ato desse objeto devem ser os mesmos, se há correspondência entre conhecimento de *p* e *p* como um fato do mundo. Assim, embora no indivíduo a ciência seja potencialmente anterior a sua atualização, é preciso, pela teoria da potência e ato, supô-la atualizada para que algo mova o indivíduo e faça com que sua ciência passe de potencial a atual também *(DA* III, 7, 431ª1-4). Justamente por isso é preciso supor, para entender a percepção ou a sensação (αἴθησις), que o objeto percebido, em ato, move o órgão do sentido, que passa, então, de seu estado potencial, com respeito à percepção desse objeto, a atual *(DA* III, 7, 431ª4-5).[12] Uma vez isso feito, o restante resulta da mecânica da *φαντασία,* associando traços do objeto a traços de outros eventos até que o desejo seja despertado. Por isso, quando o objeto é prazeroso ou doloroso, é buscado ou evitado, como numa espécie de afirmação ou negação *(DA* III, 7, 431ª8-10).

---

[11] Hamlyn [1993], p.145 suspeita que se trata de uma coleção de fragmentos. Não vejo razão para chegar a tanto, mas é certo que o argumento é várias vezes pouco claro.

[12] Enquanto a ciência (ἐπιστήμη) e o pensamento (νοήσις) resultam de um processo espontâneo da alma, pois dizem respeito ao universal e não podem ser, como a experiência, uma mera coleção de casos, e, portanto, preexistem "de alguma maneira" na alma, a percepção é o resultado da ação de um objeto exterior sobre um determinado órgão dos sentidos e é, assim, passiva, sendo seu movente externo (ver a esse respeito *DA* II, 5, 417ᵇ16-28). Note-se também que, enquanto em outros casos a passagem de potência a ato implica que o objeto atinge sua perfeição, neste caso a faculdade sensitiva, que já está perfeita, apenas atualiza uma mera potencialidade *(DA* III, 7, 431ª6-7).

Se entendo corretamente, o que Aristóteles está querendo dizer é que um objeto é experimentado, ao ser percebido (pelo tato, em geral), como prazeroso ou doloroso. Isso é análogo a um juízo no qual se atribui, a um sujeito, um determinado predicado, em particular o predicado "bom" ou "mau".[13]

Trata-se, portanto, de um juízo imediato feito pelo próprio *αἰσθητικόν*, no momento em que passa de potência a ato e, assim, percebe o *αἰσθητόν* (o objeto percebido). Dessa forma, a faculdade da sensação passa de potência a ato e me faz sentir o objeto (como quente ou frio, por exemplo). Mas, por outro lado também, passando de potência a ato, faz com que eu o sinta como prazeroso ou doloroso, e nisso o desejo ou a fuga não se distinguem da faculdade da sensação, nem um do outro, exceto "quanto ao *εἶναι*" *(DA* III, 7, 431ª12-14). A passagem é crucial:

> Tanto a fuga (ἡ φυγή) quanto o desejo são, enquanto atos, a mesma coisa: e não são diferentes a faculdade de desejar e de fugir nem entre si, nem da faculdade de sentir, embora o ser seja diferente *(DA* III, 7, 431ª12-14).

Prazer e dor, portanto, são atualizações da faculdade sensitiva. Mas também a faculdade sensitiva é idêntica à faculdade de desejar (*τὸ ὀρεκτικόν*). Percebido um objeto prazeroso, ao mesmo tempo ele será desejado. Nesse sentido, o perceber produz uma espécie de juízo e é, assim, *ὅμοιον*, similar a um ato de enunciar ou inteligir. Não no sentido de que seria discursivo, mas no sentido preciso de que uma mesma faculdade pode receber sensações tão diversas quanto uma

---

[13] Essa é a interpretação de HAMLYN [1993], 146.

sensação térmica e uma de prazer ou dor, juntando-as, juízo esse que, neste caso, consiste exclusivamente na concomitância de sensações diversas.[14]

Esse é, portanto, o primeiro nível entre objetos e desejo. Um objeto move minha sensação com propriedades diversas, de um lado, sensações térmicas, por exemplo; de outro, prazer ou dor; de outro ainda, desejo. Mas esse esquema objeto-sensação-desejo não é o único, embora talvez seja o mais simples de todos:

> Portanto, por um lado a faculdade intelectiva intelige as formas nas imagens (*ἐν τοῖς φαντάσμασι*), e já que nessas é determinado por ela o que é perseguido ou fugido, mesmo estando ausente a sensação, quando está em presença das imagens (*ὅταν ἐπὶ τῶν φαντασμάτων ᾖ*) é movida (*DA* III, 7, 431^{b}2-5).[15]

Esta é uma passagem difícil, mas sugiro que seja interpretada de uma maneira muito genérica, da seguinte forma: em primeiro lugar, é certo que são as formas o produto final da intelecção. É certo também, em segundo lugar, que é pela presença das imagens que a faculdade intelectiva chega às for-

---

[14] Parece-me que o trecho de 431^{a}14-431^{b}2, bastante difícil sob diversos aspectos, sustenta, de maneira geral, essa idéia: atribuo a um mesmo sujeito duas propriedades distintas (note-se que Aristóteles afirma que "o mesmo raciocínio" vale para o caso do doce e o branco em 431^{b}1), caso sejam concomitantes.

[15] Hamlyn [1993], p. 64 traduz *what is to be pursued and avoided.* Que eu saiba, para que a sua tradução estivesse correta, deveríamos ter *διωκτέον* e *φευκτέον* no lugar de *διωκτόν* e *φευκτόν*. O sentido preciso é aqui potencial: o que é passível de ser perseguido ou fugido, e não o que *deve (is to)* ser perseguido ou fugido.

mas. É preciso, portanto, que haja imagens para que haja intelecção. Sem imagens não se chega a nenhuma forma. Por outro lado, não é necessário que essas imagens sejam o resultado de uma percepção presente para que a faculdade intelectiva seja movida por elas: pode haver ausência de sensação mas, havendo memória, haverá imagens rememoradas e, assim, capazes de movê-la. "Nessas" (ἐκείνοις) pode referir-se tanto a formas quanto a imagens. Se se refere a formas, Aristóteles estaria dizendo que é através delas que aquilo de que se deve fugir ou o que se deve perseguir é determinado. Caso se refira a imagens, a idéia seria que cabe ao intelecto determinar, numa imagem que aparece a ele, se há perigo ou algo a ser buscado. No primeiro caso, o intelecto chegaria a regras gerais sobre coisas a perseguir ou de que se fugir; no segundo, determinaria numa imagem aquilo que representa perigo ou deve ser perseguido.[16]

Como quer que seja, é certo que, conforme essa passagem, a faculdade intelectiva, que determinará o que é suscetível de ser perseguido ou aquilo de que se deve fugir, é movida a essas conclusões pelas imagens da faculdade imagética ou φαντασία. Esta, claro, não existe sem a sensação. Mas como se persegue algo ou se foge de algo por causa de um desejo ou aversão, associados a certos traços de determinados tipos de evento, é justamente a existência de um desejo (ou uma aversão) que moverá o agente a agir. Mas é o tripé imagem-prazer-desejo (ou imagem-dor-aversão) que servirá de material e motor para que a faculdade intelectiva chegue a uma regra geral sobre o que deve ser perseguido. É assim que,

---

[16] A primeira interpretação é a de HAMLYN [1993], p. 148, e a segunda de Temístio (ver TODD [1996], p. 140), se entendo corretamente sua paráfrase.

mesmo na ausência da coisa percebida, mas bastando alguns sinais seus, o sensível comum pode permitir que se infira uma qualidade não-percebida a partir daquelas percebidas: ao perceber uma tocha, dado que é feita de fogo, infiro, ao vê-la em movimento, que se trata de um inimigo. É difícil, como já foi várias vezes notado, saber mais sobre o sentido preciso desse exemplo: pode-se tratar de um inimigo que não vejo e que carrega a tocha móvel ou ainda da tocha que, em Salamina, era acesa quando os navios persas eram avistados. Pouco importa, porém: é certo que a tocha em movimento *percebida* faz com que eu chegue a saber de algo que não percebo quando a vejo. Trata-se, parece, da aplicação de uma regra que foi previamente determinada por aquele tripé imagem-prazer/dor-desejo/aversão. O agente percebe uma qualidade qualquer e infere a partir daí a existência de uma outra qualidade qualquer, agradável ou desagradável. Associada ao desejo ou à aversão, tal qualidade impele o agente a perseguir a realização de um evento ou a evitar sua ocorrência.

É por isso que Aristóteles continua dizendo que é a partir dessas regras (νοήμασεις) ou imagens (φαντάσματα) na alma que o indivíduo calculará e deliberará, "como que vendo", sobre os eventos futuros a partir dos eventos presentes:

> Outras vezes pelas imagens ou noções (νοήματα) na alma calcula e delibera, como que vendo, os eventos futuros diante dos eventos presentes. E, quanto afirma que ali está o prazeroso ou o doloroso, foge ou persegue e, em geral, fará uma única coisa *(DA* III, 7, 431^b7-10).

Tenho, portanto, uma percepção de um estado de coisas. Tenho uma série de regras apreendidas de minha experiência acumulada sobre coisas dolorosas ou prazerosas – fogo queima, deve-se fugir dele, por exemplo – que decorrem da ação do *νοῦς* sobre esse conjunto de imagens. Vejo o fogo. Infiro daí que será perigoso e doloroso para mim. Isso desperta minha aversão e, assim, fujo. É, portanto, com base numa seqüência de regras que concluem pelo prazer ou a dor que o desejo ou a aversão serão despertados e levarão o agente a praticar sua ação. Note-se que esse tipo de inferência decorre de um movimento coordenado da percepção e da faculdade intelectiva, a primeira oferecendo a premissa menor de um silogismo, a segunda, a premissa maior, isto é fogo, fogo queima sempre, isto me queimará. Por esse tipo de antecipação de eventos futuros possíveis ("como que vendo", insisto mais uma vez), o indivíduo pode calcular e deliberar. Mas convém sublinhar o fato de que a deliberação é posta em ação por uma ação da sensação, que me oferece um estado de coisas que se transformará em imagens que serão, então, casos das regras que o intelecto produziu. Permitindo, assim, que eu antecipe os eventos futuros, conseqüências do estado de coisas presente, percebido por mim, essas regras produzidas pelo intelecto permitem-me "ver" o que está para acontecer e, assim, agir conforme previsões racionais.

4. *Psicologia do movimento animal em* De motu animalium *6-7*

É preciso, portanto, que algo desperte o desejo para que este mova a deliberação e o cálculo que inferem esses resultados. Contudo, aqui surge um problema. Se a seqüência correta é, primeiro, uma percepção, em seguida, um cálculo e, finalmente, uma ação, quais são exatamente os passos entre cada um desses três processos? A percepção do mel, por si só, não despertaria o desejo se, ao ver o mel, eu não me *lembrasse* de que é doce, de que o doce causa prazer, e a lembrança de algo que pode me causar prazer atualizasse um apetite. Mas para que eu me lembre da regra geral "o mel é doce", da regra, também geral, "o doce dá prazer" e, finalmente, conclua que este mel, se comido, me dará prazer e passe a desejá-lo, já foi necessária toda uma seqüência de inferências em que o desejo apareceu apenas no final. O desejo, neste nível, não moveu a faculdade calculativa, já que este só foi despertado no final, quando a idéia de algo prazeroso apareceu. Mas, se o desejo é o encarregado de fazer com que a faculdade calculativa passe de potência a ato e, assim, comece a concluir, visto que é cronologicamente o último a surgir neste processo, não pode ser o responsável por este cálculo preliminar.

Aristóteles não parece considerar este problema mais de perto e limita-se a constatar o fato de que o desejo é movido ou despertado por um objeto exterior.[17] Mas algumas distinções talvez nos possam fazer imaginar que resposta ele poderia apresentar ao problema. É preciso distinguir entre o que leva um desejo a ser despertado e o cálculo que será efetuado, visando a sua satisfação, que termina numa ação ou não. No primeiro caso, podemos imaginar um mecanismo psicológico qualquer de associação livre, o que certamente pressupõe uma faculdade, talvez espontânea, que associe as imagens presentes da percepção a outras imagens, estas a outras e assim por diante, até que se chegue a uma imagem que inclua o prazer e desperte o desejo de produzir um evento desse tipo no-

[17] Embora haja algo como uma teoria da associação livre em alguns textos dos *Parva naturalia,* como o *De memoria et reminiscentia* 2, 451^b10-452^b7, *De insomnis* 2, 459^a23-$^b23$ e sobretudo no *De divinatione per somnum* 1, 462^b27-463^a3, é claro que esses textos precisam ser tomados com cuidado para sustentar uma tese forte como a que estou sugerindo.

vamente. Esse tipo de movimento dependeria ao mesmo tempo da sensação, que oferece alguma imagem que dispara a associação livre e leva, assim, à emergência de um desejo. Claro que, na origem, o desejo deve estar naturalmente conduzido pela busca de alguma coisa (desejo *de comida*, não desejo de algo prazeroso de modo geral), e Aristóteles parece admitir por várias vezes nos textos que nos chegaram esse pressuposto de naturalização do desejo[18]. Por outro lado, uma vez que o desejo tenha sido despertado, é certo que moverá a parte calculativa da alma para que esta determine, a partir do estado de coisas presente, como uma ação poderá produzir um estado de coisas futuro que o satisfaça. Justamente aí entrarão o cálculo de meios e conseqüências e a avaliação dos resultados dessa conduta diante de outros resultados também desejados, eventualmente de maneira mais forte. Assim, o que desperta o desejo pode perfeitamente ser um processo semi-irracional ou, ao menos, não conduzido especificamente para a realização de um fim. Nesse processo, o agente simplesmente explora algumas alternativas e oportunidades que o atual estado de coisas suscita, junto com algumas condutas possíveis de sua parte, e que teria outras conseqüências possíveis, boas ou más. Tal processo de cálculo em primeiro nível pode ser mais ou menos aperfeiçoado, conforme o indivíduo, uns

[18] Em *Rhetorica* I, 11, 1370^{a}3-8, por exemplo, Aristóteles diz que necessariamente é prazeroso se conduzir a seu lugar natural "no mais das vezes", sobretudo quando as coisas que vêm a ser por si próprias recobrem sua própria natureza. E diz também pouco antes, ainda falando do prazer, que este é um movimento da alma que consiste num retorno (κατάστασις) para a φύσις que pertence a esse organismo, sendo a dor o contrário. Dado que o desejo está associado à busca do prazer, o desejo será a tendência do organismo a voltar a seu estado natural.

sendo mais capazes de *ver* imediatamente conseqüências de um determinado estado de coisas ou oportunidades à vista, outros menos. Mas é certo que os dois processos, logicamente distintos, na prática andam juntos, e o desejo, à medida que uma deliberação ocorre, pode perfeitamente deslocar-se de uma meta a outra, conforme novos estímulos, provenientes da faculdade imagética, forem surgindo.

É justamente esse movimento com que o desejo, despertado por um objeto exterior, move o indivíduo que é o objeto da parte central do *De motu animalium*. Aí, Aristóteles toma como dados alguns resultados presentes tanto na *Physica* quanto no *De anima* e passa, segundo suas próprias palavras, a "examinar como a alma move o corpo e qual é o princípio do movimento do animal" (*MA* 6, 700^{a}9-11). A primeira constatação é que todo animal move algo ou se move tendo em vista um fim – isto é, neste contexto, aparentemente para chegar a algum lugar –, sendo justamente esse fim (ἕνεκά τινος) o limite de qualquer movimento animal. Ora, já que o animal se move, resta saber, então, o que move o corpo do animal, e Aristóteles é explícito a esse respeito:

> E vemos que o que move o animal é o pensamento, a φαντασία, a escolha, o querer e o apetite. E todas estas coisas reduzem-se a intelecto e desejo. Pois tanto a φαντασία quanto a sensação têm a mesma extensão que o intelecto, já que todas servem para julgar (κριτικὰ γὰρ πάντα), mas diferem conforme as diferenças mencionadas em outros lugares. E o querer, a paixão e o apetite são todos desejo, e a escolha é o comum do pensamento e do desejo, de modo que move em primeiro lugar o desejado e o pensado. Mas nem todo objeto pensado (τὸ διανοητόν) [move], mas apenas o fim (τέλος) das ações (*MA* 6, 700^{b}17-26).

Mais uma vez, Aristóteles reúne em duas grandes classes a maioria dos estados da alma: todos resumem-se a casos ou do desejo, ou da intelecção.[19] E mais uma vez vemos repetir-se em *De motu animalium* a tese sobre a qual tanto a *Ethica eudemia* quanto o *De anima* insistem: a presença de um estado epistêmico sozinho na alma não é suficiente para desencadear uma ação. De toda forma, contudo, é certo que, no *De motu animalium,* novamente pensamento e desejo serão os responsáveis pela causa da ação. Mas enquanto a análise do *De anima* se estende e se mantém no âmbito puramente psicológico da ação, o *De motu animalium* explora justamente essa região de fronteira entre os eventos mentais que resultam em eventos físicos – o desejo que move um corpo.

A primeira constatação é que tanto o desejo quanto a faculdade desejante da alma movem o corpo por transitividade. Isso significa que não podem movê-lo como o primeiro motor move o céu, ou seja, sem ele próprio ser movido. O desejo é um transmissor de movimento, não um gerador autônomo *(MA* 6, 700^{b}35-701^{a}1). Mas se é um transmissor de movimento, é preciso encontrar o motor que o move, por meio do qual o corpo é movido, e uma ação, praticada. Esse desejo, ou ainda essa escolha, Aristóteles repete várias vezes no *De motu animalium,* são despertados pela sensação ou pela *φαντασία*, quando o animal sofre algum tipo de alteração conforme elas *(MA* 6, 701^{a}4-6), ou ainda conforme o *νοῦς (MA* 7, 701^{a}30; 701^{a}36). E, novamente, Aristóteles conclui que é

---

[19] Lembro que na *Ethica eudemia* a redução é dos estados epistêmicos a exemplos de *διάνοια*, enquanto que, em *De motu animalium,* parecem ser reduzidos a ações do *νοῦς*. De toda forma, o esquema geral classifica novamente, conforme um princípio real neles presente, os estados da alma em oréticos e epistêmicos.

o objeto desejado ou o objeto pensado (associado, claro, a um desejo) o que "move em primeiro lugar" o animal. Ele o move enquanto é uma imagem ou pensamento que despertou o desejo de obter a realização de determinado estado de coisas no mundo (que pode ser, claro, desfrutar de um prazer, por exemplo). E, assim, também meios cuja realização contribuem ou realizam determinado fim são, eles também, motores da ação *na medida em que são desejados.* Em particular, um bem aparente – o prazer, em geral, e Aristóteles neste contexto não parece identificá-lo a este[20] – pode servir como motor de uma ação, tanto quanto um bem verdadeiro.

Essa relação entre uma imagem, ou sensação, e o surgimento de um desejo é explicada por Aristóteles mediante o uso de uma analogia com o mesmo processo por que a alma passa, ao afirmar a conclusão de um conjunto de sentenças numa relação de dedução.[21] É claro que essa analogia tem limites, e Aristóteles está muito consciente deles, sobretudo no que diz respeito ao fato de que, num caso, estamos diante de uma inferência teórica que não leva a uma conduta, enquanto que, no outro, a conseqüência é a prática imediata de

---

[20] Aristóteles afirma que o prazer é "um bem aparente" (*φαινόμενον ἐστιν ἀγαθόν*)em 700^{b}29.

[21] NUSSBAUM [1985], p. 59-74 ressalta esse ponto: não se trata aí propriamente de um raciocínio prático, como ocorre nos exemplos de *Ethica nicomachea,* isto é, no sentido preciso de um raciocínio que apresenta formalmente um processo de deliberação, mas antes de uma analogia que permite *explicar* uma determinada ação (ainda que nesta não haja nenhuma deliberação). Este ponto é importante, a meu ver, para que não se considere os exemplos de *De motu animalium* como exemplos de deliberações, mas sim como um esquema geral de explicação de uma ação em que se esclarece qual a relação entre uma imagem e um desejo.

uma ação *(MA* 7, 700^{b}10-12). Aristóteles apresenta quatro exemplos, em ordem crescente de complexidade, para esclarecer essa relação:[22]

(1) *Exemplo do homem que caminha* (701^{a}13). Este exemplo é relativamente simples. Suponhamos que eu perceba que devo andar, porque fiquei, por exemplo, durante horas sentado, e isso começou a fazer-me mal, ou porque isso faz bem à digestão. Ora, no momento em que me dou conta disso, passo imediatamente a caminhar. Justamente esse fato, de *perceber* que as circunstâncias exigem certa conduta, desperta ou meu desejo, ou minha aversão, respectivamente a um evento a ser realizado ou a um evento a ser evitado. É, então, que passo a mover-me.

(2) *Exemplo do homem que não caminha* (701^{a}15-16). Este exemplo é exatamente simétrico ao anterior porque agora nenhum homem deve caminhar nas circunstâncias em que me encontro. No momento em que me apercebo disso (e visto que sou um homem isso cabe no meu caso), permaneço imediatamente parado – por exemplo, devo permanecer de cama porque estive doente. Mais uma vez, um pensamento, que passou a ser consciente, move ou o desejo ou a aversão.

Aristóteles precisa que nesses dois casos esse indivíduo fará essas coisas, caso nada o impeça ou o force em sentido contrário *(MA* 7, 701^{a}15-16).

---

[22] Há, a rigor, cinco exemplos nesse capítulo do *De motu animalium,* o último sendo o da sede e da bebida na minha frente. Mas esse exemplo está associado estritamente a um caso de incontinência por precipitação e, embora esclareça também os anteriores, não é tão relevante quanto os quatro primeiros.

(3) *Exemplo da construção da casa* (701ª16-17). Enquanto os dois primeiros exemplos dizem respeito a ações, os dois exemplos seguintes dizem respeito à produção. Nestes casos me apercebo de que preciso de alguma coisa que me seria boa, que satisfaria uma carência. Praticarei a ação. Ora, essa carência, dou-me conta, pode ser satisfeita se construir uma casa.[23] Movido o desejo através dessa conclusão a que cheguei, passo, então, a agir e a construí-la imediatamente.

(4) *Exemplo do manto* (701ª17-22). O quarto exemplo é o mais complexo de todos e esclarece diversos pontos, inclusive o anterior. Suponhamos que eu esteja descoberto: ou relativamente (faz frio agora), ou porque estou nu. Constato, então, em primeiro lugar, um desconforto e a necessidade de solucionar esta dificuldade. Até este momento, há apenas a consciência de que estou descoberto e a sensação desagradável que isso me causa. No momento seguinte, passo a estar consciente de que a solução para esta dificuldade está em cobrir-me: necessito de algo que me cubra, um "cobertor" (*σκέπασμα*) no sentido mais amplo da palavra. Isso faz com que eu imagine e examine diversas soluções, até que me deparo com a constatação de que o melhor "cobertor" é, finalmente, um manto: preciso, assim, de um manto. Mas o raciocínio não termina aí: posso tomar emprestado, comprar, um manto etc. A solução, após refletir, é a de que devo fabricá-lo, já que aquilo de que preciso no momento só pode ser ob-

[23] Aqui é preciso uma justificação filológica: entendo *ποιητέον μοι ἀγαθόν* como significando "é preciso fazer um bem para mim", ou seja, é preciso satisfazer esta minha necessidade que só pode ser satisfeita desta e desta maneira, e não como querendo dizer "é preciso que algum bem seja feito *por mim*".

tido produzindo-o eu próprio. A conclusão é, então, a transmissão do desejo inicial a um novo evento: preciso fabricar um manto.

Neste último exemplo, Aristóteles utiliza continuamente dois recursos da língua grega: o verbo *δέομαι*, que indica carência, falta ou necessidade de algo, e o adjetivo *ποιητέον*, cujo sufixo insiste na necessidade de ser feito algo. Mas é importante indicar que, até aqui, não houve cálculo (*λογισμός*) propriamente dito, avaliação de meios e conseqüências, exceto num sentido bastante vago ainda. Houve, isto sim, um movimento do desejo que, tateando, passou do desconforto inicial com um estado de coisas ao desejo de fabricar um manto. Uma vez que a fabricação do manto foi estabelecida como um evento que deverá ser produzido, passará a haver um cálculo sobre como é possível, agora, atingir a realização desse objetivo. Por isso, Aristóteles acrescenta em seguida que "se haverá um manto, então necessariamente haverá isto primeiro, e se isto, aquilo [etc.], e isto [o que deve ser feito primeiro], faz imediatamente" *(MA* 7, 701^{a}21-22). Obviamente, insisto, esses dois processos – de um lado, de movimentação do desejo, que é despertado inicialmente por uma sensação ou uma imagem e vai, pouco a pouco, associando-se a estados sucessivos de coisas, e o cálculo de meios e conseqüências – são inseparáveis na prática. Isso porque o cálculo de meios pode redundar na conclusão de que aquela coisa desejada era impossível praticamente, e o cálculo de conseqüências pode mostrar que, se uma determinada meta for obtida, outra meta não poderá ser realizada. Assim, o processo de deliberação ou cálculo é, em última instância, um procedimento de tentativa e erro, como aliás qualquer processo de descoberta. O que eu desejarei não está determinado previamente a partir dos estímulos que tive e despertaram em mim um desejo vago ou um desconforto desagradável de que quero livrar-me. A lembrança do mel pode ter surgido em minha mente porque alguém mencionou determinada sobremesa, ou porque senti vagamente seu cheiro, ou por outra razão qualquer. Isso despertará meu desejo. Mas em seguida posso pensar que o mel quebrará minha dieta (sobretudo se estivermos durante a lua nova, quando o mel é prejudicial à saúde). Continuo, então, a desejar algo doce. Penso, em seguida, numa fruta. Ora, uvas são frutas e estão em outro aposento. Desejo, então, uvas e penso em como ir apanhá-las. E, finalmente, como-as e satisfaço minha vontade.

É por isso que o desejo, embora seja a causa da ação, é apenas sua causa *transitiva*. Isto significa que transmite o movimento de um motor – uma imagem – a um movido – o corpo –, sendo ele próprio movido e movente.

> Desta maneira, portanto, os animais são impulsionados a mover-se e a fazer, sendo, de um lado, a causa última de mover-se o desejo e, de outro, este vindo a ser ou por sensação, ou por *φαντασία* e intelecção. E, entre as coisas que se deseja fazer, fabricam umas, enquanto outras são praticadas por causa do apetite ou paixão (*θυμός*), outras pelo desejo ou querer (*MA* 7, 701^{a}33-701^{b}2).

O que exprime, nos exemplos de Aristóteles, justamente essa imagem ou sensação que move o agente é o ponto de partida: um desejo ou um desconforto diante de certo estado de coisas. Meu desconforto com o frio, por exemplo, leva-me a pensar como posso resolver esse problema agindo de alguma maneira. Isso, ao mesmo tempo que desvia meu desejo, determina mais plenamente o que passará a ser desejado. Desejo inicialmente apenas livrar-me dessa sensação desagradável. Em seguida, desejo algo para cobrir-me (o que já é uma especificação maior do desejo e já envolve algum tipo de tentativa de cálculo). Em seguida, desejo vestir um manto. Em seguida novamente, fazer um manto. Depois, desejo o começo da ação (começo por tecê-lo). E assim por diante. O estímulo inicial conduz o desejo de uma indeterminação inicial ("quero não estar com frio") a uma maior determinação ("quero tecer um manto"). Mas note-se que, sem um estímulo de alguma espécie – falta dos elementos em meu corpo, levando-me então a ter fome; uma sensação de frio; a associação com alguma lembrança de algo prazeroso – não há despertar do desejo e, assim, nem cálculo nem, finalmente, ação. O movimento, portanto, depende de um estímulo inicial sem o qual nenhum estado orético pode surgir na alma para impulsionar, eventualmente, o corpo.[24]

5. *Fisiologia da ação em* De motu animalium *7-10*

Se o desejo é responsável pelo movimento animal, estamos diante de um problema grave. *Desejos* são entidades psicológicas, enquanto *ações* são entidades antes de tudo fisiológicas – movimentos do corpo. Que uma sensação ou um

---

[24] Note-se que não se trata de um esquema behaviorista. No behaviorismo tradicional, uma classe de estímulos inicial causa uma determinada resposta (ou uma classe de respostas, cada uma com uma probabilidade associada). Não está presente nenhuma teoria do desejo servindo de intermediário entre o estímulo e a ação. A teoria aristotélica, como tentarei mostrar a seguir, é bastante complexa e admite, de uma ponta a outra, a existência de um duplo aspecto para cada evento fisiológico ou psicológico. O desejo, portanto, embora seja uma entidade inicialmente psicológica, passa em seguida, no texto do *De motu animalium,* a receber um tratamento fisiológico.

pensamento movam o desejo não é surpreendente, já que estamos dentro do mesmo campo de entidades, sob a condição, nesse caso, para respeitar a teoria do movimento de Aristóteles, de que a imagem que move a faculdade apetitiva a ter um desejo possua, em ato, aquilo que a faculdade tem ainda apenas em potência.[25] Mas como um evento da alma poderia causar um evento físico? Não estamos diante de duas ordens de fatos ontologicamente distintas? A resposta de Aristóteles é considerar que os eventos psicológicos consistem *ao mesmo tempo* em eventos fisiológicos: fatos que possuem a dupla face psicológica *e* fisiológica. Vejamos, com mais detalhe, como Aristóteles vê essa dupla face dos desejos.

Ele considera que um evento psicológico, como uma sensação, por exemplo, é também um evento fisiológico. O mesmo vale para um desejo, e é justamente por isso que um corpo pode ser movido quando aquele está nele presente. O paralelo de Aristóteles é justamente com os autômatos. Estes são movidos por cordas que se esticam e se contraem; analogamente, um animal é movido pela contração e descontração dos músculos, alterações causadas pelo aquecimento ou resfriamento (dilatação e contração). Ora, ao mesmo tempo

---

[25] Aristóteles nunca é muito claro sobre como sua teoria do movimento poderia ser rigorosamente aplicada ao despertar de um desejo. A julgar pelos exemplos que ele oferece de casos de movimento (o sol aquece a pedra, o professor transmite a ciência ao aluno), é preciso que motor e movido tenham alguma característica comum, e, em particular, que o motor tenha a potência de atualizar uma propriedade no movido, e o movido tenha a potência de ter essa propriedade atualizada. No caso do desejo e da sensação, por exemplo, qual é exatamente essa potência? A não ser que as pensemos de uma maneira muito abstrata ("potência de despertar o desejo", "potência de ser despertado"), não há nenhuma resposta clara, até onde posso ver, para essa dificuldade.

em que este tipo de eventos está ocorrendo no corpo, sua contraparte psicológica, que também estará ocorrendo, serão as sensações e os pensamentos (ἔννοιαι). Essas alterações têm, portanto, um duplo aspecto fisiológico e psicológico e podem ser estudadas de ambas as formas. É possível, assim, fazer uma teoria psicológica da incontinência, por exemplo, ou da ação voluntária. Mas como toda ação é uma alteração corporal, como toda ação é causada por um desejo, e este, novamente, é também uma alteração corporal, e como todo desejo é despertado por uma sensação, que mais uma vez é também uma modificação dos órgãos dos sentidos, a teoria da ação poderá assumir agora a forma de uma fisiologia do comportamento.

É dessa maneira que se explica por que passamos a tremer e a sentir arrepios quando imaginamos uma coisa fria: sendo esta *imagem* uma alteração tanto fisiológica quanto psicológica, é natural que venha acompanhada de todos os fenômenos corporais que, em geral, estão junto com ela quando percebo um objeto frio.

> As φαντασίαι, as sensações e os pensamentos (ἔννοιαι) alteram. Pois as sensações pertencem imediatamente às alterações, sendo um tipo delas, e a φαντασία e a intelecção posuem a capacidade das coisas: pois, de certo modo, a idéia, isto é, o pensamento (τὸ νοούμενον) do calor, ou do frio, ou prazeroso, ou amedrontador, sucede ser tal como são também cada uma das coisas, e por isso as pessoas se arrepiam ou tremem apenas pensando [nisso]. E todas essas coisas são afecções e alterações *(MA* 701^{b}16-23).

Dessa forma, uma imagem na alma de algo quente ou frio é, fisiologicamente falando agora, um evento frio ou quente *no corpo.* Embora mais fraca, ela ainda é capaz de produzir tremor ou arrepio, tal como uma coisa real, já que fisiologicamente possui propriedades comuns com as coisas quentes ou frias. Mas a relação evento na alma/evento fisiológico não é uma relação tão simples assim, e a teoria de Aristóteles é surpreendentemente muito mais complexa. Um evento fisiológico inicialmente desprezível pode gerar uma reação corporal de proporções imprevistas e, supostamente, em sua contrapartida psicológica, também um efeito considerável. Tomemos, por exemplo, uma sensação fria ou quente de intensidade bem fraca. Essa sensação é uma alteração, e é de supor-se que, por transitividade do movimento, chegue perto do coração. Ora, tal como o leme de um navio, ao ser minimamente deslocado, causa na proa um movimento muito mais amplo, também uma alteração mínima, ao atingir o coração, passa a tomar proporções consideráveis. Uma alteração mínima como uma sensação de calor ou frio pode, por fim, causar enrubescimento, palidez, arrepios, tremores e mesmo os seus contrários (*MA* 7, 701^{b}23-32). É o que explica afecções como o medo ou o apetite sexual, nas quais umas, em parte, e outras, completamente, são sempre acompanhadas de calor ou frio. Lembranças e expectativas utilizam tais imagens ora mais, ora menos, e estas são, assim, mais uma vez, causa desses eventos somáticos.

Esse processo consiste, fisiologicamente falando, na liquefação e solidificação de determinadas partes do corpo (*MA* 8, 701^{b}10). Ora, basta que as partes do corpo estejam dispostas convenientemente para que, havendo um estímulo e sendo, assim, despertado um desejo, *automaticamente* uma ação venha a ser produzida. Aristóteles insiste nesse ponto crucial:

> E quando ocorrem essas coisas dessa maneira e ainda tendo o passivo e o ativo tal natureza, da qual muitas vezes falamos, quando sucede haver o passivo

> e o ativo e nada falta a nenhuma das coisas presentes na definição dos mesmos, imediatamente um age e o outro sofre [a ação]. E por isso, ao mesmo tempo, por assim, dizer pensa que deve andar e anda, caso nada de outro impeça. Pois de um lado as afecções preparam convenientemente as partes orgânicas, de outro, o desejo prepara as afecções, o desejo é preparado pela *φαντασία*, e esta vem a ser ou por intelecção, ou por sensação *(MA* 8, 702ª11-20).

O que está em jogo, portanto, é uma conformação adequada das partes entre si. Se, portanto, certo conjunto de condições (disposição das partes, conteúdo, tempo do estímulo etc.) for satisfeita e não houver nenhuma condição suplementar que impeça a ação, esta, como alteração do organismo (em particular, movimento das partes do corpo), seguir-se-á *necessariamente.* Trata-se aí de um caso de necessidade hipotética, que examinarei com um pouco mais de cuidado no próximo capítulo: um evento *E* não é necessário, exceto se um conjunto de condições *C* for previamente satisfeito. Da mesma forma, se houver uma alteração dos sentidos (que, psicologicamente, oferecem uma imagem), haverá uma alteração dos humores em torno do coração (que dá, psicologicamente, um desejo). E, se nada estiver impedindo, esse conjunto de alterações fisiológicas acarretará uma outra alteração fisiológica: contração e dilatação dos músculos e, assim, uma ação. Embora possa parecer estranho que Aristóteles passe sem maiores dificuldades de um domínio ao outro – de afecções e partes orgânicas (que são movidas e, portanto, passivas e fisiológicas) a desejo, *φαντασία* e intelecção ou sensação, que são ativas, mas psicológicas –, isso é permitido pela teoria aristotélica inteira, pela qual a alma é vista como enteléquia primeira de um organismo que tem a vida em potência e, assim, não é outra coisa senão a estrutura de um corpo organizado. O conjunto dos eventos psicológicos, então, é apenas outro aspecto de um conjunto de fenômenos físicos.

Ora, visto que o corpo humano e a maioria dos corpos animais se movem tanto à direita quanto à esquerda, é necessário que o princípio do movimento de um corpo animal resida em seu centro. (Se residisse numa de suas extremidades, por exemplo, à direita, o animal só poderia andar em círculo, rodar.) Ora, o centro do corpo do animal é também, para Aristóteles, a sede da sensibilidade.[26] Sendo assim, é natural que esta parte, da qual surge o movimento, seja afetada pelas sensações. Portanto, conforme a fisiologia de Aristóteles, uma alteração da sensação modifica as partes que são contíguas ao princípio do movimento animal (que reside em seu centro), o que causa uma dilatação e contração dessas partes. Essa contração e dilatação é transmitida aos membros do animal, e ele, se todas as condições forem satisfeitas e nada houver que o impeça, irá *necessariamente* se mover *(MA* 9, 702^{b}17-25). Em última instância, esse princípio é, para Aristóteles, o πνεῦμα, um elemento fisiológico capaz tanto de contrair-se quanto de dilatar-se. Provavelmente a analogia com um desejo que cresce, quando despertado por uma sensação, e decresce quando a ação é efetuada, deve ter sido uma das razões que conduziram ele a identificá-lo com o πνεῦμα. Seja como for, é certo que Aristóteles não tem dúvidas ao afirmar que, se "conforme seu conceito" (κατὰ τὸν λόγον), o desejo é o intermediá-

---

[26] Isso é sustentado em vários outros momentos, em particular em vários tratados dos *Parva naturalia: De partibus animalium,* II, 1, 647^{a}24-26; II, 10, 656^{a}28; III, 3, 665^{a}10-14; *De sensu* 2, 439^{a}1; *De somno* 2, 455^{b}34 etc.

rio entre movente e movido (literalmente, "aquilo que move sendo movido"), é preciso encontrar na fisiologia seu substrato material – "é preciso", diz ele, "encontrar nos corpos animados algum corpo tal" (*MA* 10, 703^a4-6; 19-28). E, já que deve contrair-se e dilatar-se, devendo ser causa de movimentos contrários, deve ser composto de elementos cujos movimentos naturais sejam, eles também, opostos (*MA* 10, 703^a25-28).

6. *Movimentos voluntários e contravoluntários em* De motu animalium *11*

Após expor um esboço fisiológico da ação, Aristóteles introduz uma conclusão aparentemente surpreendente: é dessa maneira que os animais "movem movimentos voluntários" (*MA* 11, 703^b2). É surpreendente, já que nossas concepções atuais veriam nessa explicação uma forma rudimentar de mecanicismo, sobretudo porque Aristóteles insiste em que, se as condições para um movimento são satisfeitas, e nada o impede, ele será desencadeado necessariamente (ἐξ ἀνάγκης). Obviamente, "voluntário" aqui, já que se aplica a animais, tem o mesmo sentido de voluntário que vimos na *Ethica nicomachea:* não "o responsável", mas "o que tem a origem do movimento em si".[27] Mas, além disso, aí Aristóteles parece subverter, à primeira vista, o sentido dos termos "voluntário", "contravoluntário" e "involuntário" (respectivamente ἑκούσιον, ἀκούσιον e οὐχ ἑκούσιον), já que considera que o aumento dos batimentos cardíacos ou uma ereção, embora causados por

[27] Ver Capítulo I.

uma sensação, são movimentos contravoluntários, e faz questão de deixar isso bem claro *(MA* 11, 703^{b}5-8).

Como esse tipo de ação descrita nessa fisiologia seria uma ação voluntária, nos termos anteriormente examinados? Os dois exemplos, de Aristóteles, de movimentos contravoluntários, ainda que resultantes de uma sensação, tratam de eventos fisiológicos nos quais o intelecto não os comanda nem é capaz de impedi-los. Tais partes do corpo "são movidas sem que o intelecto as comande" *(MA* 11, 703^{b}7-8). Pouco antes, Aristóteles afirma que algumas partes do corpo são movidas de modo contravoluntário, e a maioria de modo involuntário *(MA* 11, 703^{b}4-5).[28] No caso do movimento do coração, quando "algo aparece" (*φανέντος τινός*), o agente seria obviamente incapaz de possuir um desejo suficientemente forte que impedisse essa ação. Posso, diante do perigo, ter um desejo suficientemente forte, de modo a permanecer firme ou avançar, mas não posso evitar empalidecer, suar frio ou ter um aumento da freqüência cardíaca. Este tipo de evento fisiológico, portanto, ainda que causado por um desejo ou uma aversão despertados por uma sensação, não pode ser contrabalançado por outro desejo de sentido inverso. Por maior que seja minha vontade de que meu coração não bata tão rápido, ou por maior que seja minha esperança de não empalidecer ou suar frio quando estiver diante de uma batalha, não tenho a capacidade (logo, não está a meu alcance) de ser treinado para não ter esses sintomas. O mesmo vale para o batimento normal do coração, sob condições normais. No caso anterior, estávamos diante de um *aumento* da freqüência cardíaca, resultante de uma sensação (e, eventualmente, de uma inte-

---

[28] Meu pressuposto é a manutenção, com a maioria dos Mss, de *οὐχ* na linha 5.

lecção) de que estávamos diante do perigo.[29] Mas, por mais que eu queira, não posso fazer com que o coração deixe de bater ou bata mais lentamente (exceto por meios extrínsecos, portanto acidentalmente – se ingerir um remédio ou um veneno). O mesmo talvez possa valer, também, para o caso de uma ereção. Aqui é ainda mais claro que estamos diante de algo que é desejado e, naturalmente, que estou em condições de não me lançar imediatamente sobre aquilo que desejo, como faz um indivíduo bestial ou louco. Mas, se sou capaz de não mover as outras partes de meu corpo de modo a realizar essa ação, isso não significa que meu desejo de autocontrole, mais forte neste caso, seja suficientemente forte para impedir minha ereção. Estamos aqui diante de uma impossibilidade fisiológica, em que a parte do corpo que serve de substrato para o desejo (como contraparte psicológica) não tem a capacidade de imprimir movimento sobre outra parte do corpo (ou de impedir seu movimento).

Há, contudo, outros eventos corporais sobre os quais há, até certo ponto, um controle possível. O sono, o despertar e a respiração, por exemplo, são movimentos ou tendências corporais que podem ser contrariados até certo limiar. Ao levantar-me pela manhã, meu corpo tem tendência natural a permanecer sonolento e dormir. Esse estado, causado em última análise, segundo Aristóteles, pela evaporação do alimento em meu corpo, está sujeito a uma resistência por parte de

[29] Interpreto da maneira tradicional esse aumento da freqüência cardíaca como resultante da percepção de um perigo, mas o texto não é explícito, e o exemplo de uma ereção, logo a seguir, poderia indicar anaforicamente que se trata de um aumento diante da presença de alguém desejado sexualmente. Essa é outra possibilidade, sem dúvida, mas ainda assim, a meu ver, valeria o mesmo raciocínio.

um desejo mais forte de permanecer em pé e de movimentar-me. A mesma coisa, no que diz respeito à respiração: posso segurá-la voluntariamente, se surgir em mim um desejo dessa espécie. Mas o desconforto causado por esse ato irá crescer – fisiologicamente falando, devido à não-alimentação do fogo no coração –, até que a tendência natural de respirar seja tão forte que o desejo (não esqueçamos: o movimento de outra parte do corpo, a saber, o coração em ação sobre o πνεῦμα) seja por ele sobrepujado, e eu respire.

> Pois nenhum destes é senhor simplesmente [desses movimentos involuntários], nem a φαντασία, nem o desejo, mas, dado que é necessário que os animais se alterem com respeito a uma alteração natural, e tendo as partes sido alteradas, umas para crescer, outras para contrair-se, de modo que se mover e se modificar é sofrer as modificações naturais de uns e outros (e causas dos movimentos são os aquecimentos, bem como os resfriamentos, tanto as que vêm de fora quanto as que vêm de dentro sendo naturais (φυσικαί)), também os movimentos das mencionadas partes contrários à razão que ocorrem vêm certamente a ser por uma alteração conjunta (συμπεσούσης) (*MA* 11, 703^{b}8-18).

Há, no caso desses movimentos corporais, uma comunicação, ainda que limitada, entre a parte desejante do corpo e a parte responsável por esses movimentos, de modo que posso impedi-los. Mas eles podem ser contidos somente até o ponto em que a resistência oposta pela parte desiderativa do corpo seja forte o suficiente para proibir sua produção. Tão logo ela seja *fisiologicamente* incapaz, serei forçado a respirar ou a dormir. Note-se que esse não é o sentido de "involuntário" que aparece na *Ethica nicomachea*, em que esse termo designa uma ação cujas conseqüências são imprevistas, mas que poderia ter sido desejada pelo agente. Em *De motu animalium,* a diferença entre contravoluntário e involuntário, já que Aristóteles se situa num contexto de discussão fisiológica das ações, é apenas de grau e diz respeito à capacidade, parcial ou nula, de produzir ou conter um movimento corporal.

Um movimento voluntário, portanto, é aquele no qual um desejo moveu as partes do corpo do animal como resultado de um estímulo (da imaginação ou da sensação, mas com a mediação eventual de um cálculo). Esse desejo pode ser racional ou não, e esse será, em particular, o caso da incontinência e dos animais não dotados de νοῦς. A presença do νοῦς dá ao agente a possibilidade (não, contudo, a necessidade) de que um desejo mais forte esteja associado ao bem. Ações conforme a esse tipo de desejo, tanto quanto aquelas conforme a um apetite, são voluntárias, inclusive neste sentido fisiológico: o agente podia, se treinado diferentemente, ou mesmo se não treinado, praticar outro tipo de ação em circunstâncias equivalentes. Mas o final de *De motu animalium* abre uma última possibilidade para ações que não são voluntárias e estabelece outro limite para a força que o desejo do bem poderia ter.

7. *A matéria passiva e os comportamentos irracionais*

No final do *De motu animalium,* Aristóteles responsabiliza a matéria pelo fato de, por vezes, haver movimentos nas partes do corpo que são "contrários à razão" (παρὰ τὸν λόγον). A responsabilidade é atribuída umas vezes à presença de uma matéria passiva (παθητικὴ ὕλη), e, outras, à presença de uma tal matéria em quantidade ou qualidade não adequadas *(MA* 11, 703^{b}36-704^{a}2). Embora seja uma passagem bastante simples do ponto de vista filológico e paleográfico, seu sentido, contudo, é bastante difícil. O contexto imediatamente anterior e posterior dessa passagem não parece ajudar muito, e é natural supor que talvez tenha sido uma nota inserida no texto posteriormente. O sentido geral, contudo, é bastante claro: por vezes, as mesmas condições psicológicas dão origem a resultados comportamentais inteiramente diversos. Como a matéria é a responsável, desde os capítulos 2 e 3 do livro E da *Metaphysica,* pela ocorrência de eventos e propriedades acidentais, é natural que ela seja responsabilizada pela ocorrência de condutas imprevistas. Voltarei a *Metaphysica* E, no próximo capítulo, com mais detalhe, mas a dificuldade do texto consiste em suas duas linhas finais:

> E ainda: ora, pensando as mesmas coisas, o movimento contrário à razão vem a ser nas partes, e ora não, e a causa é ora o estar presente a matéria passiva, ora ela não ser tanta ou tal *(MA* 11, 703^{b}36-704^{a}2).

O texto, repito, é genericamente claro: ora a causa é estar presente a matéria passiva, ora estar ela presente numa proporção inadequada (não haver matéria na quantidade adequada para que o pensamento possa agir, imagino), ora, finalmente, não é a que deveria ser, mas é qualitativamente distinta. Se minha interpretação está correta, Aristóteles está querendo opor dois casos. No primeiro, o pensamento é incapaz de agir porque há a presença de uma matéria *estranha* que introduz acidentes. É assim que ela poderá fazer irromper movimentos contravoluntários no corpo humano, mesmo nas partes que o desejo é capaz de comandar. No segundo caso, não há nenhuma matéria estranha. Estamos diante de um corpo composto da matéria normal de que um corpo humano deve ser feito, mas a proporção ou a qualidade dessa matéria é diversa daquela de um corpo normal (excesso ou falta).[30]

Duas evidências suplementares, além de *Metaphysica* E, podem ser acrescentadas. A primeira é uma passagem do primeiro capítulo, do livro I, do *De anima,* em que Aristóteles sublinha o fato de que toda afecção da alma é uma forma de uma matéria, de modo que suas definições devem incorporar a referência a ela (e é, assim, objeto de exame do estudioso da natureza). Essa passagem, além disso, esclarece como a presença de uma excitação no corpo preliminar à ação, sobre ele, de causas de determinadas paixões, é capaz de aumentá-las ou diminui-las:

> Mas as afecções da alma parecem existir também com o corpo, por exemplo, a cólera, a doçura, o medo, a piedade, a audácia e, ainda, a fruição e o amar bem como o odiar: pois ao mesmo tempo o corpo padece algo em todos estes casos. E isso é indicado pelo fato de, ocorrendo por vezes afecções fortes e notáveis, nada ser provocado ou temido, mas por vezes ser movido por pequenas e fracas, caso o corpo já esteja excitado (*ἐὰν ὀργᾷ*) e esteja de tal maneira como quando está irritado. E isto é ainda mais evidente: pois, não ocorrendo nenhum medo, vêm a ser as afecções do que causou medo. Mas, se é assim, é evidente que as afecções são proporções (*λόγοι*) na matéria *(DA* I, 1, 403ª16-25).

[30] Interpreto o texto da mesma forma que LOUIS [1973], p. 69, e me servi de suas referências *(De anima* I, 1, 403ª19 e ss.; *De sensu et sensibilia,* 7, 447ª15) para meu comentário dessa passagem.

Assim, se, diante das mesmas condições exteriores de estímulos, o comportamento resultante pode variar (sobretudo a emoção psicológica experimentada pelo agente), isso é devido ao estado do corpo no momento. Conforme as proporções da matéria corporal no instante, o corpo poderá estar excitado ou calmo, pacífico ou predisposto à irritação diante do menor estímulo. É assim que, reciprocamente, agora retornando ao problema de *De motu animalium,* mesmo tendo os mesmos pensamentos, a reação corporal e, através dela, o comportamento resultante poderão variar, independentemente do estado psicológico do agente. Deixo cair um copo sem querer, ainda que me tenha predisposto a tomar todo o cuidado. E, no exemplo de *Ethica eudemia* –, exemplo que, de resto, será recorrente nos textos éticos de Aristóteles – pode ocorrer que meu corpo venha a encontrar-se numa determinada configuração material em que eu, mesmo tendo um caráter excelente, venha a ser vítima de uma emoção incontrolável, rara ou jamais vista em meu caso, mesmo tendo um temperamento tranqüilo. É porque todas as paixões e afecções emocionais são sempre afecções *de um corpo* que elas podem sobrevir em proporções inesperadas ou nada freqüentes. Assim, ainda que eu seja possuidor de um caráter excelente, que mova sempre meu desejo na direção do melhor em meu caso naquelas circunstâncias (tal como um *φρόνιμος* o faria nesse caso), ainda assim posso ser vítima de uma emoção incontrolável, que independe de mim – sempre no sentido preciso de *Ethica eudemia* –, justamente porque eu não tinha condições, dada minha natureza, de ter um desejo que a sobrepujasse. O fato de a ação decorrer de um conjunto de estímulos e do estado psicológico geral do agente não a torna um evento cem por cento previsível: um descompasso do corpo pode levar, por vezes, a emoções e reações inabituais e imprevisíveis, elas próprias contravoluntárias.

Assim, embora em princípio o conjunto composto da natureza do estímulo e do caráter do agente (o que garante que tipo de desejos ele seguirá e se deliberará pelo melhor ou não) devesse permitir uma previsão necessária do comportamento, o fato de o corpo humano permitir estados variáveis nas proporções dos elementos, nem sempre conformes à condição média de um ser humano, acarreta que condutas inusitadas podem ocorrer. Claro que o agente só será responsável (e assim, punível) por elas caso seja capaz de ter a potência de não praticá-las, isto é, caso tivesse sido possível incutir nele um caráter que impedisse ou refreasse essas ações. Uma ação que não pode ser refreada – o aumento do batimento do coração, um medo inexplicável diante talvez de um fato apenas pouco desagradável –, não torna a ação voluntária, responsável ou punível. Outra passagem, agora do *De sensu et sensibilia,* garante a possibilidade de ocorrerem tais comportamentos singulares:

> Mas há também esta outra dificuldade sobre a sensação: se se pode perceber duas coisas conjuntamente, no mesmo tempo indivisível, ou não, se, de fato, o movimento maior supera sempre o menor. Por isso, tendo surgido aos olhos, não são percebidas, caso ocorra que se está pensando em algo fortíssimo (*σφόδρα τι*), ou temendo, ou ouvindo muito barulho. Seja, de fato, assumido isso, e que é mais possível perceber cada coisa se for simples do que se for misturada *(De sensu,* 7, 447^{a}12-19).

Uma coisa, mesmo diante de meus olhos, não é percebida se um outro estímulo mais forte estiver em ação sobre meu corpo. O mesmo se dá quando estou pensando em algo fortíssimo, sob o abalo de uma notícia desagradável ou algo assim. Tanto num caso como em outro, aquilo que pareceria ser o mais normal – que eu percebesse uma coisa diante de meus olhos – é impedido e controlado por um movimento maior das partes do corpo que age sobre um movimento menor em ação. É assim que um erro epistêmico pode acontecer no âmbito da percepção: posso não perceber algo relevante, que deveria estar percebendo para a prática da minha ação por causa de algum evento que me impede de percebê-lo. Assim, ainda que um estímulo esteja presente, e o órgão dos sentidos encarregado de percebê-lo esteja em perfeito estado, não necessariamente o agente terá subjetivamente a impressão correspondente. Ele a terá somente se nenhuma outra condição estiver impedindo a percepção, mas isto não é, novamente, um fato necessário, e muitas vezes não ocorre.

Assim, a matéria pode introduzir comportamentos ou percepções diversos daqueles que se deveria esperar naquele agente, diante daquelas circunstâncias particulares. Quer sob a forma de uma desproporção qualitativa ou quantitativa, quer pela introdução de um estímulo concorrente, comportamentos novos e inusitados podem emergir num determinado agente. Nada garante, assim, que qualquer um venha a ser sempre, em todas as ocasiões, um ser humano de caráter excelente, ainda que tenha sido treinado para tanto e ainda que tenha desenvolvido um forte caráter. Isso se dará, no máximo, no mais das vezes, provavelmente não sempre. Há sempre a *possibilidade* de que ocorram comportamentos inesperados. Mas isso recoloca uma dificuldade. Se, em circunstâncias normais, o comportamento de um agente é previsível, isso se deve ao fato de que sabemos que, diante de certa classe de estímulos, ele delibera (por exemplo) pelo melhor e age (ou não age) desta ou daquela forma. Tal comportamento é perfeitamente explicável a partir da constituição moral e física do indivíduo, *mais* a classe de estímulos perceptivos a que está submetido naquele instante e *mais* a deliberação que procedeu naquele momento. A ação, assim, é inteiramente explicada pelas causas que antecederam a escolha do agente, e podemos, em teoria, prever a ação que um indivíduo (digamos) *φρόνιμος* praticará numa determinada circunstância (escolherá a carne magra à carte gordurosa, por exemplo). O mesmo, claro, vale para o caso de um incontinente, de um intemperante e assim por diante. Mas se ocorrer que a ação desse indivíduo não seja a esperada? Se isso ocorrer, temos também uma explicação para ela, retrospectiva agora, e podemos encontrar as causas que o levaram a agir assim. Mas, então, a ação não seria, agora prospectivamente, também previsível neste caso, e seria possível, dessa forma, prever toda forma de comportamento? Noutras palavras, não estaríamos diante de um determinismo das ações?

Tentarei comentar essa dificuldade no próximo capítulo. Por ora, contudo, note-se que Aristóteles considera que o caráter de um indivíduo pode ser conhecido a partir das ações que *costuma* praticar diante de certo tipo de circunstância. Isso pressupõe que não há uma aleatoriedade total do resultado dessas condições em face delas próprias, ou seja, que o resultado, dadas certas condições, é sempre previsível *na maioria das vezes.* O caso de um incontinente sempre a escolher o melhor é rejeitado na *Ethica nicomachea* (VII, 2-3) como um paradoxo sofístico, o que significa, portanto, que há uma boa margem para uma previsão altamente provável do que fará um incontinente (ou um continente, tanto faz), numa circunstância determinada. Haver boa margem de probabilidade não significa cem por cento de certeza, mas também não significa cinqüenta. O *φρόνιμος* escolherá *quase sempre* a carne magra, mas pode ocorrer que venha a escolher, em certo momento, o contrário. Ter fraquejado uma vez não compromete a avaliação do caráter de um indivíduo, embora fraquejar sempre, em certas circunstâncias ao menos, seja sinal não de ação da matéria, mas de imperfeição moral.

Uma ação é, assim, tanto mais voluntária quanto mais depende dos desejos normais do agente naquelas condições e dos que poderiam ter sido moldados diferentemente. É a presença de um desejo ou um fator inesperado causador de uma conduta que produz, neste nível, uma ação contravoluntária. Ainda que o princípio da ação estivesse em mim, nem por isso eu poderia ter agido diferentemente naquele caso, pois algo mais forte do que qualquer desejo que pudesse ter sido incutido em minha natureza me impediu de agir de outro modo. Eu não era, portanto, *capaz* de agir diferentemente, mesmo se o princípio estava em mim. Há os que falam dormindo, os que falam sob a ação da inspiração, que não podem impedir-se de falar, ainda que o desejassem ou ainda que fossem extremamente treinados para desejar fortemente o contrário. Há os que são vítimas de paixões excessivamente fortes, que eventualmente emergem neles como nunca antes, e não podem se impedir de agir e de submeter-se a elas, mesmo que desejem intensamente fazer de outro modo. E aquele que está sob ameaça, que sua família e sua pessoa são ameaçadas, é justamente um tal exemplo. Pode ele deixar de fazer algo pérfido, ainda que deseje fortemente o contrário, se o desejo de salvar sua família é mais forte? Esse tipo de excelência heróica é raro, provavelmente até mesmo inexistente, e pertence mais aos deuses do que aos homens, já que ultrapassa a natureza humana (*EN* VII, 1, 1145ª15-25). Deve ser perdoado, portanto: sua ação é o contrário mesmo de uma ação voluntária.

Retornemos, porém, ao problema: toda ação é plenamente previsível? A física e a metafísica de Aristóteles dão a resposta a essa questão. E, como tentarei mostrar, a resposta, que é negativa, tem pouco a ver com qualquer forma de limitação epistemológica daquele que observa o comportamento de um agente. Uma ação imprevista, "incausada", não é, para Aristóteles, uma ação voluntária: é o exemplo mesmo de seu oposto, como veremos a seguir.

CAPÍTULO V

FUNDAMENTOS DAS AÇÕES VOLUNTÁRIAS (II): A CAUSALIDADE ACIDENTAL

1. *Eventos, necessidade e causalidade:* Metaphysica *E, 2 e 3*

Se é esse o quadro fisiológico e psicológico mais amplo que fundamenta a teoria da ação voluntária de Aristóteles, que deveríamos esperar de sua física e metafísica para que esse quadro fosse possível? Desde já podemos suspeitar que o conceito de *causa acidental* deve desempenhar um papel importante na explicação última de como ações involuntárias e contravoluntárias são possíveis. Mas é certo também que um exame pormenorizado de todas as questões que esse conceito suscita em Aristóteles não pode ser feito em poucas páginas. Neste capítulo, tentarei apresentar um quadro – entre outros *também* possíveis – em que, creio, a teoria da ação voluntária de Aristóteles, se esta análise for correta, poderia eventualmente receber uma explicação última. Mas é claro, e devo insistir nisto, que se trata antes de um esboço geral que forçosamente terá de deixar de lado a maioria das dificuldades concernentes a esse tema e contentar-se em ser apenas uma proposta hipotética de interpretação.

A pergunta básica que deve ser feita é: a definição aristotélica de ação voluntária sobreviveria num universo em que todos os eventos são determinados? A resposta depende, claro, do significado que se atribuir ao termo "determinado". Para Aristóteles, um evento é necessário num momento *t*, se, do conjunto das sentenças verdadeiras nesse momento *t*, deduz-se esse evento.[1] Isso significa que, se tais eventos estão ocorrendo nesse momento, o evento que está sendo examinado não pode deixar de ocorrer também, caso seja necessário. Esse é o resultado da aplicação da definição cruzada dos operadores modais à definição de *possível,* em *Metaphysica* Θ 3: um evento é possível num momento *t* se o conjunto formado por esse evento e pelas demais proposições verdadeiras nesse momento não for inconsistente.[2] Daí, portanto, um evento ser necessário, se a suposição de sua não-realização e da realização do conjunto de condições em que deve ocorrer for falsa, isto é, se o conjunto de proposições supostamente verdadeircs quando ele deve realizar-se o implica. Noutras palavras, uma proposição será necessária, como conseqüência da definição aristotélica do possível, se não pode ser falsa dado o estado do mundo no momento em que se supõe que essa proposição seja verdadeira. Isso nos leva a uma distinção entre um evento *causado* e um evento *necessá-*

---

[1] Essa é uma das conseqüências da noção aristotélica de possível em *Metaphysica* Θ 3. A esse respeito ver *Met.* Θ 3, p. 1047^{a}24-26 e *De caelo* I, 12, 281^{b}2-25. Ver a esse respeito a análise de BROADIE [1982], p. 31 e ss.

[2] Na verdade, como insiste BROADIE [1982], p. 25, seria necessário tornar mais completa tal definição do possível: se *p* em *t* é possível, então, do conjunto das proposições válidas em *t* *menos* a proposição que afirma a falsidade de *p* nesse momento (pois, claro, se *p* é verdadeiro, então automaticamente *p* é possível, logo *p* deve ser falso nesse momento) não se pode deduzir uma contradição. Sobre a definição lógica de *necessário* em Aristóteles, ver a seguir p. 5.

rio. Embora Aristóteles não seja explícito quanto a essa distinção, é certo que, num universo determinístico, todos os eventos, por serem causados, são *ipso facto* necessários, e um universo determinístico é, portanto, também necessitarista. Mas o conceito aristotélico de causalidade é suficientemente forte para não implicar imediatamente que todos os eventos do universo sejam necessários, embora, como acredito, Aristóteles admita que todos os eventos do universo sejam causados. A razão disso é que ele possui dois conceitos de causalidade, um *stricto sensu,* decorrente de sua teoria da substância e da atualização de potências, ou seja, de sua teoria do movimento, e outro mais fraco, mas, ainda assim, permitido por seu conjunto de teorias sobre a causalidade.

Todo evento do mundo aristotélico consiste na atribuição de uma propriedade a determinado objeto, este, por sua vez, também identificado por uma propriedade que permitirá definir sua identidade ao longo do conjunto de modificações que vier a surgir – a natureza dessa coisa ou, em grego, seu τὸ τί ἦν εἶναι. Isso significa que todo evento do mundo aristotélico pode ser descrito por uma estrutura que contém ao menos uma propriedade (talvez duas) e uma coisa a que essa propriedade pertence. Uma mudança consiste na atualização de uma propriedade num objeto, atualização esta causada pela presença de certa propriedade em ato num outro objeto que age sobre o primeiro *(An. post.* II, 11, 94ª20-24; 94ᵇ19-26). Noutros termos, se *o* é um objeto, e *o′* um outro objeto distinto, se *P* é uma determinada propriedade presente em *o,* e *I* e *I′* respectivamente as propriedades que individualizam *o* e *o′*, diremos que a presença de *P* em *o* e a ação de *o* sobre *o′* é a causa do surgimento, em *o′*, de outra propriedade *P′* que apareceu em *o′*. Assim, por exemplo, é a presença da propriedade "é alguém que tem a estátua de

Apolo em ato (a saber, na sua mente)", no objeto identificado pela propriedade "ser escultor", que causa a atualização da propriedade "é uma estátua de Apolo", no objeto identificado pela propriedade "é um bloco de bronze". Ao dizermos, portanto, que um evento *E* causa outro evento *E'*, o que estamos querendo dizer, segundo Aristóteles, é, na verdade, que determinadas propriedades presentes nos objetos que compõem o evento *E* acarretaram o surgimento de determinadas propriedades em certos objetos, originando o novo evento *E'*.

Aristóteles descreve esse tipo de processo de mudança como uma atualização de uma propriedade em potência em certo objeto, atualizada graças à ação de uma potência ativa em ato em outro objeto. Assim, um determinado objeto, identificado por certa propriedade que o individualiza, possui um conjunto de potências passivas – propriedades que pode vir a possuir, mas que não possui ainda. Para que sejam atualizadas – para que esse objeto deixe de possuir tais propriedades apenas "em potência" e, sim, "em ato"— é preciso que ele esteja em presença de um outro objeto que possua essa propriedade atualizada. Estando em ato, tal objeto possuirá, então, uma "potência ativa" (a capacidade de se desenvolver em outro objeto, caso este tenha essa propriedade em potência, sua atualização) de produção dessa propriedade. O Sol aquece a pedra porque possui, em ato, o calor e age sobre ela, mediante toda uma série de intermediários em que o ar serve de difusor, produzindo, assim, a atualização de uma propriedade que esta tinha em ato – ser um objeto quente. O fato de o Sol ser quente e agir sobre a pedra é a causa de esta tornar-se quente. Isso significa que um evento é possível se a posse atual de determinada propriedade por determinado objeto é também possível ou, ainda, se tal objeto possui em potência tal propriedade.[3]

Dada essa caracterização da noção de causa – que é, à diferença de muitos sistemas causais modernos e contemporâneos, imediatamente relacionada à teoria das modalidades –, é possível conceber duas formas diversas de relação causal. A primeira é o modelo-padrão no qual o resultado – a presença de determinada propriedade em certo objeto – é o esperado, dada a ação de determinada propriedade presente no objeto causador de tal atualização. Deve-se esperar que a atualização da potência passiva "quente" numa pedra tenha sido produzida graças à ação da potência ativa "quente" em outro objeto – o fogo, por exemplo. Quando é esse tipo de causalidade que vigora entre dois eventos, ou seja, a transmissão de uma propriedade presente no objeto que atua como causa do objeto que fará parte do efeito, estamos diante de um caso de causalidade *καθ' αὑτό*, "por si". Isso significa que a potência ativa da causa (o calor do fogo, a imagem da escultura na *φαντασία* do escultor, a *ἐπιστήμη* na alma do professor etc.) produziu, ou melhor, reproduziu a si própria em seu efeito. Não há, neste caso, o surgimento de nenhuma propriedade distinta, e o que nasce é apenas o resultado de um processo teleológico no qual de certa propriedade resulta certa outra propriedade idêntica. Em particular, no caso da geração, a presença da forma no progenitor é transmitida a certa matéria, e é assim que o pai, que é uma potência (ativa) de ser um ser humano, gera os filhos a partir de uma potência (passiva) presente em certo objeto – certos materiais do útero materno (*Met.* Δ, 1, 1013^{a}9; *De Gen. An.* I, 1, 716^{a}5, I, 20, 729^{a}9). Nesse caso, portanto, quando

[3] ANNAS [1982], p. 324-6. Isso poderia levar ao paradoxo de que um efeito seria, por essa definição, causa da causa, e esta, efeito do efeito. Mas a teoria aristotélica da potência e do ato exige que aquilo que serve

E é causa de E', *E* se torna condição *necessária* de E', já que, se determinada propriedade não estiver presente em ato em certo objeto, ela não poderá atualizar-se em outro objeto, em que está em potência. Se esta pedra não estiver quente, não terá como aquecer o ferro e, assim, não haverá aquecimento do ferro – em particular, se isto está quente foi porque sofreu a ação de alguma coisa que estava quente em ato (o fogo, o Sol etc.).

Ao lado da causalidade *per se,* que é aquela na qual há transmissão de propriedades que apenas mudam de estatuto modal (deixando de ser possíveis e passando a ser atuais), há um outro tipo de causalidade que Aristóteles denomina de "acidental", analisada em *Metaphysica* E 2, 3 e Δ 30, e que depende conceitualmente dessa primeira noção de causa, mas vai além dela e a torna bem mais complexa. Suponha-

---

de motor esteja em ato *previamente* a sua ação sobre o objeto, cuja potência será atualizada. Noutras palavras, para que *A* seja causa de *B* no sentido próprio do termo, *A* deve ser necessariamente atual, e *B,* necessariamente potencial. Dado isso, não me parece que seja inteiramente incorreto, como sustentou Annas, empregar um vocabulário eventualista em Aristóteles. Annas acredita que, em Aristóteles, a palavra δύναμις só pode ser empregada com respeito a coisas ("esta coisa tem a δύναμις Δ"), nunca com respeito a eventos. Mas *Metaphysica* Q 3 emprega dÚnaton e dÚnamij de modo intercambiável para eventos (δύνατον) e para as potências das coisas que compõem esses eventos (δυνάμεις): um evento é possível (δύνατον) se e somente se ele consiste numa coisa que tem, em potência (δύναμις), uma propriedade *P* qualquer. Assim, é possível saltar de uma definição contextual dos operadores modais a uma definição semântica em termos de potências de objetos e suas atualizações. Annas tem razão ao dizer que os termos não são equivalentes, mas não me parece estar correta ao dizer que não se pode falar em eventos em Aristóteles e que esse vocabulário só pode ser empregado com rigor a partir do estoicismo.

mos que eu tenha determinado objeto que, por possuir determinada propriedade, causa *per se* o aparecimento dessa mesma propriedade em outro objeto. Por exemplo, a propriedade "ser algo que tem em ato a forma de certa estátua" está presente neste homem (a saber, em sua mente), e essa presença dessa propriedade nesse objeto está causando a atualização de determinada propriedade em potência neste bloco de mármore ("ser certa estátua"). Temos, até agora, quatro propriedades em jogo. *(i)* A propriedade que define o objeto que serve de causa: "ser homem"; e *(ii)* a propriedade que define o objeto que está na origem do efeito (e é, portanto, também sua causa – sua causa material): "ser um pedaço de mármore". Essas propriedades definem e dão a identidade ao longo do tempo do objeto, mas ao lado dessas duas há aquelas que propriamente determinam que tipo de resultado causal será obtido: *(iii)* a propriedade "ser uma estátua de mármore", presente em ato na causa (a saber, enquanto a *φαντασία* do escultor a possui e que consistirá na causa final desse processo, já que sem ela não haveria como atualizar essa propriedade na matéria); e *(iv)* essa propriedade "ser uma estátua de mármore", que está em potência no mármore. Sabemos que a presença de *(iii)* em certo objeto identificado por *(i)* é a causa (eficiente) de surgir *(iv)* num objeto identificado por *(ii)*.

A linguagem cotidiana admite, contudo, que se diga que "este homem", ou "Teeteto", é a causa de a estátua ter sido produzida. Dizemos com freqüência – e isso é legítimo, usar certa propriedade para referir-nos a outra propriedade porque isso nos dá um conteúdo informativo mais relevante – que determinado homem foi o causador de certo efeito, ou determinado objeto, usando para tanto uma propriedade identificadora que não se pode inferir trivialmente da descrição intensional do objeto. Quando alguém me pergunta "quem fez esta estátua?", perguntando por sua causa, é claro que não acrescento nada ao conjunto de informações que aquele que me pergunta já possui, se lhe responder simplesmente: "o objeto que teve, durante seu processo de produção, essa estátua em ato de alguma forma". A resposta esperada é (eventualmente) "este homem aqui", ou "Teeteto", ou qualquer outro nome ou descrição definida, mas não aquela resposta. Mas é claro que responder "este homem" é, até certo ponto, uma resposta metafisicamente inadequada, pois, *enquanto homem,* este indivíduo, por exemplo, não pode ser o causador de uma estátua. Enquanto homem, pode ser o gerador de outro homem, na medida em que transmite sua propriedade a outro objeto que a tem em potência. Mas é claro que essa transmissão não pode gerar, no outro objeto, uma propriedade diversa, *a não ser acidentalmente.* Ele só poderá ser a causa dessa estátua enquanto for o escultor que a produziu. "Acidentalmente" é o advérbio utilizado com freqüência para traduzir κατὰ συμβεβηκός, justamente o tipo de relação que vigora entre as propriedades presentes no objeto-causa, e não responsáveis pela mudança, e a própria mudança. Mas o verbo grego συμβαίνω, do qual essa expressão técnica foi cunhada, significava simplesmente, em seu sentido originário, "coincidir", ou ainda "suceder", ou "ocorrer a". A idéia, portanto, é a de uma propriedade que, "por coincidência", está presente no objeto que serve de causa e, assim, "coincidentemente" ("por acidente", "acidentalmente") é a causa de determinado efeito. Ela não é a causa própria desse efeito – a causa própria, como já vimos, é a presença em ato da estátua na mente do escultor – mas, por estar presente também na coisa que causa a produção da estátua, é também chamada de causa. A causa da estátua é "Teeteto", ou "este homem", ou "aquele músico", ou "este homem branco" e todas as demais propriedades presentes nesse escultor, mas apenas κατὰ συμβεβηκός.

Assim, é possível distinguir entre causas acidentais e efeitos acidentais e ampliar a noção de causalidade acidental a outros conceitos causais. Suponhamos dois objetos, *a* e *b*, contendo uma série de propriedades cada um. Suponhamos que *b* possui a propriedade *P* em ato e é, assim, a causa *per se* de haver, em *a*, também essa propriedade. Assim, a presença de *P* em *b* é a causa *per se* da presença de *P* em *a*. *P* em *a* é o efeito *per se* de *P* em *b*. Suponhamos agora que um outro objeto *c* causou, em *a*, a presença de determinada propriedade, digamos *Q*, que também estava em ato em *c*. A presença de *Q* em *a* é efeito *per se* de uma causa *per se*, a presença de *Q* em *c*. Contudo, é possível dizer que a presença de *Q* em *a* é efeito acidental, que tem como causa acidental a presença de *P* em *b*, bem como que a presença de *P* em *a* tem como causa acidental a presença de *Q* em *c*. Em termos mais claros:

	P em a	*Q em a*
P em b	é causa *per se* de	é causa acidental de
Q em c	é causa acidental de	é causa *per se* de

Dessa análise é possível extrair uma série de propriedades. Em primeiro lugar, uma causa eficiente deve estar próxima da coisa cuja propriedade potencial ela *está atualizando*, e deve estar em ato *durante todo o processo de atualização* (*An. post.* II, 12, 95ª22-24; *Met.* Θ 8, 19-1050ª3). Em segundo lugar, é claro, a partir disso, que para que se diga que *E* é causa de *E′* não é necessário que haja uma relação causal *per se* entre *E* e *E′*, que podem ser descrições de eventos que não apresentam a relação causal *per se* subjacente entre eles, o que, aliás, é o que quase sempre ocorre na linguagem cotidiana.

Ela pode ser, portanto, simplesmente particular e válida apenas para os dois eventos singulares *A* e *B,* quando eles ocorreram e, por isso, não pode ser generalizada. Se digo que a sede foi a causa de alguém *ter saído* para beber água – exemplo que Aristóteles examinará em *Metaphysica* E —, "ter sede" e "*sair* para beber água" não constituem dois eventos-tipo, já que, se constituíssem, estaríamos diante de uma generalização evidentemente falsa (nem todos os indivíduos que têm sede *saem de suas casas* para procurar água). O mesmo vale para o arquiteto que é músico e constrói uma casa. Uma casa é construída por um arquiteto (entenda-se: qualquer homem que constrói uma casa). Que o músico seja seu construtor é perfeitamente acidental – casual, foi uma coincidência mais ou menos provável, mas não menos uma coincidência.

Dado esse quadro da teoria aristotélica da causalidade, quais são suas conseqüências para a teoria da ação voluntária? Sabemos que deliberamos sobre os meios para atingir determinado fim desejado, e essa deliberação implica tanto avaliação dos melhores meios para atingi-los (em termos de facilidade, maior resultado etc.) quanto das conseqüências da realização desse fim (e dos fins intermediários que levam a ele). Façamos, então, algumas hipóteses sobre o resultado a que chegará um determinado indivíduo, no caso de todos os eventos do universo serem necessários. Suponhamos, em primeiro lugar, que ele terá acesso epistêmico perfeito às circunstâncias e conseqüências relevantes de sua ação. Eu abandonarei esta hipótese no final deste capítulo, mas, por enquanto, sua suposição serve para simplificar bastante a análise. Noutras palavras, seu cálculo chegará sempre a uma conclusão correta sobre os meios para produzir ou não certo evento, bem como as conseqüências desse evento. E suponhamos, por hipótese – a ser refutada, claro, por absurdo –, que esse agente deseja a realização, em *t,* de certo evento *E,* mas em *t* é *não-E* o evento que necessariamente ocorrerá. Esse agente deseja *E* e, então, passa a deliberar sobre como faria para produzi-lo e se *E* é o melhor. Delibera, calcula, investiga e, finalmente, descobre que *não-E* necessariamente ocorrerá. Cessa, então, de deliberar e, não encontrando meio para produzir *E*, não age, embora agisse se descobrisse tais meios. É exatamente o processo que Aristóteles descreve em *Rethorica* I, 4:

> Mas é claro que o deliberar versa sobre essas coisas [aquelas sobre as quais se pode deliberar]. Tais coisas são as que se pode reconduzir a nós por natureza, e cujo princípio da origem depende de nós: pois investigamos até que descubrimos se é possível ou impossível, para nós, fazer (*Rhet.* I, 4, 1359^a38-1359^b2).[4]

Recua-se, então, de um evento considerado possível no futuro, dada uma ação presente, para essa mesma ação, mediante as relações causais que o produziriam. Se, finalmente, não houver nenhuma ação que possa produzir esse evento, então o agente encontrar-se-á paralisado e não agirá. Assim, ninguém delibera sobre como produzir o impossível, exceto, talvez, acidentalmente – quando não sabe que é impossível.

Esse é o caso de alguém que desejasse que a diagonal do quadrado fosse comensurável com o lado e deliberasse no sentido de obter a realização desse resultado. Cedo ou tarde concluirá ser impossível produzir um quadrado cuja diagonal seja comensurável, parará de deliberar e, feliz ou infelizmente, não poderá fazer nada. É justamente por isso que ninguém delibera sobre ela, já que já sabe que é impossível mudar esse

4 Cf. também *Ethica nicomachea* III, 3.

resultado matemático. O mesmo ocorre se não é *não-E* o evento que se produzirá necessariamente em *t*, mas sim *E*. Isso abre duas possibilidades. A primeira é que não haja como produzir *E*, a partir de algo que o agente possa vir a fazer. Isso ou porque *(i) E* ocorrerá necessariamente, e, além disso, *E* é incausado, ou porque *(ii) E* ocorrerá necessariamente, e *E* é causado, mas por uma causalidade alheia e independente de qualquer uma que o agente pudesse inaugurar. Noutras palavras, em ambos os casos, *E* ocorrerá, faça o agente o que fizer. Isso é o que ocorreria a alguém que, num exemplo que não é aristotélico, quisesse acabar com um eclipse do Sol, fazendo barulho para afastar um eventual dragão que o teria engolido.[5] Faça o agente o que fizer, esse eclipse terminará, independentemente de sua eventual ação para produzir isso. Claro que, numa deliberação racional satisfatória, o agente deverá concluir que *nada há* para ser feito, justamente porque *nada precisa* ser feito.

O caso crucial é aquele no qual *E* é desejado pelo agente e *E* é, por este, causado. Suponhamos que, nesse caso, *E* seja um evento necessário e que só haja um tipo de causalidade: a causalidade *per se* na qual o evento-causa é condição *necessária* do evento-efeito. *E* poderá ser um evento cujas conseqüências são apropriadas ou não, do ponto de vista moral. Se suas conseqüências, ou o próprio evento, são moralmente adequadas, o fato de minha ação ser necessária, isto é, de que ela não possa ser diferente do que é no momento em que a pratico, isso não acarreta nenhum pânico. Deliberarei, chegarei à conclusão de que esse evento é de fato o melhor *e também* de que, além de tudo, escolherei o curso de ação *x* e agi-

---

[5] Conta-se que é o que a população chinesa de Xangai fazia quando ocorria um eclipse solar: barulho para espantar o dragão. Sempre funcionava.

rei necessariamente conforme *x*, visto que *E*, conseqüência de *x*, é necessário e ocorrerá, depende de mim, e não posso agir de outro modo. Praticarei essa ação sem que possa fazer nada de diferente nesse momento, mas não serei prejudicado por isso. Pode ocorrer, contudo, que haja conseqüências desagradáveis na ocorrência de *E*, dada *A*. Ora, se descobrir que *E* ocorrerá necessariamente, dada *A*, que *E* é moralmente indesejável e que não tenho como não praticar *A*, estarei diante de uma conseqüência dramática. Note-se que, para que este último caso aconteça, é preciso que *E* seja um evento necessário – e isso ocorrerá se, em particular, *todos* os eventos no universo forem necessários. Isso ocorrerá se *A* for *condição necessária* de *E*, e *E* tiver de ocorrer necessariamente (talvez porque *E* é um evento necessário em si mesmo). Note-se que não basta que *E* ocorra se *A* ocorrer; é preciso uma condição mais forte que exige que *(i) E* ocorra necessariamente e *(ii) E não* ocorra se *A não* ocorrer. Noutras palavras, se todos os resultados de ações forem necessários, todas as ações serão necessárias, e não se poderá agir diferentemente. Sendo *E* necessário, minha ação também será necessária e não poderei deixar de fazer o que fiz naquele momento. Assim, quando agi ou vier a agir para produzir *E* (sendo *E* necessário), não terei, nesse momento, a potência de não agir. Minhas ações serão determinadas e necessárias, e jamais terei a potência de agir diferentemente. Nenhuma ação será, então, voluntária.[6]

---

[6] Um caso particular disso é aquele em que as ações são necessárias, talvez porque todos os eventos do universo são também necessários. Mas, como veremos mais adiante, o caso relevante para Aristóteles é aquele no qual os eventos *futuros* são necessários, particularmente porque os enunciados que as exprimem no momento presente já são verdadeiros ou falsos.

Há duas maneiras de escapar dessa dificuldade, e parece-me que Aristóteles empregou as duas. A primeira, evidentemente, é negar que todos os eventos físicos sejam necessários. Nesse sentido, poderíamos supor que há eventos que admitem tanto ser quanto não ser. Mas isso não resolveria inteiramente a dificuldade. Se se considera que todos os eventos possuem causas que exprimem condições *necessárias e suficientes,* então todos os eventos serão necessários, dada a necessidade do presente e do passado que servem de causas remotas para tais eventos. Noutras palavras, ainda que *E* não seja necessário, ainda que *não-E* seja, portanto, possível, se *A* é condição necessária e suficiente de *E,* a ocorrência de *E* acarreta a ocorrência de *A. A* será, ela própria, causada (necessariamente) por outro evento, digamos *A'*, e assim por diante, até chegarmos a algum evento que é, ele próprio, necessário e que torne necessários todos os demais elementos da série. A potência de fazer *não-A* será inteiramente vazia nesse caso, já que é impossível realizar *não-A.*

Admitir, portanto, que há eventos não-necessários não é suficiente. É preciso uma segunda resposta para esse problema. A de Aristóteles é bastante engenhosa e consiste em negar ao mesmo tempo que toda causa seja *condição necessária e suficiente* do evento de que é causa, e que todo evento seja necessário. É justamente esse o argumento de Aristóteles, me parece, em *Metaphysica* E 3:

> E, que há princípios e causas geráveis ou destrutíveis (*γεννητὰ καὶ φθαρτὰ*) sem serem gerados e destruídos (*γίγνεσθαι καὶ φθείρεσθαι*), é evidente. Pois, se isso não for verdade, tudo será por necessidade (*ἐξ ἀνάγκης*), se necessariamente houver uma causa não acidental (*μὴ κατὰ συμβεβηκὸς αἴτιόν*

τι)[7] do que é gerado e do que é destruído. Pois ocorrerá isto aqui ou não? Certamente, se isto aqui vier a ser, mas, se não, não. E isto, se outra coisa. E, assim, é claro que sempre, tendo recuado o tempo a partir de um tempo determinado, se chegará ao agora. De modo que este aqui morrerá por violência, caso de fato saia; e isso, caso tenha sede; e isso, caso outra coisa [ocorra]. E, assim, se chegará àquilo que ocorre agora, ou a algo que ocorreu. Por exemplo, caso venha a ter sede; e isso, se come coisas apimentadas; e isso ou ocorre realmente, ou não. De modo que, por necessidade (ἐξ ἀνάγκης), morre ou não morre. E do mesmo modo, também se se passar às coisas que ocorreram, o mesmo raciocínio será válido. Pois isto aqui já está presente em algo, isto é, o que veio a ser. Todas as coisas que vierem a ser, serão, portanto, por necessidade, por exemplo, o morrerem os que vivem. Pois algo já veio a ser, por exemplo, os contrários no mesmo corpo. Mas se por doença ou violência, de modo nenhum, exceto caso isto aqui venha a ser. É

---

[7] Há um problema filológico delicado neste texto. A expressão μὴ κατὰ συμβεβηκός pode estar modificando εἶναι, e nesse caso tratar-se-ia de uma expressão adverbial ("se necessariamente houver, não acidentalmente, uma causa..."), ou estar com o adjetivo αἴτιον, como a interpreto. A primeira é a leitura de Sorabji e, parece-me, uma das razões pelas quais acredita que há eventos acidentais incausados. Aristóteles estaria dizendo aqui, então, que tais eventos não teriam causas, exceto se se tomar "causa" num sentido acidental. Na minha interpretação, contudo, Aristóteles admite que há causas, e tais causas são eventos acidentais, no sentido de *Physica* II. A meu favor está, além da implausibilidade de que Aristóteles estivesse negando o princípio de razão num capítulo em que apresenta uma seqüência de eventos relacionados por relações causais, várias passagens de Δ e E em que afirma categoricamente que tais eventos *possuem* causas e que tais causas são eventos acidentais.

> claro, portanto, que caminha até certo princípio, mas este não mais até outra coisa. Portanto, este será o princípio do contingente, e a causa (αἴτιον) de sua gênese não é nenhuma outra coisa. Mas sobretudo deve-se investigar a qual princípio e qual causa (αἴτιον) tal recuo [deve ir], se à matéria, à causa final, ou à causa motriz *(Met* E 3, 1027ª29-ᵇ16).[8]

Essa longa passagem é o capítulo 3, do livro E, da *Metaphysica,* um dos textos de Aristóteles que mais suscitaram interpretações e divergências, desde a Antigüidade, e com respeito às quais terei de limitar-me a algumas indicações. A primeira coisa a notar é que, nessa passagem, Aristóteles não fala de *eventos* não-necessários, mas de *causas* que não são necessárias; nem de eventos necessários, mas, sim, de eventos "por necessidade". Além disso, afirma que tais princípios e causas podem ser gerados ou destruídos sem o processo de vir a ser ou perecer. A essa tese, ela própria já difícil, Aristóteles justapõe uma justificação que também não é das mais claras.

---

[8] Embora as variantes deste capítulo, em sua maioria, não sejam cruciais, é certo que a primeira frase incomodou muitos intérpretes, desde o Pseudo-Alexandre. Após ἀρχαί na linha 29, ele introduziu τῶν κατὰ συμβεβηκός ὄντων ("princípios *das coisas que são por acidente"),* com "ser" aqui significando "ocorrer". Christ, na edição Teubner, sugeriu que se reconstituísse a frase após ἄνευ τοῦ, na linha 30, introduzindo προυπάρχειν ἄλλο τι αἴτιον ("sem vir a estar presente outra causa [do vir a ser]") ou, ainda, que se transpusesse a frase após o εἶναι, da linha 32. Quanto à sugestão do Pseudo-Alexandre, não vejo grande utilidade nela. O capítulo 2, do livro E, já havia alertado que propriedades acidentais ocorrem sem que haja princípios delas: se houvesse, poderia haver uma ciência do acidental, o que é impossível. Também não são causadas por nenhuma potência produtiva, mas possuem elas próprias uma causa acidental. A tentativa de Christ, como deixarei claro a seguir, é também, a meu ver, inútil.

Não há dúvidas de que seu argumento aqui é absurdo. Se essa tese for falsa, então "tudo será por necessidade (ἐξ ἀνάγκης)". Dado que isto é inaceitável, como Aristóteles tentará mostrar em seguida, a tese deve ser considerada verdadeira. Acrescenta uma cláusula suplementar ("se necessariamente houver uma causa não acidental [μὴ κατὰ συμβεβηκὸς αἴτιόν τι] do que foi gerado e do que foi destruído") que pode ser interpretada de dois modos. O primeiro deles é que a *reductio ad absurdum* dependa da aceitação desse pressuposto. Isto é, a tese mais esse pressuposto implicariam uma conseqüência inaceitável. Mas é claro que o máximo que um tal argumento poderia produzir é a certeza ou a tese, ou esse pressuposto, ou finalmente ambos, de que é falsa, mas não necessariamente a tese que se quer refutar. Noutras palavras, se se trata realmente de um pressuposto, o argumento seria bem mais fraco do que o esperado e apenas garantiria a falsidade de um desses enunciados, não da contraditória do enunciado de abertura do capítulo. Duvido que seja esse o propósito de Aristóteles e não vejo outra saída senão interpretar de outro modo o εἰ, com que se abre essa frase. O segundo modo, portanto, é ler esse trecho como um pressuposto *admitido* como verdadeiro. Noutras palavras, "se", nesse trecho, significa "dado que", e Aristóteles estaria sugerindo que a aceitação desse pressuposto, que não se tem nenhuma razão para recusar, mais a aceitação dessa tese implicam uma conseqüência inaceitável.[9] Note-se que ele tem duas alternativas possíveis (e elas não são excludentes): ou negar que *(A)* todos os princípios e causas são gerados ou destruídos mediante um processo de vir a ser (que é a via desse capítulo) ou recusar que *(B)* todo vir a ser

[9] LIDDELL & SCOTT [1940], por exemplo, registram esse significado possível para εἰ.

ou perecer ocorra devido a uma causa *per se.* Neste último caso, haveria processos de vir a ser ou perecer que teriam apenas causas acidentais, o que lançaria por terra toda a teoria da geração desenvolvida no *De generatione et corruptione* I, 9, que entende a geração como a agregação ordenada de elementos a partir da ação de uma causa eficiente. Todo processo de geração e corrupção tem causas *per se,* mas nem todo princípio capaz de gerar ou corromper surgiu mediante um processo de geração, já que, nesse caso, a partir da aplicação de *B* a *A,* tais princípios e causas seriam eles próprios gerados a partir de uma causalidade *per se* (necessária, portanto), o que contaminaria todos os eventos de necessidade.[10]

Ora, admitamos que toda causa ou princípio de algum evento produza esse evento através de um processo dessa espécie. Noutras palavras, para que uma mudança ocorra é sempre *necessário* que uma causa, tendo uma propriedade atualizada, aja sobre outra que a tem em potência. Se isso vale universalmente, é possível prever que a ação dessa coisa sobre uma outra que possui a propriedade em potência acarretará a sua atualização, e tal atualização só ocorrerá se uma coisa des-

---

[10] Não vejo como *não-A* e *B* poderiam ser teses equivalentes, que seria, talvez, outra possibilidade. *Não-A* afirma que todo princípio e causa gerável ou corruptível (capaz de gerar ou de corromper, portanto) passa por um vir a ser ou perecer (não sendo, assim, instantâneo). *B,* por sua vez, afirma que tudo o que é gerado ou destruído tem uma causa *per se* (não-acidental). *B* afirma que tudo o que passa por um vir a ser ou um perecer tem uma causa *per se,* ao passo que *não-A* afirma que toda causa *per se* (capaz, portanto, de gerar ou corromper) passa por um processo de vir a ser. Ambas são a conversa uma da outra, e o que Aristóteles tenta mostrar é que há causas *per se* que não são, elas próprias, causadas por outras causas *per se. B* e *não-A,* portanto, não se implicam mutuamente e não podem, assim, ser equivalentes.

sa espécie agir sobre ela.[11] Se isso for universalmente válido, esse raciocínio deverá ser aplicado tanto à própria coisa que produz essa mudança quanto a cada uma das propriedades atuais ou potenciais de qualquer objeto, aos processos de geração e corrupção e a tudo mais. Noutras palavras, uma propriedade *P qualquer* se atualiza agora num objeto *a* qualquer se e somente se houver a intervenção de uma outra coisa *b* que age sobre ela, ou, ainda, um evento *E* ocorre (a geração de uma coisa ou a corrupção de outra) por causa de um processo de vir a ser que o produziu, de modo que todos os eventos serão causados por causas *per se.* Toda causalidade será, assim, *necessária,* isto é, para qualquer evento *E* haverá uma causa *C* que é condição necessária e suficiente da ocorrência de *E.* Não há, portanto, causas acidentais.

Se toda causa de todo evento resulta, portanto, de um *γίγνεσθαι*, as próprias causas sendo eventos (supostamente atualizações de propriedades potenciais), também deverão resultar da ação de uma causa *per se* sobre um objeto com uma propriedade potencial. Se repetirmos essa operação, então, todos os eventos terão causas necessárias. É o que Aristóteles deixa claro com o início de seu exemplo. Para que um determinado evento ocorra, dada a validade desse princípio, será necessário que um outro evento ocorra previamente, e a não-ocorrência desse evento prévio acarretará a não-ocorrência do primeiro. O novo evento foi, por sua vez, produzido por outro, formando assim uma série; por outro lado, cada um deles foi produzido por um processo que se deu no tempo. Entre o agora e o evento futuro em questão há um intervalo finito

---

[11] Isso nem sempre é verdade: no caso das potências racionais, a presença do agente sobre o paciente não causa, necessariamente, a atualização de uma potência nesse presente, como veremos a seguir.

de tempo infinitamente divisível. Subtraindo desse intervalo de tempo cada um dos tempos necessários para a produção de cada um dos eventos que formam essa série causal, chegaremos finalmente ao presente ou, se se quiser recuar, ao passado. Como os eventos passados e presentes são necessários, a necessidade contaminará o futuro e, assim, embora seja necessário que a morte suceda a um ser vivo (pela presença dos contrários no corpo), não está determinado qual tipo de morte ele terá – isto é, as propriedades acidentais dessa morte. Mas se alguém negar essa tese, até mesmo o que é acidental no caso da morte de um indivíduo – se morrerá violentamente ou por doença – passará a ser um evento necessário, causado necessariamente por outros eventos anteriores (ele comeu comida apimentada por isto e isto, porque comeu comida apimentada procurou água, para encontrar água saiu, ao sair, encontrou malfeitores que o mataram).

Ora, se é impossível prever que tipo de morte alguém terá ou, de modo geral, que tipo de acidentes sucederão às coisas no futuro (já que não há ciência do acidental), isso ocorre porque – sustenta Aristóteles, num pressuposto que não é evidente – o acidental não possui, ele próprio, nenhuma causa *per se*. As causas dos eventos acidentais são produzidas não por meio de um processo, portanto, mas imediatamente. Não sendo produzidas por um processo, não há uma causalidade *per se* que produza a ocorrência desses eventos. Nada obriga que eles sejam assim (ao contrário da causa que atualiza a propriedade e cuja ação determina necessariamente qual propriedade seria atualizada e que a propriedade seria atualizada em sua presença). Nada obriga que seu produto seja este ou aquele. É possível recuar até certo ponto, mas não além: a partir de um determinado momento, a seqüência causal que originou uma determinação acidental de um evento não é, ela própria, previsível a partir de eventos anteriores, embora estes sejam, sem dúvida, sua causa, não mais como causas necessárias, mas apenas no sentido fraco, causas acidentais. E é justamente por isso que não há generalização possível que estabeleça uma ligação causal necessária entre "ter sede", "sair de casa", "encontrar malfeitores" e "ser morto". Embora um fato explique o outro e seja, assim, causa do outro, já que tal fato particular (a morte desse indivíduo naquelas circunstâncias específicas) não teria ocorrido se tais condições necessárias não tivessem sido satisfeitas, a relação entre ambos, ainda quando fornece uma explicação para o *explicandum,* não acarreta sua ocorrência necessária em todos os casos, nem mesmo em sua maioria.[12]

Assim, é certo que, se alguém comer comida apimentada, terá sede. A relação causal entre os eventos "comer comida que causa sede" e "ter sede" é *per se,* e uma coisa implica necessariamente a outra, na medida em que toda comida apimentada causa sede. O mesmo vale para "ter sede" e "procurar água". Mas note-se que "*sair* para buscar água" não é o resultado *per se* da causa (numa relação de causalidade também *per se)* "ter comido comida *apimentada*". Buscar água é o resultado *per se* de ter sede, ter sede é o resultado *per se* de haver comido algo que causa sede, mas não *sair,* dado que se comeu comida *apimentada.* Entre "apimentada" e "sair" há uma relação de causalidade acidental, embora entre comer comida que causa sede (particularmente, mas não necessaria-

[12] Assim, não há generalização possível justamente porque não há causalidade *per se* vigorando entre essas propriedades (ainda que haja uma causalidade *per se* subjacente). Para uma análise mais detalhada da noção de "acidental" em *Metaphysica* Δ 30, em que esse tipo de relação subsistente entre os eventos acidentais é novamente analisada, ver a seguir a seqüência do capítulo.

mente, comida apimentada) e buscar água (de novo, particularmente, mas não necessariamente, sair para buscar água) haja uma relação de causalidade *per se*. Por outro lado, alguém é morto violentamente se é atingido por algo ou alguém violentamente. Portanto, uma vez que o indivíduo que foi ao poço buscar água encontrou os malfeitores, é claro que tal evento causará necessariamente sua morte. Mas, dada sua morte violenta, é claro que sua causa deve ter sido algo capaz de produzi-la, mas isso não pressupunha que os causadores da morte devessem ser malfeitores – poderiam ser animais, ou a queda de uma árvore, ou o envenenamento da água, ou qualquer outra coisa que possamos imaginar. Do mesmo modo, finalmente, entre ir ao poço buscar água e ser morto não há nenhuma relação de causalidade *per se*. O resultado que se poderia esperar de ir até o poço é estar ao lado do poço – nem mesmo "encontrar água" ou "buscar água" –, e, se esta ida produziu um efeito tão inusitado, é evidente que a "morte ao lado do poço" consiste num evento complexo composto de várias propriedades, cada uma decorrente de uma causalidade *per se*, mas cuja reunião é ela própria acidental. Insisto nesse ponto crucial: é a reunião de propriedades num indivíduo que é acidental, não cada uma delas, que tem uma causa *per se*. É um efeito acidental para aquele que saiu para beber água que fosse *(i)* morto e *(ii)* por malfeitores ao lado do poço, embora não seja um efeito acidental para alguém que foi ao poço que chegasse ali – se está ali é justamente porque se deslocou até aquele lugar. Não é, portanto, necessário para quem está comendo comida apimentada que venha a morrer.

Das propriedades acidentais de um objeto não há *γένεσις* ou *φθορά*, portanto:

> E isso é evidente também a partir de tais razões: pois das coisas que são de outro modo há *γένεσις* e

> φθορά [geração e corrupção], mas, das coisas que são por acidente, não há *(Met.* E 2, 1026^{b}22-23).

Seja uma potência irracional, por exemplo, o calor de uma pedra. Sei que ela aquecerá outro objeto de que se aproximar, na maioria absoluta das vezes em que isso ocorrer. Sei também que, retrospectivamente, dado o calor de um determinado objeto, ele foi aquecido pela aproximação de um objeto quente. Mas não posso associar a aproximação *desta pedra particular* ao aquecimento *(Met.* E 2, 1026^{b}6-8). Tais propriedades não podem surgir, portanto, pela ação, através de um processo, de uma coisa já em ato, e formam, assim, um conjunto ilimitado: sobre elas não há ciência de nenhuma espécie, prática, poiética ou teórica possível *(Met.* E 2, 1026^{b}4-5).

Isso não significa introduzir eventos incausados no universo, e Aristóteles é bastante explícito quanto a isso: a causa desses eventos acidentais talvez seja a matéria ou outra causa qualquer *(Met.* E 3, 1027^{b}15), e E 2 já havia deixado claro que estes eventos têm uma causa, acidental, é verdade, mas nem por isso deixam de ter:

> Pois há por vezes potências poiéticas das outras coisas, embora não haja nenhuma técnica nem capacidade determinada destes [ou seja: dos acidentes]: pois, das coisas que são ou vêm a ser por acidente, a causa é também por acidente *(Met.* E 2, 1027^{a}5-8).[13]

Se, assim, tudo tem uma causa, se o princípio de razão vale irrestritamente, tanto os eventos necessários como os

[13] O texto aqui é corrupto, mas o sentido geral parece claro: não há potência alguma ou causa produtiva (nenhuma τέχνη) das propriedades acidentais.

eventos acidentais, o que os torna *acidentais* não é o fato de não possuírem uma causa, mas sim de não possuírem uma causa *per se*. Posso, dado um evento acidental, encontrar uma causa anterior para ele depois que esse evento ocorreu, e que explica sua ocorrência. Se não tivesse havido a coincidência do mau encontro entre o homem que saiu para beber água e os malfeitores, e, portanto, se não tivesse comido comida apimentada, não teria morrido. Por isso, não posso realizar uma operação que me ofereça, para a maioria dos casos, uma lei geral que me permita passar da ocorrência de um determinado evento à ocorrência de sua conseqüência. Isso ocorre justamente porque as causas acidentais são propriedades que "por coincidência" estão presentes nas causas *per se* desses eventos. Essa impossibilidade com respeito a determinados tipos de propriedade, e essa possibilidade com respeito a outros tipos de propriedade, leva a concluir que, embora para todo evento *E* seja possível encontrar uma causa, nem sempre essa causa é *per se*. Caso contrário, "tudo seria necessário" (*Met.* E 2, 1027ª13-14).

Essa tese não é gratuita e há um preço a pagar por esse salto de uma impossibilidade epistemológica a uma impossibilidade metafísica. Alguém poderia afirmar que não é legítimo passar da incapacidade de prever os acidentes (deles não há nenhuma ciência nem técnica) à inexistência de causas necessárias para os eventos e propriedades acidentais. Mas é preciso notar um ponto importante aqui. Aristóteles é bastante claro: não há ciência do acidental *porque* a causa das coisas que vêm a ser por acidente é, ela própria, acidental, e não o inverso. Claro que, para que isso possa valer, é preciso ainda um outro pressuposto. Pois, obviamente, se o conjunto das causas em determinado instante do universo estiver dado, será possível prever (teórica, mas talvez não praticamente) todo o conjunto de efeitos que elas causarão. Se o conjunto das condições atuais do universo for um conjunto *finito* trivialmente, pelo entrecruzamento das séries causais *per se,* seria possível prever os eventos acidentais que "coincidirão" (isto é, ocorrerão *necessariamente* ao mesmo tempo) com os demais eventos que os acompanham. O "acidental" sendo, como vimos, uma relação, seria também previsível, e alguém (ainda que idealmente falando) saberia, a partir de cada causa atual, qual seu efeito daqui a dez minutos ou cem anos, seria capaz de prever o estado do universo em qualquer instante e poderia dizer – e isto seria apenas uma *maneira de falar* – que esta causa foi causa *per se* de seu efeito *per se,* dez minutos ou cem anos depois, e causa acidental de outro efeito qualquer que acompanhar esse efeito *per se.* Mas o que ocorre é que entre o agora e o instante daqui a dez minutos há um intervalo de tempo que, embora seja finito, é *infinitamente divisível.* Assim, embora pontualmente em cada instante o conjunto das condições seja finito e dado, ele é um conjunto infinito (não enumerável, portanto) ao longo de intervalos finitos de tempo. Como o tempo é infinitamente divisível (potencialmente falando), nunca há "o último instante" antes da realização do evento, e, portanto, "o último estado do mundo" antes de sua ocorrência. As propriedades acidentais do futuro resultam justamente do fato de que, em cada subdivisão desse intervalo finito de tempo, infinitos novos estados do mundo estão contidos. Justamente por isso, em última análise, há eventos acidentais imprevisíveis *a priori,* mas explicáveis *a posteriori* (isto é, quando o conjunto das condições que causaram o estado futuro do mundo for realizado).[14]

---

[14] Luiz Henrique Lopes dos Santos chamou minha atenção para esses resultados. Decorrem de uma análise do conceito de causalidade no capítulo 10, do livro II, dos *Analytica posteriora,* e de sua relação com

2. *Possibilidade e impossibilidade conforme* Metaphysica Θ *2-5*

Assim, há eventos que constituem "coincidências", eventos que não são determinados (porque não são determináveis) a partir de suas causas. E estes eventos, justamente por isso, poderiam ser diferentes do que foram. Assim, nem todas as relações causais são relações necessárias, embora, para qualquer evento, seja possível afirmar que houve uma causa que o produziu. Por outro lado, se há eventos causados, mas que não são causados por uma causalidade necessária, é sempre possível perguntar se tais eventos são eles próprios contingentes ou necessários. Pois, embora a causa que se pode atribuir a um evento *E* seja sempre uma causa acidental, o próprio *E* pode ser um evento necessário (embora acidentalmente causado).

A solução de Aristóteles é aplicar um teste a um evento, a fim de saber se ele é impossível ou possível (e, daí, necessário ou contingente). O teste consiste em avaliar as conseqüências que podem ser extraídas do enunciado que exprime esse evento e em verificar, junto com os enunciados que exprimem os demais eventos que ocorreriam concomitantemente a ele, se é possível deduzir uma contradição ou não. Noutras palavras, tome-se *S* (que exprime *E),* acrescente-se *S* ao conjunto dos enunciados que descrevem todos os demais eventos que estarão ocorrendo no momento em que se supõe que *S poderia* estar ocorrendo e tente-se extrair daí uma contradição. Se essa contradição puder ser deduzida, *S* será impossível relativamente a esse conjunto de eventos (impossível *nesse momento).* Se *S* for impossível relativamente a qualquer conjunto de

---

as propriedades do tempo e do infinito, dos livros IV e III, da *Physica,* que está, no presente momento, sendo objeto de sua pesquisa.

eventos, então *S* é pura e simplesmente impossível. Essa é a definição de "possível" e "impossível" que Aristóteles oferece, por duas vezes ao menos, em *Metaphysica* Θ, como alternativa à definição megárica do possível:

> E é possível aquilo para o qual, caso lhe pertença o ato de que é dito ter a potência, nada será impossível (*Met.* Θ 3, 1047ª24-26).[15]

A idéia é bastante simples e resulta da crítica à concepção megárica do possível como atual e verdadeiro, e do impossível como idêntico ao falso. Para os megáricos, tal como os descreve Aristóteles, um evento descrito por um enunciado é possível se e somente se (e a expressão "se e somente se" aqui é crucial) esse enunciado for verdadeiro. Noutras palavras, um evento possível é aquele que está ocorrendo e é possível no exato momento em que está ocorrendo (Θ 3, 1046ᵇ29-30). Pela definição cruzada dos operadores modais, esse evento será impossível se não estiver ocorrendo. Essa definição extremamente estrita do possível, que leva em conta uma das propriedades de eventos dessa espécie (todo evento real é *ipso facto* possível) talvez tenha sido cunhada pelos megáricos com o objetivo de produzir paradoxos a partir de uma definição aparentemente plausível e admitida ordinariamente. Mas é justamente esse conjunto de paradoxos que Aristóteles não pode aceitar – que Sócrates sentado não possa estar de pé, que o que fecha os olhos seja cego e não possa ver, que o que não está construindo uma casa não seja capaz de construir uma casa etc. –, sobretudo porque o objetivo

---

[15] Há outras ocorrências desse princípio em Aristóteles, particularmente em *Analytica. posteriora,* II, 13. Ver Broadie [1982], p. 2-3.

geral de sua filosofia parece ser o de tentar dar conta, o máximo possível, das certezas cotidianas.[16]

Se, portanto, um evento é possível não por ser real, mas porque não implica uma impossibilidade, basta utilizar a definição cruzada dos operadores modais para chegar a uma definição do necessário. Um evento *E* é necessário se a não-ocorrência de *E,* no momento em que se realiza, implica uma contradição. Noutras palavras, *E* é necessário se é dedutível do conjunto de eventos que se realizam concomitantemente a esse evento, possível se nem *E,* nem *não-E* forem dedutíveis desse conjunto, e impossível se não só não é dedutível, como a suposição de sua ocorrência implicaria uma contradição. Mas esta definição não diz nada sobre se um evento *futuro* será possível, *dadas as atuais condições do universo* ($\Diamond_r p_t$, com *r* representando o agora e *t* um momento futuro). Ora, dado que o resultado das séries causais que têm como antecedentes as atuais condições do universo não está determinado (pois os efeitos das causas acidentais não são necessários a partir das propriedades dessas causas), é claro que não é possível prever qual será o estado total do universo num momento futuro qualquer. É certo que haverá homens (pois a espécie humana,

---

[16] Note-se que a estratégia argumentativa de Aristóteles poderia ser denunciar a falácia de deslocamento dos índices temporais, ligados aos operadores modais, como fez em *Sophistici elenchi,* 166ª24-32. Mas aí Aristóteles parece adotar outra estratégia e recorrer a um conjunto de evidências cotidianas que devem tornar-se ilusões, caso tal definição do possível seja aceita. De toda forma, Aristóteles está perfeitamente ciente da distinção entre $\Box p_t$ e $\Box_t p$, bem como entre $\Diamond p_t$ e $\Diamond_t p$. O tempo do operador modal é essencial, e várias falácias de deslocamento derivam daí. Em particular, a definição aristotélica do possível depende dessa distinção *(p* é possível em *r,* se não se está realizando em *r,* se é verdade que $\Diamond_r p_t$, para algum *t* futuro em relação a *r).*

segundo Aristóteles, não poderá desaparecer), se haverá homens, haverá animais racionais etc., tal como é certo que o céu estará se movendo, e a Terra continuará em seu centro. Mas não é certo se tais homens serão brancos ou negros, músicos ou arquitetos, e quais serão quais, nem quais nuvens haverá no céu, nem qual será a disposição dos corpos na superfície terrestre. Justamente esses eventos, que ocorrerão num momento futuro e que não são dedutíveis dos eventos futuros que deverão estar ocorrendo necessariamente ao mesmo tempo (relativamente às atuais condições do universo), serão, para Aristóteles, possíveis relativamente ao presente, já que, nesse momento, nem sua ocorrência nem sua não-ocorrência podem ser deduzidas a partir dos eventos que necessariamente ocorrerão. Como dizia E 3, *que* ele morrerá, pois sucederá em seu corpo a presença dos contrários, é algo necessário. *Como* morrerá, se por violência ou por doença, não há como saber. E nem há como saber, também, quando morrerá. Nem uma coisa nem outra, porque *não está determinado* como ou quando morrerá, "se por doença ou por morte violenta".

Uma deliberação pode dar origem a duas espécies de resultados. O primeiro deles é que o evento futuro é necessário, e o agente não poderá impedir-se de agir e produzir tal evento (suar ou arrepiar-se, por exemplo). As conseqüências desse evento poderão inclusive ser penosas para o agente, mas nada poderá fazer a respeito. Mas nem todo evento produzido pelo indivíduo será dessa espécie. Já que, agora, nem todos os eventos futuros são necessários relativamente ao presente (apenas os que são dedutíveis das condições atuais que determinam os eventos futuros necessários), posso deliberar e concluir que um determinado evento futuro poderá tanto ocorrer quanto não ocorrer e que ele não é necessário, dadas as atuais condições e as condições futuras (em face das atuais) do universo. Não havendo nada que torne tal evento impossível ou necessário, é possível, então, regredir, de condição em condição, até uma ação presente que farei e que o produzirá. Mas, claro, como veremos, essa seqüência de condições está sujeita a falhas, e uma conseqüência imprevista poderá sempre ocorrer.

Se é assim, um agente, quando age, não perde a potência de agir de outro modo se sua ação não for um evento necessário, pois nesse caso ele nem tem a potência de agir diferentemente. Isto é – e cuidado com os índices temporais, aqui essenciais –, no momento em que o agente praticar uma determinada ação, obviamente ele será capaz de não a praticar (se não for necessária, repito), embora não seja capaz de omitir-se no momento mesmo em que a pratica (pelo princípio de não-contradição). Sócrates, que se levanta, permanece capaz de permanecer *futuramente* sentado enquanto estiver de pé, embora não seja capaz de permanecer sentado *presentemente.* Quando a definição de ação voluntária, em *Ethica eudemia,* exige que o agente pudesse agir diferentemente quando agiu, é preciso notar que Aristóteles emprega os verbos *no presente,* generalizando, portanto, a definição para qualquer tempo, futuro ou passado ("as coisas que, dependendo dele não fazer, faz (πράττει), não desconhecendo e por ele próprio, são necessariamente voluntárias": *EE* II, 9, 1225^{b}8-10). O que quer dizer, imagino, que "depender de *x*" (ἐφ᾽ αὐτῷ) não significa apenas ter a capacidade de agir de outro modo *num momento futuro,* embora não quando agiu, mas sim que, em nenhum momento anterior à escolha da ação, era impossível para *x* agir diferentemente. Claro que, em última instância, essa capacidade consiste no fato de que, nesse momento, *x* tinha a capacidade de desejar (talvez mais fortemente) outra coisa que não aquela que desejou, mas, do ponto de vista da teoria das potências, bastava que *x* fosse, naquele momento, capaz de agir de outro modo para que pudesse ser punido ou recompensado. Embora a punição ou a recompensa viessem a reforçar ou corrigir, nele ou em outros, uma determinada direção do desejo, é certo que os efeitos da punição ou da recompensa são sempre futuros, e dependem da possibilidade de mudar o conjunto de desejos presente no agente, mas isso posteriormente à ação praticada. Assim, uma objeção possível a essa generalização seria a de que não é preciso que o agente, no momento em que agiu, pudesse agir diferentemente, mas sim que ele possa vir a agir diferentemente depois que agiu (assim, poderá vir a ser corrigido). Mas claro que nesse caso a ação podia, então, ser necessária naquele momento, e basta que ele venha a poder agir diferentemente no futuro para que seja punível. Punido, claro, por uma coisa que não poderia não ter feito; punido por uma coisa que não poderia não ter feito para que não venha mais a fazê-la.

É esse resultado paradoxal e inadmissível que leva Aristóteles a incluir, no momento em que o agente pratica a ação, a condição para que possa vir a ser punido: que ele *pudesse* ter agido diferentemente. Se *x* não podia ter agido de outro modo, não deve ser responsabilizado *por aquela ação.* Um agente que não tinha essa capacidade de agir, mas venha a tê-la, poderá ou não ter desejos suficientemente fortes do bem, e a presença dessa capacidade *mais* a presença de um desejo incorreto implicam a responsabilidade e a punibilidade. Um indivíduo bestial não merece punição – merecerá, para um grego, a morte, talvez, mas não punição, tendo em vista sua correção –, já que jamais terá a capacidade de agir de outro modo. É essencial, portanto, que, no momento em que age, o indivíduo seja capaz de agir de outro modo, e não apenas que venha a ter essa capacidade futuramente. Mas que dizer de alguém que perdesse essa capacidade após tê-la tido? Ele merece punição, ainda que seus desejos não possam ser moldados? Claro que esse caso seria idêntico ao do indivíduo bestial, e nenhuma punição corretiva teria qualquer efeito sobre ele. Embora possa ser preso a fim de ser impedido de agir novamente, quando circustâncias semelhantes se apresentarem, a "punição", nesse caso, terá um papel bem diverso.[17]

Cabe notar que, se a definição megárica de possibilidade pudesse permanecer de pé, uma das conseqüências seria a admissão do determinismo. Se, para todo *t*, alguém não pode (em geral) fazer o contrário do que está fazendo em *t*, então é, nesse momento, impossível qualquer ação contraditória à que está sendo praticada, e, portanto, tal ação é também necessária. Uma das dificuldades imediatas da noção de possível megárica, tal como Aristóteles a descreve, é que, pela definição cruzada dos operadores modais, "possível que *p*" sendo equivalente a *p*, e "impossível que *p*" sendo equivalente a *não-p*, teremos como conclusão que "necessário que *p*" equivale a "possível que *p*", o que é bastante desagradável logicamente, pois se perde, assim, quase todas as propriedades sintáticas dos operadores modais.[18] Mas o ponto mais desagradável é justamente a transformação de todos os eventos, e particularmente as ações, em eventos necessários, na medida em que nenhu-

---

[17] Ver VIHVELIN [1990]. A solução, na verdade, é a seguinte: (1) *A* não podia, antes e durante *t*, agir diferentemente. Donde (2) ser preciso verificar se, depois de *t*, *A* podia agir diferentemente de como agiu em *t*. E (3) é preciso verificar também se os desejos de *A* são diferentes. Se são, não haverá problema, estará perdoado (prova comportamental). Se não são, então caberá punição, desde que (2) esteja satisfeita.

[18] Cabe notar, contudo, que essa é a descrição de Aristóteles da posição megárica. É muito provável que a escola megárica tenha deliberadamente utilizado essa definição de possibilidade com o objetivo de gerar paradoxos. Mas é também possível que Aristóteles esteja reproduzindo uma opinião popularizada do possível megárico que não corresponderia tão simplesmente àquela que seus defensores admitiriam.

ma coisa poderá ter a potência de ser diferente do que é. Ora, se as potências racionais são potências dos contrários, isto é, tanto de produzir determinado efeito quanto de não o produzir, é preciso que o indivíduo, quando pratica a ação, guarde tanto a potência de agir (praticando aquela ação, como no caso das potências irracionais) quanto de *não*-agir. Mas, se toda ação é necessária, um médico, que possui a potência racional de curar (a arte da medicina) e de causar a doença (por acidente – a medicina é tanto ciência da saúde quanto da doença) –, só terá uma delas quando age e, no limite, terá nenhuma, dado que suas ações são necessárias quando as pratica, não possuindo a potência de não as praticar.

É preciso, portanto, guardar a possibilidade de agir diferentemente. Mas, como uma ação é causada por um desejo ou por uma escolha (que é o resultado de um desejo deliberado), é a potência de desejar (diferentemente) que deve ser resguardada. É essa uma das implicações de um dos argumentos de *Metaphysica* Θ 5:

> Mas, visto que o capaz é capaz *de* algo, *quando, como* e no que diz respeito às outras coisas que é necessário acrescentar à definição, e umas coisas podem mover conforme a razão e as capacidades das mesmas estão de acordo com a razão, enquanto outras são irracionais, e as capacidades são irracionais, e é necessário que aquelas estejam no animado, enquanto estas, em ambos, e embora seja necessário que tais potências façam ou padeçam toda vez que, da maneira como estão em potência, o agente e o paciente se encontram, para aquelas não é necessário.[19] Pois to-

[19] Note-se que, mais uma vez, dada a ação de *a'* sobre *a,* o efeito se segue, no caso das potências irracionais. O mesmo não vale para o caso das

> das estas [a saber, as potências irracionais] são produtoras de uma única coisa, enquanto aquelas [as racionais] são de contrários, de modo que farão os contrários ao mesmo tempo. Mas isso é impossível. Portanto, é necessário que o que governa seja outra coisa, isto é, que este seja ou um desejo ou uma escolha. Pois fará aquele dos dois que for desejado poderosamente toda vez que, da maneira como está em potência, está presente e se encontra com o paciente. De modo que todo capaz conforme a razão necessariamente, quando deseja, faz aquilo de que tem a capacidade e da maneira como a tem (*Met.* Θ 5, 1047^b35-1048^a15).

Essa longa citação é, talvez, a mais importante para sustentar a tese de que "ser responsável por uma ação" equivale a "ter a *capacidade* de agir diferentemente". Mais uma vez, é o desejo o produtor de uma ação. Mas, neste caso, Aristóteles distingue uma capacidade de produzir algo (o médico possui a capacidade de curar) e de, também, não produzir esse algo (o médico tem a capacidade também de produzir a doença). Uma mesma capacidade pode, portanto, ser capacidade de efeitos contrários, um deles propriamente, o outro, acidentalmente (*Met.* Θ 2, 1046^b4-20). Ora, nesse caso, se a mera aproximação daquele que tem a capacidade de agir sobre a coisa, que tem a capacidade passiva de ter uma determinada propriedade atualizada, bastasse para a produção de um efeito, como essa potência é uma potência *de efeitos contrários,* o resultado seria a ocorrência de um processo cujo término levaria à produção de propriedades contrárias numa mesma coisa, o

---

potências racionais: *a'* pode ser capaz de atualizar *P* em *a* e, ainda assim, não o fazer.

que é impossível. É preciso, portanto, que um desejo ou uma escolha determinem em última instância qual dos dois usos possíveis dessa capacidade será efetuado. Um desejo, portanto, mais uma capacidade de curar, produzirão (talvez) a cura; um desejo, mais a capacidade de tornar doente, a doença.

Mas é claro que, enquanto cura, o médico guarda a capacidade de tornar doente, tal como o médico perverso, enquanto torna doente, continua com a capacidade de curar. Isso significa, fazendo as afirmações precisas, que o médico é capaz, em *t*, de curar e de fazer adoecer, mas não significa, obviamente, que seja capaz de curar e fazer adoecer em *t*. A segunda afirmação equivale a dizer que ele é capaz de fazer adoecer e curar ao mesmo tempo, enquanto a primeira afirma apenas que num determinado instante, se está curando, é capaz, genericamente, também de fazer adoecer, e vice-versa. Aplicando o mesmo raciocínio agora não mais às potências racionais, mas, sim, às potências oréticas, para que o agente agisse voluntariamente, era preciso que pudesse ter agido diferentemente. Noutras palavras, era preciso que pudesse ter desejado diferentemente, com "diferentemente" querendo dizer, claro, relativamente mais forte do que qualquer outro desejo contrário. É evidente que o agente, quando agiu, desejou algo determinado, e esse desejo, quando surgiu, não podia ter sido evitado *nesse momento.* O agente, quando desejou mais fortemente e agiu conforme a esse desejo, não podia *ao mesmo tempo* não desejar mais fortemente e, assim, agir conforme a um desejo contrário *no mesmo instante.* Mas isso não significa que ele, ao agir conforme a esse desejo, e mesmo ao ter esse desejo, perdeu a potência de agir conforme a *outro* desejo (eventualmente mais forte) ou de tê-lo. Assim como o médico guarda sua potência de curar no momento em que mata, o agente que deseja o mal permanece também com a potência de desejar o bem, no momento em que deseja o mal.

3. *Eventos futuros contingentes*

Juntando o resultado de Θ 2-5 com o de *Metaphysica* E 3, é possível entender agora o fundamento metafísico último do fato de que uma ação, para ser voluntária, deve ter seu princípio no agente, e este deveria ser capaz de agir diferentemente. Era essencial que o agente, quando agiu, não perdesse a capacidade de desejar (mais fortemente) algo diferente do que desejou. O agente, assim, agiu voluntariamente toda vez que, ao agir, teve a capacidade de agir de outro modo quanto ao que fez e toda vez que não foi coagido (ἀναγκάζει) por outro princípio exterior que o determinou a fazer o que fez por necessidade. Essas duas condições dependem, de um lado, da existência de eventos futuros contingentes, no sentido mais forte do termo, e, de outro, da existência de potências que convivem com atualizações contrárias a elas.

Aristóteles não deixa dúvidas de que não pode haver deliberação nem sobre o casual, nem sobre o necessário. Em *Ethica nicomachea* III, 3, por exemplo, capítulo dedicado ao conceito de deliberação, afirma que não há deliberação nem sobre a ordem do universo (tida por ele como necessária), nem sobre fatos matemáticos, como a comensurabilidade da diagonal com o lado. Tais são os exemplos de eventos necessários sobre os quais não cabe deliberação. Mas também não há deliberação possível sobre eventos casuais, como a chuva, por exemplo, ou fortuitos, como a descoberta de um tesouro. Pode haver esperança ou até mesmo gerenciamento de risco, mas não deliberação. Não há, para tais eventos, como fazer depender sua realização de uma ação que o agente deverá praticar, e sua não-realização, de uma omissão. Não há, portanto, como encontrar uma série de condicionais, cujo último condicionado é o evento e cuja primeira condição é a realização de uma ação por parte do agente.[20] Tampouco deliberamos sobre coisas relativamente impossíveis, isto é, que, embora factíveis em teoria, na prática evidentemente não podem ser realizadas (por exemplo, nenhum espartano delibera sobre a melhor política que os citas devem seguir). Há deliberação, portanto,

> Nas coisas que dizem respeito ao freqüente, mas não é claro como terminarão, e nas quais há o indeterminado *(EN* III, 3, 1112^{b}9-10).

ou, mais precisamente,

> Deliberamos sobre as coisas que dependem de nós e são factíveis (e estas são também as restantes: pois parecem ser causas a natureza, a necessidade, a fortuna e, ainda, o intelecto e tudo o que vem a ser pelo homem) *(EN* III, 3, 1112^{a}30-34).

E a o livro I da *Rhetorica* não diz outra coisa:

> Em primeiro lugar, portanto, é preciso dizer sobre quais coisas boas ou más o conselheiro aconselha, visto que não é sobre todas, mas, sim, sobre as que admitem tanto vir a ser quanto não vir a ser, ao passo que, sobre as que são ou serão por necessidade, ou são impossíveis de ser ou de vir a ser, não há conselho. Nem, de fato, sobre tudo o que o admite: pois há al-

---

[20] Tais condicionais marcam um tipo de necessidade, não absoluta, mas *hipotética,* que o livro II, da *Physica,* analisa. Voltarei ao ponto com mais detalhe logo a seguir.

> guns bens dentre as coisas que admitem tanto vir a ser quanto não que vêm a ser, tanto por natureza quanto por fortuna, sobre os quais aconselhar não serve para nada. Mas é claro sobre quais o deliberar diz respeito. E tais são as que por natureza é possível remeter a nós [isto é, resultam de uma série causal que se inicia no agente] e cujo princípio do vir a ser depende de nós. Pois examinamos até que descobrimos se é possível ou impossível vir a ser feito por nós *(Ret.* I, 4, 1359^{a}30-1359^{b}1).

Há, nesse sentido, três condições que devem ser satisfeitas para que um evento possa ser produzido por um agente e valha a pena deliberar sobre ele. A primeira é que esse evento não seja nem necessário, nem impossível (mais ainda, não seja nem freqüente).[21] A segunda é que, para a realização e a não-realização desse evento, seja necessário a realização e a não-realização, respectivas, de uma ação, noutras palavras, que se possa recuar, numa seqüência de condições necessárias, do evento a uma ação do agente. A terceira, finalmente, é que esse conjunto de condicionais não contenha uma relação de causa acidental. Neste caso, o agente seria uma causa do evento num sentido extremamente fraco, e o resultado final seria produto da fortuna – deixando de lado, é claro, ações que visam ao gerenciamento de risco, em que a probabilidade é levada em conta no cenário de deliberação.

---

21 Em *Ethica nicomachea* III, 3, Aristóteles diz que há deliberação sobre o freqüente, sobre o que não se sabe como terminará e em que há o indeterminado. Se minha interpretação é correta, exprime leis regulares (freqüentes, portanto) cada uma das implicações presentes no cálculo para atingir fins. Mas os fins, eles próprios, são indeterminados. Ver minha análise mais adiante.

Isso pressupõe que possa haver eventos futuros que dependem da realização de uma ação, por parte do agente, para virem a ocorrer, não estando determinado se ocorrerão ou não. O máximo a que se pode chegar é que, se o agente praticar tais e tais atos, e se nenhum efeito fortuito surgir em seu lugar, então tal evento ocorrerá. Mas como a ação não tem causas necessárias e ela própria não é um evento necessário, não é certo se o evento ocorrerá ou não, e ele é, assim, contingente, relativamente à prática da ação por um agente, mesmo se é sempre possível encontrar uma causa (acidental) para uma determinada ação (a percepção deste ou daquele objeto, que despertará o desejo etc.).[22] Nesse sentido, eventos futuros que dependem de ações humanas voluntárias são contingentes, na medida em que não houver nenhuma causa *per se* destas ações. É o que faz com que os enunciados que exprimem eventos futuros não tenham um valor de verdade, quando pronunciados em qualquer momento anterior à realização desses eventos. Dessa forma, há uma classe de enunciados que designam eventos singulares futuros de que não se pode dizer nem que são verdadeiros nem falsos e, desta forma, não se pode afirmar nem que os eventos que exprimem ocorrerão nem que não ocorrerão. Aristóteles insiste nesse ponto, num dos capítulos mais ricos em interpretações de todo o *corpus* aristotélico:

---

[22] Como veremos a seguir, não se trata de um evento absolutamente contingente. Esse é o caso dos eventos fortuitos ou casuais. O evento em questão, entretanto, mantém uma relação de necessidade hipotética com a ação praticada pelo agente. Ele não é absolutamente necessário (pode não ocorrer). Mas é necessário (ou melhor, extremamente provável, já que pode haver intervenção da fortuna para excluí-lo) sob a condição de que o agente pratique essa ação.

> Com efeito, há, por um lado, estes absurdos e outros tais [entenda-se, entre outras coisas, que é verdadeiro desde sempre que isto seria branco agora, se essa proposição for verdadeira previamente ao momento em que é expressa], se, de toda afirmação ou negação afirmadas de contraditórias ditas em geral universalmente ou ditas das coisas individuais, for necessário que uma seja verdadeira e, a outra, falsa; por outro, necessariamente não haverá nada contingente nas coisas que ocorreram, mas todas as coisas são ou virão a ser por necessidade. De modo que nem seria preciso deliberar nem se dar ao trabalho, porque, se, por um lado, fizermos isto, isso será, e se, por outro, não fizermos isto, isso não será. Pois nada impede também que, mil anos antes, um diga que isto será, e outro, que não será, de modo que, por necessidade, ocorrerá aquela dessas coisas que era verdade dizer então. [...] De modo que, se, por todos os tempos, tudo era tal que era verdadeira uma das duas coisas, era necessário que isto viesse a ser, e cada uma das coisas que vêm a ser sempre fossem tais a virem a ser por necessidade. Pois aquilo que alguém disse verdadeiramente, porque será, não é possível que não venha a ser; e foi sempre verdade dizer que seria o que veio a ser *(De Int.* 9, 18^b26-19^a7).

O que me interessa nessa passagem é que, nela, Aristóteles mostra os paradoxos em que incorrerá quem admitir que certos enunciados futuros gerais ("todos os homens serão brancos") ou singulares ("Sócrates será músico") possuem um valor de verdade, definido antes mesmo do momento de sua realização, pois, nesse caso, todos os eventos seriam forçosamente necessários. Se admito que *P* é verdadeira em *t*, *P* exprimindo um evento futuro com respeito a *t*, é claro que, para que esta afirmação seja verdadeira é preciso que *P* de fato venha a ocorrer nesse momento futuro. Dizer isso em *t* – supondo que isso seja possível – implica admitir que, em algum *t'* posterior a *t*, o evento descrito por *P* de fato ocorrerá. Logo, se ela é verdadeira em *t*, então necessariamente *P* ocorrerá em *t'*. Repetindo o mesmo raciocínio para todas as proposições concernentes ao futuro, chegaremos à conclusão de que, se tais proposições necessariamente são verdadeiras ou falsas, em algum momento anterior ao momento de sua realização, o evento descrito pela proposição ocorrerá necessariamente. Posso, então, fazer previsões sobre o futuro com dez mil anos de antecedência, mesmo se epistemologicamente eu não tiver como saber quais das minhas sentenças serão verdadeiras: é certo, contudo, que as verdadeiras serão verdadeiras já quando as pronunciei, e as falsas, falsas quando as pronunciei. Mais ainda, se uma sentença futura é verdadeira se e somente se ela ocorrer no momento em que se diz que ela ocorrerá, então é claro que ela ocorrerá no momento em que ocorrerá se e somente se for verdadeira. E, assim, alguém prevê acertadamente se e somente se afirma uma proposição verdadeira concernente ao futuro, de modo que tudo que foi previsto verdadeiramente deverá acontecer, e tudo o que deverá acontecer podia ter sido previsto desde sempre.

Vale notar que a maioria dos comentadores desse texto deu grande atenção aos problemas suscitados pela aplicação de operadores modais e pela recusa do princípio de bivalência, na primeira metade desse capítulo; mas menos atenção, a meu ver, às conseqüências que Aristóteles extrai da aplicação desse princípio aos enunciados futuros. As conseqüências são várias, duas particularmente interessantes e interligadas. A primeira é que não há previsibilidade dos eventos futuros acidentais, de modo que, se não há como prevê-los, a explicação para isso deve ser que não está determinado necessariamente se ocorrerão ou não. A segunda diz respeito ao processo de deliberação. Tais eventos ocorrerão se e somente se ocorrer uma ação humana que os terá como conseqüência. Como tais ações, que são o princípio da série causal que os produzirá, não são causadas necessariamente por nenhum evento anterior, tais eventos têm probabilidade de ocorrer menor do que um – são incertos.

> Se, de fato, tais coisas são impossíveis – pois vemos que *(i)* o princípio das coisas que serão provém tanto do deliberar quanto do vir a fazer algo, e que *(ii)* similarmente, em geral, o ser possível ser e o ser possível não ser estão presentes nas coisas que estão não sempre em ato, nos quais se admite ambos, tanto o ser ser quanto o não ser, de modo que também o vir a ser e o não vir a ser *(De Int.* 9, 19ª8-14).

Justamente sobre tais eventos, que são conseqüência da implementação de uma ação deliberada, muito provavelmente não ocorreriam se essa ação não ocorresse, e ocorreriam, se ela ocorresse. Mas a própria ação não é necessária, de modo que a conseqüência dessa ação também não é. Por isso, no caso dos eventos futuros contingentes, "a afirmação em nada é mais verdadeira do que a negação", enquanto em outros casos (mas que não são estes), uma das duas pode ser "mais verdadeira" (ou, no vocabulário contemporâneo, mais provável) e "mais freqüente" *(De Int.* 9, 19ª20-24).

Todo o problema parece residir numa falácia de que Aristóteles estava bastante consciente:[23] a transposição indevida dos operadores modais de dentro para fora de seu esco-

---

[23] Ver, entre outras ocorrências, *De caelo* I, 12, 281ᵇ8 e *Sophistici elenchi* 4, 166ª24

po ou de fora para dentro. Assim, uma sentença do tipo "necessariamente: *A* ou *B*" não permite inferir uma sentença do tipo "necessariamente *A* ou necessariamente *B*". Esse tipo de falácia de deslocamento do operador modal parece ter conduzido à crença de que, admitido o princípio do terceiro excluído, necessariamente todos os eventos futuros seriam necessários. Passar-se-ia então de "necessariamente: *A* ou *não-A*" a "necessariamente *A* ou necessariamente *não-A*", o que não é legítimo. Se esta última sentença se seguisse da primeira, a aceitação do princípio do terceiro excluído acarretaria a aceitação de que, se *A* ocorrer, necessariamente deveria ocorrer, e o mesmo valendo para sua contraditória. Noutros termos,

> E, no caso da contradição, vale o mesmo argumento. Tudo é necessário que seja ou não seja, e, de toda forma, que venha a ser ou não. Entretanto, não é possível dizer determinadamente qual dos dois é necessário. Ou melhor, é necessário por exemplo, que uma batalha naval ocorra ou não amanhã, não, contudo, que ocorrer uma batalha naval amanhã seja necessário, nem não ocorrer. Ocorrer ou não ocorrer, contudo, é necessário *(De Int.* 9, 19ª27-32).

Portanto, a sentença "haverá uma batalha naval amanhã ou não haverá uma batalha naval amanhã", que é uma instância do esquema axiomático do princípio do terceiro excluído, é, como tal, analítica e, portanto, necessária. Dizer, pois, que "necessariamente: *B* ou *não-B*" (em que *B* representa "haverá uma batalha naval") é legítimo. Mas não é legítimo transpor a posição do operador modal e dizer que haverá *necessariamente* uma batalha naval ou que não haverá, *necessariamente,* uma tal batalha amanhã. Isso tornaria qualquer um dos dois fatos que vierem a ocorrer necessários desde sempre, o que nos conduz a paradoxos. Um dos ramos desse par de contraditórias pode, portanto, ser "mais provável", "mais verossímil", ou o que se quiser, do que o outro. Não, contudo, *necessário:*

> Pois uma das duas partes da contradição é necessariamente verdadeira ou falsa, mas não esta ou aquela, mas é contingente e é mais verdadeira uma das duas, embora não já verdadeira ou falsa. De modo que é claro que não necessariamente, de toda afirmação ou negação das contraditórias, uma é verdadeira e a outra é falsa. Pois o caso das coisas que são não é tal como o caso das coisas que não são capazes de ser ou não ser, mas sim como foi dito *(De Int.* 9, 19^{a}36-^{b}4).

O que me parece que boa parte da tradição interpretativa não levou suficientemente em consideração é o fato de que as evidências que Aristóteles apresenta para essa restrição do princípio de bivalência não são de caráter lógico. É certo que a transposição dos operadores modais de fora para dentro do escopo é um sofisma facilmente desmascarável, e não é difícil apresentar contra-exemplos a esse tipo de inferência, que não estariam necessariamente ligados à recusa da necessidade dos eventos futuros. "Necessariamente o número será par ou ímpar" (que poderia ser uma sentença de uma demonstração aritmética) não implica "o número é necessariamente par ou o número é necessariamente ímpar", pois, neste caso, se a sentença for verdadeira, ao menos um de seus disjuntos será necessário. Pode ocorrer que ambos sejam verdadeiros, mas nenhum *necessário.* Afora este fato lógico, o restante da análise de Aristóteles consiste ou em oferecer uma argumentação para mostrar que a admissão do princípio de bivalência irrestrito acarreta o determinismo das modalidades, ou em mostrar que não se pode admitir o determinismo porque, a seus olhos, este implicaria a inexistência de eventos, cujo princípio se encontra no agente ou, ainda, no fato de que deveríamos ser capazes de prever eventos dessa espécie.

É certo, contudo, que, mais uma vez, o esforço de Aristóteles é salvar algumas certezas cotidianas que teriam de ser consideradas ilusórias ou ganhar um outro significado caso se admitisse uma doutrina determinista.[24] Um determinista poderia sempre estar disposto a admitir que a incapacidade de previsão dos eventos futuros deve-se a uma limitação epistemológica do agente, que uma deliberação é um evento necessário tanto quanto outro qualquer, e no qual ela ou dá origem a uma ação (e era, assim, um evento necessário que estava na origem de outro evento necessário), ou termina na constatação de uma impossibilidade prática (e, mais uma vez, termina numa necessidade). Mas o preço a pagar nesse caso é que, cotidianamente, agimos e falamos como se não estivesse necessariamente determinado o que vai ocorrer (é muito provável que haja, amanhã, uma batalha, mas não é certo) e como se pudéssemos sempre produzir eventos a partir exclusivamente de nossa agência, sem que nenhuma causa *per se* nos leve a tanto. Embora eu sempre possa justificar minha ação – comi comida apimentada porque estava com fome, porque gosto de comida apimentada, porque era a que estava disponível naquele momento, porque era o jantar que me foi preparado, porque era a mais barata... –, a justificação será sempre aci-

---

[24] Por exemplo, em *De interpretatione* 9, 19ª7, Aristóteles afirma que nós *vemos* (ὁρῶμεν) que há princípios das coisas que virão a ser e que estes princípios são tanto o deliberar quanto o fazer algo. Mas toma essa afirmação como uma certeza a ser explicada, não como uma tese a ser justificada.

dental e não implicará necessariamente numa relação de causalidade forte entre *explicans* e *explicandum*. Essa impressão, que todos nós temos, de que agimos sem que nada nos obrigue a tanto, ainda que nossa ação tenha causas e seja justificável, é salva pela teoria de Aristóteles. E é esta certeza que suas rivais terão de esforçar-se por dar conta.

4. *Os conceitos de "evento" e "propriedade acidental"*

Uma propriedade de uma coisa é acidental (e, assim, o evento *"a* é acidentalmente *P")*. Sob que condições? A primeira acepção desse termo refere-se à propriedade que pertence a uma coisa, mas não lhe pertence necessariamente, nem numa freqüência absoluta. "O céu é incriado" é uma proposição que exprime uma propriedade predicada necessariamente de um sujeito, já que o céu é eterno e, assim, não tem começo nem fim no tempo. "O ser humano é animal" é também uma proposição desse tipo. "O ser humano é falante" é uma proposição que exprime uma predicação não-acidental da propriedade "ser falante" a indivíduos humanos. Mas não se trata, neste caso, de uma propriedade predicada necessariamente, já que há casos em que um ser humano não é falante, ainda que continue sendo um humano. Dado que tais casos são de uma freqüência desprezível, essa propriedade, embora não podendo ser atribuída com necessidade, pode ser predicada *ὡς ἐπὶ τὸ πολύ* à classe dos homens. Há, assim, entre a propriedade que designa a espécie (e que serve de sujeito na proposição) e a propriedade predicada, uma relação que nos permite passar da primeira à segunda com uma probabilidade igual a um ou com uma altíssima probabilidade (praticamente igual a um). Neste último caso, se não houver interferência de algum fator estranho – e é justamente esse fator estranho a essa relação causal que impede a certeza absoluta –, haverá, com necessidade, predicação dessa propriedade do sujeito. A relação de freqüência é, assim, o correlato da noção de necessidade em que há elementos que impedem sua inteira realização.

Mas nem sempre isso ocorre dessa maneira. O acidental é justamente essa exceção a relações causais necessárias entre propriedades atribuídas a coisas. Tomemos o caso de alguém que, cavando o chão para plantar uma planta, encontra um tesouro. Não há nenhuma relação, nem necessária, nem de alta freqüência, entre as propriedades – que podem ser atribuídas a um mesmo sujeito – "ser alguém que cava para plantar uma planta" (que designarei por *P)* e "ser alguém que encontra um tesouro" (que designarei por *T)*.[25] Embora, para um determinado indivíduo *a,* a proposição *"Pa* e *Ta"* possa ser verdadeira, ela não pode ser generalizada e tratada como uma instância de uma proposição geral do tipo "para todo *x,* se *Px,* então *Tx"* (aproximadamente: "todo indivíduo que é alguém que cava para plantar uma planta é também alguém que encontra um tesouro"). *Px* não implica aqui *Tx* nem com necessidade, nem com uma alta freqüência (aliás, muito pelo contrário). A causa, portanto, de que *T* e *P* estejam presentes num determinado indivíduo não é *P* (como seria no caso de um silogismo demonstrativo, em que a presença de *P* em *a*

---

[25] Ver a esse respeito a análise de KIRWAN [1993], p.180-82, de quem extraí vários dos resultados desta análise de Δ 30. Note-se em particular, como lembra esse autor, que o contexto do predicado *"x* é por acidente *F"* no uso que Aristóteles lhe dá torna-se referencialmente opaco, de modo que, para alguém que cava para plantar *enquanto tal,* é um acidente que encontre o tesouro, mas essa mesma pessoa, se se trata de um arqueólogo, não terá tal predicado acidentalmente.

implica a presença de *T* e é, assim, a causa de *T* em *a*),[26] mas alguma outra coisa. *P* é, assim, causa acidental da predicação de *T* a *a*.

> É dito acidente aquilo que, embora pertença a algo e seja verdade dizer dele, não é, contudo, nem por necessidade nem freqüente. Por exemplo, se alguém, cavando um buraco para uma planta, descobre um tesouro. Descobrir o tesouro é certamente acidental para o que cava o buraco, pois nem um provém do outro, nem um ocorre junto com o outro por necessidade, nem se alguém planta encontra com freqüência um tesouro. E, por outro, um músico poderia ser branco, mas, dado que isso não ocorre nem por necessidade nem com freqüência, chamamos ao mesmo de acidente. Visto que há algo que pertence a algo, e algumas dessas coisas ocorrem em certos lugares e certos momentos, aquele algo que de fato pertencer, mas não porque era esse algo ou agora ou aqui, será acidente (*Met.* Δ 30, 1025^{a}14-23).

A mesma coisa ocorre com um predicado do tipo "*x* é alguém que é músico" e com outro predicado do tipo "*x* é branco". O primeiro predicado não é causa, no sentido que os *Analytica posteriora* dão a esse termo, do segundo predicado, quando ambos estão presentes num indivíduo. Não há relação de freqüência ou de necessidade entre eles, e ambos não podem dar origem a uma proposição do tipo "para todo *x*, se *x* é músico, então *x* é branco". Esse tipo de concomitância entre predicados que não mantêm entre si nenhuma relação forte é chamada de acidental. "Ser alguém que cava

[26] Ver *Analytica posteriora* I, 19, 81^{b}10-17.

para plantar uma planta" é causa de "ser alguém que acha um tesouro", mas não uma causa *per se,* nem freqüente: mais uma vez, trata-se de um caso de causalidade fraca ou acidental (*Met.* Δ, 2, 1013^{b}34-1014^{a}25). Por isso, finalmente, no caso "músico/branco", branco não é causa, enquanto em "plantador/tesouro", plantador é, embora acidental, pois há dois eventos que ocorreram no tempo, um antes do outro, e um é *condição necessária* do outro.

Portanto, a causa de um evento seguir-se a outro acidentalmente não pode ser outra senão a fortuna ou o acaso. Examinaremos, na próxima seção, o sentido preciso que Aristóteles atribui a esse conceito. O certo, no entanto, é que generaliza essa conclusão para o fato de que não há *nenhuma* causa determinada da concomitância de duas propriedades ou da sucessão de dois eventos acidentais. Dado que *P* e *T* ocorrem no mesmo indivíduo, alguém poderia dizer que, embora *P* não seja a causa *per se* de *T,* poderia haver uma terceira propriedade, digamos *Q,* que implicaria tanto *P* quanto *T.* Desta forma, se *Q* ocorre, então *P* ocorre e *T* ocorre, mas não necessariamente *T* ocorre se *P* ocorre (apenas, por exemplo, se *Q* ocorrer). Neste caso, claro, a causa de *T* não é *P,* mas *Q,* e pode-se encontrar, então, uma causa não-acidental e uma lei geral que vinculará a ocorrência de *T* e *P* à ocorrência de *Q.* Não é esse tipo de caso que Aristóteles tem em mente, e ele deixa isso bastante claro:

> Nem, de fato, há uma causa determinada do acidental, exceto o fortuito, e este é indeterminado. Foi acidental (συνέβη) para alguém chegar a Egina se não chegou com o propósito de que ali fosse, mas desviado por uma tempestade ou capturado por piratas. O acidente, na verdade, ocorreu ou é, contudo, não na medida em que ele próprio ocorreu, mas na medida

> em que outra coisa ocorreu. Pois a tempestade é causa de chegar não aonde navegava. *(Met.* Δ, 30, 1025ᵃ24-30).

Existe, portanto, um conjunto de causas (o fortuito: *τὸ τυχόν*) que intervém numa determinada série causal e acarreta um efeito imprevisível. Em primeiro lugar, não há uma mesma causa, sempre constante, e que interfere quando um evento fortuito ocorre. Chegar a Egina quando se queria ir ao Pireu pode ter como causa a ocorrência de uma tempestade, um seqüestro por piratas ou outra causa qualquer, nenhuma delas é a causa *per se* desse desvio. Em segundo lugar, não é sempre um mesmo efeito que a presença desse tipo de evento irá causar. Uma tempestade pode ou não levar a Egina, da mesma forma como ser preso por piratas. Novamente, aqui, embora a causa possa ser determinada posteriormente (a tempestade, a captura por piratas), ela não pode nem ser prevista, nem seus resultados podem ser antecipados. Assim, se, no domínio do freqüente, "ser alguém que navega para o Pireu" deveria implicar "ser alguém que chega ao Pireu", justamente porque podemos predicar de alguém o predicado "ser alguém que é desviado por uma tempestade" (propriedade que não é predicada desse indivíduo nem necessariamente nem com freqüência), a relação de freqüência entre os dois primeiros predicados é interrompida. O novo evento é a causa acidental de o indivíduo chegar a Egina, ao invés de ao Pireu – uma causa imprevisível de um efeito igualmente imprevisível.

Em E 2, Aristóteles apresenta alguns comentáros sobre as relações entre as propriedades acidentais e os objetos de que são predicadas. Mais uma vez, apóia-se no fato de não haver ciência possível do acidental (no sentido estrito do termo) como evidência para sua recusa do determinismo. Dada uma potência racional – por exemplo, a capacidade, presente no arquiteto, de construir uma casa – é natural que se espere uma relação de causalidade ao menos freqüente entre o evento "uma *casa* está sendo construída" e a potência de construí-la. Quem é capaz de construir uma casa possui, enquanto tal, a potência de construí-la e, reciprocamente, toda casa é necessariamente construída por um indivíduo que tem a potência de construir uma casa e é, enquanto tal, arquiteto. Mas, se o fato de este objeto – esta casa – ter esta forma é necessariamente conseqüência da ação, sobre certos materiais, de um indivíduo que tinha a potência de transformar tal matéria numa casa, o mesmo não vale para um outro conjunto de propriedades que esse objeto terá, propriedades essas que não são conseqüência de nenhuma potência presente no agente. Tal conjunto de propriedades é infinito e envolve, inclusive, um conjunto de propriedades relacionais. Por exemplo, embora o arquiteto seja responsável pela forma da casa, e entre este fato e a potência construtiva do arquiteto haja uma relação necessária, a presença de uma propriedade, como "ser prazerosa" ou "ser útil", nesse objeto, não decorre de nenhuma potência presente no agente, nem é, portanto, previsível. Sobre quais propriedades acidentais possuirá determinado evento ou objeto não há ciência possível, e isso explica por que não há, *de fato,* nenhuma ciência do acidental:

> Dado que, na verdade, o que é é dito em vários sentidos, deve-se discorrer, em primeiro lugar, sobre o que é por acidente, já que não há nenhuma investigação (θεορία) sobre o mesmo. Sinal disso: pois do mesmo não cuida nenhuma ciência – prática, poiética ou teorética. Pois nem quem está fazendo uma casa faz as coisas que ocorrem acidentalmente (συμβαίνει), ao mesmo tempo à casa que é gerada, pois são infinitas, já que nada impede que a casa que é feita seja, para uns, prazerosa, para outros, nociva, para outros,

> útil, e que seja diferente, por assim dizer, de todas as coisas que são: nenhuma dessas coisas é a técnica (ποιητική) de fazer casas. E, da mesma maneira, o geômetra não investiga sobre as coisas que assim ocorrem acidentalmente às figuras, nem se "triângulo" é diferente de "triângulo que têm dois retos" *(Met.* E 2, 1026^b1-12).

Assim, não há nenhum meio de antecipar o que pode causar essa casa para aqueles que nela habitarão. Ela pode e deve, claro, ser construída o melhor possível por aquele que a constrói, já que a existência de predicados acidentais que inevitavelmente ocorrerão nela não o exime de tentar construí-la o melhor possível. Mas há um limite para a previsibilidade. Não é possível ir além de certo ponto. Por exemplo, por mais adequada que ela seja, *genericamente falando,* à função que deverá desempenhar (abrigar seus ocupantes), que ela seja "a casa em que um crime será cometido", não é algo que a técnica do arquiteto pode causar ou impedir. Que ela seja "a casa onde será feliz uma família", também não. Mas ocorrerá que tais predicados dessa casa serão verdadeiros ou falsos em momentos futuros, de modo que há, portanto, um conjunto de predicados que não é previsível, nem causado pela τέχνη do arquiteto. Em particular, tais predicados, que não serão causados por nenhuma potência (embora não sejam incausados, como Aristóteles insistirá logo a seguir), já que, se o fossem, seriam facilmente previsíveis a partir *(i)* dos efeitos naturais desta potência e *(ii)* de sua ação sobre outra coisa, não são nem necessários, nem previsíveis.

Assim, não há geração nem corrupção de propriedades em coisas, nem ocorrência dos eventos acidentais, no que eles contrastam com as propriedades e eventos necessários ou freqüentes, em que esse tipo de processo ocorre como resultado da ação de uma potência sobre uma coisa *(Met.* E 2, 1026^b 22-25). Aristóteles introduz uma classificação dos eventos em três categorias, sendo que a existência da segunda supõe a existência da terceira. A primeira é a classe dos eventos que "não podem ser de outro modo" (*μὴ ἐνδέχονται ἄλλως*) e, assim, não têm a potência de não ocorrerem ou de não possuírem as propriedades que possuem. Claro que, se todo evento no Universo pertencesse a esta classe de eventos, um agente jamais poderia ter a capacidade de agir diferentemente, e o mesmo ocorreria se todos os eventos resultassem de uma causalidade necessária (mais uma vez, aquela em que o evento resulta de uma ação da potência da causa sobre uma potência da coisa, cuja propriedade é atualizada). Ao lado dessa primeira classe, haverá uma segunda classe de eventos que podem ser diferentes do que são, mas que, no mais das vezes, seguem uma lei geral de regularidade. Contudo, embora "no mais das vezes" esses eventos são assim, nem sempre – não em cem por cento dos casos – tais eventos e coisas seguem tal regra; noutras palavras, se a regra geral não é necessária há um conjunto, talvez minúsculo, de eventos que, sob as mesmas condições, constituem exceção à regra. Este é, portanto, um dos primeiros sentidos de "acidental": um evento possível que constitui uma exceção (talvez desprezível) diante de uma regra geral de freqüência. Esse é o caso do exemplo da canícula:

> Por exemplo, quando ocorre tempestade e frio na canícula, dizemos que isso ocorre por acidente, mas não quando ocorre torridez e calor, porque um é sempre ou na maioria dos casos, mas o outro, não. E ocorreu por acidente ser o homem branco, pois não o é nem sempre, nem na maioria dos casos, mas não é acidental (*κατὰ συμβεβηκός*) ser animal *(Met.* E, 2, 1026^{b}33-37).

Noutras palavras, neste primeiro sentido o acidente é a exceção à regra, causada por uma causa concomitante que impede que uma causalidade dominante chegue a produzir seu efeito normal. A maioria dos casos de formação de monstros, que o *De generatione animalium* examina, entra perfeitamente nessa categoria: foi a presença de uma matéria estranha que produziu o monstro, ou melhor, que impediu que a forma conduzisse o processo até seu acabamento esperado. Esses casos são exceção, e resultam da ação de uma outra causa intrusa.

Ao lado desse primeiro sentido de acidente como exceção a uma regra, e que já introduz nesses eventos freqüentes a possibilidade de serem, ou de não terem sido, tais como foram, Aristóteles apresenta uma outra seqüência de exemplos que não constituem exceções a regras gerais, já que, no caso deles, não há qualquer regra, e as duas alternativas contraditórias parecem ter igual probabilidade de ocorrer.

(1) Os primeiros dois exemplos dizem respeito a resultados que uma causa, que habitualmente produz um determinado efeito, podem gerar concomitantemente. O primeiro exemplo é o do arquiteto que produz a saúde. Arquitetos produzem casas, e, se determinado arquiteto conseguiu curar, foi mera casualidade, pois ter uma capacidade (construir) não implica ter a outra (curar), se é que o arquiteto a tinha. O segundo exemplo dessa espécie é o cozinheiro que produz comida saudável, exemplo que Aristóteles herda do *Sofista,* de Platão. Devemos esperar que um cozinheiro produza comida agradável, mas não há nenhuma regra que me permita dizer que, porque é um cozinheiro, sua comida será *ipso facto* saudável. Se é saudável ou não é mero acaso. Noutras palavras, é de esperar-se que a produção de uma comida saudável, ou de uma comida não-saudável, tenha a mesma probabilidade de

ocorrer diante da ação de um cozinheiro, embora a produção de uma comida agradável tenha boa chance de ocorrer (ainda que aqui isso não seja necessário, mas apenas freqüente, já que se trata de uma potência racional) *(Met.* E, 2, 1027^{a}3-4).

(2) Um terceiro caso, que Aristóteles repete em várias outras passagens como exemplo de coincidência de dois predicados num mesmo objeto, coincidência esta não causada por nenhuma outra causa que determine sua presença num mesmo substrato necessariamente: é o fato de alguém poder ser branco e músico. Se alguém é músico, espera-se que seja capaz de tocar um instrumento, de ler uma partitura, de conhecer alguma melodia etc. Tais predicados decorrem necessariamente da presença, num indivíduo, da potência musical. Entre elas não está, contudo, "ser branco", e pode-se conceber uma situação em que o mesmo indivíduo (com respeito ao resto de duas propriedades) é músico mas não é branco. Se é possível imaginar um indivíduo não-branco e músico, então essas duas propriedades não estão relacionadas necessariamente. É, assim, acidental que ambas tenham estado presentes no mesmo sujeito.

Tanto num caso – a produção de um efeito não decorrente da natureza da potência produtiva da causa – quanto no outro – a concomitância de propriedades num mesmo substrato, propriedades que, de resto, são independentes uma da outra –, não há nenhuma causa anterior que possa ser investigada de modo a encontrar uma causa *per se* desses eventos. Caso isso não fosse assim, todos os eventos seriam necessários. Tomemos, por exemplo, o hidromel. Trata-se de um preparado que habitualmente é remédio adequado para quem tem febre. Mas pode ocorrer que ele não tenha nenhum efeito ao ser ministrado a um indivíduo febril em determinada circunstância. Ora, isso poderia levar a acreditar que, multiplicando as exceções, chegaríamos a novas regras e a um novo conjunto de causas necessárias. Por exemplo, alguém poderia tentar reformular a regra introduzindo uma hipótese *ad hoc:* o hidromel só é antipirético quando não se está na Lua Nova, e não o é em caso contrário:

> E, que não há ciência do acidental, é evidente. Pois, enquanto toda ciência é ou do que é sempre, ou do freqüente – pois como ou aprenderá ou ensinará a outrem?, é preciso estar definido ou pelo sempre ou pelo freqüente, por exemplo, que é benéfico o hidromel para o febril na maioria dos casos –, não se poderá dizer o que está fora disso: quando não [isto é, em que circunstâncias não é benéfico], por exemplo, sob a Lua Nova. Pois o "sob a Lua Nova" seria ou sempre ou na maioria dos casos, mas o acidente está fora disso *(Met.* E 2, 1027^{a}19-26).[27]

Noutras palavras, estaríamos diante de um conjunto (talvez ampliável) de condições necessárias e suficientes do efeito de uma causa. Nesse caso, ao menos teoricamente, po-

[27] KIRWAN [1993], p.194, sustenta que o exemplo de Aristóteles aqui é infeliz na medida em que, se alguém sabe que o hidromel vale apenas "na maioria dos casos", sabe também que não vale em algumas exceções e, portanto, sabe também que não vale na Lua Nova. Mas é evidente que o que Aristóteles está querendo dizer é algo totalmente diferente: que alguém pode constatar que essa lei de regularidade vale sob certa condição — se o paciente estiver febril — e que há casos em que não funciona, não se sabe quando não funcionará e tampouco qual é a causa disso que, com sorte, só virá, novamente por uma nova indução, ser descoberta muito posteriormente. Kirwan parece justamente não ter percebido esse ponto que Aristóteles está querendo ilustrar. Por outro lado, Kirwan tem razão ao criticar Ross, que considera que, nesta passa-

deria haver uma ciência do acidental. Mas se não há, e isso é um indício de que não pode haver, uma ciência dos eventos e propriedades acidentais, evidentemente a causa de um evento acidental não é a não-satisfação de uma condição suplementar. Se houvesse alguma lei que pudesse regular a ocorrência de eventos acidentais à margem da ocorrência estatisticamente mais freqüente dos eventos *ὡς ἐπὶ τὸ πολύ*, obviamente estaria extinta a existência de eventos não-necessários no mundo. Todos os eventos seriam regulados por conjuntos de causas antecedentes necessárias e suficientes. Mas se isso, como já sugeri anteriormente, implica, para Aristóteles, recusar uma série de certezas cotidianas – a de que há eventos *objetivamente* imprevisíveis, a de que as ações humanas, embora explicáveis, não são necessariamente causadas –, é preciso recusar que isso seja possível.

Recusar que em cada caso de ocorrência de um evento ou propriedade acidental seja possível encontrar suas causa *per se* e suficiente é um problema diverso daquele de saber *por que* isso é impossível. Noutras palavras, embora não seja possível prever o evento acidental *B* a partir da ocorrência de sua causa acidental *A*, é possível responder por que entre *A* e *B* há uma relação de causalidade acidental. Por que há eventos causados porém imprevisíveis no Universo? Aristóteles responde a essa pergunta introduzindo um elemento de indeter-

---

gem, Aristóteles está admitindo que a existência do acidental se deve a uma limitação subjetiva (epistemológica) do agente, que desconhece as causas da exceção da validade dessa regra. Além de nada nesse texto parecer indicar isso, como mostra Kirwan, também seria possível explicar a existência do acidental simplesmente pela concomitância de propriedades que casualmente estão presentes num mesmo objeto. Nesse caso, tal coincidência seria objetiva, e não apenas subjetivamente imprevisível.

minação no mundo que será responsável pela existência de falhas nas relações causais necessárias (e que agora serão apenas freqüentes): a matéria. O argumento que parece estar por trás não é explícito neste texto, mas isso parece ser devido ao fato de que, se a existência de uma matéria que serve de substrato não existisse – se houvesse apenas formas, e supondo que ainda assim fosse concebível a passagem da potência ao ato e, portanto, mudanças –, as formas produziriam sempre efeitos necessários decorrentes de sua natureza. Um homem, por possuir a forma de um homem, gera um homem, e um macaco gera um macaco. Ora, não haveria a geração de monstros se a matéria não estivesse presente para impedir que a geração pintinho chegasse até seu término. É preciso, além disso, que a matéria seja *indeterminada relativamente à sua forma.*[28] Se ela tiver alguma determinação, então uma lei geral que incorpore como condição essa nova determinação permitiria prever o efeito *("A* produz *B* desde que *B* não seja feito de *C,* neste caso sendo produzido *D"* etc.). E novamente tudo seria por necessidade:

> Pois há, por vezes, potências poiéticas das outras coisas, embora não haja nenhuma técnica nem capacidade determinada destes [ou seja, dos acidentes]: pois das coisas que são ou vêm a ser por acidente a

[28] Isto é, que, diante de sua forma ela seja indeterminada. Isso não significa que a matéria seja, em última instância, indeterminada. Hoje é praticamente consenso, entre os comentadores de Aristóteles, atribuir ao aristotelismo posterior a ele, ou, pelo menos, medieval, a postulação de uma matéria-prima indeterminada e irracional. Os poucos textos que sugeririam essa tese têm interpretação controversa e são dificilmente conciliáveis com diversas outras passagens em que Aristóteles nega explicitamente a existência de uma matéria sem forma.

> causa é também por acidente. Portanto, visto que nem tudo é por necessidade e é ou vem a ser sempre, mas a maior parte na maioria dos casos, é necessário que haja o que é por acidente. Por exemplo, nem sempre nem na maioria dos casos o branco é músico, e dado que por vezes vem a ser, será conforme ao acidente (e, caso contrário, tudo será por necessidade). De modo que a matéria, que admite ser de modo diverso, além do que é na maioria dos casos, será a causa do acidental (*Met.* E 2, 1027^{a}5-14).

É, portanto, porque há um princípio de indeterminação no universo que acontecimentos contingentes podem vir a ocorrer, fazendo fracassar as relações necessárias de causa e efeito que se imperariam no mundo sublunar, se a matéria não existisse. Isso não significa que eventos incausados existam, mas apenas que, dada certa causa, há, nesta região do cosmo, lugar para que ela venha a ser causa de um efeito de que ela o foi apenas nessa circunstância, ou num número inexpressivo de casos, não permitindo, assim, uma generalização.

Esse expediente garante ao capítulo 3, do livro E, da *Metaphysica,* a existência de eventos causados, mas não *necessariamente* causados, causados *per se.* É tudo de que Aristóteles precisa para garantir que um agente pudesse ter agido de outra forma no momento em que agiu. *Pudesse* ter agido de outra forma, volto a insistir, não significa que Aristóteles esteja introduzindo qualquer coisa como o livre-arbítrio. Significa apenas que houve causas para que eu desejasse e calculasse conforme àquele desejo no momento em que agi, mas não eram causas *necessárias* da irrupção do desejo, do cálculo ou, finalmente, da ação empreendida. Eu *podia* ter desejado diferentemente diante da mesma causa que despertou meu desejo. Claro que não podia ter feito isso no momento em que fiz – não me era possível, naquele momento, desejar, ao mesmo tempo, outra coisa. Mas naquele momento era possível, para mim, que eu desejasse outra coisa que não essa. Se, dado meu desejo, o resultado era previsível (na maioria das vezes, claro, pois haverá intervenção do acidental também na série causal que vai de minha ação ao resultado final produzido), o próprio desejo não o era, nem era previsível que ele seria seguido, e não algum outro mais forte, diante dos mesmos estímulos. Por isso, embora a realização do resultado dependa causalmente (conforme uma seqüência de relações necessárias hipotéticas) de minha ação, não havia nenhuma causa *per se* antecedendo-a. Embora, também ela, tenha uma causa que a explica, isso não implica que eu perdesse minha capacidade de agir de modo diverso quando agi, já que a causa (eficiente) desta minha ação não é uma causa que impedia a possibilidade do contrário. Sou tão capaz de agir ou não agir, quando efetivamente pratico uma ação, como Sócrates, quando está de pé, continua sendo capaz de sentar-se, ou um arquiteto de constuir uma casa quando não a está construindo – não naquele momento, é claro, mas em outro momento possível.

5. *O fortuito e o casual*

Em *Metaphysica* E 2, Aristóteles utiliza dois conceitos de causa acidental de um evento. O primeiro deles consiste na concomitância de uma propriedade ou evento junto a outra propriedade ou evento, estes, sim, causas necessárias daquele efeito. Se, portanto, *B* é causa de *C* e, ao mesmo tempo que *B* ocorre, *A* ocorre, não sendo *A* causa *per se* de *B*, então *A* pode ser dito causa acidental de *C*. *A* pode assumir as mais diversas formas, de uma propriedade particular a uma propriedade geral de um objeto. A causa de que a casa seja construída é a ciência na mente do arquiteto e, por extensão, o próprio arquiteto. A causa acidental da construção da casa é o músico, Policleto, o homem branco, ou, ainda, o animal que este homem é *(Met.* E 2). Ocorre que o objeto que tinha a propriedade de ser um arquiteto tinha também a propriedade de ser músico, por exemplo, e essa concomitância de uma propriedade *A,* nesse substrato, com uma propriedade *B,* esta sim causa *per se* da construção, torna *A* uma causa acidental (ou "incidental", como preferem alguns) de *C.* Mas é claro que esse sentido de causa acidental não é relevante. O próprio Aristóteles encarrega-se de deixá-lo de lado, dizendo que o acidental, nesse caso, é "só como que um nome" (*ὥσπερ ὄνομά τι μόνον*) e dá razão a Platão quando este afirma que a sofística, que se especializou em tratar do acidental, lida com o não-ser *(Met.* E 2, 1026^b13-23).[29]

Há um outro sentido de causa acidental, presente tanto em E 2 quanto em E 3, em Δ 30 e, mais particularmente, no livro II da *Physica,* que não diz respeito à mera concomitância de propriedades numa causa e que, por cortesia, são ditas também causas do evento de que, na verdade, uma outra causa *per se* é propriamente causadora. Esse outro sentido, bastante complexo, é desenvolvido por Aristóteles sobretudo nos capítulos 5 e 6, do livro II, da *Physica,* em que ele exami-

[29] Por isso SORABJI [1980] se engana ao reduzir a noção de causa acidental a apenas um sentido (precisamente este). Claro que, depois dessa redução, ele poderá enfraquecer a noção de causa acidental a tal ponto que será possível admitir a existência de eventos "causados apenas por acidente", isto é, na verdade, incausados, mas que podem ser ditos causados nesse sentido derivado (e certamente irrelevante). Mas não é esse o único sentido de causa acidental em Aristóteles, como notou ROSS [1939], p. 518, nem o único nesse texto, como percebeu KIRWAN [1993], p. 190, sem, contudo, conseguir dar conta da dificuldade que ele levanta.

na os conceitos de fortuna (τύχη) e acaso (αὐτόματον). Aí, seu objetivo é mostrar que a concomitância de duas causas diversas pode dar origem a um efeito que não é previsível nem determinado a partir de nenhuma das causas em particular, nem de ambas em conjunto. Da concomitância de *A* e *B* pode-se seguir um efeito *C* que não é causado necessariamente nem por *A*, nem por *B*, nem por *A* + *B*, embora tanto *A* quanto *B* devam ser tomadas como a explicação da ocorrência desse evento fortuito *C*, já que se nem *A* nem *B* tivessem ocorrido, *C* tampouco o teria. Note-se que em *Physica* II, 5, Aristóteles amplia a noção de acidental, de modo que podemos falar agora de *efeitos* acidentais, enquanto em E 2 e 3 se trata sobretudo de *causas* acidentais (causas cujas causas, por sua vez, não eram necessárias). Mas é claro que, se uma causa *A* é causa acidental de *B*, *B* será necessariamente efeito acidental de *A*, e a relação é reversível.[30]

A primeira propriedade, portanto, que o predicado "*x* é causado por uma causa acidental (a fortuna)" possui é não poder ser aplicado a objetos ou eventos que ocorrem ou na maioria dos casos, ou necessariamente. Não se pode dizer – e Aristóteles critica esse ponto explicitamente ao examinar, no capítulo anterior, a posição de Demócrito – que o movimento das esferas celestes, um dos exemplos típicos de evento necessário, é causado por uma causa acidental, em particular, a fortuna. Do mesmo modo, não é um evento fortuito o calor durante a canícula, pois este é o caso de um evento que, embora não necessário, costuma ocorrer na maioria das vezes durante esse período do ano. Por outro lado, é certo que, se há

---

[30] Por exemplo, em *Physica* II, 5, 196b12, Aristóteles distingue a τύχη como causa e o efeito da τύχη, isto é, τὸ ἀπὸ τῆς τύχης, e distingue também entre ἀνάγκη e τὸ ἐξ ἀνάγκης e o ὡς ἐπὶ τὸ πολύ como causa.

eventos que ocorrem, por assim dizer, numa freqüência estatística de noventa e cinco por cento dos casos (a freqüência segura das análises estatísticas mais simples), há também, contudo, uma faixa de casos que desobedece a lei geral e são exceções. Tais eventos excepcionais terão uma causa, como todos os eventos no universo. A causa desses eventos será acidental e constituirá, em última instância, ou a fortuna ou o acaso:

> Primeiro, portanto, dado que vemos que umas coisas vêm a ser sempre da mesma forma e outras, na maioria dos casos, é evidente que de nenhuma destas duas a fortuna é dita causa, nem o fortuito (τὸ ἀπὸ τύχης), nem é causa do por necesidade e sempre, nem do que é na maioria dos casos. Mas, dado que há coisas que ocorrem também além dessas e estas todos dizem ser fortuitas, é claro que a fortuna e o acaso são algo: pois sabemos que coisas assim são fortuitas, e que as coisas fortuitas são assim *(Phys.* II, 5, 196^b10-17).

Há, assim, uma barreira para a hegemonia completa das relações necessárias, no âmbito do mundo sublunar. Aí tais relações continuam em vigor, porém encontrarão resistências e fracassarão em várias ocasiões. Em termos menos metafóricos, enquanto, numa região do cosmo (as esferas celestes), relações causais necessárias e suficientes nunca encontram exceções, no mundo sublunar, dados os antecedentes dessas relações, nem sempre o efeito é aquele produzido na maioria das vezes. Se, portanto, na região das esferas celestes o primeiro movido move *sempre e da mesma maneira* as demais esferas, no mundo sublunar, um determinado evento *A,* que *quase sempre* é seguido de um determinado evento *B,* pode, não obstante, ser seguido por um efeito diverso, *C.* Justamente tais eventos, exceções a regularidades que de outro modo seriam necessárias, constituirão a classe dos eventos fortuitos ou casuais (o *αὐτόματον* ou a *τύχη*). Tais eventos são causados por causas acidentais e são efeitos acidentais de tais causas *(Phys.* II, 5, 196^{b}24-33).

Para iniciar a distinção entre o casual e o fortuito e extrair algumas propriedades desse tipo de evento, Aristóteles procura mostrar que, tanto quanto todos os demais, tais eventos resultam de causas que tinham em vista uma finalidade, embora eles próprios não sejam a realização dessa finalidade. É o que ele parece estar querendo dizer nesta passagem de *Physica* II, 5:

> E, entre as coisas que ocorrem, umas vêm a ser tendo em vista algo, outras não. E dessas, umas vêm a ser por escolha, outras não por escolha, mas ambas estão entre as que têm em vista um fim, de modo que é claro que também entre as que estão fora do necessário e do freqüente há algumas às quais pode pertencer o fim. E são tendo em vista um fim tanto as coisas que poderiam ser feitas a partir do pensamento (*ἀπὸ διανοίας*) quanto as que poderiam ser feitas por natureza (*ἀπὸ φύσεως*). Na verdade, quando tais coisas vêm a ser por acidente, dizemos que são por fortuna *(Phys.* II, 5, 196^{b}17-24).[31]

---

[31] Esse é um texto difícil quanto à pontuação e à argumentação e já havia sido objeto de polêmicas entre os comentadores antigos. Minha interpretação a seguir retoma os resultados de Ross [1939], p. 517, que, de longe, me parece ser a leitura que dá o melhor sentido para essa passagem. (Após ter hesitado, preferi traduzir o particípio genitivo *τῶν γιγνομένων* por "das coisas que ocorrem" ao invés de "dos eventos", mas não consigo ver nenhuma razão mais forte para não entender esse termo, nessa passagem e mais adiante, na linha 30, como não se referindo ao conjunto dos fatos que acontecem.)

A primeira sentença dessa passagem apenas afirma que há eventos no universo que efetivamente ocorrem, enquanto outros não.[32] Noutras palavras, entre os eventos do universo, há os que são o produto necessário de um processo teleológico natural e, portanto, ocorrem tendo em vista um fim, e há os que são o resultado necessário de uma ação que teve uma escolha prévia e são também, *ipso facto,* eventos que têm em vista um fim. É o que Aristóteles lembra, ao dizer que são eventos resultantes de um processo teleológico "tanto as coisas que poderiam ser feitas a partir do pensamento quanto as que poderiam ser feitas por natureza". Mas há, ao lado desses, a classe dos eventos que não são o resultado de um processo teleológico natural, nem o resultado *esperado* de uma escolha. Ao lado desses eventos, que são o resultado eficaz de um processo teleológico natural ou prático, há eventos inesperados que "não vêm a ser tendo em vista um fim" (*τὰ οὐ ἕνεκά του γίγνεται*).[33] Ora, a classe geral dos eventos, resul-

---

[32] Ross [1939], p. 517, entendeu *ἕνεκά του* não como "designado para atingir um fim", mas "atualmente atingindo algo que ou foi, ou poderia ter naturalmente sido tomado como um fim". Ross apresenta várias evidências em favor dessa interpretação que, além disso, tem a vantagem de resolver diversos problemas de argumentação no texto. Mas o que fazer então com a má fortuna, que aparecerá mais abaixo em ª20? Se a interpretação de Ross estivesse certa, um evento fortuito maléfico poderia ter sido tomado como um fim? No caso de um evento fortuito benéfico, obviamente o agente, se tivesse sabido, teria escolhido aquilo do mesmo modo, mas não no caso da *mala fortuna.*

[33] Um ponto crucial é notar que Aristóteles emprega *τὰ ἕνεκά του γίγνεται* e *ἐν τοῖς ἕνεκά του*, que não me parecem ser expressões equivalentes nessa passagem. No primeiro caso, estamos diante de uma classe estrita de eventos que ocorrem exatamente conforme a uma teleologia (física ou prática). São, assim, resultado esperado de um processo teleológico. No segundo caso, estamos diante da classe mais ampla, que en-

tantes ou não conforme ao produto teleológico esperado, pode ser dividida também de acordo com um outro critério, resultantes de uma escolha ou de um processo natural. Logo, ao lado dos eventos que não são nem necessários nem freqüentes (e que resultam corretamente de um processo teleológico natural ou prático), haverá também uma classe de eventos excepcionais, produzidos ou por uma escolha, ou por um processo natural. Em ambos os casos seus produtos terão sido produzidos por processos orientados teleologicamente para fins, e seus efeitos, diversos daqueles para os quais se voltavam. O fortuito e o casual são, portanto, o resultado acidental de um processo teleológico dirigido para a obtenção de um fim que resulta noutro diverso *(Phys.* II, 5, 196^{b}23-24; 30-31).[34]

globa tanto a primeira quanto os eventos que resultam de um processo teleológico, *mas não correspondem ao resultado esperado desse processo.* Isto é, no segundo caso, há, além da primeira classe, uma segunda classe de eventos produzidos ou por uma teleologia natural, ou por uma teleologia prática, mas que não são o resultado a que tais processos se dirigiam. Estes serão, respectivamente, os efeitos do acaso e da fortuna.

[34] Em ^{b}30-31, Aristóteles afirma que, "tal como foi dito", quando isso ocorre em eventos resultantes de processos teleológicos "diz-se que são por acaso ou por fortuna", mas em ^{b}23-24 parecia restringir tais eventos à classe dos eventos fortuitos. Na minha opinião, a linguagem de Aristóteles é deliberadamente imprecisa nessa passagem, e a prova disso é que em ^{b}15 ele afirma que a fortuna e o acaso "são algo" (isto é, existem, ao contrário do que alguns supuseram) mas, uma linha depois, diz que "sabemos que as coisas assim são fortuitas e que as coisas fortuitas são assim". Provavelmente Aristóteles só dá atenção à diferença entre ambos os conceitos no capítulo seguinte. Na passagem acima ele está interessado muito mais em mostrar em que consiste o fortuito e o casual e como se relacionam a processos teleológicos cujos resultados são acidentais. É o que ele parece estar dizendo em ^{b}31-33.

Se uma ação *A*, que é um evento teleológico tendo em vista um fim *B*, é realizada e dela resulta um evento *C*, distinto daquele esperado, estamos diante de um efeito fortuito, um efeito que tem uma causa fortuita. Ora, um evento fortuito pode ser de pelo menos de duas espécies. *C* pode ser um evento composto de *B* e de *D*. Nesse caso, *C* não exclui a realização do evento *B* planejado, mas, apesar disso, o evento resultante era, ainda assim, imprevisível diante das circunstâncias em que a ação foi praticada. Uma outra forma é aquela em que *C* é distinto de *B* e *C exclui* a realização de *B*. Noutras palavras, *C* é igual a *não-B* e contraria, assim, inteiramente a intenção do agente. Sua ação, portanto, foi "vã" (*μάτην*), como afirma Aristóteles mais adiante *(Phys.* II, 6, 197ᵇ22-25). Em ambos os casos, há a presença de um outro processo causal que interfere no primeiro e origina um resultado diverso do que se poderia esperar. Aristóteles ilustra o primeiro por meio do exemplo daquele que encontra o devedor exatamente quando este, por sua vez, recobra o dinheiro de que era credor de outra pessoa:

> Por exemplo, se soubesse, ele iria [à praça] a fim de receber o dinheiro quando [o devedor] recebia o empréstimo. Mas ele foi não tendo em vista isto, mas foi um acidente (*συνέβη*) para ele próprio ter ido e feito isso tendo em vista receber [o dinheiro] (*τοῦτο τοῦ κομίσασθαι ἕνεκα*). E isso nem por ir com freqüencia à praça, nem necessariamente: o resultado (*τὸ τέλος*), receber a dívida, não pertence às causas nele próprio, mas às coisas que foram escolhidas e planejadas (*ἀπὸ διάνοιας*). E, de toda forma, é dito que, então, chegou fortuitamente (*ἀπὸ τύχης*); mas, se também escolheu tendo em vista isso, ou se sempre, ou se freqüentemente ia [à praça] a fim de receber, não [é dito que foi] fortuitamente. É claro, assim, que

> a fortuna é uma causa acidental entre as coisas por escolha que pertencem àquelas que têm em vista algo. Por isso, a fortuna e o pensamento dizem respeito à mesma coisa: pois a escolha não existe sem o pensamento *(Phys.* II, 5, 196^{b}33-197^{a}8).[35]

Nesse primeiro caso, há duas escolhas, duas ações tendo em vista certo fim a ser obtido, e o cruzamento dessas duas séries causais resulta num efeito imprevisto. *X* pratica uma ação tendo em vista certo fim que deseja obter: vai à praça por algum motivo qualquer. *Y* vai à praça para obter um determinado dinheiro que lhe era devido. Assim, a ação *a,* de *X,* visava à obtenção de um determinado efeito, *B,* por exemplo, e a ação de *Y,* seja ela *c,* visava também à realização de determinado resultado (a saber, obter certo dinheiro devido), ou seja, *D.* A ação *a,* assim, deveria acarretar *B,* e *c* acarretar *D.* Mas o entrecruzamento dessas duas séries causais resulta em outro evento diverso. *B* e *D,* ocorrendo ao mesmo tempo, produzem um novo evento, imprevisível a partir de *a* e *c* apenas, ou seja, justamente que *X,* ali presente, recobra de *Y* o dinheiro que este lhe devia e estava recebendo de outra pessoa naquele momento – um efeito imprevisto *E,* indeterminado a partir das séries causais que o causaram.[36]

Nesse caso, o novo evento não é a contradição nem de *B,* nem de *D.* Ele é um novo evento *além* desses dois, certamente desagradável para *Y* e certamente proveitoso para *X.*

[35] Segui aqui em todos os momentos o texto estabelecido por Ross.

[36] Cornford, de acordo com ROSS [1939], p. 520, teria sugerido que essa história provém de uma comédia. Não é difícil encontrar os elementos da comédia antiga nesse exemplo, sobretudo a reviravolta, mas eu desconheço as evidências que Cornford apresentou para sua hipótese.

Este teria feito exatamente a mesma coisa se soubesse que *Y* receberia a quantia devida naquele momento. *X* agiu, portanto, *in*voluntariamente, e *Y*, supondo que se arrependeu de ter ido recobrar sua dívida naquele momento, *contra*voluntariamente.[37] Mas, enfatizo, o novo evento *E* não é incompatível com *B* ou *D*. Na verdade, o resultado produzido é $E + B + D$ (embora provavelmente em momentos distintos). Mas pode haver casos em que o resultado seja diverso daquele esperado, e eventualmente ou *B*, ou *D*, ou ambos, não se realizem. Nesse caso ou *a*, ou *c*, ou ambas, serão causas vãs de um resultado buscado, mas não realizado.

> Por exemplo, se o caminhar é tendo em vista a evacuação, se ela não ocorreu para o caminhante, dizemos que o ter caminhado foi em vão e que a caminhada foi vã *(Phys.* II, 6, 197^b23-25).

Neste exemplo, há um evento *a* produzido tendo em vista *B*, e uma causalidade intrusa (por exemplo, *c*, natural ou prática, tendo em vista *D)* irá impedir a realização de *B*. Foi, então, "em vão" que *a* foi feita, já que o resultado para o qual se destinava não se realizou. Em particular, quando esse tipo de evento disser respeito a séries causais em que estão presentes processos apenas naturais, estaremos diante do acaso (*τὸ αὐτόματον*). Quando ao menos uma série causal hu-

---

[37] Ver o capítulo I, para o sentido preciso de contravoluntário e de involuntário, e a relação entre esses termos e o arrependimento. Ross lembra, com pertinência, que a *τύχη* nesse exemplo faz as vezes de uma possível, mas não real, ação por escolha, tanto quanto o *αὐτόματον* fará as vezes de uma possível, mas não real, causa natural. Note-se o uso do modo irreal com imperfeito + *ἄν*, no começo do exemplo, indicando a contrafactualidade.

mana estiver presente, estaremos diante do fortuito ou da fortuna (τὸ ἀπὸ τύχης, ἡ τύχη) (*Phys.* II, 6, 197^{b}1-18).[38]

Ora, se o fortuito é o resultado inesperado de uma causalidade intrusa sobre outra série causal, é evidente que a fortuna consistirá em *qualquer* série causal que *possa eventualmente* interferir com um curso de eventos. Noutros termos, se uma seqüência de eventos está encadeada conforme a uma causalidade *per se* e uma outra série causal vem a cruzar-se, o resultado é imprevisível a partir das duas séries causais. No exemplo de fortuna acima, o máximo que se poderia esperar do fato de *Y* ter ido à praça é que recobrasse sua dívida, e de *X*, que realizasse o propósito pelo qual foi ali. Não se podia, a partir de ambas as séries causais, concluir que *X* iria receber de *Y* a dívida naquele momento. Da mesma forma, a caminhada deve conduzir à evacuação, e a série causal que interferiu nela também deveria produzir o efeito para o qual se destinava. Que *(i)* as duas séries iriam cruzar-se e *(ii)* um novo efeito diverso seria produzido pela intervenção de uma sobre a outra não é algo previsível a partir das duas séries. É certo que, uma vez que o efeito *E* tiver ocorrido, *B* e *D* serão condições necessárias de *E* ter acontecido – se nem *B* nem *D*, e, portanto, nem *a*, nem *c*, tivessem ocorrido, *E* também não

---

[38] Portanto, a fortuna pressupõe uma causalidade humana inaugurada por uma ação e conforme a uma escolha. Um cavalo, se foge e, assim, não é morto, salvando-se, visto que, ao sair, não escolheu o que fazia, não o fez ἀπὸ τύχης, mas sim ἀπὸ τοῦ αὐτόματου. Da mesma forma, se um objeto como um tripé cai de modo que se possa sentar nele — sendo que é o contrário que deveria ocorrer na maioria dos casos —, isso resultará do acaso, não da fortuna. (Ver a esse respeito a análise de ROSS [1939], p.522-23, que retoma a explicação dos comentadores antigos para o tripé dever cair com pouca freqüencia nessa posição, à diferença de um banco cúbico.)

teria sido realizado. Mas *B* e *D*, ou *a* e *c*, não são condições suficientes de *E*, já que sua ocorrência não acarreta necessariamente a ocorrência de *E*. É por isso que Aristóteles insiste que o conjunto das causas que podem ser responsabilizadas pela ocorrência de eventos fortuitos é um conjunto aberto ou, em seus termos, "indefinido" (*ἀόριστον*):

> Portanto, as causas a partir das quais pode vir a ser o fortuito são necessariamente indefinidas. Donde, também, a fortuna parecer pertencer ao indefinido e ser obscura para o homem, e dizer-se que nada fortuito pareceria ocorrer. Pois todas essas coisas são ditas corretamente, porque razoavelmente. Pois, embora seja verdade que há coisas que vêm a ser a partir do fortuito, já que vêm a ser por acidente, e a fortuna é causa enquanto acidente, enquanto absolutamente (ἁπλῶς) a fortuna não é causa de nada (*Phys.* II, 5, 197ª8-14).

Se, portanto, um efeito fortuito *E* ocorre, e visto que esse efeito fortuito não resulta de nenhuma causalidade *per se*, qualquer causa desse efeito fortuito, enquanto fortuito, será uma causa acidental. Enquanto causa acidental de efeitos fortuitos, a fortuna existe – é conjunto de causas necessárias de outros efeitos necessários, mas que, no entrecruzamento de séries causais, produz efeitos inesperados. Ela, contudo, não existe enquanto causa *per se* de tais eventos. É por isso que, dado que para cada série causal são infinitas as séries causais que podem interferir com ela de maneira eficaz, a fortuna terá de ser indefinida. Assim como o arquiteto não pode prever os acidentes da casa, embora seja, conjuntamente com outras causas, causa acidental de tais acidentes, da mesma forma não há previsibilidade sobre os resultados acidentais das ações humanas. Por isso, ela será *παράλογον*, "além da razão", isto é, inescrutável, já que esta diz respeito ao que ocorre sempre ou no mais das vezes, enquanto a fortuna diz respeito às coisas excepcionais. Boa e má sorte, finalmente, resultarão de efeitos fortuitos bons ou maus para um determinado indivíduo. Não há boa ou má sorte em si, com uma causa intencional oculta (talvez divina), mas apenas resultados imprevisíveis de causalidades desconhecidas, os quais terminam por ser bons ou maus para os indivíduos eventualmente nelas implicados – bom para o credor, mau para o devedor.

6. *Ações fracassadas*

Ao examinar o processo de deliberação, no capítulo II, chamei a atenção para o fato de que Aristóteles o considera como um procedimento de descoberta que parte do fim a ser atingido e recua, examinando as condições de sua produção. *Physica* II, 9, insistirá nesse ponto e dirá que, no caso da produção de objetos com certa finalidade, esta governa a escolha dos materiais e o processo de produção desses objetos *(Phys.* II, 9, 200^{a}7-13). No cálculo, portanto, trata-se de, estabelecido o fim, recuar empregando sentenças que exprimem desde uma necessidade hipotética até os meios à disposição do agente que permitirão a consecução desse resultado. Por isso, as suposições do tipo "se isto deve ser obtido então isto deve ser feito" ou "isto não será obtido se aquilo não for feito previamente" guiam o cálculo do agente durante todo esse processo. É com base nesse conjunto de conhecimentos, derivados da experiência, que um agente calcula o resultado de suas ações. À diferença da produção de objetos, na qual há um conjunto finito e seqüenciado de procedimentos de produção, no caso das ações humanas os meios a serem empregados variam conforme o contexto prático e, assim, não há aprendizado possível dos meios para atingir os fins em qualquer circunstância. A única maneira parece ser, portanto, fazer com que o agente se habitue a deliberar e refletir sobre como deve proceder diante da experiência que já possui. Esse hábito, claro, mais uma vez decorre de treinamento e educação, da formação de um caráter e de quão arguto o indivíduo seja de fato.

Mas, ainda que o cálculo esteja correto, pode haver erros que tornarão a ação contravoluntária ou involuntária, conforme haja arrependimento ou não. Uma ação pode redundar, como acabamos de ver, num evento fortuito contrário ao planejado quando uma série causal intrusa interfere no curso das conseqüências previstas. Mas esse não é o único caso em que uma ação pode resultar num fracasso. Pode-se pensar em casos em que o agente não delibera suficientemente (devido ao cansaço, por exemplo), ainda que na maioria das circunstâncias faça o contrário. Nesse caso, há uma causalidade intrusa que interfere diretamente no processo psicológico de descoberta dos meios a partir dos resultados procurados, e o cálculo termina, então, por se mostrar um equívoco. Pode-se também pensar que, embora o cálculo esteja correto, o agente encontra-se limitado epistemicamente e não percebe (porque *não podia* perceber) uma informação relevante naquele contexto prático. O agente teria, então, calculado corretamente se tivesse tido acesso a todas as informações relevantes naquelas circunstâncias. Como não as teve, não pôde calcular adequadamente, e o efeito foi diverso do esperado. A causalidade acidental pode, então, esconder do agente uma informação relevante que ele naturalmente levaria em consideração se a tivesse percebido.

É o que Aristóteles parece implicar ao afirmar, no livro VI, dos *Topica,* que o erro (*ἁμαρτία*) não é pura e simplesmente a privação do conhecimento:

> Ver também se [o adversário] definiu por privação quando [o termo, na verdade] não é dito por privação. Por exemplo, tal erro também pareceria ser cometido no caso da ignorância pelos que não definem a ignorância por negação. Pois aquele que não tem ciência não parece ignorar, mas [quem parece ignorar é], antes, o enganado e, por isso, não dizemos nem que os inanimados nem que as crianças ignoram, de modo que a ignorância não é dita privação da ciência *(Top.* VI, 9, 148ª3-10).

Essa passagem é interessante porque, nela, Aristóteles alerta para o fato de que a *ἄγνοια*, que se costuma traduzir por "ignorância", pode não ter apenas o sentido de um estado negativo de pura privação de conhecimento. Um animal ou uma criança estão num estado de privação de conhecimento, e mesmo adultos estão nesse estado com relação a inúmeros fatos. Enquanto adulto, desconheço, e *sei* que desconheço, vários eventos que estão ocorrendo no momento em que escrevo este texto. Não somente meu conhecimento em muitas áreas do saber científico (e nisso só em grau sou diferente de uma criança) é limitado, como também, quanto a meu conhecimento cotidiano, há vários fatos de que estou consciente de meu desconhecimento. Mas ao lado desse estado negativo (privação de conhecimento), caracterizado pela *ausência* de conhecimento de *p* e pela *presença* de conhecimento acerca da ausência de conhecimento de *p*, há o estado positivo de *ausência* de conhecimento de *p* e *ausência* de conhecimento da ausência de conhecimento desse mesmo *p*. Em termos mais claros, no primeiro caso, *A* não sabe que *p*, e *A* sabe que não sabe que *p;* no segundo caso, *A* não sabe que *p* e tampouco sabe que não sabe que *p*. Esse segundo caso é justamente o estado daquele no qual *A* crê que *p*, *p* é falso e *A* não sabe que *p* é falso. O primeiro caso seria o daquele que ignora as circunstâncias e as conseqüências de sua ação, sabe disso e procura remediar essa falha, talvez através da consulta a conselheiros. O segundo é o caso preciso examinado várias vezes por Aristóteles: aquele que age acreditando estar ciente de todas as informações relevantes para sua ação e, no entanto, desconhece pelo menos um elemento crucial.[39]

Em *Analytica Posteriora* I, 16 Aristóteles distingue, no que diz respeito à ignorância enquanto estado positivo, dois casos possíveis:

> A ignorância, não por negação, mas aquela dita conforme a um estado (*διάθεσις*) é, de um lado, o erro proveniente de uma inferência, mas, de outro, ocorre de dois modos nas sentenças em que (o predicado) pertence ou não pertence [ao sujeito] imediatamente (*ἐν μὲν τοῖς πρώτως ὑπάρχουσιν ἢ μὴ ὑπάρχουσι συμβαίνει διχῶς*): pois ocorre ou quando se supõe simplesmente pertencer ou não pertencer, ou quando, por inferência, se chega a essa suposição *(An. Post.* I, 16, 79b23-28).

Assim, a ignorância enquanto estado positivo (nos termos anteriores) pode surgir seja da presença de uma crença falsa no agente, seja como conseqüência de uma inferência dedutiva não válida ou de uma indução a partir de instâncias

---

[39] A palavra portuguesa "ignorância" é bastante enganadora neste caso. Não é freqüente empregar esse termo, ou seu adjetivo, a alguém que não estava consciente de todas as implicações de sua ação. Para tanto empregamos mais comumente "não estava consciente", "não estava ciente" etc., mas não "era ignorante das conseqüências e circunstâncias de sua ação". O comentário de Aristóteles implica que esse uso era possível para o substantivo *ἄγνοια* e sua família em grego. Ver a esse respeito *Analytica posteriora* I, 16, 79b23 e ss.

não favoráveis e tomada como certa, ou ainda de ambos os casos juntos (*An. Post.* I, 16, 79^{b}29-80^{a}5; 80^{a}11-26, etc.). Num caso, uma informação relevante é falsa, e a conclusão, se for verdadeira, será verdadeira só por acaso ("acidentalmente"). No outro, a inferência não é válida, e a conclusão, se for verdadeira, novamente só o será por acaso. Pode perfeitamente ocorrer que alguém atinja fortuitamente o que queria: determinada ação produzirá determinado evento não da maneira como o agente previu que ocorreria, mas de outra maneira qualquer. Mas é claro que o que deve ser esperado é que a ação fracasse e o resultado seja inteiramente diverso do previsto, para melhor, para pior ou, talvez o mais das vezes, nem um nem outro – indiferente.

Justamente por ser difícil ter acesso completo a todas as informações relevantes é necessário muitas vezes, ao tomar uma decisão, recorrer a conselheiros que acrescentem informações e pontos de vista relevantes para a tomada da decisão. Aristóteles refere-se a isso num texto da *Ethica nicomachea,* que já tive ocasião de comentar parcialmente:

> Com efeito, há deliberar nas coisas que dizem respeito ao freqüente, mas não é claro como terminarão, e nas quais há o indeterminado. E tomamos conselheiros para as coisas grandes, descrendo em nós próprios porque não somos suficientes para decidir (*EN* III, 3, 1112^{b}8-12).[40]

[40] Salvo erro, não vejo porque supor este texto como corrupto. Stewart quis inserir ἃ δεῖ após ἐν οἷς, mas me parece que a estrutura é semelhante àquela da linha anterior, em que Aristóteles supõe, elíptico, o verbo ser com o sentido de existir (ἐν τοῖς ὡς ἐπὶ τὸ πολύ). Trata-se de marcar que tais coisas sobre às quais deliberamos pertencem ao domínio do indeterminado, somente isso, e filologicamente o texto não parece apresentar dificuldades maiores.

Esse texto é notável porque, nele, Aristóteles resume sua tese de que só há deliberação no que diz respeito ao freqüente. Para ele, não parece haver sentido em afirmar que se delibera sobre o casual ou o fortuito. Justamente porque não há previsibilidade quanto a esse tipo de evento (se houvesse, não seria fortuito), não há cálculo possível sobre eles.[41] Eles não dependem de uma série causal que começará numa ação feita pelo agente e terminarão, mediante uma seqüência de relações entre eventos submetidas à necessidade hipotética, num resultado altamente provável, *dada aquela seqüência de ações.* Note-se que Aristóteles distingue "as coisas que dizem respeito ao freqüente", isto é, esse conjunto de relações de implicação que permite o cálculo, e o resultado, com respeito ao qual não há freqüência ou necessidade, já que, por princípio, o resultado almejado é contingente – "não é claro como terminarão e nas quais há o indeterminado". Para decisões importantes (*τὰ μεγάλα*) é preciso consultar conselheiros, dada a limitação de nossa capacidade de decidir nesses casos e os riscos envolvidos (*Rhet.* I, 4, 1359ª23-1360ᵇ4).

Finalmente, o agente pode ter acesso epistêmico adequado às informações relevantes, calcular corretamente e, se sua ação tivesse sido implementada, redundaria no efeito esperado –, mas ainda assim, mesmo possuindo um caráter excelente, não conseguir praticá-la. Pode ocorrer que uma causalidade intrusa interfira com o princípio da ação – um desejo do melhor – e faça surgir no agente um desejo incontrolável.

---

41 *Rhethorica.* I, 4, deixa claro que não há deliberação sobre tudo o que pode ser de modo diferente, em particular, não há deliberação sobre o fortuito e, assim, não há conselho possível (1359ª30 e ss.), tanto como não há sobre os bens naturais. Mesma afirmação em *Ethica eudemia* I, 3, 1215ª12.

Tal tipo de coisa pode perfeitamente acontecer ao agente como resultado de uma causalidade acidental, e só sabemos que é acidental na medida em que não é esse o comportamento corrente do indivíduo. É o típico caso em que estranhamos o comportamento de alguém que nos é familiar e dizemos ser estranho que ele aja dessa maneira, para bem ou para mal. Nos casos anteriores não há espaço, claro, para uma ação voluntária. Ela fracassa justamente pela intervenção de uma causalidade intrusa que impede o agente de seguir seu desejo mais forte no momento. Por outro lado, um intemperante pode, contrariamente a seu desejo, ser assolado pelo desejo paradoxal de fazer o melhor. Nada impede que se encontre numa confluência de circunstâncias em que nele surgirá o desejo do melhor, desejo que provavelmente não sobreviverá após a ação, e *mutatis mutandis* o mesmo valendo para o temperante. Também os efeitos da ação de um temperante ou um de intemperante podem ser contrários ao esperado – *acidentalmente* contrários, isto é, contrários ao que se esperaria das ações e efeitos procurados por um agente com tal caráter, em virtude de uma causalidade intrusa que impede que o agente obtenha o que procurou. Mas é claro que esses casos não são regra, mas exceção, e ninguém poderia invocar num tribunal a intervenção de uma causalidade intrusa diante de contextos práticos em que supostamente o agente teria conhecimento suficiente das circunstâncias e conseqüências e nos quais podia ter tido um desejo mais forte do melhor. E, se há casos de fronteira em que não há certeza sobre se o agente sabia ou não o que estava fazendo ou o que estava por acontecer, isso obviamente não invalida que haja exemplos e contra-exemplos claros em que um agente sabe perfeitamente o que se passa e passará.

Uma deliberação e, finalmente, uma escolha, portanto, dizem respeito a eventos que com muita chance ocorrerão se um determinado curso de ação for empreendido, e não ocorrerão se um tal curso de ação não for posto em marcha. Isso significa que tais resultados podem tanto ocorrer quanto não, e sua ocorrência ou não-ocorrência não é necessária. Por outro lado, os passos que levam à realização ou não desse evento são, estes sim, necessários hipoteticamente (ou melhor, altamente prováveis, visto que a intervenção de causas acidentais é sempre possível). Ora, nesse caso, as ações voluntárias são justamente aquelas em que exceções não estão presentes, e as involuntárias e contravoluntárias são aquelas em que o agente não podia produzir um efeito diverso do que produziu, quer porque nele irrompeu um desejo incontrolável, quer porque não pôde calcular corretamente ou prever a intervenção de causas intrusas. Uma ação voluntária é aquela em que circunstâncias e conseqüências de uma ação são previsíveis pelo agente, em que o princípio da ação estava no agente e em que ele podia ter agido de modo diferente. O voluntário é, portanto, o resultado do desejo determinado e eficaz do bem, ou talvez o desejo mais forte de um prazer, não importa; o contravoluntário, a irrupção imprevista e casual do acidental. O voluntário é a regra, a expressão do caráter do indivíduo, o contravoluntário e o involuntário, a exceção. Vê-se, portanto, como tais condições, ao contrário do que muitas e muitas vezes se supôs, encaixam-se com fineza e elegância no interior da teoria física de Aristóteles. Não há contradição entre elas e a maioria das teses que defendeu. Mas se isso é verdade, entende-se também porque ele pôde dar a essa definição um tratamento independente: pois, ao salvar uma certeza fundamental dos sistemas morais e jurídicos cotidianos, Aristóteles estava, ao mesmo tempo, apenas reiterando os princípios e as propriedades mais fundamentais que já havia admitido para seu mundo físico.

CONCLUSÃO

MODALIDADES E AÇÃO VOLUNTÁRIA

A teoria aristotélica da ação voluntária, se esta descrição é correta, depende em primeiro lugar de uma teoria das modalidades. Aristóteles interpreta os operadores modais como não-extensionais, não podendo, assim, ser definidos em termos, por exemplo, da ocorrência ou não, em algum momento do tempo, do evento descrito pela sentença a que se liga. Era essa a conclusão da crítica que ele havia feito à definição megárica do possível no capítulo 3, do livro Θ, da *Metaphysica*. Com essa análise, Aristóteles garante a possibilidade de alguém, ainda quando está praticando uma ação, ser capaz (naquele momento) de agir diferentemente (em outro momento futuro). A exigência de que o agente seja capaz de agir de outro modo é uma condição disposicional que a teoria aristotélica das modalidades garante. "Ser capaz de agir diferentemente" significa, em última instância, apenas que, se o agente vier a ser colocado em circunstâncias semelhantes num momento futuro, não necessariamente agirá da mesma forma que agiu (se, é claro, tiver sido corrigido). Um treinamento pode desenvolver nele uma disposição de caráter que fará com que sua conduta seja diferente em outro momento futuro e nas mesmas circunstâncias. Se, portanto, com respeito àquela ação ou, mais genericamente, àquele movimento das partes de seu corpo, o agente puder vir a ser treinado (mesmo que não venha a sê-lo), e, além disso, se seu comportamento não resultar de nenhum outro princípio senão o conjunto de desejos freqüentes que forma seu caráter, e tampouco do desconhecimento de alguma informação relevante na hora em que deveria agir, sua ação será voluntária.

Por que não dizer então que a ação foi, simplesmente, "livre" ou decorreu do "livre-arbítrio"? Uma argumentação possível, que abre de imediato o problema do determinismo, é dizer que toda ação, sendo um evento físico, deve ter uma causa que, se for um evento físico, novamente será causada. Supondo apenas esse conjunto de premissas, qualquer ação, moralmente boa ou má, decorreria *necessariamente* de eventos que causariam a ação ou a causa da ação. A nenhum agente estaria aberta a possibilidade de agir de outro modo, diante das mesmas circunstâncias, e nenhuma ação seria, portanto, voluntária e, menos ainda, responsável.

Este é, claro, o problema na sua forma mais simples. Deixando de lado por instantes a resposta de Aristóteles, é certo que várias alternativas são possíveis. A primeira delas é recusar que uma ação seja um evento. É a via, parece, que Bergson seguiu e consiste em considerar que, por não ser um evento, não pode ter uma causa anterior que a determine. Se, para que um evento seja dito *causa* de outro, é preciso *(i)* a constatação da ocorrência desse evento em certo momento e *(ii)* a constatação da validade de uma lei de regularidade entre esse evento-causa e seu evento-efeito, visto que uma ação não é um evento, não poderá ser causada. A ela *(ii)* não se aplicaria e, portanto, por maior que seja o conjunto de eventos que ocorrem antes da ação, nenhum deles determinaria, através de uma lei causal como *(ii)*, a ocorrência da própria ação.

Uma segunda possibilidade consiste em admitir que uma ação é um evento, e um evento causado, mas cuja causa não é, ela própria, causada por nenhum evento anterior. Essa segunda possibilidade origina, por sua vez, duas vias possíveis. A primeira delas consiste em recusar, pura e simplesmente, que uma ação seja um evento causado por algo anterior. Ela é um evento, sem dúvida, mas um evento que não é causado por nenhum evento mental ou fisiológico.[1] Não é a ação que não é causada – ela o é, e sua causa será o "livre-arbítrio", a "vontade", ou como quisermos chamá-la –, mas sim a *causa da ação*. Essa parece ter sido a via seguida pelo epicurismo antigo, mediante o conceito de *clinamen,* um princípio de indeterminação que tornaria livres as ações que têm a vontade como causa, justamente porque a vontade não seria, ela própria, causada. Precisamente um desvio no movimento vertical dos átomos no mundo, desvio este incausado, estaria na base da existência, para o epicurismo, de comportamentos que não decorrem necessariamente de eventos anteriores e de leis regulares do mundo.[2] Assim, seria fácil interromper a série causal que determina as ações e faz com que elas não possam ser diferentes diante das mesmas circunstâncias (ou seja, diante dos mesmos eventos antecedentes).

Outra alternativa, que foi aquela seguida por Descartes e, talvez, por Tomás de Aquino, consiste em admitir o princípio de causalidade na sua forma irrestrita, em aceitar que ações são eventos e, assim, possuem causas antecedentes, mas

---

[1] Essa é, justamente, a tese de Davidson, que identifica a ação de levantar um braço não com um evento prévio que causa o levantar do braço, mas com o próprio levantar do braço. Veja-se OWEN [1980], p. 32-5.

[2] Até onde sei Popper foi um dos defensores dessa via, sugerindo a título hipotético que o princípio de indeterminação das ações livres teria, no princípio de indeterminaçao da física quântica, seu fundamento último. Para uma discussão, veja-se MARGENAU [1967], p. 714-25.

afirmando também que a vontade não é causada por nenhum evento antecedente: ela própria é a causa de sua ocorrência. Essa teoria, que considera a vontade como um evento que é *causa sui,* pode conviver com a formulação irrestrita do princípio de causalidade e, ao mesmo tempo, interromper a série causal que determinaria necessariamente a ação. Entre a vontade como evento e outro evento qualquer antecedente há uma interrupção e, embora a vontade livre não seja incausada (é causada, porém não por algo diverso dela própria), ela não o é por nenhum evento que determinaria o rumo que ela deveria tomar. Noutras palavras, entendo-se o predicado "ser causado" como binário, isto é, "*x* é causado por *y*", a alternativa epicurista sustentaria que, se *x* é a vontade, então não existe um *y* tal que *x* é causado por *y*, enquanto a alternativa cartesiana sugeriria que *x* é idêntico a *y*.

O que há de comum em todas essas alternativas é o pressuposto de que, para que uma ação possa ser voluntária, é preciso negar o princípio de que, se *x* é um evento, então há um *y* que é a causa de *x* (e *x* não é igual a *y*). Noutras palavras, é preciso interromper a série causal em algum lugar, seja negando que ações tenham causas (talvez porque, contendo elementos intencionais, não são eventos), seja porque as causas de suas causas não são causadas, ou porque são causadas apenas por si próprias. Essas doutrinas-tipo fazem repousar a existência de ações voluntárias na interrupção das séries causais do universo ou na irrupção de novas séries causais totalmente inaugurais. Houve, sem dúvida, tentativas conciliatórias, como a estratégia kantiana de ver um duplo aspecto nas ações, resultantes, objetivamente, de eventos anteriores, mas, moralmente, da ação da vontade. De toda a forma, é certo que a tentativa mais freqüente foi levar os termos da dificuldade a sério e admitir que, se todos os eventos (inclusive ações e as causas das ações) forem causados por causas antecedentes distintas, não haverá espaço para o conceito de ação voluntária. Mas até que ponto esse pressuposto – o de que, se uma ação decorre da interação de uma seqüência causal com as disposições fisiológicas e psicológicas que essa seqüência encontra no agente, então não há ações voluntárias – conduz necessariamente à implosão do conceito comum de ação voluntária e de responsabilidade moral?

A resposta de Aristóteles, se satisfatória, leva a crer que esse pressuposto não acarreta a dissolução desse conceito. O primeiro ponto a notar é que, porque uma ação voluntária depende de uma condição disposicional – estar em poder do agente praticá-la ou não –, o próprio predicado "ser uma ação voluntária para certo agente" é, ele próprio, disposicional. Explicitando a condição *(ceteris paribus),* um agente agiu voluntariamente num momento *t* se e somente se estava em seu poder, *nesse* momento, agir de outro modo em *outro* momento. Isso significa que, se um agente passar por um treinamento pedagógico que remolde seu caráter e, após isso, for colocado num contexto prático semelhante àquele de *t,* deverá agir de modo diferente. Se isso não ocorrer (supondo que o treinamento devesse ser eficaz), o agente não é moldável e, assim, não pode agir diferentemente. Não tenho como ser treinado para não suar ou empalidecer se estiver diante do perigo. Ainda que seja capaz de ter coragem e de enfrentá-lo, tais reações fisiológicas acompanharão o agente sempre sob tais circunstâncias. Dessa forma, não há nenhuma causa que possa fazer com que ele aja diferentemente e, assim, não é capaz de agir de outro modo quanto a isto e, portanto, também não é capaz de agir voluntariamente nesse caso. Mas note-se que aqui se deve aplicar as mesmas distinções que habitualmente se faz a respeito dos enunciados modais temporalizados: o agente é capaz, em *t,* de agir diferentemente, não em *t,* mas em *t′* posterior a *t,* visto que em *t* não pode agir de outro modo, pois não pode agir e não agir ao mesmo tempo.

Isso basta para dizer que o agente agiu voluntariamente *em t*. Mas isso basta, também, para que uma ação seja causada por eventos antecedentes, sem que deixe de ser voluntária. Talvez a grande chave para a solução desse problema esteja nos dois primeiros livros da *Ethica nicomachea*. Aí, Aristóteles dedica um grande esforço para construir uma teoria do caráter que sirva para permitir a modalização das ações humanas, o que não ocorre com os animais ou com os elementos. Claro que, se uma ação humana decorrer exclusivamente de eventos externos antecedentes, toda vez que o agente se encontrar diante da mesma classe de estímulos deverá agir da mesma forma. Mas Aristóteles acrescenta, além dessa primeira classe de causas da ação, um segundo conjunto de causas, propriamente psicológicas e *moldáveis,* que farão com que o agente tenha a propriedade de vir a agir de outro modo em circunstâncias semelhantes. Uma ação é assim um evento causado, portanto, e por duas classes de elementos: *(a)* o conjunto de estímulos a que o agente foi submetido naquele momento e *(b)* a situação e o processo psicológico interno do agente naquele instante. Claro que *(a)* determina o contexto prático da ação, mas é *(b)* que pode ser moldado e fazer com que a ação resultante de *(a)* e *(b),* num determinado instante, seja diferente da ação resultante de *(a)* e um certo *(b′),* este agora em outro instante. Ações, no sentido estrito do termo (e ainda *ceteris paribus)* são, portanto, causadas, resultam espontaneamente dos estímulos e da natureza da psicologia do agente naquele momento. *Naquele momento* o agente não podia agir diferentemente e é falso que fosse capaz quanto àquele comportamento *naquele momento,* mas não no que diz respeito a comportamentos futuros. *Metaphysica* Θ 2 e 5 não deixam dúvidas quanto a isso: seres humanos possuem potências racionais que podem agir de modo diverso não no momento em que a ação é praticada, mas em outros momentos.

Talvez Aristóteles pudesse diagnosticar, no problema do determinismo ou liberdade, uma falácia de deslocamento dos índices temporais, semelhante àquelas que a sofística explorou e que parece estar por trás dos paradoxos a que a definição megárica do possível conduzia. Aqui um mínimo de formalização esclarece mais do que várias páginas de linguagem natural. Se uma ação resulta de uma série causal, diz o postulado das doutrinas anteriormente examinadas, então ela não é livre. Noutros termos, o agente não podia agir diferentemente e sua ação não poderia ser voluntária:

[*P*] Se *A* é uma ação ocorrendo em *t*, causada por *E*, que por sua vez ocorreu em *t′*, então não era possível para o agente não praticar *A* em *t*.[3]

Note-se que a segunda parte dessa implicação é ambígua. É claro que, se *A* foi causada, *x* não podia não praticar *A* em *t*. Noutros termos,

---

3 Ver a esse respeito a análise de O'Connor [1993], p. 12, e Watson [1982], p. 2. Há uma tradição de discussão na filosofia analítica que vai de Austin a até Lehrer (ver a defesa fraca de Aune [1982], p. 36-41, e a crítica, também insuficiente, de Lehrer [1982], p. 4-45), que, por não dar a devida atenção a posição do índice temporal nessa série de sentenças, acaba sendo forçada a considerar que a admissão de que uma ação estava em poder do agente e a tese determinista são incompatíveis. Mas isso só ocorre se não se temporaliza o operador modal. Quando se afirma que "*estava* em poder do agente" ou que ele *podia* ter agido diferentemente, é claro que não se está afirmando que ele podia ter e não ter agido daquele modo, mas sim que, para algum momento *t′* posterior a *t*, o agente podia ter, em *t′*, agido de outra forma e que, portanto, *em t*, era possível que ele agisse diferentemente (em *t′*).

[*A1*] não era possível, para o agente, não praticar, em *t*, a ação *A*.

Mas é claro que *A1* não implica *A2:*

[*A2*] Não era possível, em *t*, para o agente, não praticar a ação *A*.

Mas *A1* e *A2* são ainda ambíguas, já que *A1* nada diz sobre se o operador modal deve ser particularizado (supostamente no momento *t)* ou generalizado, tal como *A2* não esclarece o momento em que *x* poderia praticar a ação *A*. Explicitando essas ambigüidades, teríamos:

[*A3*] Não era possível, em *t*, para o agente, não praticar, em *t*, a ação *A*.

A3 é uma sentença verdadeira, já que, no momento em que pratica a ação, o agente não pode não a praticar – não pode praticar e não praticar uma ação ao mesmo tempo. Mas isso não é verdade com respeito a uma ação praticada posteriormente, isto é:

[*A4*] É possível, em *t*, para o agente, não praticar a ação *A* num momento *t'* (posterior a *t)*.

Desde que, claro, esse agente seja reeducado. Isso significa que estava em poder do agente (= tinha a capacidade) não *vir a agir* da mesma maneira no futuro. Colocando *t* no presente, está em poder do agente não *vir a agir*, no futuro, da mesma forma: não que "cabia a ele" não agir assim, mas, sim, que *pode* não vir a agir, se for reeducado. E, finalmente, esteve em poder dele não agir do modo como agiu, pois, em momentos anteriores a ação moralmente reprovável que praticou, detinha, naquele momento anterior, a capacidade de não agir daquele modo no instante que viria a agir. A prova disso é que, se eventualmente tivesse sido educado de modo contrário, não agiria daquela forma.

Assim, o único instante em que um agente de fato perde a capacidade de agir de outro modo é no exato instante em que pratica essa ação. Ser ou não a ação causada é irrelevante para o caráter voluntário da ação. Um agente pode ser moldado de outro modo, o conjunto das condições *(b)* pode ser diferente, conforme a formação por que ele passar. Embora ele não possa *ao mesmo tempo* praticar ações contrárias, pode, contudo, vir a reagir de modo diverso diante das mesmas circunstâncias e podia ter vindo a reagir diferentemente diante da mesma classe de estímulos. O paradoxo determinista consistiu, mais uma vez, em não se ter dado a devida atenção a essas distinções modais relevantes. Embora o princípio da necessidade do presente retire do agente um curso alternativo de ação no exato instante em que a praticar, isso não valerá, contudo, para instantes diversos. A denúncia da falácia da confusão dos tempos do operador e da sentença modalizada, talvez, seria uma das maneiras de responder à questão. Não importa, portanto, que a ação tenha sido causada, mas, sim, que no agente houvesse a possibilidade de agir diferentemente pela presença de "potências dos contrários". O restante pode ser explicado por mecanismos psicológicos e fisiológicos de desejo e cálculo, pela presença de um desejo do bem, eventualmente mais forte do que os demais desejos, e assim por diante. Uma ação voluntária, agora introduzindo as demais condições, é aquela que resulta, a partir de um estímulo, da natureza própria do agente naquele momento que pode vir a ser mudada, sem que esta fosse contradita por uma causalidade que anula estas condições ou por uma falha no sistema de informações do agente. Noutras palavras, uma ação voluntária é fruto de uma causalidade exterior que desencadeia uma conduta que nada mais é do que a resposta de determinado caráter a certa circunstância.

Resta, contudo, as ações involuntárias e contravoluntárias. Enquanto, no quadro das teorias anteriores, uma ação contravoluntária é aquela determinada por uma série causal que impele o agente a agir deste ou daquele modo de maneira necessária, e a ação voluntária é aquela em que todo tipo de série causal dessa espécie é interrompido, a teoria aristotélica da ação está nos antípodas desse quadro de doutrinas. De modo geral, uma ação é involuntária quando ou o agente não teve acesso a uma informação relevante, ou sua ação não podia ser de outro modo, ou, ainda, foi causada pela intervenção de uma causalidade exterior excepcional, cuja ação resultante não expressa o caráter do agente. Mas note-se que Aristóteles distingue as ações contravoluntárias das involuntárias, e apenas as primeiras retiram do agente a responsabilidade. Uma ação contravoluntária é aquela em que há arrependimento posterior porque o resultado não ocorreu conforme o previsto ou o desejado. Em todos os casos, portanto, uma ação contravoluntária é aquela que não resulta dos desejos do agente naquele instante ou, ainda, a que contradiz uma ação resultante de um estímulo que leva o agente a expressar seu caráter. Isso ocorre se ele for forçado a cometer uma ação contravoluntária por coação física ou moral, e o resultado contradizer o que ele desejaria fazer naquelas circunstâncias. Isso ocorre ainda se o quadro de informações relevantes do agente era incompleto e se o resultado inesperado prejudicá-lo. E isso ocorre, finalmente, se a ação não podia ser diferente porque o agente não teve, quanto a ela, como ser adestrado a agir de outro modo.

Esta última condição suscita uma dificuldade. O empalidecer ou uma ação que resulta de uma emoção incontrolável são casos típicos de ações a respeito das quais o agente não tinha como ser treinado para agir de outro modo, diante das mesmas circunstâncias. Uma emoção dessa espécie – que contradiz o caráter mais arraigado do agente, ou as palavras que alguém diz em estado de transe, ou quando está adormecido –, uma pessoa não tem como não ter ou dizer. Não há como prever quando ocorrerá: sob circunstâncias diversas, o agente terá desejos e emoções diversos, o mais das vezes de um certo tipo, e eventualmente, isto é, com menor freqüência, de outro. Como o acidental é imprevisível, não há adestramento possível. Para que não irrompam não há formação psicológica possível, nada pode ser feito. Contudo, o que dizer de uma natureza psicológica perversa, incorrigível, como a do psicopata? As ações provenientes deste agente não serão voluntárias? E, mesmo nos casos normais, uma ação que decorre de minha fisiologia, embora não possa ser alterada, não revela minha natureza?

Aristóteles distingue com cuidado uma série de condições fisiológicas, que servem de condição de possibilidade do caráter, e o próprio caráter. O caráter ou ἦθος não se confunde com a φύσις de um indivíduo. Sua natureza é ser racional, vivente, animal e todos os demais *própria* que decorrem de sua essência. Mesmo sua fisiologia humana está contida no que se pode chamar "sua natureza". O caráter decorre da formação psicológica do indivíduo e pode, à diferença da natureza, ser mudado. Um ser humano que deixe de ser vivente ou animal deixará, ao mesmo tempo, de ser humano e, assim, quanto a isto, não está em seu poder ser ou não ser, nos termos anteriormente examinados. Mas um indivíduo pode, em tese ao menos, adquirir um outro caráter pela repetição de ações adequadas, até que estas se tornem sua "segunda natureza". O caráter pode ser mudado e moldado de modo a fazer com que o indivíduo, em suas ações, pratique uma conduta que mostre que suas capacidades, enquanto ser humano, estão sendo utilizadas do modo o mais perfeito possível – "excelente". Mas pode também fazer com que o agente as contenha e não as atualize até onde poderia e deveria. Assim, embora, em última análise, uma ação seja a expressão da natureza do indivíduo, o caráter pode, a partir dessas possibilidades iniciais, levá-lo a pontos de perfeição ou de atuação diversos. Pode mesmo, no caso dos indivíduos com uma natureza perversa, garantir-lhes uma vida conforme o ideal da natureza humana predominante. Há limites, é claro, o caráter não pode fazer de um cego alguém que vê, mas pode fazer de um indivíduo que empalidece e sente medo alguém com coragem, capaz de enfrentar o perigo e a si próprio.

Assim, a ação contravoluntária não é apenas a ação contrária aos desejos e ao caráter do indivíduo, mas também às regras. É a ação que resulta da exceção e, portanto, da indeterminação. Por outro lado, uma ação voluntária resulta de causas e condições que a tornam previsível, e não da ausência de causalidade. Exceto, talvez, se dermos ao termo "vontade" ou à expressão "livre-arbítrio" o sentido de "querer", "desejo do bem" ou ainda "desejo mais forte naquele instante" – mas que em todos estes casos será um evento causado –, esse conceito não existe em Aristóteles. Não existe no sentido de um evento incausado, já que todos os desejos da alma, no momento em que se atualizam, só o fazem porque há causas anteriores, sejam estímulos externos, um cálculo no agente que faz despertar o desejo do melhor, ou, ao menos, as conseqüências, para ele, daquela conduta possível. Ela também não existe enquanto evento causa de si próprio, pois todos os eventos, exceto a existência do primeiro motor, consistem na atualização de uma propriedade *em potência*, em determinado objeto, através da ação de *outro* objeto que possui essa propriedade em ato, de modo que não há eventos causados por si próprios. E obviamente não há, em Aristóteles, nada como uma ação divina amparando a vontade fraca do indivíduo, conceito que uma fração considerável de pensadores medievais se esforçou por construir.

Se somos seres sem vontade ou livre-arbítrio, nem por isso somos seres sem responsabilidade ou meros animais. Animais e inanimados possuem apenas um único tipo de potência, não são capazes de agir, sob as mesmas circunstâncias, de modos distintos. Se eu tivesse tido outra formação psicológica não teria, naquelas circunstâncias, agido como agi. Como não tive, agi dessa forma. Mas se eu puder, qualquer que seja a causa, praticar apenas uma ação virtuosa, ela será capaz de, talvez, engendrar outras, e assim meu desejo do bem, em circunstâncias mais tranqüilas e longe do calor do momento, pode fazer com que eu evite colocar-me em circunstâncias que sei que me farão agir de determinado modo. Pode, além disso, fazer com que repita, ou deixe de repetir, certa ação, para que sua prática se torne automática diante dessas circunstâncias, após certo tempo. Isso não supõe uma vontade livre, apenas que um mínimo de desejo do bem tenha sido incutido no agente e que, em algumas circunstâncias ao menos, ele seja capaz de sobrepujar os demais desejos que o movem. Não que seu crescimento seja automático, mas ao vencer desejos mais fracos, ele conquista novos territórios e se fortalece, passando a poder competir com os demais desejos concorrentes. "Ele podia ter mudado" não quer dizer outra coisa. Mas é claro que mesmo essa ação dependerá de um treino e não há, ainda aqui, uma ação na qual a potência de ser excelente possa atualizar-se sem que a ação de circunstâncias favoráveis externas intervenha.

Ainda que Édipo tivesse sabido que o ancião era seu pai, e a mulher que desposou, sua mãe, teria ele agido diferentemente? Sófocles constrói um Édipo deliberadamente ambíguo, que desconhece as conseqüências e circunstâncias de sua ação, resultantes de um destino que o cega, mas um Édipo que também não domina a si próprio, que sucumbe diante da ira e do desejo. Talvez sua ação tivesse sido outra se ele tivesse tido acesso a todas as informações relevantes. Mas isso não altera o fato de que, se o caráter de Édipo permanecer o mesmo, ele continuará a agir do mesmo modo diante das mesmas circunstâncias. Pode, se quiser, invocar como atenuante que não sabia que Laios era *seu pai*. Mas ainda assim matou *um homem*. Se agiu contravoluntariamente quanto a ter morto *seu pai*, quanto a *ter assassinado um homem*, ele agiu de modo plenamente voluntário. Édipo é, portanto, perfeitamente responsável. Pelo crime de ter assassinado um ser humano ele mereceria, para Aristóteles, ser punido. Ser corrigido.

REFERÊNCIAS BIBLIOGRÁFICAS

ACKRILL, J.L. [1995]. "Aristotle on eudaimonia". Ver HÖFFE [1995].

ALEXANDRE DE AFRODÍSIA [1989]. *Traité du destin*. Paris: Les Belles Lettres.

ANNAS, J. [1982]. "Aristotle on ineficient causes". *Philosophical quarterly*, 32.

ANSCOMBE, G.E.M. [1963]. "The two kinds of error in action". *The Journal of Philosophy*, 60.

AUNE, B. [1982]. "Cans and ifs: an exchange". Ver WATSON [1982].

BAILHACHE, P. [1991]. *Essai de logique déontique*. Paris: Vrin.

BARNES, J. [1991]. (Ed.) *The complete works of Aristotle: The revised Oxford translation*. Princeton: Princeton University Press.

_______. [1993]. *Aristotle posterior analytics*. Oxford: Clarendon Press, segunda edição.

BODÉÜS, R. [1997]. "Les considérations aristotéliciennes sur la bestialité". Ver CASSIN [1997].

BOGEN, J. & MORAVCSIK, J. [1982]. "Aristotle's forbidden sweets". *History of Philosophy Quarterly*, 20.

BONDERSON, W. [1974]. "Aristotle on responsibility for one's character and the possibility of character change". *Phronesis*, 19.

BONET, J.P. [1985]. *Aristoteles: Ética nicomáquea, Ética eudemia*. Madrid: Biblioteca Classica Gredos.

BROADIE, S.W. [1982]. *Passage and possibility: a study of Aristotle's modal concepts*. Oxford: Clarendon Press.

_______. [1991]. *Ethics with Aristotle*. Oxford: Oxford University Press.

BYWATER, I. [1991 (1894)]. *Aristoteles Ethica Nicomachea*. Oxford: Clarendon Press (Oxford Classical Texts).

CASSIN, B.; LABARRIÈRE, J.-L. & DHERBEY, G.R. [1997]. *L'animal dans l'antiquité*. Paris: Vrin.

CHARLES, D. [1986]. *Aristotle's theory of action*. Londres: Duckworth.

CHARLTON, W. [1995]. *Aristotle physics: Book I and II*. Oxford: Oxford University Press.

COOPER, J.M. [1981]. Resenha de *The aristotelian Ethics* de Anthony Kenny. *Nous,* 15.

_______. [1986]. *Reason and human good in Aristotle*. Indianápolis: Hackett Publishing Co.

DÉCARIE, V. [1991]. *Aristote: Ethique à eudème*. Paris: Vrin.

DIRLMEIER, F. [1967]. *Aristoteles Nikomachische Ethik*. Berlim: Akademie Verlag (quarta edição).

_______. [1969]. *Aristoteles Eudemische Ethik*. Berlim: Akademie Verlag (segunda edição).

DONNELLAN, K.S. [1963]. "Knowing what I am doing". *The Journal of Philosophy*, 60.

DYER, R.R. [1965]. "Aristotle's categories of voluntary torts (E.N. v. $1135^{b}8$=25)". *Classical Review*, 15.

FORTENBAUGH, W.W. [1975]. *Aristotle on emotion*. Londres: Duckworth.

FREDE, D. [1984]. "The dramatization of determinism: Alexander of Aphrodisias' *De Fato*". *Phronesis*, 27.

_______. [1992]. "Acidental causes in Aristotle". *Synthese*, 92.

GAUTHIER, R.A. & JOLIF, J.Y. [1959]. *L'Éthique à Nicomaque*. Tomo II, Primeira Parte. Louvain: Publications Universitaires de Louvain.

HAMLYN, D.W. [1993]. *Aristotle* De anima*: Books II and III*. Oxford: Clarendon Press (segunda edição).

HARDIE, W.F.R. [1980]. *Aristotle's ethical theory*. Oxford: Clarendon Press.

HEINAMAN, R. [1986]. "The eudemian ethics on knowledge and voluntary action". *Phronesis*, 31/2.

HÖFFE, O. [1995]. *Die Nikomachische Ethik*. Berlim: Akademie Verlag.

HUBY, P. [1978]. "The paranormal in the works of Aristotle and his circle". *Apeiron*, 12.

IRWIN, T. [1980a]. "Reason and responsibility in Aristotle". Ver RORTY [1980].

_______. [1980b]. Resenha de *The aristotelian Ethics* e *Aristotle's theory of the will*, de Anthony Kenny. *The Journal of Philosophy*, 77.

_______. [1985]. *Aristotle: Nicomachean Ethics*. Indianápolis: Hackett Publishing Co.

JACKSON, H. [1914]. "*On eudemian Ethics* 1215^a29, 1215^b20, 1224^b2". *Journal of Philology*, 33.

JAEGER, W. [1992]. *Aristotelis Metaphysica*. Oxford: Clarendon Press (Oxford Classical Texts).

JOACHIM, H.H. [1951]. *The Nicomachean Ethics.* Oxford: Clarendon Press.

JUDSON, L. [1995]. (Org.) *Aristotle's physics: a collection of essays*. Oxford: Clarendon Press.

_______. [1995a]. "Chance and 'always for the most part'". Ver JUDSON [1995].

KENNY, A. [1979]. *Aristotle's theory of the will.* Londres: Duckworth.

KIRWAN, C. [1993]. *Aristotle Metaphysics: Books G, D and E.* Oxford: Oxford University Press.

KYMLICKA, W. [1995]. *Contemporary political philosophy: an introduction.* Oxford: Clarendon Press.

LEHRER, K. [1982]. "Cans without ifs". Ver WATSON [1982].

LIDDELL, H.G. & SCOTT, R. [1940]. *Greek-English Lexicon*. Oxford: Clarendon Press.

LOUIS, P. [1973]. *Aristote: marche des animaux, mouvement des animaux*. Paris: Belles Lettres.

MACINTYRE, A. [1996]. *A short history of Ethics.* Nova York: The MacMillan Company.

MALCOLM, N. [1982]. "The conceivability of mechanism". Ver WATSON [1982].

MARGENAU, H. [1967]. "Quantum mechanics, free will and determinism". *The Journal of Philosophy*, 64.

MEYER, S.S. [1993]. *Aristotle on moral responsability.* Oxford: Blackwell.

NUSSBAUM, M. [1985] *Aristotle's de motu animalium.* Princeton: Princeton University Press.

O'CONNOR, D.J. [1993]. *Free will.* Londres: MacMillan.

OWEN, D.W.D. [1980]. "Actions and bodily movements: another move". *Analysis*, 40.

RACKHAM, H. [1994 (1926)]. *Aristotle: The Nicomachean Ethics*. Cambridge, Mass.: Harvard University Press.

RAWLS, J. [1955]. "Two concepts of rules". *The Philosophical Review*, 64.

RORTY, A.O. [1980]. *Essays on Aristotle's Ethics*. Berkeley: University of California Press.

ROBINSON, R. [1995]. "Aristotle on akrasia". Ver HÖFFE [1995].

ROSS, W.D. [1939]. *Aristotle's Physics*. Oxford: Clarendon Press.

_______. [1954]. *Aristotle's Metaphysics*. Oxford: Clarendon Press.

SCHOFIELD, M. [1973]. "Aristotelian mistakes". *Proceedings of the Cambridge Philological Society*, 19.

SIEGLER, F.A. [1968]. "Voluntary and involuntary". *The Monist*, 52.

SORABJI, R. [1980]. *Necessity, cause and blame. Perspectives on Aristotle's theory*. Londres: Duckworth.

_______. [1993]. *Animal minds and human morals: The origins of the western debate*. Londres: Blackwell.

TODD, R.B. [1996]. *Themistius: On Aristotle on the Soul*. Londres: Duckworth.

TRICOT, J. [1994]. *Éthique à Nicomaque*. Paris: Vrin.

URMSON, J.O. [1988]. *Aristotle's Ethics*. Oxford: Blackwell.

VIHVELIN, K. [1990]. "Stop me Before I kill again". *Dialogue: Canadian Philosophical Review*, 29.

WALZER, R.R. [1991]. *Aristotelis Ethica eudemia*. Oxford: Clarendon Press (Oxford Classical Texts).

WATSON, G. [1982]. *Free will*. Oxford readings in Philosophy. Oxford: Oxford University Press.

WOODS, M. [1986]. "Intuition and perception in Aristotle's Ethics". *Oxford Studies in Ancient Philosophy*, 4.

_______. [1992]. *Aristotle eudemian Ethics: Books I, II and VIII*. Oxford: Oxford University Press.

ZANATTA, M. [1993]. *Aristotele: Ethica Nicomachea (Volume Primo)*. Milão: Rizzoli.

ZINGANO, M. [1992]. *Vertu et déliberation: une étude de la notion de prohairesis chez Aristote*. Tese de doutoramento. Paris: École des Hautes Études en Sciences Sociales.

_______. [1994]. "Eudaimonia e bem supremo em Aristóteles". *Analytica*, 1.